Von Zukunftsbildern und Reformplänen

Kirche in Zeiten der Veränderung

Herausgegeben von Stefan Kopp

Band 1

Von Zukunftsbildern und Reformplänen

Kirchliches Change Management zwischen Anspruch und Wirklichkeit

Herausgegeben von Stefan Kopp

© Verlag Herder GmbH, Freiburg im Breisgau 2020
Alle Rechte vorbehalten
www.herder.de
Umschlaggestaltung: Verlag Herder
unter Verwendung des Zukunftsbild-Kreuzes des Erzbistums Paderborn
Satz: Barbara Herrmann, Freiburg
Herstellung: CPI books GmbH, Leck
ISBN 978-3-451-38691-6

Inhalt

Kirche in Zeiten der Veränderung
Zur Buchreihe und ihrem ersten Band 9

A) Transformationsprozesse und ihre theologischen Implikationen

Identitätskrisen
Wenn Religion und Kultur getrennte Wege gehen 17
Andreas Koritensky

Zukunftsausrichtung in kritischer Zeit
Lernen und Lehren im Buch Deuteronomium 30
Simon Weyringer

Ein Fest des Verstehens
Welchen Beitrag leistet die Exegese für eine bibelorientierte
Pastoral in Zeiten des Wandels? Überlegungen zu einer
anwendungsorientierten Schriftauslegung 45
Christiane Koch

Predigtreformen im frühneuzeitlichen Katholizismus
Ein kirchenhistorisches Beispiel für die Spannung von
Anspruch und Wirklichkeit 62
Joachim Werz

Kirche in Zeiten der Veränderung
Eine dogmatische Perspektive 82
Bertram Stubenrauch

Kirche ohne Liturgie?
Zur Bedeutung des Gottesdienstes
in den diözesanen Pastoralkonzepten 97
Stefan Kopp

Kirche als Moralanstalt?
Theologische Ethik zwischen Anspruch und Wirklichkeit .. 129
Peter Schallenberg

Komplexität und Freiheit
Ein Versuch über Veränderung 148
Günter Wilhelms

Vom Sturm, der alles verändert,
und dem Mut, neue Brücken zu bauen
Kirche in Transformationsprozessen 165
Tobias Faix

Kirche in Zeiten der Veränderung
Und was passiert mit den Seelsorgenden? 183
Christoph Jacobs

Pastorale Räume neu denken und gestalten 210
Michael N. Ebertz

B) Praktische Erfahrungen und Perspektiven einer „Kirche in Zeiten der Veränderung"

Der Personalentwicklungsplan
Zu den Reformen in der Seelsorge der
Evangelischen Kirche von Kurhessen-Waldeck 231
Bernd Böttner

Berufung. Aufbruch. Zukunft.
Das Zukunftsbild für das Erzbistum Paderborn 241
Michael Bredeck

Taufberufung und Netzwerk
Einblicke in fünf Jahre Entwicklungen zu zwei
Schlüsselthemen im Zukunftsbild des Erzbistums Paderborn   255
Ludger Drebber und Annegret Meyer

Inhalt 7

Vielfältige Kirchenwege für vielfältige Menschen
Erfahrungen aus dem Bistum Essen 280
Klaus Pfeffer

Sind Großpfarreien eine adäquate Antwort auf die
aktuelle Situation der Kirche?
Ein Statement aus kirchenrechtlicher Perspektive 289
Stephan Haering

Aus, Amen, Ende? Oder neue Wege?
Wie heute Pfarrer sein?
Benjamin Krysmann im Gespräch mit den Pfarrern Thomas
Frings und Rainer M. Schießler 297

„Noch in derselben Stunde brachen sie auf"
Welche Impulse hat die Bischofssynode zur Jugend
für die Pastoral gesetzt? 313
Johannes Wübbe

Wachstum trotz schwieriger Zeiten
Was wir von der US-amerikanischen *Church of the Nativity*
lernen können 328
Florian Mittl

Kirchehoch2
Auf der ökumenischen Suche nach einer Kirche für morgen . 344
Burkhard Neumann

Konkretes kirchliches Change Management zwischen
Anspruch und Wirklichkeit
Ein Epilog 357
Teresa Schweighofer

Autorinnen und Autoren 373

Kirche in Zeiten der Veränderung
Zur Buchreihe und ihrem ersten Band

1 Zur theologischen Reihe „Kirche in Zeiten der Veränderung"

Auf vielen Ebenen wird derzeit um Reformen (in) einer „Kirche in Zeiten der Veränderung" gerungen. Dies zeigen etwa Initiativen wie die im Oktober 2019 einberufene Amazonas-Synode in Rom oder der sog. Synodale Weg, der von den Deutschen Bischöfen und dem Zentralkomitee der deutschen Katholiken beschlossen wurde und ab dem ersten Adventssonntag 2019 beschritten werden soll. Auch auf diözesaner und pfarrlicher Ebene geht es innerhalb des deutschen Sprachgebietes derzeit fast überall um Neuorientierungen und Reformen, wobei auf allen Ebenen grundsätzliche Kritik sowie zum Teil diametral auseinandergehende Interessen, Vorstellungen und Ziele das Ringen um die Erneuerung der Kirche begleiten.

Gesamtkirchliche Konzilien, Synoden auf teilkirchlicher Ebene und ortskirchliche Reformen brauchen ein theologisches Fundament, wenn sie gelingen und nicht den Gefahren von Ideologien, Nostalgien und/oder rein funktionaler Organisation erliegen sollen. Die Reihe, die mit dem vorliegenden Band eröffnet wird, will wichtige Erkenntnisse der letzten Jahre aus anderen Disziplinen wie der Soziologie berücksichtigen, aber dabei das theologische Fundament im interdisziplinären Gespräch stärken und grundlegende theologische Fragen aufgreifen, die sich einer „Kirche in Zeiten der Veränderung" stellen. Wie kann die Kirche auf gesellschaftliche Phänomene wie Individualisierung, Differenzierung, Erlebnisorientierung, Globalisierung, Pluralisierung und Säkularisierung angemessen reagieren und wie muss sie sich dabei selbst verändern, wenn sie ihrem Herrn und seinem Auftrag treu bleiben will? Biblisch-, historisch-, systematisch- und praktisch-theologische Erkenntnisse, Positionen und Perspektiven sollen das Reformpotenzial der Kirche zeigen und ihr helfen, das eigene Profil zu schärfen und nicht nur eine auswechselbare gesellschaftliche Organisationseinheit unter anderen zu werden.

Konkreter Ausgangspunkt der neuen Reihe ist das Graduiertenkolleg, das im Sommersemester 2018 an der Theologischen Fakultät

Paderborn unter der Überschrift des Reihentitels eingerichtet werden konnte und dessen Sprecher der Reihenherausgeber ist. Gefördert vom Erzbischöflichen Stuhl zu Paderborn soll es bis 2022 der theologischen Vertiefung von Fragen zu Transformationsprozessen in Theologie, Kirche und Gesellschaft dienen. Der interdisziplinären Forschergruppe gehören insgesamt zwölf Professor(inn)en der Theologischen Fakultät Paderborn und der Universitäten Paderborn, Siegen und Fribourg sowie elf Stipendiat(inn)en an, die zum Wintersemester 2018/19 ihre Promotions- bzw. Habilitationsstudien aufgenommen haben.

Zeitgleich mit der Anfangsphase der inhaltlichen Arbeit des Graduiertenkollegs im Wintersemester 2018/19 und unter derselben Überschrift widmete sich unter Einbeziehung möglichst vieler theologischer Disziplinen die Paderborner Montagsakademie, eine öffentliche Vorlesungsreihe an der Theologischen Fakultät Paderborn, Fragen der Identität und Reform der Kirche. Eine Frucht dieser Auseinandersetzung ist dieser erste Band der neuen Reihe. Mit unterschiedlichen Schwerpunktsetzungen sind weitere Bände geplant, die neben der theologischen Grundlagenarbeit für eine „Kirche in Zeiten der Veränderung" verstärkt einen lebendigen und für beide Seiten fruchtbaren Austausch von akademischer Theologie und kirchlicher Praxis anregen und wissenschaftlich vertiefen sollen.

Mein besonderer Dank gilt dem Paderborner Erzbischof Hans-Josef Becker als *Magnus Cancellarius* der Theologischen Fakultät Paderborn für seine ideelle und materielle Förderung von Graduiertenkolleg und theologischer Reihe. Sein persönliches Interesse an der nachhaltigen Stärkung einer unabhängigen, aber zugleich auch für praktische kirchliche Fragestellungen und Herausforderungen relevanten akademischen Theologie mit dem Ziel eines vertieften Gesprächs mit Kirche und Gesellschaft ist nicht selbstverständlich. Gleichfalls danke ich allen, die mit ihm in einer diözesanen Verantwortung stehen, mit denen ich viele anregende Gespräche geführt und von denen ich wichtige Impulse zur weiteren Reflexion erhalten habe, sowie den Kolleg(inn)en und Stipendiat(inn)en im Graduiertenkolleg für ihr besonderes Engagement und die konstruktive Zusammenarbeit über Fach- und Ortsgrenzen hinweg. Für die professionelle und vertrauensvolle Begleitung während der intensiven Planungsphase der Reihe danke ich dem Verlag Herder, Freiburg im Breisgau, bei dem die Konzeptidee spontan auf Interesse gestoßen ist und nachdrücklich gefördert wurde, und Herrn Dr. Stephan Weber, der die Umsetzung des Vorhabens vonseiten des Verlags kompetent und wohlwollend betreut hat.

2 Zum aktuellen Band

Katholischen wie auch evangelischen (Struktur-)Reformen, die in den letzten Jahren von den Kirchenleitungen im Bereich der Seelsorge angestoßen wurden, sind zwei Dinge gemeinsam: Sie sollen – wie der Begriff „Zukunftsbild" – Neuaufbruch signalisieren, über die gegenwärtige Situation hinausweisen sowie Hoffnung wecken, und/oder sie klingen – wie der Begriff „Personalentwicklungsplan" – etwas organisatorisch-technisch. Auch der bewusst gewählte Untertitel dieser Publikation „Kirchliches Change Management zwischen Anspruch und Wirklichkeit" geht auf den ersten Blick in diese Richtung und soll deshalb in seiner Ambivalenz näher bedacht werden.

Nicht unbegründet gibt es in Theologie und Kirche gewisse Reserven gegenüber rein unternehmensorganisatorisch klingenden und neudeutschen Begriffen wie *Change* und *Management* oder – zusammen – *Change Management*. Mit Recht wird in Erinnerung gerufen, die Kirche sei weder ein reiner Wirtschaftsbetrieb noch eine rein kulturelle, gesellschaftliche oder politische Institution, die es zu managen gelte. Kirchliche Amtsträger seien gerade nicht einfach Manager. Skeptisch wird deshalb auch das Engagement von Unternehmensberatungen etc. im kirchlichen Kontext gesehen. Die Kirche sei, so wird – sachlich begründet – betont, zunächst eine Gemeinschaft von glaubenden Menschen und habe primär eine religiösgeistliche Dimension. Damit schwer vereinbar sei ein klassisch strategisches Denken und Handeln wie im wirtschaftlichen Bereich. Dies verdunkle letztlich, dass Wesentliches im Glauben bzw. der Glaube selbst vor allem Gnade und Geschenk, also nicht eine Frage von Leistung und Management sei.

Nicht zu leugnen ist aber auch, dass es beim Kirche-Sein einen organisatorischen Anteil gibt und geben muss, damit die Kirche als Gemeinschaft ihren Auftrag erfüllen kann. Dazu helfen ihr eine gewisse Professionalität, die sie etwa im Verwaltungsbereich von säkularen Verwaltungseinheiten lernen kann. Unerlässlich sind zudem heute – schon allein arbeitsrechtlich – ein modernes und zugleich genuin christlich-soziales Personalmanagement oder auch ein kompetenter Umgang mit modernen Medien, der im Zeitalter der Digitalisierung neue Wege der Verkündigung und der Information erschließen kann. Nicht zuletzt durch die Missbrauchskrise zeigt sich überdies, wie sehr die Kirche auf externe und unabhängige Expertisen angewiesen ist, will sie ihren Auftrag in der Welt von heute und in wahrer Zeitgenossenschaft erfüllen. Denn sie kann ihre Sendung als Volk Gottes trotz ihrer zeitübergreifenden Botschaft nicht unabhängig von Raum und Zeit verwirklichen und ist keine abstrakte, von staatlichem Recht, gesellschaftlichen Rahmenbedingungen oder wissenschaftlichen Erkenntnissen unabhängige Größe.

Im Sinne einer richtig verstandenen „Professionalisierung" können und müssen Theologie und Kirche also von anderen Disziplinen und Feldern lernen und so Transformationsprozesse sachgerecht gestalten, also in diesem Sinne *Change* „managen". Dabei muss in Kauf genommen werden, dass alle Begriffe Grenzen haben und in bestimmten Kontexten auch Nicht-Gemeintes mittransportieren können. *Change* oder auch Wandel, Entwicklung, Reform, Transformation gehören sachlich zum Wesen der Kirche und mussten in allen Phasen ihrer Geschichte – praktisch als Change Management *ad extra* und *ad intra* – kritisch bedacht und (mit-)gestaltet werden. Das heißt: Veränderungen bzw. Reformen als Auftrag für die Kirche hatten und haben dabei sowohl eine äußere als auch eine innere Seite. Um ihrer Sendung gerecht zu werden, musste und muss sich die Kirche einerseits auf veränderte (äußere) Rahmenbedingungen einstellen, andererseits ist stets neu die Frage nach ihrem (inneren) Wesen und seiner Realisierung in der jeweiligen Zeit mit ihren Erkenntnismöglichkeiten und -grenzen zu stellen. Kirchliches Change Management ist also nicht Selbstzweck oder Patentrezept, sondern Methode bzw. Strategie der Kirche im Umgang mit Veränderungen auf ihrem Weg in die Zukunft.

Der vorliegende Sammelband versucht vor dem Hintergrund solcher Überlegungen, die Spannung zwischen theologischer Reflexion und pastoraler Praxis wahrzunehmen und produktiv aufzugreifen. Dabei geht der Blick über katholische Theologie und Kirche hinaus, indem auch evangelische Perspektiven eingebracht werden. Damit wird ein Austausch angeregt, bei dem die kirchliche Praxis nicht einfach nur als Gegenstand theologischer Reflexionen angesehen, sondern als herausfordernde und wichtige Erkenntnisquelle und Gesprächspartnerin der Theologie ernst genommen werden soll.

Im ersten Teil des Sammelbandes werden Transformationsprozesse und ihre theologischen Implikationen untersucht. Ein philosophischer Beitrag zum Verhältnis von Religion und Kultur bildet dabei den Ausgangspunkt für biblisch-, historisch-, systematisch- und praktisch-theologische Untersuchungen zu grundlegenden Ansprüchen und Fragestellungen einer „Kirche in Zeiten der Veränderung". Alle Überlegungen beziehen die Themenkomplexe Transformation und Reform ein, beschreiben teilweise explizit Veränderungsprozesse in Kirche und Gesellschaft und benennen exemplarisch wichtige Anliegen der kirchlichen Erneuerung (im pastoralen Kontext) heute. Dabei kommen schon im ersten Teil des Bandes auch die konkreten Menschen in den Blick, die von Veränderung betroffen sind, wenn etwa explizit nach der Situation von Seelsorgenden in Zeiten des Umbruchs gefragt wird – eine wichtige Frage, damit kirchliche Strukturreformen nicht rein technisch gedacht und umgesetzt werden.

Der zweite Teil des Sammelbandes gibt praktischen kirchlichen Erfahrungen und pastoralen Perspektiven angesichts von Transformationsprozessen Raum. Dabei werden katholische und evangelische Strukturreformprozesse mit einzelnen thematischen Schwerpunktsetzungen und konkrete Erfahrungen mit Veränderungen beschrieben, prinzipielle Fragen nach adäquaten Antworten auf aktuelle Situationen gestellt, einzelne Gruppen – hier Priester bzw. Pfarrer und Jugendliche – in den Vordergrund gerückt und der Blick über die Landes- und Konfessionsgrenzen geweitet. Da die Beiträge auf Vorträge und Gespräche im Rahmen der Montagsakademie im Wintersemester 2018/19 zurückgehen und dieser Austausch auch für die Publikation noch weitergeführt werden konnte, wurde an manchen Stellen der mündliche Charakter der Beiträge beibehalten. Den Abschluss des Sammelbandes bildet ein Epilog als Reflexion auf die Praxisbeiträge, um dem erwähnten Anspruch gerecht zu werden, praktische Erfahrungen in der Seelsorge produktiv an den theologischen Diskurs rückzubinden und daraus für weitere Reflexionen zu lernen.

Mein Dank im Zusammenhang mit der Entstehung dieses Bandes gilt neben den Autorinnen und Autoren der Beiträge der bisherigen Koordinatorin des Graduiertenkollegs, Frau Christine Schlichtig, und den Mitarbeiter(inne)n an meinem Lehrstuhl, besonders Frau Barbara Brunnert, Herrn Mag. theol. Matthäus Freitag und Herrn Mag. theol. Jonas Miserre, B.A., für die verlässliche und umsichtige Mitarbeit bei allen Recherche-, Koordinations- und Redaktionsaufgaben.

Paderborn, 15. Oktober 2019 *Stefan Kopp*

A) Transformationsprozesse und ihre theologischen Implikationen

Identitätskrisen
Wenn Religion und Kultur getrennte Wege gehen

Andreas Koritensky

1 Das Problem

Der Erfolg der Reform der Kirche in der nachtridentinischen Epoche, in der Spätrenaissance und im Barock, verdankt sich nicht zuletzt der Tatsache, dass sie von einem starken kulturellen Impuls begleitet wurde. Die blühende Hochkultur prägte auch die Volkskultur tiefgreifend. Das Zeitalter des Barocks ist die letzte Epoche, in der der Katholizismus die kulturellen Akzente in Europa gesetzt – und dadurch eine nicht zu unterschätzende Anziehungskraft auf viele Zeitgenossen ausgeübt hat.

Dieser Zusammenhang von Kultur und Religion soll in diesem Beitrag durch zwei Thesen näher erläutert werden:
(1) Das Christentum kann seine Wirkung vor allem dann entfalten, wenn es sich in einer konkreten Gestalt ausprägen kann: Es wird durch die Ausprägung in einer Kultur stark – ohne dass es mit einer einzigen Kultur identisch sein muss.
(2) Moderne Gesellschaften sind so organisiert, dass sie der Ausbildung von Kultur entgegenstehen. Diese Krise der Kultur trägt zur Schwächung des Christentums in der Gegenwart bei.

Es sind daher drei Kraftfelder, die die Gesellschaft prägen und die wir in unserem Bemühen, das Evangelium in die Welt zu tragen, beachten müssen: das schwindende Phänomen kultureller Identität, den Umgang einer liberalen Gesellschaft mit ihrem kulturellen Erbe und das Entstehen von Identitäten ohne Kultur.

2 Kulturelle Identität

(1) Der Terminus „Kultur" kann heute in einem sehr unspezifischen Sinn gebraucht werden. Er bezeichnet dann alle menschlichen Betätigungen, die sich nicht unmittelbar aus der biologischen Konstitution

heraus erklären lassen und natürlich hoch variabel sind. In diesem Sinne ist häufiges Händeschütteln ein charakteristisches Merkmal unserer „Kultur", das Fremden – wie zum Beispiel Amerikanern – bei vielen Gelegenheiten, bei denen es hierzulande praktiziert wird, als übertrieben erscheint. Für die folgenden Überlegungen soll jedoch ein spezifischerer Begriff von Kultur in den Blick genommen werden – einer, der es rechtfertigt, von kultureller Identität zu sprechen.

(2) Da in diesem Rahmen keine umfassende Analyse des Kulturbegriffs erfolgen kann, werde ich mich im Folgenden auf das Nachzeichnen einiger weniger Grundideen beschränken, für die ich mich an Ludwig Wittgensteins Überlegungen zu diesem Thema aus den frühen 1930er-Jahren orientiere:

Erstens werden Kulturen durch Ideale oder Prinzipien definiert, die einen kulturellen Wertehorizont festlegen. Sie machen das Zentrum einer Kultur aus, das damit auch die Peripherie und Grenzen der Kultur bestimmt.[1] Damit weist Wittgenstein auch die Vorstellung zurück, Kultur könne als sich ständig wandelndes, zielloses Kontinuum gedacht werden.

Zweitens gehören zu Kulturen auch Symbolsysteme, die es ermöglichen, diesen Idealen eine konkrete Gestalt zu geben. Nur innerhalb einer Kultur kann ein Artefakt zum bewundernswerten Kunstwerk, eine Handlung zur Heldentat und eine Lebensform zur erfüllten Existenz werden.[2] Kulturen beschränken damit die Wahlmöglichkeiten *bedeutungsvollen* Schaffens, Handelns und Lebens. Erst innerhalb einer Kultur gibt es musikalische Gattungen, sodass eine Tonfolge zu einem Musikstück werden kann; und nur innerhalb einer Kultur kann beurteilt werden, wie gut dieses Unterfangen gelungen ist. Im Gegensatz zu vielen philosophischen oder theologischen Lehrgebäuden können Kulturen ein gewisses Maß an Ambiguität und Flexibilität zulassen. Sie lassen in diesem Fall Varianten der Umsetzung zu. So erlaubt das Grundmuster der klassischen Symphonie eine beinahe unendliche Fülle von Realisierungen. Das Ideal des asketischen christlichen Lebens lässt Platz für einen Eremiten wie Antonius, einen Virtuosen der Armut wie Franziskus

---

[1] Vgl. L. Wittgenstein, Vermischte Bemerkungen (Werke 8), Frankfurt a. M. ⁶1994, 458–460; L. Wittgenstein, Denkbewegungen. Tagebücher 1930–1932, 1936–1937. Hg. und kommentiert von I. Somavilla, Frankfurt a. M. 1999, 24f.
[2] Vgl. Wittgenstein, Denkbewegungen (s. Anm. 1), 25f.

und einen Pragmatiker wie Ignatius von Loyola. Wer dagegen außerhalb des spezifischen kulturellen Rahmens eine Lebensform realisieren will, wird zum skurrilen Don Quichotte. Wittgenstein bemerkte einmal, Kultur setze etwas voraus, das einer Ordensregel gleiche: Sie sei ein Strukturprinzip, das einer Existenz eine bestimmte Gestalt geben könne, wenn ein Mensch sein Leben danach ausrichte.[3]

Ein weiteres, *drittes* Merkmal von Kulturen ist ihr hohes Maß an Stabilität, wenn sie auch als menschliche Schöpfungen nicht ewig existieren können. Es dauert eine gewisse Zeit, um die Grundideale in Symbolsystemen und diese in konkreten Realisierungen zu entfalten. Kulturen haben eine Geschichte.

Viertens stiftet Kultur eine Gemeinschaft. Sie wird – wie die Sprache – von einer Gemeinschaft getragen. Dies geschieht durch die Identifikation mit ihr, die sich in der entsprechenden kulturellen Praxis ausdrückt.

Eine kulturelle Identität kann *fünftens* nicht gewählt werden. Man muss in sie hineinwachsen.[4] Dem Zweck der Weitergabe der kulturellen Identität diente zum Beispiel die altgriechische *paideia*, durch die wichtige Grundhaltungen eingeübt und die damit verbundene Urteilsfähigkeit *erworben wurden*.

(3) Die Annahme könnte nun naheliegend erscheinen, dass Kultur ein unvermeidliches Phänomen menschlicher Gesellschaften ist: Wenn eine Kultur vergeht, macht sie automatisch einer neuen Platz. Die Geschichte wird zur Abfolge von Kulturen. Allerdings variiert im Laufe der Geschichte nicht nur der Grad der Ausdifferenzierung kultureller Ausdrucksformen, sondern auch der Grad der Bedeutung, die Kultur und kultureller Identität innerhalb einer Gesellschaft zugemessen wird. Während im 19. Jahrhundert Kultur in hohem Maße ausdifferenziert und identitätsbildend ist, verliert sie diese Rolle im 20. Jahrhundert zunehmend.[5] Man kann diese Entwicklung sehr deutlich an den Exilanten der 1930er- und 1940er-Jahre ablesen, zu denen auch Wittgenstein gehörte. Auf der einen Seite nahmen sie sehr deutlich den Abbruch der kulturellen Tradition wahr. Gleichzeitig trat gerade durch das Leben im Exil die starke identitätsbildende Wirkung der Kultur ihres Heimatlandes hervor.

---

[3] Vgl. Wittgenstein, Vermischte Bemerkungen (s. Anm. 1), 568.
[4] Vgl. Wittgenstein, Denkbewegungen (s. Anm. 1), 41.
[5] Vgl. Wittgenstein, Vermischte Bemerkungen (s. Anm. 1), 459.

Eine ähnliche Verbundenheit wäre heute sicher nicht mehr zu erwarten.

(4) Der Kulturbruch erklärt aber noch nicht, warum keine neue starke identitäts- und gemeinschaftsbildende Kultur an der Stelle der alten entstanden ist. Für das Zurücktreten kultureller Identität in den modernen Gesellschaften muss ein anderer Faktor verantwortlich sein. Meine These lautet, dass dies mit dem Aufstieg des Grundprinzips der Liberalisierung zu tun hat, das in den letzten Jahrzehnten zur wichtigsten Leitidee westlicher Gesellschaften wurde und seither Ökonomie, politische Ordnung und individuelle Lebensweise tiefgreifend verändert hat. Die Eigenschaften der kulturellen Identität kollidieren nun mit dem liberalen Prinzip einer umfassenden individuellen Freiheit der Wahl der Lebensgestaltung und der freien Revision dieser Wahl. Einschränkungen erlaubt der Liberalismus bestenfalls durch ethische Normen, die dem Schutz der Freiheit der anderen Individuen dienen.[6] Die Idee einer kulturellen Identität, die man nicht gewählt hat und die ein Commitment impliziert, das die Wahlmöglichkeiten und die autonome Sinnsetzung einschränkt, widerspricht dem emanzipatorischen Charakter des liberalen Prinzips. Das Ideal der Kultur und das Ideal des Liberalismus schränken sich gegenseitig ein.

3 Die liberale Kritik an der Idee einer kulturellen Identität

(1) Ich möchte diese Schwierigkeit, die die Gegenwart mit der Kultur hat, am Beispiel des Philosophen François Jullien und seiner Kritik an der Idee kultureller Identität etwas vertiefen, weil ich glaube, dass er die Konsequenzen der liberalen Grundidee für die Einstellung gegenüber dem Phänomen der Kultur sehr überzeugend entfaltet hat.

Julliens Ausgangspunkt ist die Frage, was in der modernen Gesellschaft „das Gemeinsame" *(commun)* ausmachen könne.[7] Die abendländische Tradition beantworte diese Frage mit der Schaffung der Idee des Universellen, das in der griechischen Metaphysik, im

---

[6] Vgl. H. G. Frankfurt, The Reasons of Love, Princeton – Oxford 2004, 3–32.
[7] Vgl. F. Jullien, Il n'y a pas d'identité culturelle. Mais nous défendons les ressources d'une culture, Paris 2016, 7–14.

römischen Staatsbürgerrecht und im christlichen Glauben zum Ausdruck komme.[8] Die Idee eines solchen Universellen lasse sich aber, so Jullien, in der modernen Gesellschaft nicht mehr aufrechterhalten. Den Grund für diese Annahme müssen wir erschließen. Offenbar versteht er die Idee des Universellen als kulturrelatives Konzept – und zwar als Teil einer Kultur, die heute noch nicht einmal für die westlichen Gesellschaften Geltung beanspruchen kann. Der tiefere Grund für die Ablehnung des Universellen scheint aber darin zu bestehen, dass das Universelle, wie er sagt, „Vorschriften" *(s'édicte)* mache,[9] also die Freiheit des Einzelnen einzuschränken drohe.

Wie lässt sich dann das „Gemeinsame" *(commun)* einer Gesellschaft so bestimmen, dass es mit dem liberalen Grundgedanken nicht in Konflikt gerät? Jullien fordert, dass dieses „Gemeinsame" nur etwas sein dürfe, das ohne Abgrenzungen bestimmt werden kann. Andernfalls würde es intolerant.[10] Dieser Vorwurf kommt etwas unvermittelt. Möglicherweise geht es aber auch hier gar nicht um Intoleranz, sondern um eine illegitime Selbstbeschränkung durch die Grenzziehung: Jede Option hat ein Recht darauf, von uns in gleicher Weise in Betracht gezogen zu werden. Aus diesem Grund lehnt Jullien die Idee einer kulturellen Identität ab: Denn diese lebe von der Klassifikation in der Zuordnung zu einem Genus und der Unterteilung durch die spezifische Differenz – also von der Methode der klassischen Definitionslehre. Eine solche Definition grenze aber immer etwas aus und lasse das Ausgegrenzte unsichtbar werden. Wenn wir stattdessen das „Gemeinsame" nicht durch die Unterscheidung, sondern durch den Abstand bzw. die Abweichung vom anderen bestimmen, werde das Kulturelle nicht zur Identität, sondern zur Ressource. Das freie Individuum könne sich dann in einem standpunktlosen „Zwischen" *(entre)* aufhalten und von dort die Unterschiedlichkeit der Hinterlassenschaften betrachten, die einstmals unter dem Vorzeichen kultureller Identität erschaffen worden sind. So lasse sich dann der „Abstand" *(écart)* in den Blick nehmen, der zwischen Vernunft und Religion, Glauben und Aufklärung bestehe, die alle zu den kulturellen Ressourcen

---

[8] Vgl. ebd., 15–31.
[9] Vgl. ebd., 13.
[10] Vgl. ebd., 14.

Frankreichs gehörten.[11] Wir sähen dann die Eigenheiten dieser kulturellen Ressourcen besser. Warum ist diese Art der Erschließung von kulturellen Ressourcen von Interesse? Jullien spricht ihr die „Förderung einer existentiellen Fähigkeit" zu: Durch die Überwindung kultureller Bindung – Jullien spricht von „Unterwerfung" – soll das Subjekt ein Bewusstsein entwickeln, das sich durch größtmögliche Freiheit auszeichnet. Erst diese Freiheit mache Existenz im eigentlichen Sinne aus, die Jullien in einem „Überschreiten" *(ex-ister)* zu sehen scheint.[12]

(2) Das Christentum erscheint aus dieser Perspektive tatsächlich als Form der Kultur – es wird sogar auf diese Form reduziert. Dadurch wird für Jullien die Frage nach der Wahrheit der christlichen Lehre obsolet.[13] Die Religionskritik des 19. und 20. Jahrhunderts erscheint dann genauso müßig wie die apologetischen Bemühungen, mit denen das Christentum darauf zu antworten versucht hat. Das erklärt auch, warum der gesellschaftliche Druck auf die Theologie, eine theoretische Rechtfertigung vorzulegen, nachgelassen hat. Durch diesen Schritt verlieren die Christen aber zugleich die Selbstdeutungshoheit. Niemand könne einen Besitzanspruch auf eine kulturelle Ressource erheben. Folglich darf sie jeder nach seinen Bedürfnissen für die eigene Persönlichkeitsentwicklung ausbeuten. Wie man sich der Ressourcen des Christentums bemächtigen kann, ohne sich durch den Glauben verpflichten zu müssen, hat Jullien in einem kürzlich erschienenen Essay eindrucksvoll gezeigt.[14]

(3) Julliens Ideal eines Lebens im ortlosen „Zwischen" beschreibt ein Phänomen, das von Zygmunt Bauman als „Sezession der Eliten" bezeichnet wird:[15] Die Gewinner einer liberalen ökonomischen und gesellschaftlichen Ordnung entkoppeln sich zunehmend aus den nationalen Gesellschaften. Der Lebens- und Arbeitsstil dieser Schicht gleicht sich international immer weiter an. Dies führt einerseits zu einem kosmopolitischen Lebensgefühl. Gleichzeitig empfinden sie

---

[11] Vgl. ebd., 49f.
[12] Vgl. ebd., 56f.
[13] Vgl. ebd., 65.
[14] Vgl. F. Jullien, Ressources du christianisme. Mais sans y entrer par la foi, Paris 2018, 23.
[15] Vgl. Z. Bauman, Gemeinschaften. Auf der Suche nach Sicherheit in einer bedrohlichen Welt, Frankfurt a. M. [4]2017, 63–90.

aber die Forderung nach Solidarität durch Menschen mit der gleichen Staatsbürgerschaft als illegitimen Angriff auf ihre individuelle Freiheit. Diese Eliten waren einmal die wichtigsten Träger der Hochkultur. Daher ist mit der Sezessionsbewegung auch ein Bedeutungsverlust der Hochkultur als Identifikationsmerkmal in der modernen Gesellschaft verbunden. Das zeigt sich vor allem am Umgang mit der Kunst, die ihre Rolle als Ausdrucksform der kulturellen Identität, die sie im 19. Jahrhundert hatte, immer mehr verloren hat und zunehmend als ökonomische Ressource, als Kapitalanlage gilt. Es ist daher kein Zufall, dass wir mit der Ressourcenausbeutung eine ökonomische Metapher angeboten bekommen. Und wenn die kulturellen Ressourcen nicht mehr weiterwachsen können, stellt sich die Frage, wann sie erschöpft sein werden.

Die Folgen dieser Sezession lassen sich auch bei Jullien beobachten, wenn er die Schönheit von Paris an den „Abständen" zwischen den Stadtbezirken festmacht.[16] Anders gesagt, die Betrachtung der unterschiedlichen Lebenswelten der Marginalisierten und der Eliten wird nicht mehr zum Anlass von solidarischem Handeln, sondern dient dem liberalen Individuum zur Bildung seiner Persönlichkeit.

4 Eine problematische Alternative: Identitätsbildung ohne Kultur

Gesellschaften, in denen das liberale Prinzip seine Wirkung voll entfalten konnte, erleben gegenwärtig die Entstehung einer kruden Alternative in Form von Fundamentalismen, die Identität ohne Kultur anbieten. Der Religionswissenschaftler Olivier Roy hat diese Entwicklung vor einigen Jahren in einer sehr bedenkenswerten Studie über das Auseinandertreten von Kultur und Religion für religiöse Identitätsbildungen durchgespielt.[17]

Den meisten Kulturen in der Geschichte war es eigen, dass sie von Komponenten durchdrungen wurden, die heute als „religiös" bezeichnet werden. Einem Menschen des Mittelalters wäre es vermutlich nicht leicht gefallen, in seinem Leben eine klare Grenze zwischen Religiösem und Säkularem zu ziehen. Die meisten westlichen

---

[16] Vgl. Jullien, Identité culturelle (s. Anm. 7), 76f.
[17] Vgl. O. Roy, La Sainte Ignorance. Le temps de la religion sans culture, Paris 2008, 51–123.

Gesellschaften haben nun eine Entwicklung durchlaufen, in der die Unterscheidung von Säkularem und Religiösem als eigenständigen Kategorien möglich wurde. Wie die Kirche aus dem Raum des Politischen verbannt wurde, so wurde auch zunehmend das Religiöse aus dem öffentlichen Diskurs ins „Private" und, so ist wohl hinzuzufügen, Emotionale abgedrängt. Roy spitzt seine These noch etwas zu: „Religion" – zumindest im modernen Sinn – entstehe überhaupt erst in diesem Prozess der Säkularisierung der Gesellschaften. Denn das verdrängte Religiöse habe sich in den modernen Gesellschaften nicht verflüchtigt, sondern beginne sich – teilweise in sehr aggressiver Weise – in Abgrenzung zu seinem nun säkularen Umfeld zu definieren und damit auch in Abgrenzung zur Kultur. Die Konsequenz sei eine Religion, die als Idee begrifflich rein und kohärent sein könne, aber ihre geschichtliche Dimension verliere und die damit verbundene Fähigkeit, mit Widersprüchen und Spannungen zu existieren. Eine religiös geprägte Kultur kann in einem gewissen Maß mit Abweichungen von der religiösen Norm leben, ohne damit ihre Identität ernsthaft zu gefährden.[18] Dort, wo sich Religion als unabhängig und abgetrennt von der Kultur definiert bzw. definieren muss, zerstört dagegen ein Abweichen von der Norm die autonome religiöse Identität. Roy hat hier vor allem den weltweiten Aufstieg der evangelikalen und islamistischen Gruppierungen im Blick. Im Extremfall könne im Namen der reinen religiösen Identität religiös geprägte Kultur zerstört werden, wie dies zurzeit durch den Islamismus im Nahen und Mittleren Osten in Gesellschaften geschieht, denen bisher zutiefst vom Islam geprägten Kulturen zu eigen waren.

Roys Analyse bedarf, so scheint mir, zweier ergänzender Bemerkungen: *Erstens* erscheint es unwahrscheinlich, dass die Entstehung von religiöser Identität ohne Kultur die Folge der Entstehung einer starken säkularen kulturellen Identität ist. Plausibler ist die Annahme, dass es gerade der Bedeutungsverlust von Kultur in den modernen liberalen Gesellschaften und damit der Verlust von kultureller Identität ist, der Menschen dazu bewegt, die religiöse Identität ohne Bezug zu einer Kultur zu definieren. Was Roy beschreibt, scheint *zweitens* nicht spezifisch für das Entstehen fundamentalisti-

---

[18] Vgl. auch T. Bauer, Die Vereindeutigung der Welt. Über den Verlust von Mehrdeutigkeit und Vielfalt, Stuttgart ³2018, 20–24, mit Beispielen aus der katholischen Tradition.

scher Religion zu sein. Es gibt säkulare Varianten, in denen im Namen nationaler Identität Front gegen die nationalen Kulturen gemacht wird. Es ist jedenfalls auffällig, dass die neuen nationalen Identitäten entweder völlig unbestimmt bleiben oder auf wenige quasi-mythische Konstrukte beschränkt sind.

5 Christentum und Kultur in der Gegenwart

Unsere Gesellschaft ist dadurch gekennzeichnet, dass Kultur und folglich auch kulturelle Identitäten unter dem Einfluss des liberalen Prinzips zunehmend schwächer werden. Mit der Konsequenz, dass eine wachsende Zahl von Menschen, die weder eine kulturelle Beheimatung haben noch in liberaler Neutralität verharren können oder wollen, versucht, sich kulturlose Identitäten zu erschaffen. Die Grenzen zwischen diesen drei Positionen sind fließend. Sie treten selten in Reinform auf, sondern beschreiben eher Zielpunkte der Bewegung in einem Kräftefeld. Als Christen sind wir Teil dieser Gesellschaft und daher dem gleichen Kräftespiel ausgesetzt.

(1) *Bewahren der kulturellen Identität?* Auch wenn der Katholizismus seine kulturelle Dominanz verloren hat, so ist es ihm doch gelungen, auf lokaler Ebene noch lange Zeit eine christliche Volkskultur mit starker Wirkung auf die Ausbildung einer christlichen kulturellen Identität aufrechtzuerhalten. Sie prägt daher immer noch die Vorstellungswelt vieler Akteure (der Hauptamtlichen wie auch der Gemeindemitglieder) und ist das mehr oder minder offen eingestandene Ideal, das über die Erfahrung von Erfolg oder Misserfolg in der pastoralen Arbeit entscheidet. Die Wirksamkeit dieses Ideals zeigen zum Beispiel die Bemühungen, die Veränderungen, denen das Christentum unterworfen ist, als Schwäche seiner (hierarchischen und administrativen) Strukturen oder der Strategien zur Plausibilisierung der Glaubensinhalte („Gotteskrise") zu deuten.

Ist die hier vertretene These richtig, wird das Lösen dieser Probleme nicht den Veränderungsprozess stoppen können, den wir erleben. Denn dieser hat seine Wurzel darin, dass moderne Gesellschaften so organisiert sind, dass das Ausbilden starker kultureller Identitäten kaum noch möglich ist. In einer solchen Gesellschaft lässt sich auch das Christliche nicht als kulturelle Identität ausbuchstabieren.

Das führt zu einer merkwürdigen Situation: Es wird der Schein eines kulturell ausgeformten christlichen Lebens aufrechterhalten: Sakramente wie Taufe, Erstkommunion und Firmung werden weiterhin wie Schritte in einer christlichen Identitätsbildung behandelt. Immer mehr Empfänger bewegen sich aber in eine Richtung, die sie die Sakramente eher als kulturelle Ressourcen verstehen lässt, auf die sie zurückgreifen, ohne sich im gleichen Maße dem erwarteten Commitment zu unterwerfen. Trotzdem sind offenbar viele Menschen bereit, den Anschein zu erwecken, sie seien willens, die Erwartungen zumindest kurzfristig zu erfüllen, die von den Repräsentanten des kulturell geformten Christentums an sie herangetragen werden. Das führt dazu, dass die kulturellen Formen des Christlichen die Kultur, zu der sie einmal gehörten, eine Zeit lang überleben können. Die pastorale Arbeit läuft dann mehr und mehr Gefahr, ihre Kräfte in der Errichtung und Sanierung Potemkinscher Dörfer zu binden.

Diese Entwicklung untergräbt auch die Plausibilität kulturell geprägter Lebensformen. Besonders deutlich sehen wir das bei der Ausgestaltung des Lebensideals des Pfarrers, das dem priesterlichen Dienst lange Zeit seine charakteristische Gestalt gegeben hat. Ohne einen lebendigen kulturellen Kontext sind Menschen, die diesen Dienst übernehmen, immer mehr darauf angewiesen, in eigener Verantwortung eine Deutung ihrer Existenzform zu entwickeln, wenn sie nicht in das Kopieren archaisch gewordener Rollenmuster verfallen wollen. Auch die rasante Entgrenzung der Begriffe „Ehe" und „Familie", die wir in den letzten Jahrzehnten erlebt haben, und der wir als Kirche, wie mir scheint, noch immer etwas ratlos gegenüber stehen, können vermutlich als solche Prozesse der Entkulturalisierung gelesen werden.

Die Weitergabe einer tradierten christlichen kulturellen Identität wird daher wohl mittelfristig keine erfolgversprechende Option mehr für kirchliches Handeln sein, zumindest nicht für größere Gruppen. Vermutlich werden ebenso alle Bemühungen um eine neue „Inkulturierung" am Bedeutungsschwund von Kultur und kultureller Identität scheitern. Wir werden eine neuartige Antwort auf die Frage geben müssen, was christliche Existenz bedeutet in einer Gesellschaft, in der das liberale Prinzip dominiert.

(2) *Kulturlose Identität?* Die Wahrnehmung des Religiösen ist heute nicht zuletzt durch Gruppierungen geprägt, die eine starke

Identitätsbildung mit dem Verzicht auf eine kulturelle Ausdifferenzierung verbinden. Es war der radikale Islam, der nach den 1990er-Jahren den liberalen Gesellschaften wieder Respekt vor dem Phänomen der Religion abgenötigt hat. Die am stärksten wachsenden christlichen Gemeinschaften sind die evangelikalen Kirchen. Sie sind vor allem in den Gegenden der Welt am erfolgreichsten, wo Menschen kulturell entwurzelt sind. Ihr Erfolg in unseren Breiten scheint auch darin zu gründen, dass sie ohne den Ballast historisch gewachsener kultureller Ausdrucksformen auskommen. Wenn die Ausbildung von Identität ohne Kultur eine Begleiterscheinung der Auflösung von Kultur durch die Liberalisierung ist, dann müssen wir davon ausgehen, dass wir dieser Option auch in der katholischen Kirche verstärkt begegnen werden. Ihre wesentlichen Kennzeichen sind Eindeutigkeit und Vereinfachung. Was ihr zugleich etwas Schillerndes verleiht, ist die Verbindung einer kulturkritischen Haltung mit dem Anspruch, die christliche Tradition zu repräsentieren:

(a) Die Problematisierung der kulturellen Ausprägungen des Christentums bekommt in diesem Fall eine andere Nuance. Sie dient nun zur Abgrenzung von Orthodoxie und Heterodoxie. Die Spielräume für die Integration abweichender Anschauungen und Ausprägungen christlichen Lebens gehen verloren. Infolge können zum Beispiel hochrangige Kirchenvertreter Menschen, die Schwierigkeiten mit dem Nachvollzug einiger theologischer Aussagen haben, eher einen Austritt aus der Kirche nahelegen, als sich um eine Einbindung zu bemühen. Hier verliert der Katholizismus an integrativer Kraft.

(b) An die Stelle der kulturellen Prägung treten vereinfachte Identitätsmarker, bei denen nicht selten auf einzelne markante Ausdrucksformen des kulturellen Erbes zurückgegriffen wird. Ihre Auswahl erscheint oft recht willkürlich, da sie als Ausdrucksmittel für das Ideal des christlichen Lebens sekundär sein können. Manche Bemühungen um konfessionelle Profilbildung durch die Fixierung und Betonung von Lehrsätzen scheinen durch dieses Phänomen an ihre Grenzen zu stoßen. Religiöse Identität ohne Kultur lässt sich aber auch durch starke emotionale Erlebnisse herstellen.

Der bewusste Verzicht auf gewachsenen konfessionellen und kulturellen „Ballast" zugunsten einer anscheinend eindeutigen, aber doch auch unspezifischen christlichen „Botschaft" verbunden mit starken emotionalen Impulsen könnte auch die Attraktivität eines Textes wie „Mission Manifest" erklären, der offenbar sehr unterschiedliche Gruppen zusammenbringt. Das gleiche Schillernde scheint charakteristisch für andere Formen der Identitätsbildung ohne Kultur – wenn zum Beispiel die Verteidigung einer nationalen Identität proklamiert wird, ohne dass klar ist, worin diese besteht.

(3) Eine Alternative könnte nun darin bestehen, den Stier gewissermaßen bei den Hörnern zu packen und die Rolle, die uns das dominierende liberale Prinzip zuweist, zu übernehmen. Denn der Liberalismus ist nicht per se religionsfeindlich. Er verträgt sich nur nicht mit der Ausbildung starker kultureller Identitäten. Die Kirche könnte sich dann als Anbieterin von Sinnressourcen für die liberale Gesellschaft verstehen. Dadurch lösen sich die Spannungen zwischen den Erwartungshorizonten der Seelsorger und vieler Menschen, mit denen sie in Kontakt treten. Eine solche Strategie hätte den Vorteil, in dem Sinne realistisch zu sein, als sie sich den sozial etablierten Realitäten anpasst. Kirchliche Aktivitäten und Aussagen wären dann innerhalb des gesellschaftlichen Erwartungshorizonts und folglich für viele Menschen wieder verständlich. Trotz dieser Vorzüge hat aber auch diese Option Grenzen: Wir können zwar als Christen auf diese Weise Menschen in ihrem Leben stützen und fördern, aber ohne Commitment und Gemeinschaftsbildung scheint die Idee einer christlichen Existenz immer unvollständig und defizitär.

Allen Versuchen der Anpassung an die eine oder die andere zeitgenössische Strömung scheint zudem ein Grundzug katholischer Mentalität im Wege zu stehen: Gerade weil die Kirche eine Institution mit langer Tradition und festen Prägungen ist, tut sie sich schwer damit, sich allzu unbefangen auf aktuelle Moden und Strömungen einzulassen. Wenn Kirche zeitgemäß sein will, läuft sie nicht selten ihrer Zeit zwei Schritte hinterher.

(4) Weder das Beharren in der kulturellen Tradition noch die Anpassung an eines der beiden widerstreitenden Kraftfelder der Gegenwart scheinen dem christlichen Leben wirklich förderlich zu sein. Wenn weder die Orientierung an der Vergangenheit noch an der Gegenwart empfehlenswert ist, drängt sich als letzte Option auf, über die Gegenwart hinauszublicken und die Möglichkeiten eines Neuanfangs zu prüfen, ob und wie wir etwas Neues schaffen können. Für uns Katholiken mag das vielleicht als eine sehr ungewohnte Option erscheinen. Wie so etwas möglich werden kann, hat Hannah Arendt als Antwort auf den fundamentalen Traditionsbruch, den die westlichen Gesellschaften in der Mitte des 20. Jahrhunderts er-

Identitätskrisen

lebt haben, beschrieben. Der große Bruch wurde von vielen Zeitgenossen mittels einer Geschichtsphilosophie gedeutet, in der historische Notwendigkeiten den Handlungsspielraum der Menschen negierten.[19] Arendt dagegen betonte die Fähigkeit, im gemeinsamen Handeln Neuanfänge setzen zu können, als konstitutive Eigenschaft der Menschen. Im Gegensatz zu Herstellungsprozessen, bei denen die Gestalt des Endprodukts bereits zu Beginn feststehen muss, habe ein durch Handlung in Gang gesetzter Prozess zwar eine Bewegungsrichtung, komme aber als Neuanfang noch nicht zu einem Abschluss. Handeln impliziere daher auch die Bereitschaft, das In-Gang-Gesetzte loslassen zu können.[20]

Wir können das Kräftefeld der Gegenwart zwar nicht aufheben. Das heißt aber nicht, dass es unmöglich sein muss, die ersten Impulse für die zukünftige Ausgestaltung christlichen Lebens zu geben. Mit dem Evangelium besitzen wir eine Kraftquelle, die in neue Formen des Ausdrucks drängt. Diese Formen werden vielleicht bescheidener sein als die Formsprache des Barockkatholizismus. Aber ich glaube, dass über kurz oder lang viele Menschen für eine solche Initiative dankbar sein werden.

---

[19] Vgl. H. Arendt, Geschichte und Politik in der Neuzeit, in: dies., Zwischen Vergangenheit und Zukunft. Übungen im politischen Denken I. Hg. von U. Ludz, München [4]2016, 80–110, hier: 108.
[20] Vgl. Arendt, Geschichte und Politik (s. Anm. 19), 104.

Zukunftsausrichtung in kritischer Zeit
Lernen und Lehren im Buch Deuteronomium

Simon Weyringer

Im Buch Deuteronomium wurde eine Dynamik des Lernens und Lehrens in Bewegung gesetzt, die sich im Judentum zu einer intensiven Lehr- und Lernkultur ausgeprägt hat. Auch in der Kirche lebte dieses Erbe auf andere, aber ebenfalls fruchtbare Weise fort. In „Zeiten der Veränderung" und vielfältigen Herausforderungen findet sich die Kirche jedoch in einer Krise der Glaubensweitergabe wieder, was unweigerlich zu Rückfragen in Bezug auf die Wirkkraft der kirchlichen Lern- und Lehrkultur führt. Krisen sind nicht nur negativ zu bewerten, sondern oft Chance und Anlass zu Rückbesinnung, Erneuerung und Neufindung. Das Buch Deuteronomium erzählt von einem solch kritischen Moment, der in vielerlei Hinsicht zum schöpferischen Neuanfang für das Volk Gottes wurde. Daraus möchte ich mit dem Thema „Lernen und Lehren" einen wichtigen Aspekt aufgreifen,[1] der für uns Impuls sein könnte, den Wert von Lernen und Lehren als Berufung des Gottesvolkes und als Ausdruck gelebter Gottesbeziehung neu in den Blick zu nehmen.

1 Das Buch Deuteronomium als Zukunftsprogramm

Das Buch Deuteronomium fügt sich geradezu programmatisch in das Titelthema der neu begründeten Reihe „Kirche in Zeiten der Veränderung". Denn es beschreibt den „kritischen Moment" eines

---

[1] Ein richtungsweisender Beitrag dazu stammt von Norbert Lohfink (vgl. N. Lohfink, Der Glaube und die nächste Generation. Das Gottesvolk der Bibel als Lerngemeinschaft, in: ders., Das Jüdische am Christentum. Die verlorene Dimension, Freiburg i. Br. 1987, 144–166.260–263). Das grundlegendste Werk dazu stammt von Karin Finsterbusch (vgl. K. Finsterbusch, Weisung für Israel. Studien zu religiösem Lehren und Lernen im Deuteronomium und in seinem Umfeld [FAT 44], Tübingen 2005).

Übergangs von einer Epoche zu einer anderen,² bei dem sich Israel großen Veränderungen und Herausforderungen ausgesetzt sieht. Mose spricht im Angesicht seines bevorstehenden Todes ein letztes Mal zu seinem Volk. Mit seinem Tod wird Israel seinen einzigartigen Mittler, seinen Befreier, Heerführer und Lehrer verlieren. Im Augenblick dieses nahen Verlustes steht die Moabgeneration wie ihre Eltern 40 Jahre zuvor an der Grenze zum Gelobten Land. Auf der anderen Seite des Jordan warten jedoch größere und stärkere Völker (vgl. Dtn 9,1–3), die die Einnahme des Verheißungslandes und damit die erhoffte Zukunft zu verunmöglichen scheinen, umso mehr, als die Elterngeneration an eben dieser Situation 40 Jahre zuvor gescheitert war (vgl. Dtn 1,19–45).

Gerade in diesem kritischen Moment lehrt Mose Tora, um sie schließlich aufzuschreiben und den Leviten anzuvertrauen. Er ermutigt das Volk, den Jordan zu überschreiten, um in das Gelobte Land zu gelangen (vgl. Dtn 9,1–3; 31,1–8). Er blickt in die Vergangenheit, um daraus Lehren zu ziehen, schaut weit in die Zukunft aus, warnt und gibt Hoffnung. Er hinterlässt Israel in den Worten Georg Brauliks „sein Testament"³, um die zwölf Stämme schließlich noch vor Eintritt seines Todes zu segnen. Derart erzählt das Buch Deuteronomium einen Moment des Übergangs, in dem einerseits Abschied genommen, andererseits Weichen für die nahe und ferne Zukunft gestellt werden.

Es spricht vieles dafür, dass sich in dieser Erzählsituation die verlustreichen und existenzbedrohenden Umstände des babylonischen Exils widerspiegeln,⁴ da ein Volk nach der Zerstörung Jerusalems

---

² Vgl. D. Markl, Der Dekalog als Verfassung des Gottesvolkes. Die Brennpunkte einer Rechtshermeneutik des Pentateuch in Ex 19–24 und Dtn 5 (HBS 49), Freiburg i. Br. 2007, 249f., der den Übergang in die neue Situation als „kritischen Moment" schildert.
³ G. Braulik, Deuteronomium 1–16,17 (NEB 15), Würzburg 1986, 5.
⁴ Vgl. E. Otto, Deuteronomium 1–11. Erster Teilband: Deuteronomium 1,1–4,43 (HThKAT), Freiburg i. Br. 2012, 238–248, der die in den Rahmentexten Dtn 1–11; 26–34 erzeugte Erzählsituation zwei exilischen Redaktionen, der Horebredaktion und der Moabredaktion, zuschreibt. Vgl. auch D. Markl, Deuteronomy, in: J. E. A. Chiu u. a. (Hg.), The Paulist Biblical Commentary, New York 2018, 147–193, hier: 148, der mehrere deutliche Indizien dafür sieht, dass wesentliche redaktionelle Prozesse des Buches vom babylonischen Exil beeinflusst waren, so die geografische Situierung außerhalb des Landes, die Hoffnung auf Heimkehr (vgl. Dtn 30,1–10), den Verweis auf eine komplette Zerstörung des

(587/586 v. Chr.) und Jahren der Exilierung neu auf die Zukunft ausblicken sollte. Inmitten der krisenhaften Situation des Exils legte das Buch Deuteronomium ein umfassendes Programm für die Zukunft vor,[5] in dem Lernen und Lehren eine außerordentlich wichtige Rolle einnehmen.

Die gegenwärtige Lage der Kirche ähnelt dieser Situation des kritischen Übergangs womöglich stärker als zu anderen Zeiten. Die neu begründete Reihe „Kirche in Zeiten der Veränderung" möchte in dieser Situation wie einstmals das Buch Deuteronomium Zukunftsperspektiven in den Blick nehmen. Große Krisen werden nicht immer durch große Gesten überwunden, sondern nachhaltiger durch eine das Leben bestimmende Haltung, die aus der inneren Sammlung und der Besinnung auf das Wesentliche erwächst. Im Buch Deuteronomium wird ein solcher Prozess durch das Lernen von Tora in Bewegung gesetzt. Was dies bedeutet, welche Ziele, Inhalte und Formen dies umfasst, möchte ich im Folgenden entfalten.

2 Lern- und Lehrauftrag am Horeb (Dtn 4,9–10)

Im vorderen Rahmen des Buches Deuteronomium (Dtn 1–11) kommt Mose mehrmals auf die Horebereignisse zu sprechen, die sich 40 Jahre zuvor zugetragen hatten. Dieser kurze Zeitabschnitt in der Geschichte Israels ist in vielerlei Hinsicht grundlegend, paradigmatisch und vorausweisend für die Zukunft Israels.[6] In Dtn 4,9–10

Landes (vgl. Dtn 29,22 [MT 29,21]), den Verweis auf ein Exil, „wie es heute ist" (vgl. Dtn 29,27 [MT 29,28]), die letzten Abschnitte der Flüche in Dtn 28 und das Verschweigen des Tempels.

[5] Dominik Markl deutet die Pragmatik des Endtextes als umfassendes und vielschichtiges Programm, das darauf abzielt, das Gottesvolk zu formieren (vgl. D. Markl, Gottes Volk im Deuteronomium [BZAR 18], Wiesbaden 2012, 16). Die programmatische Dimension des Buches ist wahrscheinlich bereits vorexilisch in einem joshianischen Reformprogramm grundgelegt, an das die exilischen Redaktionen anknüpfen konnten; vgl. Otto, Deuteronomium I (s. Anm. 4), 237.

[6] Zur näheren Rolle des Horebereignisses als Ursprungs- und Gründungsmoment vgl. D. Markl, Sinai: The Origin of Holiness and Revelation in Exodus, Deuteronomy, the Temple Scroll, and Jubilees, in: J. Flebbe (Hg.), Holy Places in Biblical and Extrabiblical Traditions. Proceedings of the Bonn-Leiden-Oxford Colloquium on Biblical Studies (BBB 179), Göttingen 2016, 23–43, hier: 27f.

richtet Mose den Blick auf den Horeb als „Ur-Lernort"[7], wo wesentliche Dynamiken einer Lern- und Lehrkultur angesprochen und grundgelegt werden. Israel erscheint hier erstmals ausdrücklich als eine Gemeinschaft von Lernenden, die unmittelbar damit verbunden einen Lehrauftrag erhält. Lernen und Lehren werden so tief in Israels Identität verankert.

2.1 Aktualität der Horebereignisse

Mose beginnt in Dtn 4,9–10 mit einer eindringlichen Erinnerungsmahnung an die Ereignisse am Horeb: „Nur, nimm dich in acht, achte sehr auf deine Seele, dass du die Ereignisse nicht vergisst." Seine Adressaten sollen die Gründungserfahrung am Horeb als entscheidendes Erlebnis und Ausgangspunkt ihrer Geschichte und Identität niemals vergessen. Mit „die deine Augen gesehen haben" betont Mose den unmittelbaren Erfahrungscharakter dieser Ereignisse, obwohl er sich an eine Generation wendet, die selbst nicht am Horeb anwesend gewesen ist. Mit Bestimmtheit schließt er sie dennoch in diese Erlebnisse ein. Damit gibt er zu verstehen, dass sie und mit ihnen alle späteren Hörer auf diese Ereignisse nicht aus einer inneren Distanz blicken, sondern sie als eigene Erfahrung be- und ergreifen sollen.[8]

Im Erzählen vergegenwärtigt Mose diese Ereignisse und schafft so die Möglichkeit des Nach- und Miterlebens, das in die persönliche Aneignung des Erzählten münden soll.[9] Die Hörer wiederum sind aufgefordert, sich von diesem Erzählen ansprechen zu lassen, die Ereignisse innerlich mitzugehen und sie so zur eigenen Erfahrung werden zu lassen.[10] Das Buch Deuteronomium entwickelt damit eine

---

[7] Finsterbusch, Weisung (s. Anm. 1), 154.

[8] Eckart Otto interpretiert die Fabelinkongruenz als bewussten Einsatz, um deutlich zu machen, dass die nachexilischen Adressaten angesprochen sind (vgl. Otto, Deuteronomium I [s. Anm. 4], 557).

[9] Karin Finsterbusch spricht in diesem Zusammenhang von einem „intensiven Erzählen", das Erlebnisse so sichtbar macht, dass sie für die Zuhörer zu „eigenen Erlebnissen" werden (vgl. Finsterbusch, Weisung [s. Anm. 1], 152).

[10] Ähnliche Einladungen an die Moabadressaten und damit an alle späteren Adressaten, sich mit den Erfahrungen der Horebgeneration zu identifizieren, begegnen häufiger im Buch Deuteronomium, am deutlichsten womöglich in Dtn 5,3, wo Mose den Bundesschluss am Horeb auf die damals nicht anwesende Mo-

Dynamik der Identifizierung mit den Erfahrungen der Horebgeneration, die sich später etwa in der Pessachhaggada fortsetzt, wenn es dort heißt, dass jede Generation sich so verstehen soll, als sei sie selbst aus Ägypten befreit worden.[11] Religiöses Lernen und Lehren betrifft nicht nur eine vergangene Geschichte, sondern vor allem die Gegenwart der Lernenden, denen Gott heute in der Anamnese vergangener Gotteserfahrungen begegnen soll.

2.2 Gottesfurcht als erstes Ziel des Lernens

Als erstes ausdrückliches Ziel des Lernens benennt Gott selbst die Gottesfurcht: „Sie sollen lernen, mich zu fürchten" (Dtn 4,10; vgl. Dtn 31,13). Der so zentrale wie missverständliche Begriff ist neben der Gottesliebe einer von nur zwei Ausdrücken im Buch Deuteronomium, die in ihrer Grundbedeutung eine emotionale Dimension der Gottesbeziehung ansprechen. Gottesfurcht und Gottesliebe sind dabei keine Gegensätze, sondern „ergänzen einander als zwei Aspekte einer intensiven, positiv emotional zugewandten und zugleich respektvollen Beziehung"[12]. „Gottesfurcht lernen" bedeutet demnach letztlich, Gottesbeziehung zu vertiefen.

In der Gottesfurcht kommt das Gespür für die Größe und Heiligkeit Gottes zum Ausdruck, die zugleich das Gespür für die Würde des eigenen und fremden Lebens erwecken soll, wie am Beispiel des Königs sichtbar wird, der durch Gottesfurcht lernt, sich nicht über seine Brüder zu erheben (vgl. Dtn 17,18–20). In Dtn 31,12f. „als Höhepunkt" einer didaktischen Theorie des Toralernens steht die Gottesfurcht im Zentrum der Verbalreihe von *hören – lernen – fürchten – bewahren – tun*.[13] Derart bildet sie die Brücke vom Hören des Gotteswortes hin zum Tun des Gotteswortes. Aus dem Hören und Lernen erwächst die Haltung einer inneren ehrfürchtigen Hinwendung zu Gott, die ihrerseits zum Handeln nach den Geboten

---

abgeneration bezieht: „Nicht mit unseren Vätern hat JHWH diesen Bund geschlossen, sondern mit uns [...]"; ausführlicher vgl. Markl, Dekalog (s. Anm. 2), 248–251.
[11] Vgl. M. Weinfeld, Deuteronomy 1–11 (AYB 5), New Haven – London 2006, 239, der in der Pessachhaggada einen direkten Bezug zu Dtn 5,3 sieht und auf die Ähnlichkeit der Identifikationsdynamik in Dtn 4,10 verweist.
[12] Markl, Gottes Volk (s. Anm. 5), 58.
[13] Vgl. ebd., 66.

Gottes drängt und motiviert. So lässt sich Torabefolgung mit Dominik Markl als „tatgewordene Devotion gegenüber Gott"[14] begreifen.

2.3 Weitergabe an die Kinder

Schon am Beginn der „Ur-Lernstunde" am Horeb wird eine Dynamik der Weitergabe in Bewegung gesetzt. Die Adressaten sollen ihren Kindern die Erfahrung der Horebereignisse einprägen (vgl. Dtn 4,9). Haben die Eltern gelernt, Gott zu fürchten, so sollen sie eben dies ihre Kinder lehren (vgl. Dtn 4,10; 31,13). Die Weitergabe an die Kinder spricht Mose im Laufe seiner Rede noch mehrmals an. In Dtn 6,7 und Dtn 11,19 hält er die Hörer an, die Worte ihren Kindern zu wiederholen, und in Dtn 32,46 werden sie in die Verantwortung genommen, „alle Worte dieser Tora" ihren Kindern so zu vermitteln, dass sie diese beachten und danach handeln.

In Dtn 6,20–25 zeigt sich eine dialogische Dimension dieser angestoßenen Lehr- und Lerndynamik in Form eines antizipierten Dialogs zwischen Eltern und Kind. Die Eltern sollen dem Kind auf die Frage nach dem Grund des Gebotsgehorsams mit einem Verweis auf die Befreiung aus dem Sklavenhaus Ägypten antworten. Lernen soll sich in einer Atmosphäre der Freiheit vollziehen, wo Fragen nicht als ärgerliches Hinterfragen empfunden wird, sondern als Zeichen der inneren Beteiligung und des Interesses an Grund und Sinn des Glaubens. In der Pessachhaggada wurde ein ähnliches Frage- und Antwortspiel sogar liturgisch institutionalisiert.

Die Antwort der Eltern wiederum zeigt ein Gespür für den größeren Sinn des Gebotsgehorsams. Im Verweis auf JHWH, der Israel aus der Knechtschaft befreit hat, eröffnen die Eltern einen Verstehenshorizont für die eingeforderte Befolgung der Gebote. Wenn sie erklären, der Gebotsgehorsam finde sein Ziel darin, das Leben zu haben (vgl. Dtn 6,24), geben sie eine Antwort, die nicht apodiktisch auf eine blinde Befolgung pocht, sondern neben der Dankbarkeit gegenüber der Befreiung auch die Sinnhaftigkeit des Gebotsgehorsams anspricht und damit die Frage nach Sinn und Fülle des Lebens („damit er uns Leben schenkt") berührt.[15]

---

[14] Ebd.
[15] Vgl. Finsterbusch, Weisung (s. Anm. 1), 253.

Genau diese sinnbezogene Form des Lehrens praktiziert Mose selbst in Moab, wenn er Israel nicht nur die Gebote in Dtn 12–25 mitteilt, sondern in Dtn 1–11 und Dtn 26–32 zu diesen hinführt und auf intensive Weise die Gottesbeziehung als Grund und Ziel des Gebotsgehorsams reflektiert.[16] Die Berufung Moses, der als demütigster aller Menschen (vgl. Num 12,3) zuerst ein Lernender war, findet einen Höhepunkt in seiner Lehrtätigkeit in Moab. An ihm wird die Würde des Lehrers besonders deutlich, der nicht nur Wissen vermitteln, sondern auch ein tieferes Verständnis ermöglichen und damit letztlich der Vertiefung der Gottesbeziehung dienen soll.

3 Inhalt des Lernens

Infolge der Diskussionen um Katechismus- und Religionsunterricht in der zweiten Hälfte des 20. Jahrhunderts wurde die inhaltliche Bestimmung des religiösen Lernens oftmals in den Hintergrund gedrängt, während praktische Fragen der Lebenshilfe und Ethik sowie die persönliche Gottesfrage ins Zentrum rückten. Im bisher Gesagten dürfte deutlich geworden sein, dass im Buch Deuteronomium Lernen nicht auf ein Auswendiglernen von Geboten reduziert wird, sondern alle soeben angesprochenen Dimensionen einen wichtigen Stellenwert haben. Dies steht hier aber keineswegs im Widerspruch zu einem Lernen von Glaubensinhalten, sondern ist damit zuinnerst verknüpft.[17] Im Folgenden soll in drei Punkten dargestellt werden, welche Glaubensinhalte Israel lernen soll.

3.1 „Gesetze und Rechtsvorschriften" als auslegende Tora

In Dtn 4,1.5.14, Dtn 5,1.31 und Dtn 6,1 ist vom Lernen oder Lehren der „Gesetze und Rechtsvorschriften" (חקים ומשפטים) die Rede. Gemeint sind damit nach Meinung der meisten Kommentatoren die in Dtn 12–25(26) dargelegten Gebote,[18] die das gesamte Leben Israels

---

[16] Vgl. D. Markl, Deuteronomy's Frameworks in Service of the Law, in: G. Fischer, D. Markl, S. Paganini (Hg.), Deuteronomium – Tora für eine neue Generation (BZAR 17), Wiesbaden 2011, 271–283, hier: 280.
[17] Vgl. Markl, Frameworks (s. Anm. 16), 276.
[18] Vgl. etwa N. Lohfink, Die huqqîm ûmišpāṭîm und ihre Neubegrenzung durch

betreffen, von der Kult- und Sozialordnung (Kapitel 12–18) bis zum Straf- und Zivilrecht (Kapitel 19–25). Eckart Otto hat darauf hingewiesen, dass diese Gebote bereits eine Auslegung jener Gebote sind, die Gott Mose 40 Jahre zuvor am Sinai/Horeb mitgeteilt hatte.[19] Dies wird etwa auch daran ersichtlich, dass Mose in Dtn 12–26 Rechtsmaterie aus dem Bundesbuch Ex 21–23 aufgreift, jedoch ausweitet und zum Teil verändert. In der Substanz sind die „Gebote und Rechtsvorschriften" Offenbarung vom Sinai/Horeb, konkret jedoch von Mose auf die neue Situation hin ausgelegt.

Mit dem Tod des Propheten Mose, der mit Gott von Angesicht zu Angesicht geredet hatte, ist nach Dtn 34,10 auch die Zeit der Toraoffenbarung zu Ende gegangen.[20] Seitdem ist „Toraoffenbarung nur noch in der von Mose verschrifteten Gestalt zugänglich"[21]. Dass diese aber bereits Auslegung der Offenbarung in Form der „Gebote und Rechtsvorschriften" umfasst, hebt den Stellenwert von Auslegung an sich und legitimiert sie auch nach Abschluss der Offenbarung.[22] Das Buch Deuteronomium setzt so eine Kultur des Ergründens, der Vertiefung und der Aktualisierung überlieferter Offenbarung in Bewegung.

3.2 Der Sinn gebende Kontext

In Dtn 5,31 und Dtn 6,1 werden die „Gebote und Rechtsvorschriften" um den Ausdruck „das (ganze) Gebot" (Dtn 5,31: המצוה־כל/Dtn 6,1: המצוה) ergänzt. Nach Georg Braulik umfasst die Wendung „das ganze Gebot" über die Gesetze und Rechtsvorschriften hinaus die gesamte Paränese Moses,[23] nach Moshe Weinfeld zumindest die Paränese in Dtn 6–11.[24] Mehrmals ist von den „Worten"

Dtn 12,1, in: ders., Studien zum Deuteronomium und zur deuteronomistischen Literatur II, Stuttgart 1991, 229–256, hier: 244.
[19] Vgl. Otto, Deuteronomium I (s. Anm. 4), 319f.
[20] Vgl. C. Frevel, Ein vielsagender Abschied. Exegetische Blicke auf den Tod des Mose in Dtn 34,1–12, in: BZ 45 (2001) 209–234, hier: 224.
[21] Otto, Deuteronomium I (s. Anm. 4), 270.
[22] Eckart Otto sieht darin das Vorbild und die Legitimation nachexilischer Schriftgelehrsamkeit (vgl. ebd., 321).
[23] Vgl. G. Braulik, Die Ausdrücke für das Gesetz im Buch Deuteronomium, in: Studien zur Theologie des Deuteronomiums (SBAB 2), Stuttgart 1988, 11–38, hier: 26–28.
[24] Vgl. Weinfeld, Deuteronomy (s. Anm. 11), 328.

(הדברים) die Rede (vgl. etwa Dtn 1,1.18; 4,30; 6,6; 11,18; 12,28; 28,14; 32,46), die Unterschiedliches wie etwa Dekalog oder Segen und Fluch bezeichnen können,[25] laut Jean-Pierre Sonnet tendenziell aber wie etwa in Dtn 11,18f. Moses gesamte Lehrtätigkeit umspannen.[26] Dasselbe gilt für Moses Tora (התורה), die nicht nur die Gebote, sondern große Teile dessen, was im Buch Deuteronomium vor uns liegt, umfasst.[27] Demnach besteht die Lern- und Lehrmaterie ebenso aus dem Sinn erläuternden „Kontext",[28] in den die Gebote eingebettet sind. Dieser besteht aus Ermahnungs- und Erbauungsreden, theologischen Reflexionen, deutenden Erzählungen der Vergangenheit und Zukunftsprophetien. Er umfasst verschiedene Genres wie Narration, Poesie und Paränese. Im Bild gesprochen, sind diese Elemente wie Fleisch, das den Struktur gebenden Knochen der Gebote Leben verleiht. Sie sind geistige und geistliche Nahrung, die unseren Hunger nach Verstehen, Sinn und Lebendigkeit sättigt.

3.3 Tora als Buch

Mose verschriftet die Tora in Dtn 31,9 und ergänzt sie später um das Lied in Dtn 31,22.24. Er übergibt sie den Leviten mit dem Auftrag, diese verschriftete Tora Israel alle sieben Jahre laut vorzulesen. Da das von Mose verschriftete Torabuch Teil jenes Buches ist, das spätere Rezipienten in Form des Buches Deuteronomium in Händen halten werden, veranlasst Jean-Pierre Sonnet dazu, von einem „book within the book" zu sprechen. Spätere Rezipienten können das Ge-

---

[25] Vgl. G. Braulik, „Die Worte" (haddᵉbārîm) in Deuteronomium 1–11, in: Studien zu Buch und Sprache des Deuteronomiums (SBAB 63), Stuttgart 2016, 89–108, hier: 106, der am Ende seiner Analyse des Begriffs resümiert, dass sich dieser Begriff auf keine Referenz festlegen lasse.
[26] Vgl. J.-P. Sonnet, The Book within the Book. Writing in Deuteronomy (BiInS 14), Leiden – New York – Köln 1997, 54–55.
[27] Jean-Pierre Sonnet macht die in Dtn 31,9 niedergeschriebene Tora irgendwo zwischen Dtn 4,44–31,9 fest (vgl. ebd., 246–250, hier: 248). Eckart Otto plädiert dagegen aufgrund der mannigfachen Verknüpfung von Dtn 31 mit der ersten Moserede (Dtn 1–4) dafür, dass die in Dtn 31,9 niedergeschriebene Tora Dtn 1,6–30,20 umfasst, welche bei der zweiten Niederschrift in Dtn 31,24 um das Lied in Dtn 32 ergänzt wird (vgl. E. Otto, Deuteronomium 12–34. Zweiter Teilband: Deuteronomium 23,16–34,12 [HThKAT], Freiburg i. Br. 2017, 2111).
[28] Vgl. Finsterbusch, Weisung (s. Anm. 1), 290.

bot der Toralesung (vgl. Dtn 31,12) nur erfüllen, wenn sie das Rahmenbuch, also das gesamte Buch Deuteronomium, lesen.[29] Damit wird indirekt die Lesung des Buches Deuteronomium angeordnet, was später als Lesung des gesamten Pentateuchs verstanden wurde, umso mehr, als man die Verschriftungsnotizen in Dtn 31 auf diesen in seiner Gesamtheit bezog. So trat die Heilige Schrift erstmals als Medium und als Inhalt des Lernens in Erscheinung.

4 Formen des Lernens und Lehrens

In diesem letzten Punkt möchte ich drei verschiedene Formen des Lernens und Lehrens ansprechen, in denen verschiedene Weisen, Gottesbeziehung zu stiften, zu vertiefen und zu leben, zum Ausdruck kommen.

4.1 Ständiges Zwiegespräch: Der König als Torastudent (Dtn 17)

Das exemplarische Beispiel des Lernenden ist Mose selbst, der zu Gott auf den Horeb gerufen wurde, um dort von ihm belehrt zu werden, was sich später auf ähnliche Weise im Offenbarungszelt wiederholt. Moses Erfahrung wird im Moseepitaph (vgl. Dtn 34,10) Einzigartigkeit zugesprochen, da er Gott von Angesicht zu Angesicht kannte. Analogien der intimen Gottesbegegnung lassen sich vielleicht bei Mystikern und natürlich bei Jesus finden, der am Herzen des Vaters ruht (vgl. Joh 1,18). Leichter anzuknüpfen ist jedoch an einem weiteren lernenden Zwiegespräch, das überraschenderweise in der Beschreibung des Königsamtes (vgl. Dtn 17,14–20) begegnet. Die Gestalt des Königs findet hier entgegen allen Prunk- und Machtanwandlungen im Torastudenten ihr Idealbild.[30]

So soll der König eine Abschrift der Tora bei sich haben, um darin alle Tage seines Lebens zu lesen (vgl. Dtn 17,19). Er steht damit in einem ständigen Zwiegespräch mit der Tora, mit Mose als Lehrer der Tora und letztlich mit Gott als Ursprung dieser Tora. Im persön-

---

[29] Vgl. Sonnet, Book (s. Anm. 26), 260f.
[30] Dazu vgl. D. Markl, Deuteronomy's ‚Anti King': Historicized Etiology or Political Project?, in: A. Gianto, P. Dubovský (Hg.), Changing Faces of Kingship in Syria-Palestine 1500–500 BCE (AOAT 459), Münster 2018, 165–186, hier: 168–173.

lichen Zwiegespräch mit Gottes Weisung lernt er, Gott zu fürchten, die Gebote zu halten und schließlich die für ihn so wichtige Tugend der Demut, indem er sein Herz nicht über seine Brüder erhebt. Was von ihm eingefordert wird, gilt ebenso für alle Israeliten. Auch sie sollen Tora lernen (vgl. Dtn 6,6–9; 31,9–13), die Gebote beachten und ihr Herz nicht erheben (vgl. Dtn 8,14). Man kann aus diesen Parallelen den Schluss ziehen, dass der König in Dtn 17 auch ein exemplarischer Israelit ist.[31] Im Studium der Tora formt sich das Herz des Lernenden entsprechend der Tora und lässt ihn demütig werden. Er gewinnt gerade in dieser Haltung der Demut eine innere Würde und Größe, die der eines Königs vergleichbar ist.

4.2 Ständiges Rezitieren: „wenn du sitzt […] und wenn du aufstehst" (Dtn 6,7; 11,19)

Wie am Beispiel von Dtn 4,10 zu sehen war, ist die Berufung, zu lernen, unmittelbar mit jener, zu lehren, verbunden. In Dtn 6,7 und Dtn 11,19 ist noch von einer anderen Form der Weitergabe die Rede. Nachdem Mose auffordert, diese Worte, die nach Eckart Otto den Dekalog und das „Höre Israel" (Dtn 6,4f.) umfassen,[32] in das Herz zu schreiben, heißt es in Dtn 6,7:

> „Du sollst sie deinen Kindern wiederholen und du sollst von ihnen sprechen, wenn du in deinem Haus sitzt und wenn du auf der Straße gehst, wenn du dich schlafen legst und wenn du aufstehst."

Jüdische Tradition hat daraus das Gebot abgeleitet, das „Höre Israel" zu rezitieren. Dabei kann dies durchaus auch als Akt der Instruktion gemeint sein[33] – wofür das erste Glied in Dtn 6,7 spricht –, die Worte den Kindern zu wiederholen. Demnach lässt sich auch der Auftrag, davon zu sprechen (ודברת בם), so deuten, dass Dekalog und „Höre Israel" in Anwesenheit der Kinder rezitiert werden sollen.[34]

---

[31] Vgl. Markl, ‚Anti King' (s. Anm. 30), 180.
[32] Vgl. E. Otto, Deuteronomium 1–11. Zweiter Teilband: Deuteronomium 4,44–11,32 (HThKAT), Freiburg i. Br. 2012, 803–805.
[33] Vgl. E. Talstra, Texts for Recitation. Deuteronomy 6:7; 11:19, in: J. W. Dyck u. a. (Hg.), „Unless some guide me ..." [FS K. A. Deurloo] (ACEBT.S 2), Maastricht 2001, 67–76, hier: 75.
[34] Vgl. Otto, Deuteronomium II (s. Anm. 32), 808.

Die Aufforderung, gerade den Dekalog und das „Höre Israel" wiederholt zu rezitieren, streicht die Schlüsselposition dieser Texte hervor. Der Dekalog beinhaltet die grundlegenden Gebote in Hinblick auf Gott und den Menschen und repräsentiert so *in nuce* die Gesamtheit der göttlichen Gebote.[35] Das „Höre Israel" wiederum umfasst mit dem Bekenntnis zu Gott als einzigem Herrn, dem allein „ungeteilte Liebe" zu schenken ist,[36] Anknüpfungspunkte zum ersten Gebot des Horebdekalogs, dem Hauptgebot in Dtn 12 und 13, den monotheistischen Bekenntnissen in Dtn 4,35.39 bis hin zum Motiv der Herzensbeschneidung in Dtn 30,6.[37]

In der ständigen Wiederholung dieser Schlüsseltexte schreibt der Israelit die Fundamente des Glaubens in das eigene Herz und in das seiner Kinder ein.[38] Da sich der Auftrag auf alle Lebensbereiche, auf das eigene Heim („in deinem Haus") und auf das öffentliche Leben („auf der Straße"), auf alle Aktivitäten vom Sitzen, Gehen, Liegen bis zum Aufstehen erstreckt, wird deutlich, dass diese Worte ihn immer begleiten und alle seine Lebensvollzüge bestimmen sollen. Jüdische Tradition hat diese Durchdringung des Alltags mit dem Rezitieren des „Höre Israel" als Annahme des Jochs des Himmelreichs bezeichnet. Demnach lässt der Rezitierende Gott in seinem Leben und seiner Lebenswelt zur Herrschaft kommen.[39]

---

[35] Lothar Perlitt bezeichnet den Dekalog als „Grund-Gesetz", das von den Geboten in Dtn 12–26 kommentiert wird (vgl. L. Perlitt, Bundestheologie im Alten Testament [WMANT 36], Neukirchen-Vluyn 1969, 99), was sich auch in der Strukturierung von Dtn 12–26 niederschlägt, wie etwa Georg Braulik gezeigt hat (vgl. G. Braulik, Die deuteronomischen Gesetze und der Dekalog. Studium zum Aufbau von Deuteronomium 12–26 [SBS 145], Stuttgart 1991, 14–20).

[36] Das „Höre Israel" weist starke Entsprechungen zu neuassyrischen Loyalitätseiden auf, in denen Vasallen sich zum König als ihrem Lehensherrn bekannten und Loyalität versprachen. Im „Höre Israel" wird dies aufgenommen, jedoch allein JHWH zugesagt, der so in ständiger Rezitation als Herr Israels in Erinnerung gerufen wird; zum vertragsrechtlichen Hintergrund des „Höre Israel" vgl. Otto, Deuteronomium II (s. Anm. 32.), 797.

[37] Dazu vgl. ebd., 796–802; Eckart Otto legt darin die komplexe Genese dieses Schlüsseltextes und seiner Uminterpretationen von einem „monojahwistischen" bis zu einem „monotheistischen" Bekenntnis in nachexilische Zeit dar (vgl. ebd., 801).

[38] Vgl. ebd., 806; Eckart Otto sieht im Auftrag der wiederholenden Rezitation eine Sicherung des Auftrags in Dtn 6,6, dass diese Worte im Herzen geschrieben stehen sollen.

[39] Ausführlich dazu vgl. Weinfeld, Deuteronomy (s. Anm. 11), 352–354, der auch

4.3 Gemeinsames Lernen: „Du sollst diese Tora vor ganz Israel laut vorlesen!"

Über das Lernen in der Familie und das Einzelstudium hinaus wird in Dtn 31,10–13 auch ein öffentliches, gemeinsames Lernen von ganz Israel für die Zukunft angeordnet. Die Priester aus dem Stamm Levi sollen alle sieben Jahre zum Laubhüttenfest das ganze Volk, Männer, Frauen, Alte, Kinder und sogar den Fremden an der Stätte sammeln und alle „Worte dieser Tora" laut vorlesen. Das gemeinsame Lernen ist ein wichtiger Aspekt in Bezug auf Israel als Gemeinschaft von Brüdern und Schwestern, in das sogar der Fremde aufgenommen wird. Ihre Gemeinschaft definiert sich nicht nur über eine gemeinsame Geschichte und eine notwendige Regelung des Zusammenlebens als Nation. Entsprechend der Gründungserfahrung am Horeb, dem Geburtsort Israels als „Versammlung" (קהל),[40] gründet ihre Identität in der gemeinsamen Berufung durch JHWH, sein Wort zu hören, Gottesfurcht zu lernen und danach zu handeln.

Dementsprechend gleicht die zukünftige Versammlung der Urversammlung am Horeb, was durch mehrere sprachliche Entsprechungen im Sammlungsauftrag (קהל) und der Zielbestimmung dieser Versammlung, zu hören, zu lernen und zu fürchten, deutlich wird.[41] Israel soll im siebenjährlichen Rhythmus die Urlehrstunde am Horeb von Neuem durchleben und so als „Versammlung Israel" (קהל ישראל) erneuert werden. Damit wird Israel in seiner gemeinsamen Berufung gestärkt und gleichsam im siebenjährlichen Rhythmus „neu geboren".[42] Dies geschieht wie schon für die Moabgenera-

---

auf christliche Zeugnisse dieser Praxis verweist. Trotz einer anderen theologischen Schwerpunktsetzung kann man hier Anklänge an die christliche Praxis des dreimaligen Angelusgebets hören, mit dem die Gläubigen in Marias „Ja" einstimmen.

[40] Hendrik Stoppel definiert die קהל als „dauerhaftes Gegenüber im Gottesverhältnis" (H. Stoppel, Von Angesicht zu Angesicht. Ouvertüre am Horeb. Deuteronomium 5 und 9–10 und die Textgestalt ihrer Folie [AThANT 109], Zürich 2018, 139).

[41] Auf die sehr offensichtliche literarische Verbindung von Dtn 4,10 und Dtn 31,12 über die Verben „versammeln", „hören", „ lernen" und „fürchten" haben Kommentatoren mehrfach verwiesen; vgl. z. B. Sonnet, Book (s. Anm. 26), 143; Markl, Gottes Volk (s. Anm. 5), 169.

[42] Vgl. Lohfink, Glaube (s. Anm. 1), 159: „[…] die Gesellschaft Jahwes wird im kollektiven Bewusstsein neu geboren." Dabei ist im Motiv des siebenjährlichen

tion über das Hören von Moses Tora, die Israel nun in der verschrifteten Form des Torabuches vorgelesen bekommt.[43] In dieser Versammlung wird Israel in seiner Idealgestalt sichtbar, zu der es am Horeb von Gott berufen und in Moab erneuert wurde, als Gottes Volk, das gemeinsam seine Worte hört, gemeinsam lernt, um schließlich gemeinsam zu handeln.

5 Impulse für die Kirche in Zeiten der Veränderung

Wenn das Buch Deuteronomium einen so starken Akzent auf das Lernen und Lehren legt, so spiegelt dies nicht nur das Bewusstsein für die identitätsbildende und zukunftssichernde Bedeutung einer Lehr- und Lernkultur wider, sondern vielleicht noch mehr das Gespür dafür, dass im Lernen und in der Weitergabe des Gelernten Gottesbeziehung gestiftet, vertieft und gelebt wird. Gemeinsam oder allein über Gott und seine Weisung nachzusinnen, Verständnis zu gewinnen und in der Erkenntnis zu wachsen, ist gelebte Gottesbeziehung und Quelle der Freude (vgl. Ps 1,2). Es führt zu einer Haltung der Demut, die dem Menschen eine innere „königliche" Würde verleiht und eine Gemeinschaft der Geschwisterlichkeit ermöglicht, die ihre Identität vor allem aus der Berufung gewinnt, gemeinsam Gottes Wort zu hören, es zu lernen und so gemeinsam zu handeln. Das Buch Deuteronomium könnte uns so zu einer neuen Wertschätzung des Lernens und Lehrens als gelebte Gottesbeziehung inspirieren.

Im Buch Deuteronomium schließen sich persönliche Gottessuche und überlieferter Offenbarungsinhalt nicht gegenseitig aus, sondern bilden eine Einheit. Da heute Glaubensvermittlung oft Gefahr läuft, entweder auf einer sehr kindlichen, emotionalen Ebene eines Glaubens ohne Wissen zu verbleiben oder sehr abstrakt in theologischen Höhen nur „Spezialisten" zugänglich zu sein, könnte uns dies auf

---

Rhythmus auch eine Initiationsmotivik zu beobachten, da damit nach Dominik Markl gewährleistet ist, dass jedes Kind „erstmals bewusst zwischen 5 und 12 Jahren" die Tora hört (vgl. Markl, Gottes Volk [s. Anm. 5], 173).

[43] Jean-Pierre Sonnet spricht in diesem Zusammenhang von einer Wiederholung einer einmaligen mündlichen Vermittlung durch das Medium der Schrift (vgl. Sonnet, Book [s. Anm. 26], 145).

eine Lern- und Lehrkultur hinweisen, die Glaubenswissen einerseits und persönliche Gottes- und Sinnsuche andererseits verbindet. Da die hebräische Bibel in der Kirche trotz auch sehr fruchtbringender Versuche für viele Gläubige ein verschlossenes Buch bleibt, rufen uns die Einsichten des Buches Deuteronomium zur Pädagogik des Glaubens den unschätzbaren und stets aktuellen Wert der hebräischen Bibel in Erinnerung.[44] In Zeiten der Veränderung, die viele als Krise der Kirche erleben, könnte in besonderer Weise die größere Perspektive des Buches Deuteronomium wegweisend sein. Trotz aller notwendigen strukturellen und rechtlichen Regelungen des Zusammenlebens, die vor allem in Dtn 12–26 zur Sprache kommen, ist und bleibt die Gottesbeziehung sowohl der Gemeinschaft als auch des Einzelnen der entscheidende Ausgangs- und Zielpunkt aller Zukunftsprogramme und Pläne. Dabei sind Lernen und Lehren wesentlich, um mit Gott in Beziehung zu treten sowie diese Beziehung zu vertiefen und zu leben.

---

[44] In diesem Zusammenhang möchte ich auf folgenden neueren Beitrag verweisen: D. Markl, K. Offermann, Vergesst nicht …: Ökumenische Bibelwoche 2019/2020. Arbeitsbuch: Exegesen, Bibelarbeiten und Anregungen zum Deuteronomium (Texte zur Bibel 35), Neukirchen-Vluyn 2019. Dieser Beitrag erschließt in leicht verständlicher Sprache das Buch Deuteronomium und enthält viele Querverweise auf aktuelle Themen, die auch für Bibelgruppen oder biblische Lehrstunden sehr inspirierend sein könnten.

Ein Fest des Verstehens
Welchen Beitrag leistet die Exegese für eine bibelorientierte Pastoral in Zeiten des Wandels? Überlegungen zu einer anwendungsorientierten Schriftauslegung

Christiane Koch

Mit dem Beginn der Herrschaft der persischen Großmacht im ausgehenden sechsten Jahrhundert vor Christus beginnt für die Angehörigen des JHWH-Volkes eine neue Epoche. Die Ermöglichung der Rückkehr aus dem babylonischen Exil in die nun persische Provinz Jehud, die Jerusalem und einiges Umland umfasst, stellt sowohl die Rückkehrer(innen) wie auch die im Land Gebliebenen vor ganz neue Herausforderungen. Erstmals gilt es, unter den Bedingungen der Fremdherrschaft den JHWH-Glauben in Juda neu zu etablieren und die Identität einer „JHWH-Gemeinde" zu entwickeln.[1] In diesen zeitgeschichtlichen Kontext kann die Perikope Nehemia 8,1–12 eingeordnet werden, die einen interessanten Ausgangspunkt für die folgenden Überlegungen zur Bedeutung der Exegese für eine Pastoral in Zeiten des Wandels darstellt.

Im genannten biblischen Abschnitt geht es um die Verlesung des „Buches der Tora des Mose" (Neh 8,1), was mit der damaligen Heiligen Schrift in etwa gleichzusetzen ist. Diese erfolgt aufgrund der Initiative des Volkes auf einem öffentlichen Platz (vgl. ebd.). In der auffallend gezielten Gestaltung der Perikope, die mehrfach die Einheit des ganzen Volkes in dieser Situation betont (vgl. z. B. die Erwähnung der Anwesenden als „Gemeinde, vom Mann bis zur Frau und alle" in Neh 8,2), zeigt sich, dass die Verlesung des „Wortes Gottes" hier als identitäts- und gemeinschaftsstiftend erlebt wird. Interessant ist nun, dass unmittelbar mit *Verlesen* des Wortes ein *Erklären* bzw. ein *Sinn-erschließen* durch namentlich genannte Leviten einhergeht. So hören die Versammelten das Wort nicht nur, sondern

---
[1] Dazu ausführlich vgl. E. S. Gerstenberger, Israel in der Perserzeit. 5. und 4. Jahrhundert v. Chr. (BE[S] 8), Stuttgart 2005, 213–215.

„sie verstehen das Gelesene" (Neh 8,8b).[2] Dies löst große Betroffenheit, aber auch Freude aus. Und der „Wortgottesdienst", der hier gefeiert wird, endet mit einem gemeinsamen Fest darüber, dass „sie *die Worte verstanden, die ihnen erschlossen wurden*" (Neh 8,12b) [Kursivsetzung C. K.). Dass bei diesem Fest auch die Bedürftigen nicht vergessen werden, bezeugt, dass das Hören und Verstehen des Wortes unmittelbar zur Umsetzung und zum Handeln führen. Ein solches *Fest des Verstehens* wird möglich, weil den Menschen das Wort der Tora erklärt wird und so zur Wirkung kommt.

Die Bedeutung des Erklärens als unverzichtbar zum ganzheitlichen Verstehen des Wortes Gottes betont auch die bekannte Erzählung von der Begegnung des Philippus mit einem äthiopischen Beamten in Apg 8. Als Text des lukanischen Verfassers ist dieser Abschnitt in das späte erste Jahrhundert nach Christus einzuordnen und steht damit in einem der nachexilischen Perserzeit durchaus vergleichbaren Kontext des Aufbaus und der Formierung junger Gemeinden im Einflussbereich des römischen Reiches. Unterwegs treffen Philippus und der äthiopische Beamte zusammen. Als Philippus diesen den Propheten Jesaja rezitieren hört und sich danach erkundigt, ob er denn auch *verstehe*, was er liest (vgl. Apg 8,30), antwortet der Beamte mit der Frage: „Wie denn könnte ich, wenn nicht jemand mich anleitet?" (Apg 8,31) Die nun folgende Erklärung des Philippus führt hier zur Taufe des Äthiopiers, die ähnlich wie in Nehemia 8 als ein Ausdruck bzw. ein *Fest des Verstehens* gedeutet werden kann, mit dem sich der Weg des Äthiopiers in eine der jungen christlichen Gemeinden verbindet.

Die beiden Beispiele zeigen, dass schon innerhalb der Schrift selbst das Bewusstsein grundgelegt ist, dass biblische Texte, sollen sie bei den Leser- oder Hörer(inne)n wirklich ankommen und zum Handeln motivieren, einer entsprechenden Auslegung bzw. Erklärung bedürfen. Dieser hermeneutischen Grundannahme folgend wird im Weiteren die Frage gestellt, in welcher Weise Exegese als professionelle Schrifterklärung dazu beitragen kann, dass gerade in Zeiten kirchlicher Unsicherheit ein fundiertes Verstehens möglich wird.[3]

---

[2] Vgl. T. Hieke, Die Bücher Esra und Nehemia (NSK 9/2), Stuttgart 2005, 189–201.
[3] Aufgrund des begrenzten Umfangs dieses Beitrags beziehen sich die weiteren Überlegungen hauptsächlich auf den Bereich des Neuen Testaments. Für das Alte Testament bleiben die hermeneutischen Überlegungen grundsätzlich gleich;

1 Individualisierungsprozess und Methodenpluralismus in der Schriftauslegung

Im Blick auf aktuelle Zugänge zur Schriftauslegung in der pastoralen Praxis ist eine große Diversität auszumachen, was dem gegenwärtigen, von Individualisierung und Pluralismus geprägten Lebensgefühl durchaus entspricht. Religion präsentiert sich heute nicht mehr als Orientierung im Kontext der Orthodoxie, sondern als „eine Vielfalt von Phänomenen"[4], die den einzelnen Menschen unvermeidlich vor die Wahl stellt und zur Entscheidung fordert.[5]

Dementsprechend hat sich auch, was die Lektüre und Interpretation der Bibel angeht, im Laufe der Zeit eine Vielzahl von unterschiedlichen Lesemöglichkeiten etabliert, die „mit Hilfe von Dutzenden verschiedenen Methoden, Nicht-Methoden oder persönlicher Erfahrung begründet werden"[6], so der Neutestamentler Ulrich Luz. In der Fachexegese hält zeitgleich die von der Literaturwissenschaft bereits Mitte des 20. Jahrhunderts vollzogene Wende vom „inspirierten Autor" und dessen im Text intendierter Absicht zum Fokus auf den „inspirierten Leser" Einzug.[7] Damit geht auch in der Wissenschaft das Verständnis einer Mehrdeutigkeit der Schrift einher, die nicht mehr nur eine einzige Textbedeutung kennt, sondern „mehrere Auslegungen, zwischen denen nicht eindeutig entschieden werden kann"[8].

Im Hinblick auf die pastorale Praxis hat diese moderne Entwicklung zur Vielfältigkeit des Schriftzugangs in vielerlei Weise zur Bibellektüre ermutigt und zahlreiche biblische Initiativen ins Leben geru-

---

aufgrund der differenzierteren Situation der Textentstehung ist die Umsetzung dazu um einiges komplexer.

[4] P. L. Berger, Altäre der Moderne. Religion in einer pluralistischen Gesellschaft, Frankfurt a. M. 2015, 35.

[5] Dazu vgl. P. L. Berger, Der Zwang zur Häresie. Religion in einer pluralistischen Gesellschaft, Frankfurt a. M. 1980, 16–35.

[6] U. Luz, Theologische Hermeneutik des Neuen Testaments, Neukirchen-Vluyn 2014, 9.

[7] Zur Diskussion um den „Tod des Autors" (R. Barthes) vgl. ebd., 166–176. Ansätze zur sogenannten „Rezeptionsästhetik" in der Exegese nennt Knut Backhaus (vgl. K. Backhaus, „Die göttlichen Worte wachsen mit dem Leser". Exegese und Rezeptionsästhetik, in: E. Garhammer, H.-G. Schöttler [Hg.], Predigt als offenes Kunstwerk. Homiletik und Rezeptionsästhetik. München 1998, 162, Anm. 32).

[8] G. Theißen, Polyphones Verstehen. Entwürfe zur Bibelhermeneutik, Berlin 2014, 21.

fen, was im Sinne einer geistgewirkten Offenheit und Lebendigkeit selbstredend zu begrüßen ist. Gleichzeitig darf aber nicht übersehen werden, dass damit aber auch eine individuelle Beliebigkeit des Schriftverständnisses einhergeht, die vielleicht individuelle Frömmigkeit, aber kaum mehr eine kirchliche und/oder gemeindliche Identität zu begründen vermag. Wenn Bibellektüre wie im Beispiel von Nehemia 8 zur (Wieder-)Entdeckung bzw. im paulinischen Sinn zum Aufbau der *communio* führen soll, braucht es also orientierende Leitlinien, welche einen Zusammenklang vieler einzelner Stimmen gewährleisten. Hier zeigt sich ein Aufgabenfeld für eine anwendungsorientierte Exegese.

2 Eine Hermeneutik der Fremdheit

Eine Grundregel der Hermeneutik lautet, dass sprachlicher Ausdruck und insbesondere geschriebene Rede nicht einfachhin selbstverständlich ist, sondern eine reflektierte Zugangsweise erfordert. Dies kann im Hinblick auf das Verstehen biblischer Texte nicht deutlich genug ins Bewusstsein gerufen werden. Denn die *Kunst des Verstehens*, die einer der großen Hermeneutiker des 19. Jahrhunderts, Friedrich Daniel Ernst Schleiermacher, betont („Missverstehen ergibt sich von selbst" und „Verstehen muss auf jedem Punkt gewollt und gesucht werden"[9]), will im Falle von biblischen Texten insofern besonders erlernt sein, als es gilt, sich in die Welt von Autoren hinein zu begeben, die einer fremden Zeit und Kultur entstammen. Aus diesem Grund hat es sich seit Hans Weder in der biblischen Hermeneutik eingeprägt, von den Texten metaphorisch als „fremden Gästen" zu sprechen, denen mit Respekt und Achtung, aber auch mit großer Offenheit und vielleicht sogar Neugier zu begegnen ist. Ulrich Luz betont denn auch als eine Grundregel biblischer Hermeneutik, dass es gilt, „auf die Texte zu hören, ihre Fremd-

---

[9] Zitiert nach G. Etzelmüller, Zwischen Grammatik und Psychologie. Friedrich D. E. Schleiermacher (1768–1834), in: S. Luther, R. Zimmermann (Hg.), Studienbuch Hermeneutik. Bibelauslegung durch die Jahrhunderte als Lernfeld der Textinterpretation, Gütersloh 2014, 242. – Vgl. dazu auch K. Berger, Hermeneutik des Neuen Testaments, Tübingen – Basel 1999, 76–79; Luz, Theologische Hermeneutik (s. Anm. 6), 17–26.

heit zu entdecken, und die Differenz auszuloten zwischen dem, was sie zu sagen haben, und dem, was wir selbst sind und sagen."[10] Demzufolge sollte die Auslegung und Anwendung eines biblischen Textes die zeitliche Ferne und das Anderssein der Welt, in der er entstand, nicht außer Acht lassen. Natürlich sind die historischen Lebenswelten, die oft fremden Bilder, Erzählweisen und Denkmuster des alttestamentlichen Israel sowie der Zeit Jesu, seiner Jünger und der ersten christlichen Gemeinden an vielen Stellen der Bibel unübersehbar. Dennoch ist zu beobachten, dass gerade in bibelvertrauten Kreisen die Fremdheit der biblischen Texte häufig nicht mehr eigens berücksichtigt, sondern mehr oder weniger selbstredend zur Kenntnis genommen bzw. vorausgesetzt wird. „Wir ‚indigenisieren' diese ‚Fremden', d. h. wir passen das, was sie zu sagen haben, unseren eigenen Vorstellungen und Wünschen an."[11] Verstärkt wird dies dadurch, dass biblische Texte unter den Vorzeichen des Kanons als Dokumente des christlichen Glaubens gelten, was oftmals zusätzlich dazu führt, dass sich vorschnell eine selbstverständliche Vertrautheit mit den Texten einstellt, die originäre Zugänge verhindert. Der Literaturwissenschaftler Hans Robert Jauß wählt in der Grundlegung seiner literarischen Hermeneutik interessanterweise das Buch Jona als Paradigma einer „Hermeneutik der Fremde". Er erkennt im Buch Jona einen der bekanntesten Texte der Bibel und hält dazu fest, dass gerade „ein solcher Bekanntheitsgrad die hermeneutische Folge hat, dass der primäre Widerstand des Fremden völlig in eine sekundäre Vertrautheit aufgegangen ist – in die Illusion eines unmittelbaren Verstehens"[12]. Für die Textauslegung schlägt Hans Robert Jauß daher vor, zunächst die Fremdheit des zeitlich fernen Textes ans Licht zu bringen, um so die vermeintliche Vertrautheit bewusst abzubauen und erst in einem zweiten Schritt danach Ausschau zu halten, „ob uns die Andersheit des Textes nur noch fremd und vergangen erscheint oder ob er eine neue Antwort auf eine legitime, den Sinn des Textes treffende Frage zu geben vermag"[13].

Für eine innovative, anwendungsorientierte Schriftauslegung, um die es hier im Hinblick auf eine bibelorientierte Pastoral geht, emp-

---
[10] Luz, Theologische Hermeneutik (s. Anm. 6), 19.
[11] Ebd., 20.
[12] H. R. Jauß, Wege des Verstehens, München 1994, 87.
[13] Ebd.

fiehlt es sich also, dem Text als Hörende zu begegnen und, um des größeren Reichtums willen, die Herausforderung der Fremdheit anzunehmen. Methodisches Handwerkszeug ist dazu in erster Linie „die historische Methode, welche die primäre Aufgabe hat, den Texten, diesen Fremden, ihre Fremdheit zurückzugeben."[14] Um ein vertieftes Verstehen zu ermöglichen, gilt es also, eine methodische Zugangsweise zu entwickeln, die einen Text zunächst ins Licht seines zeitgeschichtlichen Kontextes stellt und so die zeitliche und kulturelle Distanz aufdeckt. In einem weiteren Schritt zur Aktualisierung stellt sich dann die Frage, wie der fremde bzw. verfremdete Text ins Heute spricht und zur Wirkung kommt. Aus den zahlreichen Entwürfen zur biblischen Hermeneutik, die sich in der exegetischen Fachliteratur finden, werden im Folgenden einige jener Ansätze zur Sprache gebracht, die neben dem Verstehen und der Interpretation des Textes auch die Frage nach der Anwendung bzw. Applikation thematisieren (vgl. 3.2 und 3.3). Vorausgestellt wird eine kurze Vergewisserung zum grundlegenden Verständnis eines Textes und seiner Rezeption (vgl. 3.1).[15]

3 Wie biblische Texte zur „Anwendung" bringen?

3.1 Der Text und die Faktoren des Verstehens

Ein biblischer Text ist zunächst einmal wie jeder andere Text ganz allgemein als „ein Mittel sprachlichen Handelns"[16] zu sehen, also eine verschriftlichte sprachliche Äußerung. Genauerhin haben sich in der Sprachwissenschaft zwei Zugänge eines Textverständnisses etabliert, von denen gleichermaßen wichtige Impulse für die Exegese des späteren 20. Jahrhunderts ausgingen.

Zum einen wird ein Text entsprechend der Grundbedeutung des lateinischen Begriffs *textus* als *Gewebe* („Textil") betrachtet, das eine eigenständige, vom Umfeld isolierbare Größe (Textwelt) darstellt.

---

[14] Luz, Theologische Hermeneutik (s. Anm. 6), 21 (im Anschluss an Hans Weder).
[15] Übersichten zu hermeneutischen Entwürfen finden sich u. a. in: ebd., 29–93; Luther, Zimmermann (Hg.), Studienbuch (s. Anm. 9), 13–59.
[16] M. Habermann, Text. Begriff, in: O. Wischmeyer (Hg.), Lexikon der Bibelhermeneutik. Begriffe – Methoden – Theorien – Konzepte, Berlin 2013, 582.

Dementsprechend bleibt das Interesse der Auslegung synchron auf die Komposition, die semantische Struktur und stilistische Gestaltungselemente gerichtet. Im Anschluss an dieses Textverständnis, das eng mit dem Sprachwissenschaftler Algirdas Julien Greimas verbunden ist, hat sich die sogenannte „semiotische Exegese" (vgl. auch *New Criticism*) entwickelt, die biblische Texte als strukturierte Zeichensysteme analysiert.

Im Unterschied zu diesem textimmanenten Zugang blickt das Verständnis des Textes als *Mitteilung* über das „Gewebe" hinaus und lenkt die Aufmerksamkeit auch auf textexterne Faktoren: den Verfasser/Autor, die Leser/Hörer[17] und die Sache bzw. den Inhalt eines Textes. Der Text hier wird als *kommunikative Handlung* verstanden, bei der ein *Sender* eine Botschaft an einen *Empfänger* übermittelt. Dem von der Sprachphilosophie ausgehenden Ansatz liegt die Sprechakttheorie John Langshaw Austins (u. a.) zugrunde, die je nach Aussageabsicht unterschiedliche Arten von sprachlichen Äußerungen unterscheidet. Dieser diachrone Zugang, der neben der Textgestalt auch die Entstehungssituation des Textes berücksichtigt, wird, wie sich noch zeigen wird, in der Exegese des Alten und des Neuen Testaments breit rezipiert und bildet die Grundlage für zahlreiche hermeneutische Entwürfe.[18]

Im hier favorisierten Modell kommen beide Aspekte zur Geltung. Zum einen wird der biblische Text unabhängig von seiner Textgeschichte in seiner literarischen und sprachlichen Endgestalt, seiner *Gewebestruktur* analysiert. Zum anderen wird aber auch der *kommunikative Aspekt* des Textes, der historische und soziale Kontext der Entstehungs- bzw. Rezeptionssituation, so weit wie möglich zum Verständnis des Textes mitberücksichtigt. Dass zur Auslegung biblischer Texte eine Kombination beider Textmodelle geboten ist, betont auch Ulrich Luz, der festhält, dass bei neutestamentlichen Texten als *schriftlichen* Texten „das ,Gewebe' ein wesentlicher Schlüssel zum Verständnis sein kann"[19]. Jedoch, so Ulrich Luz, sind „Texte

---

[17] Zugunsten einer besseren Lesbarkeit wird im Weiteren bei der Verwendung von „Verfasser/Autor/Sender" und „Leser/Hörer/Rezipient/Adressat/Empfänger" als Faktoren des Kommunikationsprozesses auf die inklusive Schreibweise verzichtet.
[18] Ausführlicher dazu vgl. Luz, Theologische Hermeneutik (s. Anm. 6), 149–163.
[19] Ebd., 150.

nie für sich existierende, von der Geschichte und von menschlichem Leben isolierbare ‚Textwelten', sondern sie werden immer in konkreten Situationen von konkreten Menschen gesprochen, geschrieben, gehört, gelesen und interpretiert"[20].
Zusammenfassend und als Ausgangspunkt für die weiteren Schritte lassen sich die Faktoren des Verstehens eines biblischen Textes folgendermaßen darstellen:

```
                        Sache
                          |
                          |
Autor in seiner                              Rezipient in seiner
hisatorischen    <------>  biblischer Text  <------>  historischen
Lebenswelt                                   Lebenswelt
```

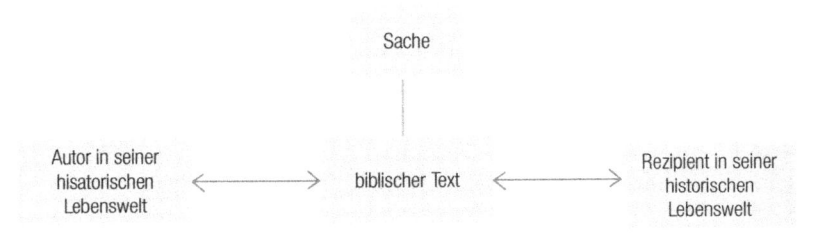

Grafik 1

Innerhalb des Systems eines Kommunikationsprozesses erscheint der *biblische Text* hier als verbindendes Element zwischen *Autor/Verfasser* und *Rezipient (Leser/Hörer)*. Mit dem Faktor Text verbunden ist ein Anliegen, eine bestimmte *Sache*, welche der Autor dem Rezipienten vermitteln möchte. Der Text ist sozusagen das Medium, mit dem der Autor dem Rezipienten (Leser/Hörer) ein bestimmtes Anliegen oder Interesse mitteilt, das dieser aufnimmt und im besten Fall umsetzt. Bezogen auf biblische Texte sind sowohl der Autor wie der/die Rezipient/Rezipienten eingebettet in die jeweilige zeitgeschichtliche Lebenswelt (Erfahrungsraum), in die der Text (und seine Sache) als Medium der Kommunikation hineingenommen ist, wenngleich dieser aus literarischer Perspektive eine eigene textimmanente Welt darstellt.[21] Wie bereits erwähnt, scheint es für ein

---

[20] Ebd., 155.
[21] Ähnliche Darstellungen finden sich in der Literatur zur biblischen Hermeneutik mehrfach. Als Ausgangspunkt vgl. auch Backhaus, Die göttlichen Worte (s. Anm. 7), 152. – Je nachdem, ob der Faktor *Sache* mit dem *Text* verbunden oder als eigenständiges Element betrachtet wird, ist von einem „hermeneutischen Viereck" (vgl. etwa M. Oeming, Biblische Hermeneutik. Eine Einführung, Darmstadt ²2007, 5) oder von einem „hermeneutischen Dreieck" (vgl. dazu S. Luther, R. Zimmermann: Bibelauslegung als Verstehenslehre. Die Geschichte der Her-

anwendungsorientiertes Verständnis biblischer Texte geboten, „diasynchron" vorzugehen. Das heißt, dass der Text als solcher in seiner besonderen literarischen Gestalt zu analysieren und zu erklären ist; dass es darüber hinaus aber auch dessen Eingebundensein in den aufgezeigten kommunikativen Prozess zu berücksichtigen gilt.
Was heißt das nun für die Anwendung biblischer Texte im heutigen Kontext? Wie tritt der historische Autor über das Medium des Textes mit den heutigen Rezipient(inn)en in Kontakt bzw. wie erreicht der historische Text bei modernen Bibelleser(inne)n sein Ziel, verstanden und ins Leben übertragen zu werden? Diese Fragen nach der Applikation des biblischen Textes sollen im nächsten Schritt gestellt und im Modell integriert werden.

3.2 Methodische Trennung von Exegese und Applikation

Applikation meint „die Anwendung eines Textes auf die gegenwärtige Situation des Publikums."[22] Im Blick auf biblische Texte geht es dabei darum, das Wort der Schrift im jeweiligen Heute dahingehend zu erschließen, dass Hoffnungs- und Handlungsimpulse deutlich werden. Bei Betracht der Applikation sind als Adressat(inn)en also jeweils nicht die historischen, sondern die aktuellen Rezipient(inn)en im Blick.
„Aus der Sicht des Exegeten", so der Heidelberger Neutestamentler Klaus Berger, ist Applikation seit jeher ein „riskantes Unternehmen". Denn „keine spätere Applikation kann dem Wortsinn entsprechen; vielmehr bedeutet dasselbe Wort, in veränderter Situation gesagt, je etwas Neues und anderes"[23]. In der Konsequenz beschäftigt sich Klaus Berger in seiner hermeneutischen Reflexion mit dem Verhältnis von Exegese und Applikation und plädiert für eine Trennung der beiden aus seiner Sicht unterschiedlichen Zugänge. Applikation, so Klaus Berger, „erfolgt nicht aus reiner Neugier und schon gar nicht aus wissenschaftlicher Neugier, sondern weil man vom Text ‚Hilfe' erwartet"[24]. Ausgangspunkt zur Applikation ist für ihn daher eine konkrete

---

meneutik im Horizont gegenwärtiger Debatten, in: dies. [Hg.], Studienbuch [s. Anm. 9], 62) die Rede.
[22] M. Köhlmoos, Applikation. Begriff, in: O. Wischmeyer (Hg.), Lexikon der Bibelhermeneutik. Begriffe – Methoden – Theorien – Konzepte, Berlin 2013, 582.
[23] Berger, Hermeneutik (s. Anm. 9), 117.
[24] Ebd., 139.

menschliche Not. Im Unterschied dazu postuliert er für die Exegese schwerpunktmäßig ein historisches Interesse. Ihr kommt im historisch-kritischen Sinn die Aufgabe der historischen Rekonstruktion zu; es gilt, den Anfang zu erinnern und möglichst „umfassend zu rekonstruieren, was die Christen des ersten Jahrhunderts sich ganz konkret bei bestimmten Aussagen gedacht haben"[25]. Selbstredend erfolgt dies unter Zuhilfenahme entsprechender philologischer und historischer Methoden. Im Hinblick auf die Erschließung der Schrift im Leben der Kirche hat die Exegese laut Klaus Berger eine begrenzte Funktion, und er betont, dass „Exegese keineswegs den lebensnotwendigen Dienst der Applikation ersetzen kann"[26]. Lebendige Applikation wählt je nach Situation und Erfordernis ihren eigenen Zugang und „vollzieht sich in der Regel unmittelbarer, naiver, unreflektierter und in gewissem Sinn auch gehorsamer"[27]. Dennoch sieht Klaus Berger wichtige Funktionen der Exegese für die Applikation, etwa die einer kritischen Instanz gegenüber ideologischen und vereinnahmenden Tendenzen einer Applikation. Des Weiteren benennt er als positive Aufgabe der Exegese die „Wiedergewinnung der Fremdheit des Textes"[28], die zu einer „Neu-Entdeckung seines kritischen Reichtums"[29] führen kann. Für Klaus Berger geht es somit um ein produktives Spannungsverhältnis zwischen Exegese und Applikation.

Viel abgewinnen kann diesem Ansatz Knut Backhaus, wie sich in einem Beitrag von 1998 zeigt. Sein Ausgangspunkt ist ein kommunikatives Verständnis des biblischen Textes im Sinne eines „hermeneutischen Vierecks"[30]. Ein Ungleichgewicht erkennt Knut Backhaus dahingehend, dass aufgrund der weitgehenden Etablierung der historisch-kritischen Exegese seit der Aufklärung eine einseitige Fokussierung auf autorenbezogene, historische Fragen gegeben ist, die zu einer methodischen Vernachlässigung der Leser-Perspektive und damit der Applikation geführt hat. „Letztlich war es das lesende Subjekt, das der methodischen Präzision zum Opfer fiel."[31] Knut

---

[25] Ebd., 113.
[26] Ebd.
[27] Ebd., 112.
[28] Ebd., 119.
[29] Ebd.
[30] Dazu vgl. Anm. 21.
[31] Backhaus, Die göttlichen Worte (s. Anm. 7), 161.

Backhaus betont daher die zunehmende Bedeutung einer applikativen Hermeneutik, deren Umsetzung er in rezeptionsästhetischen Ansätzen sieht. Im Anschluss an Klaus Berger plädiert Knut Backhaus ebenfalls für eine „Entkoppelung" von Exegese, der die *„exakte historische Interpretation"* obliegt und die sich als Anwalt der ursprünglichen Aussageabsicht begreift, und einer *„kompetenten applikativen Interpretation"*[32]. Letztere ereignet sich für ihn „im Gespräch mit dem historisch-individuellen Text, aber auch in der individuellen Freiheit des Lesers"[33] und „in der pneumatischen Freiheit der Lesegemeinschaft der Kirche"[34]. In dieser methodischen Entkoppelung sieht Knut Backhaus sozusagen eine „Win-win-Situation": Einerseits ergibt sich eine Entlastung der Exegese von der überzogenen Erwartung einer aktualisierenden Auslegung; andererseits wird der/die unvoreingenommene Bibelleser/Bibelleserin zum/zur „Exeget(in) mit Hand und Fuß", der/die über die Kompetenz verfügt, dem biblischen Text ohne fachexegetische Vermittlungsinstanzen zu begegnen.

Die kurz skizzierten Ansätze einer *methodischen Trennung von Exegese und Applikation* lassen sich folgendermaßen im obigen Modell eintragen:

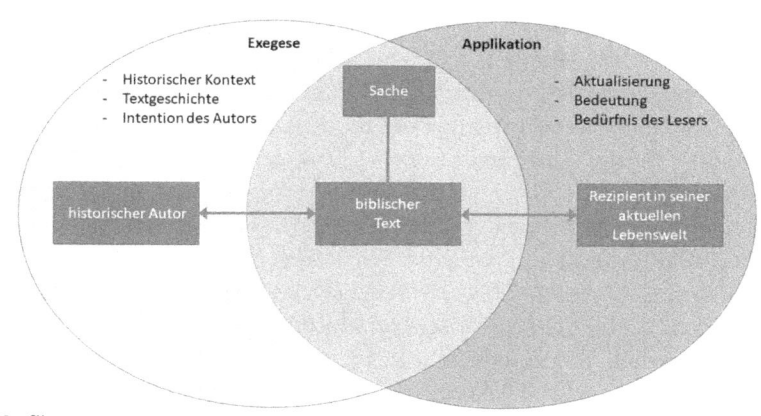

Grafik 2

---

[32] Ebd., 163.
[33] Ebd.
[34] Ebd.

Die Darstellung verdeutlicht, dass bei einem von der Exegese (im Sinne der historischen Verortung des Textes) unabhängigen Verständnis von Applikation die historische Perspektive weitgehend aus dem Blick gerät und der jeweils aktuelle Leser an die Stelle der ursprünglichen Rezipienten tritt. Damit wird ein methodischer Anachronismus in Kauf genommen, denn der in der historischen Lebenswelt eingebettete Text wird unmittelbar im Hinblick auf die Lebenswelt des heutigen Lesers zur Anwendung gebracht. Auch wenn sowohl Klaus Berger als auch Knut Backhaus die grundlegende Bedeutung der Exegese und der zeitgeschichtlichen Verortung biblischer Texte als Grundlage zu deren Interpretation in keiner Weise in Abrede stellen (!), bleibt hier der Faktor der historischen Distanz im Hinblick auf die Applikation doch deutlich außen vor. Oda Wischmeyer, deren hermeneutischer Ansatz im Anschluss präsentiert wird, trifft denn auch eine klare Abgrenzung zwischen ursprünglichem Rezipienten und heutigem Interpreten: „Er [der Interpret] versteht sich nicht als Erstadressat des Textes."[35]

Bei aller Sympathie für eine Entlastung der Leser(innen) von einem exegetisch-wissenschaftlichen Überbau stellt sich hier die Frage, ob dieser Ansatz, der die Aktualisierung biblischer Texte in hohem Ausmaß der individuellen oder gruppenspezifischen Sichtweise der Leser(innen) überlässt, auf Dauer tragfähig ist und gerade in Zeiten kirchlicher Veränderung zur Orientierung dienen kann. Muss nicht, gerade in einem von Pluralismus und Individualität geprägten kirchlichen Milieu, die Verantwortung der Exegese, welche die Rückbindung der Texte an ihre ursprüngliche Lebenswelt garantiert, deutlicher einfordert werden? Geht es nicht im Sinne von Neh 8 und Apg 8 um die Integration einer professionellen exegetischen Perspektive, welche die biblischen Texte für die aktuellen Hörer(innen) und Leser(innen) so zu erschließen vermag, dass ein fundiertes Verstehen möglich wird? Auch gerät die mit der historischen Sichtweise einhergehende Chance, dem biblischen Text gerade in seiner Fremdheit neu zu begegnen, für eine von der Exegese abgekoppelte Applikation aus dem Blick.

An dieser Stelle soll noch kurz der hermeneutische Ansatz zur Interpretation neutestamentlicher Texte von Oda Wischmeyer aus dem Jahr 2004 aufgerufen werden. Auch hier gelten die exegetische

---

[35] O. Wischmeyer, Hermeneutik des Neuen Testaments. Ein Lehrbuch (NET 8), Tübingen – Basel 2004, 119.

und die applikative Erarbeitung biblischer Texte als getrennte Arbeitsschritte, die jedoch beide für die Interpretation konstitutiv sind. Ähnlich wie Klaus Berger und Knut Backhaus grenzt auch Oda Wischmeyer Exegese und Applikation methodisch voneinander ab, beide Aspekte werden allerdings unter dem Überbegriff der *Interpretation* zusammengeführt. Dabei kommen der *Exegese als einem Teilbereich der Interpretation* die Funktionen „der Sicherung des Textes, der Rekonstruktion der Entstehungsgeschichte des Textes und der Wiedergabe der dem Text eigenen Bedeutung"[36] zu. Die Interpretation geht nach Oda Wischmeyer allerdings über die Exegese hinaus. Sie

> „holt den exegetisierten Text in die Gegenwart. Sie erschließt dem Leser den Text in allen Belangen auf der sprachlichen, textlichen und sachlichen Ebene. Darüber hinaus stellt sie den interpretierten Text in seine Rezeptions- und Wirkungsgeschichte und verbindet ihn im Metatext der ‚Interpretation' mit der zeitgenössischen Sprach- und Denkwelt. Damit bindet sie das Verstehen des Textes sprachlich und sachlich an die Wahrnehmung des Interpreten *und* an die Verstehenswelt der zeitgenössischen Leserschaft."[37]

Oda Wischmeyer integriert also die historisch-exegetische Erschließung in den Vorgang der aktualisierenden Interpretation, wenngleich auch hier die Exegese als ein eigenständiger Metatext („idealtypisch in der Form des Kommentars"[38]) verstanden wird.

3.3 Das Ereignis der Textentstehung

Noch einen Schritt weiter geht der Neutestamentler Philip Francis Esler in seinem geschichtsorientierten hermeneutischen Ansatz.[39] Er betont die geschichtliche Verortung der neutestamentlichen Texte,

---

[36] Ebd., 124.
[37] Ebd., 125 [Kursivsetzung im Original].
[38] Ebd.
[39] Vgl. P. F. Esler, Die historische Interpretation des Neuen Testaments als Kommunikation in der Gemeinschaft der Heiligen. Entwurf einer ekklesialen Hermeneutik, in: EvTh 72 (2012) 260–275. Ausführlicher dazu vgl. P. F. Esler, New Testament Theology. Communion and Community, Minneapolis 2005.

die gerade nicht für ein anonymes Publikum (und damit für individuelle Leser und Leserinnen) verfasst sind, sondern in den werdenden Gemeinden des ersten Jahrhunderts gelesen und besprochen wurden. Damit betont er die kommunikative Grundstruktur biblischer Texte als Mitteilung und die Berücksichtigung der Absicht des Autors und der Welt der ursprünglichen Rezipienten zu deren Verständnis. Dies führt ihn auf eine *ekklesiologisch geprägte Spur* der Applikation, die den Erfahrungsraum der ersten christlichen Gemeinschaften wesentlich mitberücksichtigt.

„Wenn man auf Christus bezogene ursprüngliche Erfahrungen aus ihren historischen Voraussetzungen heraus versteht, können sie für gegenwärtige christliche Erfahrung und Identität eine Bereicherung sein."[40]

Für das heutige Verstehen neutestamentlicher Texte entwirft Philip Francis Esler denn auch ein gemeinschaftlich-dialogisches Modell, wobei er betont, dass dieses „angesichts der großen kulturellen Distanz zwischen uns und den ersten Christen interkulturell sein muss"[41]. Dass auch über den historischen und kulturellen Abstand hinweg eine dialogische Gemeinschaft mit den Vorfahren im Glauben möglich ist, begründet Philip Francis Esler mit der, wie er formuliert, „theologisch sehr anspruchsvollen Idee einer ‚Gemeinschaft der Heiligen', die mit ihrer postmortalen Existenz rechnet"[42].

Daran anschließen lässt sich der hermeneutischen Ansatz von Hermann-Josef Venetz.[43] In seinem Beitrag zu einem „dialogischen Umgang mit der Schrift" betont er ebenfalls die Bedeutung der Entstehungssituation eines biblischen Textes zu dessen Verständnis. Nicht nur der Faktor *Text*, sondern die gesamte „Gesprächssituation", also auch *Verfasser* und *ursprüngliche Adressaten* sollen für die Interpretation im Blick sein. Genau diesen Ausgangspunkt setzt, so Hermann-Josef Venetz, beispielsweise die Liturgie voraus, wenn die Verlesung eines biblischen Textes jeweils mit einer Einleitungsformel eröffnet wird: „Lesung aus dem Brief des Paulus an die Gemeinde

---

[40] Esler, Interpretation (s. Anm. 39), 263.
[41] Ebd., 267.
[42] Ebd., 270.
[43] Vgl. H.-J. Venetz, Vom dialogischen Umgang mit der Schrift, in: H. Bogensberger u. a. (Hg.), Erkenntniswege in der Theologie, Graz 1998, 39–56.

von Korinth" oder „Aus dem Evangelium nach Matthäus" usw. Damit wird, hermeneutisch korrekt, nicht nur der biblische Text, sondern auch die Gesprächssituation bzw. das „Ereignis" der Textentstehung („dass Paulus damals dieses oder jenes der christlichen Gemeinde in Korinth geschrieben hat"[44]) aufgerufen. In diesem *Ereignis der Textentstehung* sieht Hermann-Josef Venetz jenes „*Signal*", das Gott als *Sender* an die Glaubenden als *Empfänger* übermittelt, wobei hier nun nicht mehr die Erstadressaten, sondern die Glaubenden durch die Jahrhunderte hindurch bis heute im Blick sind.

> „Wir sind das (vorläufig) letzte Glied einer Reihe von Generationen bzw. kirchlichen Gemeinschaften, Christinnen und Christen, die sich auf diesen Text als Heilige Schrift […] einlassen."[45]

Für die Applikation ergibt sich daraus, dass die historische Distanz zur Entstehungssituation der biblischen Texte ernst zu nehmen ist. „Wir dürfen uns nicht an die Stelle der christlichen Gemeinde in Korinth setzen"[46] und Aussagen der Schrift „‚einfach so' in unsere oder in eine andere Zeit"[47] übertragen. Vielmehr gilt es, zunächst die ursprüngliche Gesprächssituation, d. h. den Verfasser und die Adressaten „in ihrem je eigenen Kairos mit ihren je eigenen Problemen an ihrem je eigenen Ort", zu berücksichtigen, was Hermann-Josef Venetz als Teil des „theologischen Geschäfts"[48] sieht. Neben der damaligen muss dann auch die Situation der heutigen Empfänger(innen) ernst genommen und „nach allen Regeln der Kunst" analysiert werden. Wenn so auf der Basis des je eigenen damaligen und aktuellen Erfahrungsraumes versucht wird, „mit jenen Menschen ins Gespräch zu kommen, die in einer bestimmten Zeit an einem bestimmten Ort Zeuginnen und Zeugen des Glaubens geworden sind und waren"[49], ergeben sich inspirierende, herausfordernde und vielleicht auch kontroverse Anknüpfungspunkte einer lebendigen Applikation.

---

[44] Ebd., 49.
[45] Ebd., 50.
[46] Ebd., 51.
[47] Ebd., 52.
[48] Ebd., 53.
[49] Ebd.

4 Im Dialog mit den ursprünglichen Adressaten

Während die Entwürfe von Klaus Berger und Knut Backhaus für die Applikation vom *Text* (und dessen *Sache*) ausgehen, der vom *aktuellen Rezipienten* auch unabhängig von dessen historischer Verortung und damit weitgehend unabhängig von exegetischer Aufbereitung aktualisiert werden kann (vgl. grafische Darstellung), beziehen Philip Francis Esler und Hermann-Josef Venetz Applikation auf das gesamte System des Textes, also auf die Faktoren *Autor*, *Text* (und dessen Sache) und *Adressaten*. Sie betonen das „Ereignis" der Textentstehung als Ausgangspunkt zum Verständnis des biblischen Textes und entwickeln die Applikation aus einem „Dialog" zwischen den ursprünglichen und den heutigen Adressat(inn)en. Dies erfordert ein Sich-hineinversetzen in die Welt der Erstadressat(inn)en, bei dem die Exegese unverzichtbare Dienste leistet.

Was die neutestamentlichen Schriften angeht, ist das „Ereignis" der Textentstehung, sowohl was die Briefe als auch was die Erzählwerke (Evangelien und Apostelgeschichte) betrifft, untrennbar verbunden mit der Situation der Konstituierung junger Gemeinden und deren Suche nach einheitsstiftender Identität. Für eine biblisch geleitete Suche nach neuen Wegen einer Pastoral in Zeiten des kirchlichen Wandels bietet es sich nicht zuletzt aus diesem Grund an, auf diesen von Philip Francis Esler und Hermann-Josef Venetz entwickelten hermeneutischen Zugang zurückzugreifen, der zum Dialog mit den „Vorfahren im Glauben" einlädt. Denn gerade in Zeiten der Veränderung scheint es geboten, an die Kraft des Anfangs zu erinnern und daraus Inspiration zu entwickeln. Dabei kommt einer anwendungsorientierten Exegese eine maßgebliche Aufgabe zu. Es gilt nicht nur, den Text als solchen genau zu analysieren, sondern auch, den Erfahrungsraum der Erstadressat(inn)en möglichst konkret zu erschließen und deren Sichtweise explizit in der Auslegung einzubringen.[50] Wenn es dabei gelingt, wissenschaftliche Informationen so aufzubereiten, dass sich die damalige Lebenswelt den aktuellen Leser(inne)n eröffnet und so die Erfahrungen der Glaubenszeug(inn)en der Anfänge greifbar werden, kann sich über Jahr-

---

[50] Vgl. dazu beispielsweise M. Eber, Der Zauber der Weihnachtsgeschichte. Die Geburtsgeschichte Lk 2 mit den Ohren der ErsthörerInnen gehört, in: AnzSS (12/2014) 11–15.

hunderte hinweg „Begegnung" ereignen. Eine Exegese, die sich in diesem Sinn in den Dienst einer fundierten Applikation stellt, leistet einen konstruktiven Beitrag für die pastorale Praxis.

5 Methode 3D

Zur praktischen Umsetzung des zuletzt beschriebenen Weges einer hermeneutisch reflektierten Applikation biblischer Texte zur Orientierung in der Pastoral wurde im Institut für pastorale Praxisforschung und bibelorientierte Praxisbegleitung (IbiP) der Katholischen Hochschule NRW ein hermeneutisches Programm entwickelt. Dabei handelt es sich um einen dreidimensionalen Schriftzugang, bei dem gerade auch die Lektüre des biblischen Textes aus der Sicht der Erstleser(innen) methodisch integriert ist. Das Programm konnte inzwischen als „Methode 3D" mehrfach angewandt und erprobt werden.[51] Immer wieder zeigt sich, dass gerade der zunächst ungewohnte Versuch, einen biblischen Text mit den Augen der Adressat(inn)en des ersten Jahrhunderts zu lesen, zu ganz neuen Eindrücken führt, aus denen sich für den pastoralen Alltag einerseits kritische Anfragen, aber auch neue Ideen ergeben.

Und es zeigt sich, dass gerade durch die Anstrengung, der Geschichtlichkeit des biblischen Textes nicht aus dem Weg zu gehen, ein vertieftes und tragendes Verstehen des „Wortes Gottes" möglich wird – und das ist durchaus ein Grund zum Feiern!

---

[51] Vgl. C. M. Koch, Methode 3D. Die Bibel als Orientierung in Zeiten pastoralen Umbruchs. Grundlagen – Anwendungen – Beispiele, Ostfildern 2018.

Predigtreformen im frühneuzeitlichen Katholizismus
Ein kirchenhistorisches Beispiel für die Spannung von Anspruch und Wirklichkeit[1]

Joachim Werz

Das 16. Jahrhundert war für den Katholizismus des ausgehenden Spätmittelalters und der beginnenden Frühen Neuzeit auf vielfältige Weise eine Zeit der Veränderung: Die Reformation führte unter anderem zu einer endgültigen Ausdifferenzierung des bis dato monolithischen westlichen Christentums; das Konzil von Trient (1545–1563) beschränkte die episkopale Macht und versuchte beispielsweise unter anderem das Format der Priesterausbildung zu verändern, um diese zu professionalisieren; das nachtridentinische Papsttum und die römische Kurie gelangten zu neuer Machtfülle und vereinheitlichten beispielsweise die liturgische Pluralität der spätmittelalterlichen Kirche.[2] Konzilien und die aus ihnen resultie-

---

[1] Diesen Beitrag kennzeichne ich dezidiert als Konzentrat der Ergebnisse meiner Dissertationsschrift, mit der ich an der Katholisch-Theologischen Fakultät der Eberhard Karls Universität im Juli 2019 promoviert wurde und die im Frühjahr 2020 erscheinen wird: vgl. J. Werz, Predigtmodi im frühneuzeitlichen Katholizismus. Die volkssprachliche Verkündigung von Leonhard Haller und Georg Scherer in Zeiten der Bedrohung (1500–1605), Münster 2020 [im Druck].

[2] Zur Geschichte des Konzils von Trient sowie zu seinen Dekreten vgl. H. Jedin, Geschichte des Konzils von Trient. Bde. 1–4/2, Freiburg i. Br. 1977 und G. Schreiber (Hg.), Das Weltkonzil von Trient. Sein Werden und Wirken 1, Freiburg i. Br. 1951. Jüngere Forschungserkenntnisse zum Tridentinum finden sich bei P. Walter, G. Wassilowsky, (Hg.), Das Konzil von Trient und die katholische Konfessionskultur (1563–2013) (RST 163), Münster 2016. – Zu den Reformen des nachtridentinischen Papsttums und der römischen Kurie vgl. G. Wassilowsky, Posttridentinische Reform und päpstliche Zentralisierung. Zur Rolle der Konzilskongregation, in: A. Merkt, G. Wassilowsky, G. Wurst (Hg.), Reformen in der Kirche. Historische Perspektiven (QD 260), Freiburg i. Br. 2014, 138–157. – Zur Vereinheitlichung der Liturgie nach dem Konzil von Trient vgl. W. Haunerland, Das Konzil von Trient und die nachtridentinische Liturgiereform, in: J. Bärsch, B. Kranemann, W. Haunerland, M. Klöckener (Hg.), Geschichte der Liturgie in den Kirchen des Westens. Rituelle Entwicklungen, theologische Konzepte und kulturelle Kontexte 1, Münster 2018, 481–513.

renden Dynamiken waren zu allen Zeiten der Kirchengeschichte der Versuch, „Zukunftsbilder" und „Reformpläne" für die Kirche zu entwerfen und zu etablieren. So nahmen sich das Fünfte Laterankonzil (1512–1517) sowie das Konzil von Trient der Reform der Predigt an: Unter anderem sollte ihr Insistieren auf regelmäßige Predigt die Stellung und die herausragende Bedeutung der Verkündigung des Wortes Gottes und seiner (volkssprachlichen) Auslegung für das kirchliche Leben neu aufwerten.

Die ansteigende Zahl an Predigt- und Postillenpublikationen[3] altgläubiger bzw. sodann römisch-katholischer Akteure im 16. und 17. Jahrhundert muss weniger als direkte Umsetzung der konziliaren Ansprüche, die Predigt in einer gewissen Regelmäßigkeit im pfarrlichen Leben zu verankern, gedeutet werden. Vielmehr ist dies als eine Reaktion auf das zum größten Teil erfolgte Ausbleiben einer Rezeption der kirchlichen Normen durch die Kleriker zu verstehen, die – und dies erschwerte gerade im Kern die Umsetzung der konziliaren Anweisungen – nur selten die intellektuellen, theologischen und rhetorischen Kompetenzen besaßen, die hierfür notwendige Voraussetzungen waren.[4] Angesichts dieser Umstände erkannten einzelne kirchliche Akteure, dass in einem ersten Schritt dem Klerus das Grundwissen der Predigtpraxis vermittelt werden musste, um auf diesem Fundament im zweiten Schritt eine regelmäßige Verkündigungspraxis überhaupt etablieren zu können.

---

[3] Zu den Auflagenzahlen vgl. J. M. Frymire, The Primacy of the Postils. Catholics, Protestants, and the Dissemination of Ideas in Early Modern Germany (SMRT 14), Leiden 2010. – John M. Frymire zeigt dabei, in welch hohem Maß die Postillen zu einer Verbesserung des Predigtwesens im frühneuzeitlichen Katholizismus beitrugen. Er diskutiert jedoch weder Chancen und Grenzen des Konfessionalisierungsparadigmas noch die Auswirkung und Bedeutung der gedruckten Postillen und Predigten auf die konfessionellen Kulturen und Gesellschaften. – Auf diese und verschiedene weitere Aspekte soll eine Tagung zu gedruckten Predigten in trans- und interkonfessioneller Perspektive Antworten liefern, die derzeit zusammen mit Dr. Jonathan Reinert (Universität Tübingen) beantragt wird.
[4] Hierzu vgl. A. Holzem, Religion und Lebensformen. Katholische Konfessionalisierung im Sendgericht des Fürstbistums Münster. 1570–1800 (Forschungen zur Regionalgeschichte 33), Paderborn 2000; W. Freitag, Pfarrer, Kirche und ländliche Gemeinschaft. Das Dekanat Vechta 1400–1803 (Studien zur Regionalgeschichte 11), Bielefeld 1998.

Ich werde zunächst die von den zwei Konzilien des 16. Jahrhunderts entworfenen Reformideen erläutern, die den Predigtdienst betreffen. Die dann im Weiteren auszuwertenden Quellen sind Zeugnisse dafür, dass – so die Hypothese dieses Beitrags – die Diskrepanz zwischen konziliarem Anspruch und pastoraler Wirklichkeit kirchliche Akteure auf den Plan rief, die ihre eigene Expertise in den Reformdiskurs einbrachten und es sich zur Aufgabe machten, durch gedruckte Predigten das Predigt- sowie das Predigerwesen der vor- und nachtridentinischen Kirche zu reformieren.[5] Anhand von Postillen werde ich exemplarisch analysieren, auf welche Weise dem Klerus das homiletische Wissen zugunsten einer Predigtreform zu vermitteln versucht wurde. Am Ende werde ich Ergebnisse der Quellenanalyse resümieren und Beobachtungen zum übergeordneten Thema der „Zukunftsbilder" und „Reformpläne" angesichts sich verändernder Zeiten formulieren.

1 Predigtreformen durch das Fünfte Laterankonzil und das Konzil von Trient

Um ein Verständnis für die Predigt im Katholizismus des 16. Jahrhunderts gewinnen zu können, müssen theologische Prägungen und frömmigkeitsgeschichtliche Entwicklungen der spätmittelalterlichen Predigt, die seit dem Ende des 14. Jahrhunderts zunehmend an Bedeutung gewann, berücksichtigt werden. Die steigende Zahl der Predigtstiftungen im 15. Jahrhundert bezeugt nicht nur das rege Interesse an volkssprachlicher Predigt aufgrund der – zumindest für den städtischen Raum nachweisbaren – gewachsenen Bildungsbedürfnisse, sondern verdeutlicht auch, dass der Predigt eine heilsmediale Wirkung zugesprochen wurde.[6] Durch diese historischen Entwicklungen sowie aufgrund des geringen Bildungsniveaus und des oftmals nicht mit den kirchlichen Normen übereinstimmenden Habitus der Kleriker wurde der Erfolg der protestantischen Predigt dynamisiert.[7] Gerade vor dem Hintergrund dieser Insuffi-

---

[5] Vgl. hierzu auch Werz, Predigtmodi (s. Anm. 1).
[6] Zu den Prädikaturstiftungen vgl. B. Neidiger, Prädikaturstiftungen in Süddeutschland (1369–1530). Laien – Weltklerus – Bettelorden (Veröffentlichungen des Archivs der Stadt Stuttgart 106), Stuttgart 2011.
[7] Dies zeigen unter anderem die Untersuchungen von J. Kritzl, Feine, exemplari-

Abb. 1: Kupferstich von J. B. Gargiis, VIII. Sitzung des Fünften Laterankonzils im Jahr 1513.

sche Priester? Die Disziplinierung des Säkularklerus durch das Passauer Offizialat von 1580 bis 1652 im Spiegel der Passauer Protokolle (MIÖG 123), Wien 2015, 62–86; A. Franzen, Zölibat und Priesterehe in der Auseinandersetzung der Reformationszeit und der katholischen Reform des 16. Jahrhunderts (KLK 29), Münster 1969.

zienz der Geistlichen und angesichts der Missbräuche im Predigtwesen sowie dann später aufgrund des wahrgenommenen Erfolgs reformatorischer Prediger können die verschiedenen institutionellen Reformversuche im 16. Jahrhundert, die gezielt das Predigtwesen im Blick hatten, verstanden werden.[8] Das Fünfte Laterankonzil sollte neben rechtlichen und dogmatischen Klärungen vor allem eine Kirchenreform anstoßen. Wenngleich sich die Konzilsväter auf keine rigide Reform einigen konnten, so wurden dennoch durch mehrere Dekrete verschiedene Missstände im kirchlichen Leben abzustellen versucht. Im Dekret *Supernae majestatis* benannte das Konzil in seiner elften Sitzung im Jahr 1516 die Predigt und die Auslegung der Heiligen Schrift als zentrale Aufgaben des Klerus und nahm bestimmte Reglementierungen im Bereich des Predigtwesens vor.[9] Darin wurden zum einen die Bischöfe dazu angehalten, über Prediger und Bettelmönche Aufsicht zu führen, und zum anderen wurden den Predigern verschiedene Beschränkungen hinsichtlich der Art ihrer Prophezeiungen und Schriftauslegung auferlegt.[10]

„Weder Welt- noch Ordensgeistliche noch Leute, die aus irgendeinem Grund predigen durften, dürfen weiterhin zugelassen werden, bevor sich nicht von ihren Vorgesetzten einer gründlichen Prüfung unterzogen sind. Dabei wird außer theologischem Wissen auch Lebensführung, Alter und anderes geprüft. Über das bestandene Examen sollen sie eine Bescheinigung erhalten, die sie überall vorlegen müssen, wo sie predigen wollen."[11]

---

[8] Dass Reformbestrebungen bereits vor der Reformation von einzelnen Theologen erwünscht und angestrebt waren, zeigt Volker Leppin (vgl. V. Leppin, Verspätete Reform – verfrühte Reformation? Reformansätze der rheinischen Vermittlungstheologen, in: AMRhKG 70 [2018] 109–126).
[9] Vgl. Concilium Lateranense V., Sessio XI., De modo praedicandi, in: P. Labbé, G. D. Mansi, N. Coleti (Hg.), Sacrorum Conciliorum Nova XIX, Venedig 1774, 946.
[10] Hierzu ausführlicher vgl. N. Minnich, Lateransynoden. II. Lateran V, in: TRE 20 (2000) 489–492; sowie ders., The Fifth Lateran Council (1512–17). Studies on its Memberships, Diplomacy and Proposals for Reform, Hampshire 1993, 163–254, besonders: 202–204.
[11] Concilium Lateranense V., Sessio XI., De modo praedicandi (s. Anm. 9) [eigene Übersetzung].

Abb. 2: Anonymer Kupferstich, Generalkongregation des Konzils von Trient in der Trienter Kirche Santa Maria Maggiore 1563.

Das Konzil rekurrierte primär auf Bestimmungen des allgemeinen sowie gültigen Rechts und setzte nur wenige neue Impulse.[12] Die Gründe, weshalb die angestrebten „Zukunftsbilder" und „Reformpläne" des Fünften Laterankonzils so gut wie nicht umgesetzt wurden, sind vielfältig: Nach dem Tod von Papst Julius II. (* 1443; † 1513) bestieg der reformunwillige Giovanni de' Medici (* 1475; † 1521) als Leo X. den Papststuhl.[13] Bereits sieben Monate nach dem Beschluss der zwölften Konzilssitzung am 16. März 1517 veränderte sich die damalige Zeit und Welt radikal: Die Reformation nahm ihren Beginn und das Konzil wurde frühzeitig beendet.

Die Reformation bedingte eine Pluralität von Veränderungen, die sich sowohl auf die Kirche als auch auf die Gesellschaft als Ganzes auswirkten.[14] Ein Konzil war für die kirchlichen Akteure das Gebot

---

[12] Vgl. E. Guglia, III. Studien zur Geschichte des V. Laterankonzils (SAWW.PH 152), Wien 1906, 17.
[13] Vgl. H. Jedin, Kleine Konziliengeschichte. Mit einem Bericht über das Zweite Vatikanische Konzil, Freiburg i. Br. 1978, 77–79.
[14] Hierzu vgl. T. Kaufmann, Geschichte der Reformation, Leipzig 2009.

der Stunde, um so adäquat auf die Lehren der Reformation antworten zu können. Nach langen diplomatischen Verhandlungen mit den weltlichen Machthabern gelang es Papst Paul III. (* 1468; † 1549), in Trient am 13. Dezember 1545 das Konzil zu eröffnen.[15] Es waren drei Tagungsperioden in Trient (1545–1547, 1551–1552, 1562–1563) und eine in Bologna (1547–1549) notwendig, um primär dogmatische Entscheidungen und zudem einige praktische Reformbeschlüsse für die Zukunft der römisch-katholischen Konfessionskirche zu verabschieden, die sie nun *nolens volens* war. Bereits während der ersten Tagungsperiode verabschiedeten die Konzilsväter in der fünften Sitzung das *Decretum super lectione et praedicatione*, in dem sie unter anderem auf bestehende Pflichten bezüglich der Predigt rekurrierten und den Bischöfen sowie Pfarrern den Verkündigungsdienst an allen Sonn- und Festtagen verbindlich auferlegten:[16]

„Alle Seelsorger aber, welche Art von Gemeinde sie auch haben, müssen entweder selbst oder bei begründeter Verhinderung durch geeignete Vertreter mindestens an Sonn- und Feiertagen die ihnen anvertraute Herde nach bestem Vermögen mit heilsamen Worten weiden, indem sie das lehren was für alle heilsnotwendig ist. Sie müssen mit kurzen und freundlichen Worten die Sünden nennen, die zu vermeiden, und die Tugenden nennen, die zu befolgen sind, um der ewigen Strafe entgehen und die Herrlichkeit des Himmels erreichen zu können […]."[17]

Das 1547 verabschiedete Dekret ging in erster Linie auf rechtliche Aspekte ein, lieferte jedoch keinerlei Anhaltspunkte, wie die Predigten in der konkreten Praxis verbessert bzw. eine Reform des Predigtwesens umgesetzt werden könnte. Gerade der Schlussartikel des Predigtdekrets, der inhaltliche Ausrichtung und Form der Predigt sowie die Persönlichkeit des Predigers thematisierte, wurde fallen gelassen.

---

[15] Zur Geschichte und den Dekreten des Konzils von Trient vgl. zum einen Jedin, Geschichte (s. Anm. 2) und zum anderen Walter, Wassilowsky (Hg.), Das Konzil von Trient (s. Anm. 2).
[16] Das lateinische Dekret sowie eine eigene deutsche Übersetzung findet sich bei Werz, Predigtmodi (s. Anm. 1), Anhang 1.
[17] Concilium Tridentinum, Decretum super lectione et praedicatione (CT 5), Freiburg i. Br. 1911, 241–243, Nr. 11 [eigene Übersetzung].

Entscheidender und zukunftsweisender für die Durchführung einer Predigtreform durch das Konzil war das Dekret der 23. Konzilssitzung (1563) über die Einrichtung der Seminare zur Ausbildung des Klerus.[18] In ihm wurde die Wichtigkeit betont, die Geistlichen intensiv auf die Ausübung der Seelsorge, die Feier der Sakramente und auf das Predigtamt vorzubereiten. Den Konzilsvätern war offenkundig bewusst, wie zentral der Zusammenhang von Verkündigung des Wortes Gottes sowie vorbildlicher und vor allem authentischer Lebensweise derer, die zu den Gläubigen sprechen, für eine überzeugende und mobilisierende Predigt war.[19] Umso fataler war es daher, dass die konziliaren Reformpläne für das Predigt- und das Predigerwesen in der konkreten Umsetzung nur schleppend und teilweise sogar ungenügend umgesetzt wurden.[20]

2 Reformversuche der Predigtpraxis: Homiletische Anweisungen in Postillen

Sowohl Postillen als auch gedruckte Einzelpredigten sind Zeugnisse dafür, dass die Diskrepanz zwischen konziliarem Anspruch und pastoraler Wirklichkeit kirchliche Akteure auf den Plan rief, die es sich zur Aufgabe machten, mithilfe dieser Publikationen das Predigtwesen der vor- und nachtridentinischen Kirche grundlegend zu reformieren. Deutschsprachige Postillen waren protestantischerseits seit Martin Luther und katholischerseits spätestens nach dem Konzil von Trient eine in der Praxis etablierte Form, um vor allem den Geistlichen der jeweiligen Konfessionskirche „zu einer theologisch soliden und rhetorisch überzeugenden homiletischen Praxis [zu] verhelfen"[21]. Die Ver-

---

[18] Vgl. Concilium Tridentinum, Decreta super reformatione (CT 9), Freiburg i. Br. 1924, 623–630.
[19] Vgl. Werz, Predigtmodi (s. Anm. 1).
[20] Für die posttridentinischen Reformen sowie für die Entwicklung des frühneuzeitlichen Katholizismus war – wie Günther Wassilowsky 2014 betonte – die *Congregatio pro executione et interpretatione concilii Tridentini* von herausragender Bedeutung; vgl. Wassilowsky, Posttridentinische Reform (s. Anm. 2). – Welchen Einfluss die Konzilskongregation als Institution an der römischen Kurie auf die Reform der Predigt hatte, ist bis dato unerforscht und wird derzeit als Vortrag und Aufsatz im Kontext eines Forschungsprojektes von mir vorbereitet.
[21] A. Holzem, Christentum in Deutschland. 1550–1850. Konfessionalisierung – Aufklärung – Pluralisierung 1, Paderborn 2016, 428.

fasser der Predigtdrucke waren davon überzeugt, dass ihre Werke für die im Dienst der Glaubensverkündigung stehenden Geistlichen eine praktische Hilfe darstellen würden, was und wie professionell gepredigt werden könnte. Die Zunahme dieser Druckwerke sowie die teilweise mehrmaligen Auflagen sind ein Indiz für den Erfolg dieser individuellen Reformansätze im Laufe des 16. und 17. Jahrhunderts.[22]

Exemplarisch möchte ich anhand der Postillen des Eichstätter Weihbischofs Leonhard Haller (* 1500; † 1570) und des Jesuiten Georg Scherer (* 1540; † 1605) zeigen, was die Kernanliegen dieser kirchlichen Akteure waren, um die Predigtpraxis zu reformieren.[23] Beiden Predigtautoren war bewusst, dass es ungenügsam sei, dem Klerus lediglich ausformulierte Predigten als Muster für die eigene Verkündigungspraxis vorzulegen. Aus diesem Grund vermittelten sie in ihren Publikationen explizit praktisches Wissen, das verschiedene Aspekte der Predigt betraf.

2.1 Gründliche und adressatenorientierte Predigtvorbereitung

Der Eichstätter Weihbischof Leonhard Haller wusste aus der eigenen langjährigen Predigtpraxis, dass es nutzlos und einer guten Predigt abträglich sei, wenn mehrere Themen auf einmal behandelt würden, da kaum einer unter den Predigthörern sämtliche angesprochenen Dinge memorieren könnte:

---

[22] Vgl. Frymire, The Primacy of the Postils (s. Anm. 3).

[23] Zwar liegen von Leonhard Haller ausschließlich handschriftliche Predigten und Postillen vor, jedoch ist nachweisbar, dass diese für den Druck bestimmt waren, weshalb seine Arbeiten von der Intention her im Kontext dieser Fragestellung ausgewertet werden können. – Die beiden ausgewählten Geistlichen sind exemplarisch und zugleich repräsentativ, denn bereits vor und während des Konzils haben einzelne Ordens- und Weltkleriker versucht, mithilfe gedruckter Predigten die Missstände im Klerus und der seelsorglichen sowie liturgischen Praxis, gerade auch hinsichtlich der Predigt, zu beheben und grundlegende Reformen durchzuführen. Genannt seien beispielsweise der Dominikaner Johannes Dietenberger (* 1475; † 1532), der Ingolstädter Theologe Johannes Eck (* 1486; † 1543), Johannes Kardinal Gropper (* 1503; † 1559) oder Petrus Canisius (* 1521; † 1597). – Ausführlichere biografische Informationen zu Leonhard Haller und Georg Scherer sowie inhaltliche Auswertungen ihrer Predigten finden sich bei Werz, Predigtmodi (s. Anm. 1).

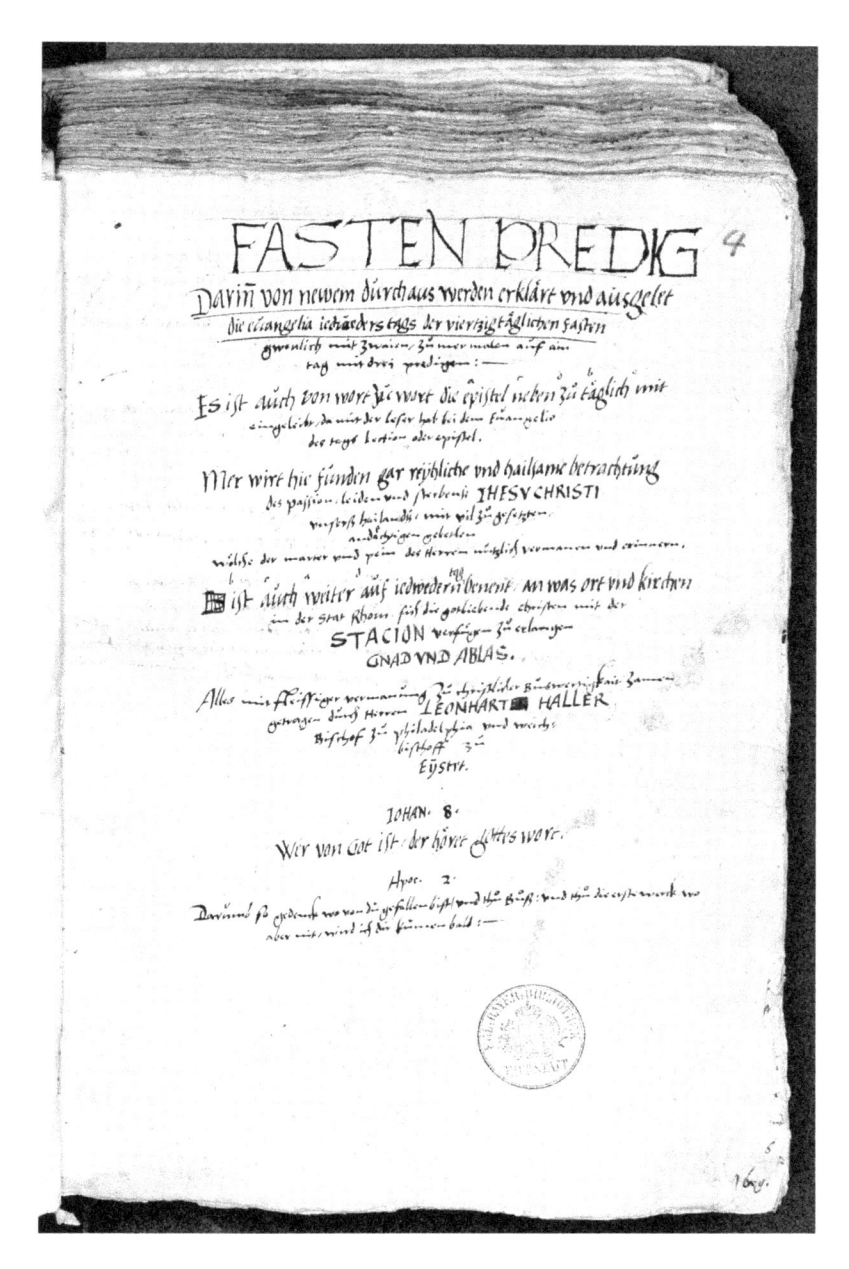

Abb. 3: Deckblatt der für den Druck vorgesehenen Fastenpredigtpostille des Eichstätter Weihbischofs Leonhard Haller von 1552.

„Vil kann ain menschn auff ain mal in kürtz nit ainander gedencken, er vermag es aber gleich so pald nach ain ander nit außsprechen vnd andern menschen erzeln. Vnd ee wenn er [sc. der Predigthörer] fürbringt zween, drei punct, so sein im ander drei, vier aus der gedächntnuß verfallen, wölchs ainem prediger am eeÿsten begegnet auff der Cantzel, da nit funden wird der zehend, dem eben alles endet fürkumbt, deß er bedacht war fürzupringen."[24]

Aus diesem Grund insistierte er in seiner für den Druck intendierten Fastenpostille darauf, dass die Prediger beim Umfang und Inhalt der Predigt stets die Zuhörerschaft im Blick haben sollten, um daran zu erwägen, wie viele Themen ihr zugemutet werden könnten. Um alle im Predigtgottesdienst sitzenden Menschen ansprechen zu können, sollte ein Prediger berücksichtigen, dass sich die Gemeinde aus vielen einzelnen und ganz unterschiedlichen Gläubigen zusammensetze, die das Gehörte auf ihre je eigene Weise begreifen würden. Haller wollte auf diese Weise einerseits seine Mitbrüder für eine adressatenorientierte Predigtweise sensibilisieren und andererseits aus seiner eigenen Erfahrung zu bedenken geben, „wie vngleich die götlich stÿmm [sc. die Stimme des Predigers] vernummen vnd geteudt wirt"[25].

Die meisten Instruktionen in der Postille des Wiener Jesuiten Georg Scherer, die die Predigtpraxis betreffen, finden sich in seinen 13 Predigtregeln, die er seiner Postille von 1603 voranstellte.[26] Auch er betonte – wie Leonhard Haller – die Notwendigkeit einer soliden und fundierten Vorbereitung der Predigt. Dies sei nicht nur eine Pflicht der jungen oder unerfahrenen Priester, sondern auch die eines geübten Predigers. Über seinen Predigtdienst sagt der damals weit über die Grenzen der Stadt Wien hinaus bekannte Jesuit folgendes:

„Jch predige ohn ruhm zumelden allbereit in die vier vnd vierzig Jahr / bin aber so weit noch nicht kommen / daß ich mich dörffte vermessen auß dem Stegreiff vnd auß den ärmeln flugs ein Predig herfür zuschütten. [...] Es klecket [sc. reicht] mir gemeinigklich

---

[24] UB Eichstätt Cod. st. 267, L. Haller, Predigt am Sonntag Laetare, 163v.
[25] UB Eichstätt Cod. st. 267, L. Haller, Predigt am Montag in der Karwoche, 265v.
[26] Vgl. G. Scherer, Postill Georgij Scherers / uber die Sontäglichen Euangelia durch das gantze Jahr, Abt Sebastian von Baden, Bruck an der Teya 1603, Res/2 Hom. 453., Predigtregeln, ohne Paginierung.

ein ganze Wochen nicht zu der bereitung vnnd außstaffierung der Predig / vnnd nach aller möglicher vorgehender Præparation, zittert mir dannoch auff dem Predigstul anfangs der ganze Leib auß lauter forcht vnd Sorgfeltigkeit / nicht allein für fürsten / König vnnd Kaysern / sondern auch für Bürgern vnnd Bawern."[27]

Wie die Zubereitung der Speisen in der Küche, so verhalte es sich auch mit der Bereitung des Wortes Gottes: Egal, für wen und vor wem, „ein Predig die nicht wol vnnd fleissig zubereit / kan den gewünschten lust vnd nutz bey den Zuhörern schwerlich erlangen"[28]. Während der Vorbereitung müsse der Prediger sowohl die Themenauswahl als auch die konkrete didaktische Umsetzung seiner Predigt dem Auffassungsvermögen der jeweiligen Gemeinde anpassen. Vor allem grundlegendes Wissen über den Glauben und Hinweise, wie das Leben gebessert werde, sollten in den Predigten zur Sprache kommen, denn nur so könne die Verkündigung für das Seelenheil nützlich sein. Scherer plädierte aus pastoralen Gründen dafür, dass sich der Prediger „dem gemeinen Pöbel accomodieren [sc. anpassen] vnd verständliche nützliche Sachen auf die Canzel bringen"[29] sollte.

2.2 Überzeugende und rezipierbare Predigtweise

Eine gründliche Vorbereitung der Predigt war für beide Prediger das eine, eine gekonnte und überzeugende Durchführung das andere, was für eine Reform der Predigt notwendig war. Einfachheit hinsichtlich Sprache und Inhalt war eines der zentralen Gebote der Stunde, denn oftmals würde aus komplizierten Predigten Spott und Verunglimpfung resultieren. Daher gab Haller den Predigern zu bedenken, dass eine gute Predigt sich nicht durch eine schwierige und auf Fremdwörtern basierende Wortwahl oder durch komplizierte und verschachtelte Formulierungen, sondern vor allem durch Verständlichkeit und klare Aussagen auszeichne. Zudem erweise es sich aus Gründen der Memorierbarkeit als hilfreich, wenn der Prediger

---

[27] Ebd.
[28] Ebd.
[29] Ebd.

am Ende seiner Verkündigung die zentralen Aussagen nochmals in aller Kürze summieren würde.[30] Ähnlich lauteten auch die Reformvorschläge des Wiener Jesuiten Scherer, denn klare und überzeugende Vermittlung der vorbereiteten Predigtthemen war gerade angesichts der zahlreichen Veränderungen im 16. Jahrhundert entscheidend. Aus diesem Grund war es zentral, die Predigthörer weder zu langweilen noch zu überfordern. Daher forderte er, dass Prediger das Niveau ihrer Predigt an der jeweiligen Predigtgemeinde auszurichten hätten. Er bedauerte, dass viele Prediger wie Gelehrte „in ihren Predigen hoch herein fladderen"[31], was letztlich „vnnütz vnd eytel"[32] sei. Scherer benannte damit ein häufiges Problem, vor dem die Jesuiten am Beginn ihres Wirkens in Wien und auch anderenorts standen: Das Volk war einen einfachen und gesetzten Predigtstil gewohnt und konnte mit den gebildeten und intellektuellen Predigten der Jesuiten nichts anfangen.[33] In diesem Zusammenhang verwies der Jesuit ebenfalls auf die bleibende Herausforderung, komplexe Themen prägnant und präzise auf den Punkt zu bringen, denn zahlreiche „Prediger hören sich selber gern reden"[34]. Nach Scherers Dafürhalten wäre es besser, die Prediger „lassen die Zuhörer von sich mit einem appetit vnd lust noch weiter zuhören"[35] als der Predigt verdrießlich zu werden.

Im Unterschied zu Leonhard Haller spiegelt sich in den Predigtanweisungen Scherers seine jesuitische Ausbildung wieder, in der ein besonderes Augenmerk auf der rhetorischen Ausgestaltung der Predigt lag. Petrus Canisius hatte während seiner Jahre in Wien bedauert, dass die meisten Prediger durch ihre Worte keinerlei Gefühle bei den Hörern zu wecken vermochten.[36] In Anlehnung an die antiken Rhetoriker wurde gefordert, dass Predigten die Affekte der Men-

---

[30] Vgl. UB Eichstätt Cod. st. 267, L. Haller, Predigt am Montag nach Iudica, 228v.
[31] Scherer, Postill (s. Anm. 26).
[32] Ebd.
[33] Vgl. J. A. De Polanco, Vita Ignatii Loiolae et rerum Societatis Jesu historia 2, Madrid 1895, 279.
[34] Scherer, Postill (s. Anm. 26).
[35] Ebd.
[36] Vgl. De Polanco, Vita Ignatii (s. Anm. 33), 73; Epistolae mixtae ex variis Europae locis ab annop 1537 ad 1556 scriptae 5, Madrid 1901, 78.

schen wecken sollten.[37] Nach Scherers Dafürhalten sei hierfür besonders eine rhetorische und moderierte Vortragsweise hilfreich. Jeder Prediger müsse erlernen und wissen, wie vielfältig und virtuos mit der Stimme umgegangen werden könne:

„Es tauget nicht einerley accent vnnd Thon durch die ganze Predig gebrauchen wollen / sondern man muß die Stimme höher vnnd niderer / schärpffer vnnd linder nach erforderung der Sachen / vnnd nach gestalt der Materi ergehen lassen / Die Erhebung der Stimme wan sie zu rechter zeit geschicht / machet ein grosses aufmercken vnnd bewegung in den Herzen der Menschen."[38]

Diese Dinge würden auch der Gewinnung und Aufrechterhaltung der Aufmerksamkeit des Publikums dienen, denn „wann das Volck deß Geschrey gewohnet / schlaffen sie so wol dabey"[39]. Anders verhalte es sich, wenn der Prediger zwischen Vehemenz und Moderation, zwischen „inflexion vnd mässigung der Stimme"[40] variieren könne. Sollte es dennoch vorkommen, dass der Prediger auf der Kanzel Müdigkeit bei den Predigthörern feststelle, so solle er sie „mit einem kurzweiligen zu der Sachen dienstlicher Historien oder Spruch zu erlustigen vnd zu ermuntern"[41] versuchen. Vergleiche und Metaphern aus der Erfahrungs- und Lebenswelt der Menschen wären zudem hilfreiche technische Mittel, um der Predigtgemeinde die Anliegen und Themen besser vermitteln zu können. Scherer legte großen Wert auf die Performativität der Predigt: Ein guter Prediger müsse seiner Rede durch „euserlichen gestus vnd geberden"[42] sowie durch Mimik Ausdruck verleihen. Hierbei orientierte er sich an Predigtidealen, die in den Satzungen der jesuitischen Ordensgründer in ähnlicher Weise formuliert wurden: In der Tradition der klassischen Rhetorik sollten die Geistlichen durch ausladende Gesten, emotionale Regungen sowie ausgeklügelte Effekte für die Augen und für

---

[37] Vgl. Epistolae P. Hieronymi Nadal Societatis Jesu ab anno 1546 ad 1577, Madrid 1962, 827.
[38] Scherer, Postill (s. Anm. 26).
[39] Ebd.
[40] Ebd.
[41] Ebd.
[42] Ebd.

die Ohren predigen und sich dadurch bewusst von der scholastischen Predigtweise abwenden.[43]

2.3 Kohärenz von Leben und Predigt

„Welcher Prediger fruchtbarlich predigen will / der lebe Exemplarisch vnd erbawlich / also daß er selber das jenig thue / was er andere lehret"[44].

Mit dieser Predigtregel, die der Jesuit Georg Scherer in Anlehnung an das Wort des Apostels Paulus an Timotheus (1 Tim 4,12–16) formulierte, verwies er darauf, dass das Gepredigte deshalb mit der priesterlichen Lebensweise übereinstimmen müsse, da „das Widerspil"[45] die Glaubwürdigkeit der Predigt ansonsten minimiere und die Zuhörer sich zu Recht fragen würden: „Ey warumb thustu nicht selber / was du sagest?"[46] Dieser Überzeugung war auch Leonhard Haller, der in einer seiner Fastenpredigten dem Klerus den Tugendspiegel vorhielt:

„Dann es gar übel steet, wann der prediger sagt: Man soll nit stelen, vnd er stylt. Wann er sagt: Man soll nit eebrechen, vnd er ain eebrecher ist. Also wär von andern lastern auch zu reden. Wann er sagt: Der menschen hertz soll nit beschwärt werden mit fressen vnd trunckenhait, noch mit geitz sorg, vnd im mitlerweil alles zu wenig ist."[47]

Beide Predigtautoren und weitere ihrer Zeitgenossen erachteten es als Notwendigkeit, dass für die Reform des Klerus der Konnex zwischen exemplarischer Lebensführung und glaubhafter Predigt sowohl beim angehenden Klerus als auch vor allem bei all jenen Priestern und Predigern, die bereits in der pastoralen Praxis tätig waren, implementiert werden müsse.

---

[43] Vgl. M. Friedrich, Die Jesuiten. Aufstieg, Niedergang, Neubeginn, München – Berlin – Zürich 2016, 196.
[44] Scherer, Postill (s. Anm. 26).
[45] Ebd.
[46] Ebd.
[47] UB Eichstätt Cod. st. 267, L. Haller, Predigt am Sonntag Iudica, 218v.

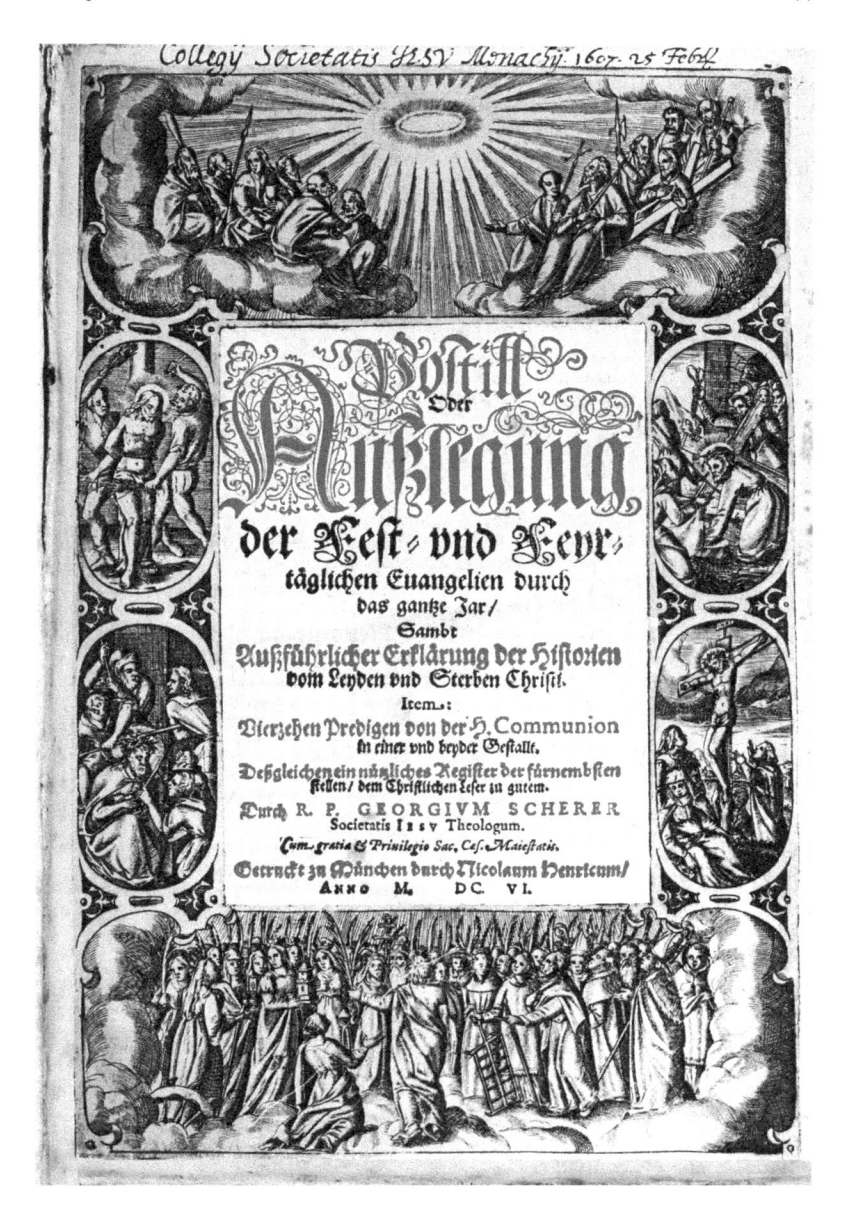

Abb. 4: Frontispiz der zweiten Auflage (1606) der Postille Georg Scherers, die mit ihren 13 Regeln für die Prediger zu einem homiletischen Bestseller des 17. Jahrhunderts wurde.

2.4 Ausdauer und Hartnäckigkeit im Predigtdienst

Ein weiterer Aspekt, den es zugunsten einer Reform des Predigtwesens zu vermitteln galt, war die Ausdauer im Verkündigungsdienst. Haller erinnerte in seiner Fastenpostille daran, dass die Worte der Verkündigung nicht immer bei allen Zuhörern Früchte tragen würden. Aus diesem Grund sollte sich kein Prediger entmutigen lassen, das Wort Gottes zu verkünden und auszulegen, denn wenngleich nicht alle Menschen auf ihn hören würden, so fänden sich dennoch einige unter ihnen, die seinen Anweisungen Folge leisten würden.[48] Aus diesem Grund belehrte und motivierte er seine Leser mit den Worten aus dem Buch Jesaja (Jes 58,1), dass sie in Sorge um das Heil der Seelen unbeirrt und – gemäß der konziliaren Anweisungen – regelmäßig ihren Dienst verrichten sollten:

> „Schrei, hör nit auff, wie ain pusawen erhöhe deine stymm vnd verkünd meinem Volk ire laster, vnd dem hauß Jacob ire sünd, dann sÿ suchend mich von tag zu tag vnd wöllen wissen meine weg, wie ain volck das gerechtigkait thon hett vnd hett nit verlassen das gericht seines gottes."[49]

Einige Jahre später verwies auch der Jesuit Scherer mit Rekurs auf eigene Predigterfahrungen auf die Option des Scheiterns einer Predigt und warnte angesichts solcher Enttäuschungen den Prediger davor, in einem solchen Fall „vber seiner Arbeit nicht verdrossen oder kleinmütig [zu] werden"[50]. Wichtiger als Erfolg und Anerkennung sei der Lohn, den er für seinen Dienst in der Ewigkeit erhalten würde. Wie ein Bauer den Samen auf dem Feld aussäe, so habe auch der Prediger unablässig den Samen des göttlichen Wortes auf der Kanzel auszubringen.

---

[48] Vgl. UB Eichstätt Cod. st. 267, L. Haller, Predigt am Donnerstag nach Oculi, 143v.
[49] UB Eichstätt Cod. st. 267, L. Haller, Predigt am Freitag nach dem Aschermittwoch, 23v.
[50] Ebd.

3 Resümierende Beobachtungen

Unter allen Medien, die im deutschsprachigen Katholizismus der Frühen Neuzeit existierten, dürfte für die Reform der Predigt dieser Zeit kein anderes Medium so bedeutend und prägend gewesen sein wie die gedruckten Postillen.[51] Predigtautoren haben ab der zweiten Hälfte des 16. Jahrhunderts die Durchführung einer Reform der Predigt maßgeblich an sich gezogen, nachdem die Reformansätze und -ansprüche des Fünften Laterankonzils und des Tridentinums in der breiten Masse nicht verwirklicht wurden. Die Diskrepanz zwischen den Reformbeschlüssen der Konzilien und deren konkrete Umsetzung stellt somit einen generativen Ort dar, von dem aus einzelne Akteure ihre individuellen „Zukunftsbilder" und „Reformpläne" des konfessionellen Predigtwesens dynamisieren konnten. Bevor Bischöfe und Pfarrer im Sinne des Konzils von Trient regelmäßig predigen sollten, musste ihnen zuvor praktisches Wissen für den Predigtdienst vermittelt werden, um die Qualität ihrer Verkündigung zu garantieren. Aus diesem Grund insistierten die Predigtautoren in ihren Drucken auf einer gründlichen Vorbereitung der Predigt sowie auf deren rhetorisch überzeugender Umsetzung, die nach ihrer Auffassung maßgeblich von der integren Lebensweise des jeweiligen Predigers abhängig war. So kann zum jetzigen Zeitpunkt der Forschung festgehalten werden, dass die eigentlichen Träger der Predigtreform im frühneuzeitlichen Katholizismus einzelne Akteure waren, die mithilfe ihrer Publikationen zur qualitativen Verbesserung der volkssprachlichen Predigt beitrugen.

Am Ende des 16. und zu Beginn des 17. Jahrhunderts zeigt sich in den Postillen eine interessante Entwicklung hinsichtlich der Vermittlungsweise der Predigtreformansätze, die im Kontext der Etablierung einer römisch-katholischen Konfessionsgesellschaft sowie der Herausbildung einer nachtridentinischen Konfessionskultur gesehen werden muss:[52] Während sich im 16. Jahrhundert in den unter-

---

[51] Erstaunlicherweise wurde die Predigtpraxis im Katholizismus des 16. Jahrhunderts im Vergleich zu jener des Barocks und der Aufklärung in der Forschung bis dato wenig beachtet.

[52] Ich plädiere mit der Frankfurter Historikerin Birgit Emich für eine Synthese der beiden, in der Konfessionalisierungsforschung etablierten Begriffe „Konfessionsgesellschaft" und „Konfessionskultur", indem Konfessionskulturen in Kon-

schiedlichen Postillenpredigten einzelne Anweisungen für die Predigtpraxis finden, etablieren sich um die Jahrhundertwende zudem systematisierte und den Drucken oftmals vorangestellte Hinweise, wie und unter welchen Voraussetzungen gepredigt werden soll. Zentrale Akteure, die eine solche Verschiebung in der Vermittlungsweise homiletischen Grundwissens intendierten, waren vor allem die Jesuiten. Sie waren diejenigen, die das Predigtwesen im nachtridentinischen Katholizismus durch Vermittlungsprofessionalisierung gezielt reformierten. Die aufkommende Barockpredigt kann letztlich ein Indiz dafür sein, dass diese „Reformpläne" im Katholizismus des 16. und beginnenden 17. Jahrhunderts auf ihre ganz eigene Weise erfolgreich realisiert werden konnten.

Außer Frage steht dabei, dass die in den Predigtdrucken vorzufindenden Reformansätze der volkssprachlichen Verkündigung durch die vom Trienter Konzil eingebrachte Forderung nach regelmäßiger Predigt begünstigt wurden. Dennoch darf die Rolle des Konzils nicht überschätzt werden, denn die Predigtreform wurde zum einen von der intellektuellen und an den humanistischen Idealen interessierten Elite des (noch) bestehenden Klerus generiert und zum anderen von jenen Orten aus multipliziert, an denen die Jesuiten wirkten. Nicht die Umsetzung des Konzils vor Ort, sondern gebildete Weltgeistliche, Jesuiten, deren aus Adeligen und Laien bestehende Netzwerke sowie andere Orden beförderten im Gefälle des nachtridentinischen Zeitgeistes die Reform der Predigt in der Peripherie durch gedruckte Predigten und Postillen. Auf dem Fundament ihrer praktischen Anweisungen konnte überhaupt erst der konziliare Reformplan umzusetzen versucht werden.

Zudem wird durch die Analyse der impliziten und expliziten Predigtanweisungen, die die Kohärenz von Predigt und Lebensweise der Geistlichen betreffen, deutlich, dass die Postillen für die Geistlichen nicht nur eine Quelle dafür waren, was und wie professionell gepredigt werden konnte, sondern auch eine „habituelle Lektüre"[53], durch die eine dem priesterlichen Stand entsprechende Handlungs- und Lebensweise anerzogen werden sollte. An anderer Stelle muss daher

---

fessionsgesellschaften untersucht werden; vgl. B. Emich, Konfession und Kultur, Konfession als Kultur? Vorschläge für eine kulturalistische Konfessionskultur-Forschung, in: ARG 109 (2018) 375–388.
[53] F. M. Eybl, Postille, in: LThK³ 8 (2006) 455.

die Hypothese geprüft werden, ob die hier ausgewerteten „Reformpläne" der Predigt nicht zugleich der Grundstein bzw. der Impuls für die Herausbildung bestimmter Idealbilder des Priestertums waren bzw. eine Klerusreform im frühneuzeitlichen Katholismus über die literarische Gattung der gedruckten Predigten ermöglichten.[54] Die Geschichte der Predigtreform im frühneuzeitlichen Katholizismus stellt für gegenwärtige Reformdiskurse ein historisches Beispiel mit bemerkenswerter Botschaft dar:[55] Die Reform der Predigt wurde nicht zentralistisch oder institutionell geplant und organisiert, sondern war das Resultat einzelner kirchlicher Akteure, die sich aufgrund institutionellen Versagens sowie inhaltlicher Leerstellen in der Pflicht sahen und – *sentire cum ecclesia* – „Zukunftsbilder" und „Reformpläne" für die Kirche in Zeiten der Veränderung generierten.

---

[54] Die Überprüfung dieser Hypothese findet sich bei J. Werz, Idealbilder des Priesters in Predigtdrucken. Ein Beispiel binnenkonfessioneller Pluralität im frühneuzeitlichen Katholizismus [erscheint 2020].

[55] Weitere historische Analysen kirchlicher Reformen finden sich bei Merkt, Wassilowsky, Wurst (Hg.), Reformen in der Kirche (s. Anm. 2).

Kirche in Zeiten der Veränderung
Eine dogmatische Perspektive

Bertram Stubenrauch

Der bekannte Schweizer Pastoraltheologe Leo Karrer versetzt in einem brandaktuellen Beitrag zur Lage der Kirche die dogmatisch beruhigte Seele in einige Aufregung: „Das System hat sich selbst zum Glaubenssatz erhoben: unfehlbar."[1] Wie reagiert man auf ein solches Votum, glänzend ins Wort gesetzt? Erschrocken, dankbar, kämpferisch? Ich persönlich nutze die Chance, fühle mich inspiriert und überlege: Soll gesagt sein, die Kirche, wie sie konkret leibt und lebt, mit ihren Ecken und Kanten, mit dem „Staub der Jahrhunderte auf ihrem Gewand" (Mario von Galli), gehöre nicht auch selbst zum Geheimnis des Glaubens? Mit der biblischen Vision eines pilgernden Gottesvolkes auf Erden hätte diese Auffassung wenig gemein.[2] Oder wird suggeriert, es sei mit einer flächendeckenden Machtergreifung vonseiten einer intelligenten, aber verschworenen Klasse Ehrgeiziger zu rechnen, deren Coup sich wie eine Art Erbsünde im katholischen Kirchengefüge fortgezeugt habe? Doch wann und wo hätte die Revolution ihren Anfang gehabt? Gab es jemals diesen Kreis diebischer Genies? Was sagen die Belege, welche Texte bieten sich an? Oder führt der Anlass zur Klage auf Jesus selbst zurück? Vielleicht haben ihn schon die Evangelisten missverstanden, schlimmer noch: Er konnte einfach nicht wissen, was er tat und war in Vorurteilen befangen, als er die Zwölf berief und einen Paulus, ohne nach Quoten zu fragen außer denen, die ihm sein „System" – das Judentum der Zeit – nahelegte …

Genug der Polemik, für die ich auch sogleich schon um Nachsicht bitte. Denn Karrers Scharfblick fällt auf ein Gravamen, das sich in-

---

[1] L. Karrer, Moralisches ‚Grounding' in der Kirche? Langer Atem zwischen Vision und Realität; mit der Erlaubnis des Autors an mich privat übermittelt von Toni Häfliger, Mail mit Textanhang vom 10.9.2019. Der Text Karrers wird demnächst allgemein zugänglich sein.
[2] Vgl. G. Lohfink, Jesus von Nazaret. Was er wollte, wer er war, Freiburg i. Br. 2011, besonders 66–91.

zwischen als Problemfall ersten Ranges präsentiert: Hat sich die katholische Kirche in ihrem institutionellen Erscheinungsbild – Lehre, Hierarchie, kanonisches Recht – tatsächlich zu wichtig genommen? Die Diskussion darüber tut zweifelsohne Not, und sie sollte, was Karrer zutiefst erhofft, ein positives, vernünftiges Gespräch befeuern, sodass niemand, dem die Erneuerung des Glaubens am Herzen liegt, intellektuell oder geistlich in Misskredit gerät. Indes kann es in der Kirche „wahre und falsche Reform" geben.[3] Darum ist eine Gewissenserforschung aller ekklesial Engagierten unerlässlich: Wie sind Reformwünsche motiviert? Welcher Vision wissen sie sich verpflichtet? Schüren sie Ressentiments? Gegen wen? Warum?

Der Reform im guten Sinn geht es nie um die Lust am Unwesentlichen. Zur Debatte steht, worauf es im Glauben und im Leben der Kirche wirklich ankommt, was bleiben muss oder fallen darf. Nach biblischer Weisung zeichnet das Christentum ein Gefüge unverwechselbarer Merkmale aus. Nur so kann es ein Zeichen der Hoffnung, aber auch des Widerspruchs bleiben. In jedem Fall braucht die Reformdebatte persönliche und strukturelle Ehrlichkeit. Sonst triumphiert das Gezeter.

1 Kirche – ermächtigt

Christentum ist Evangelium, nicht primär Religion. Ich sage das an dieser Stelle nur andeutungsweise, allerdings programmatisch: Die freie Antwort auf eine wunderbare Botschaft wiegt mehr als die Bindung an Gesetze.[4] Doch der Zuspruch des Evangeliums bedeutet Heteronomie: Glaubende nehmen sich nicht selbst, was sie sind; sie werden dazu ermächtigt. Weil das Christusgeschehen in einmaliger Weise historisches Ereignis war und es sich seitdem durch Wort und Symbol, das heißt sakramental, verwirklicht, zeigen sich Glaube und Instanz eng miteinander verknüpft. Deshalb hat das letzte Konzil der katholischen Weltkirche, das Zweite Vatikanische Konzil

---

[3] Erinnert sei an das Werk von Y. Congar, Vraie et fausse réforme dans l'Eglise (UnSa 20), Paris 1950.
[4] Historisches dazu vgl. bei G. Rottenwöhrer, Evangelium auf dem Vormarsch? Sein Geschick in der Reformationszeit (Theos 143), Hamburg 2018, besonders 11–24.

(1962–1965), ein Reformkonzil immerhin, an die Voraussetzung erinnert, welche das engagierte Nach- und Umdenken allererst sinnvoll macht. Es ist die Unverfüglichkeit der ekklesialen Ur-Gabe:

„Die Kirche war schon seit dem Anfang der Welt vorausbedeutet; in der Geschichte des Volkes Israel und im Alten Bund wurde sie auf wunderbare Weise vorbereitet, in den letzten Zeiten gestiftet, durch die Ausgießung des Heiligen Geistes offenbart, und am Ende der Weltzeiten wird sie in Herrlichkeit vollendet werden."[5]

Ins Auge fallen die Passivformulierungen dieses ekklesiologischen Summas: Die Kirche „war vorausbedeutet"; sie „wurde gestiftet"; sie wird „vollendet werden". Wenn es den Vorrang der Gnade vor der Leistung und den des Mysteriums vor dem Ethos wirklich gibt (man denke an die „Gemeinsame Erklärung zur Rechtfertigungslehre" von 1999), dann bedeutet die dramatische Proklamation des Evangeliums durch Jesus von Nazaret im Lichtkegel des „nie gekündigten Bundes" auch den Vorrang eines „Systems". Denn die Lebensgemeinschaft der Jüngerinnen und Jünger Jesu entsteht, weil sie auf jüdischem Grund und Boden *kreiert* wird. Nicht der Sog gesellschaftlicher Glaubwürdigkeit setzt die Kirche ins Dasein, sondern ein schöpferischer Wille – wie analog jeder Mensch in seiner Existenz von Gott gewollt ist und sich nicht erst durch Leistung oder Perfektion beweisen muss.

Indes sind Kirchenbilder verfehlt, wonach ein verdinglicht gedachtes Depositum an „Gnade" und „Macht" von den Glaubenden abgesetzt und zum Zweck der Vermittlung ein eigenes Gremium postuliert wird, das *über* dem Gottesvolk schwebt und dessen Gottunmittelbarkeit verdeckt. Die Kirche weist eine doppelte, freilich paradoxe Dynamik auf: Sie entsteht, indem das Evangelium verkündet und gefeiert wird. Aber sie ist zugleich jene Institution, die das Evangelium zum gesellschaftlichen Faktum macht. Da beide Berufungen – Evangelium zu empfangen und Evangelium zu geben – jenseits kreatürlicher Möglichkeiten liegen, bleiben sie wesenhaft institutionell, zutiefst „amtlich": gespeist aus dem unverfüglichen Quell göttlicher Selbstmitteilung durch Verkündigung und Gottesdienst. Wer behaupten wollte, die Sünde kontaminiere das kirchliche

---

[5] Dogmatische Konstitution *Lumen gentium* (LG) des Zweiten Vatikanischen Konzils über die Kirche, Art. 2.

Leben schon in den Genen, verlegt ihre Legitimität in den Unternehmungsgeist der Gläubigen und überfordert diese damit heillos; sie müssen den Segen des Glaubens von sich selbst erwarten. Dann ist und hat Autorität, wer das Evangelium erfolgreicher präsentiert oder den Gottesdienst ansprechender gestaltet, mit größerer Einfallskraft, mit mehr Effektivität. Kirche wird zum Religionsbetrieb, dessen Maßstab die Qualität ihrer sozialen und medialen Akzeptanz ist und nichts weiter – alle Macht den Influencern! Wäre das ein Fortschritt?

Wahre Reform setzt demgegenüber voraus, dass die geradezu anstößige Sachlichkeit der institutionellen Verlautbarung des Evangeliums durch Wort und Sakrament vom Grad seiner Aneignung und Verinnerlichung unterschieden bleibt. Es geht um die Entdeckung, dass Kirche und Evangelium insofern ein Junktim sind, als sich in ihrem Zueinander der Mensch unmittelbar vor Gott gestellt weiß. Sobald sich eine Religions-Behörde oder eine religiöse Bewegung zwischen Gott und Mensch zu schieben versucht, ist der Klerikalismus vorprogrammiert. Er kennt raffinierte Varianten und ist keineswegs nur auf ordinierte Kirchenleute beschränkt.

Wahre Reform reißt alte Bastionen ein und errichtet keine neuen. Sie legt als erste Tugend des Gottesvolkes den Gehorsam des Evangeliums frei: Wo zeigt sich das Heilige so, dass statt Religion „Kirche" sichtbar wird? – Kirche? Was also ist Kirche? Sie ist die institutionell erschlossene Unmittelbarkeit des erneuerten Menschen vor Gott. Sie ist Ereignis und Ort der göttlichen Selbstmitteilung an die sündige Kreatur, keine Vermittlungsinstanz, kein „Zwischen". Sie ist die Garantin eines unverdienten und unverdienbaren Angenommenseins der geistbegabten Kreatur durch Wahrheit und Liebe.

In der christlichen Dogmengeschichte hat sich mit der Lehre vom *opus operatum* ein sehr treffendes Interpretament für ihr Mysterium herausgeschält: Das liturgisch gefeierte Evangelium schafft Kirche unabhängig vom spirituellen Fassungsvermögen der einzelnen Gemeinden. Kirche zu *sein*, heißt, Kirche *zuzulassen*, um radikal – genetisch dazu ermächtigt – zu empfangen und weiterzugeben, was Gott in Christus und im Heiligen Geist tut. Ausdruck dafür ist die disziplinierte Orientierung an der Integrität von Geste und Gebet nach apostolischer Überlieferung. Kirchliches Amt gibt sich mithin in seinem Wesenskern zu erkennen. Es generiert keinen privilegierten Stand höherer Art, verlangt aber die sakramentale Enteignung der Beauftragten zugunsten eines anderen, nämlich dessen, der an Altar und Ambo, bei Taufe, Firmung, Eucharistie und Ordination wirklich spricht: „Wer euch hört, der hört mich." (Lk 10,16)

Auch was diese Zusammenhänge betrifft, so steht „wahre" Reform im Dienst einer Paradoxie: Menschen werden gerufen und gesandt, im Namen Jesu zu sprechen und zu handeln; zugleich wird ihnen eingeschärft, dass es auf sie persönlich gerade nicht ankommt. Wenn es nämlich darum geht, das aus Christi Mund empfangene Evangelium ins persönliche Leben zu integrieren, stehen Gläubige, die mit einem Amt betraut sind, auf derselben Stufe wie alle anderen. Die moralische Verfehlung von Priestern oder Bischöfen wird nicht durch ihre Aufgabe provoziert, sondern durch die offene oder verdeckte Gleichsetzung von Amt und Person, von Auftrag und Begabung – von der Verkennung des Amtes also. Amt und Person sind nach gut katholischem Herkommen klar unterschieden, wenn auch koexistent. Was ein Priester amtlich tut, überhöht nicht seine Christenwürde, und was ihm persönlich misslingt, mindert nicht sein Tun an Ambo und Altar. Das heißt für die „wahre" Reform in der Kirche: Sie hat kein Recht, an den Instanzen zu rütteln, die im Dienst des Evangeliums stehen und deshalb „kirchlich" im ursprünglichen Sinn des Wortes sind. Aber sie hat alles Recht und die Pflicht, zu fragen, ob ihr Anspruch der Paradoxie des jesuanischen Auftrags gerecht wird. Lebensweise oder Disziplin von Amtsträgern müssen gewiss an Jesus von Nazaret Maß nehmen, aber ist deshalb für jede Frage nach seinem erklärten Willen zu suchen? Man erörtert vieles durchaus angemessen im gesellschaftlichen Diskurs des Gottesvolkes und im Horizont der Zeit.

Um persönliche Gefühle oder zivile Plausibilitäten allein kann es dabei nicht gehen, erst recht nicht um den entfesselten Krieg. Doch bleiben Wissen gefragt und Fingerspitzengefühl, vor allem aber Rücksichtnahme und die Kenntnis von Genesen und Anliegen. Frauen als Priester? Ist die bisherige Verweigerung nur der borniert Ausdruck von Misogynie? Nein, denn die Orientierung an Jesu Verhalten ließ es angeraten erscheinen, sein Verständnis vom Zueinander der Geschlechter im Bildgefüge von Bräutigam und Braut auch bei der Transformation des historischen Vorbilds in ein dauerhaftes Amt beizubehalten. Der Gestus von damals ragt mit der lehramtlichen Entscheidung in die Gegenwart herein; ist er völlig obsolet geworden?⁶ Aber man wird zugeben müssen, dass es Umbrüche in der Theologiegeschichte gab, die im Vergleich zu einer möglichen Änderung in dieser Frage weitaus tiefer in traditionelles Denken eingegriffen haben und ein Segen sind, zum Beispiel die partielle Anerkenntnis anderer Religionen als „wahr und heilig" durch das Zweite Vatikanische Konzil.⁷ Im Übrigen zeigt sich auch im Rückblick, dass sich Frauen nicht unter allen Umständen den Mund verbieten lassen mussten. Eine Katharina von Siena hat ihre Meinung kraftvoll geäußert und sich in Briefen an den Papst als „serva e schiava de' servi di Gesù Cristo" bezeichnet. Das ließ gewollt „an den seit Gregor dem Großen von den Päpsten geführten Titel servus servorum Dei denken"⁸.

2 Kirche – unter Spannung

Glaubenserkenntnis und Glaubensbejahung sind nur auf der Basis einer pneumatischen Zuversicht möglich, die der Institution „Kirche" als einer geschichtlich geprägten Größe grundsätzlich positiv gegenübersteht. Sowohl der historische Augenblick als auch dessen zeitnahe Adaption machen die Identität der Kirche und damit ihre Relevanz aus. Der Heilige Geist wurde mit dem Ostererlebnis der frühen Gemeinde als eine Kraft erfahren, die dazu drängt, den Ursprung des Glaubens um der Gegenwart und der Zukunft willen zu bewahren. Gestützt auf die im Johannesevangelium bezeugte Verheißung, der Heilige Geist werde die Anhängerschaft Jesu „an alles erinnern" (Joh 14,26) und sie dabei „in der ganzen Wahrheit leiten" (Joh 16,13), ist die Christenheit auf ein Ziel hin unterwegs, das erst

---

⁶ Vgl. G. Lohfink, Gegen die Verharmlosung Jesu. Reden über Jesus und die Kirche, Freiburg i. Br. 2013, besonders 219–222; Lohfink selbst meint, „dass die Kirche nicht das Verfügungsrecht hat, gegen ihre Tradition von fast 2000 Jahren Frauen zu Priesterinnen zu weihen." Sie spräche Jesus sonst ab, „die biblische Symbolik vom Gottesvolk als Braut und der Gemahlin Gottes begriffen zu haben." (vgl. ebd.)
⁷ Vgl. Erklärung *Nostra aetate* (NA) des Zweiten Vatikanischen Konzils über die Haltung der Kirche zu den nichtchristlichen Religionen, Art. 2.
⁸ A. Sohn, Re-form und Re-formation. Zu Erneuerungsbewegungen in Kirche und Gesellschaft an Beispielen aus den mittelalterlichen Bettelorden, in: HJ 137 (2017) 24–51, hier: 32.

am Ende der Zeit erreicht sein wird. Bis dahin bleibt es der Kirche als einer Erinnerungs- und Bekenntnisgemeinschaft aufgegeben, in der Kraft des Geistes den erinnerten und verkündeten Glauben fortwährend zu vertiefen und auszufalten. Darum hat das kirchliche Traditionsgeschehen keine konservierende, sondern eine erschließende Funktion: Dem Ursprung muss Zukunft gegeben werden, damit er nicht im Vergangenen erstickt.

Wie diese Zukunft aussehen soll, darüber gab und gibt es allerdings Streit, damals wie heute, neuerdings wieder verstärkt und auffallend verbissen. Warum diese Härte? Sie ist der momentane Endpunkt einer Entwicklung, die vom letzten Konzil in bester Absicht angestoßen worden war, dann aber recht schnell zur Lagerbildung auf breiter Front geführt hat.[9] Von Konservativen und Progressiven zu reden, scheint reichlich abgedroschen und pauschalisierend, doch das Schwarz-Weiß dieser Terminologie macht immer noch einen Gutteil dessen sichtbar, was an Hintergründen die aktuelle Lage bestimmt.

Da ist zunächst jene Haltung, die „konservativ" heißt und die in sich sehr verschiedene Spielarten birgt: Konservative können archaisierend denken und der Meinung sein, dass nur die erste Stunde des Christentums normativen Charakter hat. In diesem Sinn decken sich häufig konservative Strömungen mit progressiven. Konservative können aber auch traditionalistisch argumentieren: Der lebendige Strom der Überlieferung wird an einer beliebigen Stelle eingefroren und am Gefrierpunkt für maßgebend erklärt. Wo dieser Einschnitt liegen soll, bleibt je nach Obödienz unterschiedlich. Manche setzen beim Konzil von Trient (1545–1563) an, andere im neunzehnten Jahrhundert oder den Pius-Päpsten. Vielfach sind konservativ denkende Christinnen und Christen davon überzeugt, dass es eine sinnvolle Vergegenwärtigung des Christusereignisses nur geben kann, wenn alles, was im Lauf des von ihnen favorisierten Zeitraums gedacht und gleichsam notariell beurkundet wurde, auch weiterhin Beachtung findet. Aus diesem Grund umgeben sie das Traditionsgut mit einer sakralen Aura, um seine Unantastbarkeit zu betonen.

---

[9] Konziliare Hintergründe vgl. bei P. de Mey, Church Renewal und Reform in the Documents of Vatican II. History, Theology, Terminology, in: Jurist 71 (2011) 369–400; J. Schmiedl, Die Kirchenreform des Zweiten Vatikanischen Konzils von Johannes XXIII. bis Franziskus, in: HJ 137 (2017) 147–160.

Indes weist dieses Denken eine eklatante Kurzsichtigkeit auf. Wer nämlich die kirchliche Überlieferung statisch auffasst, übersieht, dass sie selbst aus einer fortgesetzten Reihe von Innovationen besteht. Yves Congar, an dessen Sensibilität für wahre und falsche Reform eingangs erinnert wurde, sah sich selbst durchaus als Zeuge der kirchlichen Vergangenheit; aber er wollte sie nicht, als wäre sie hinter Glas, „wiederholen", sondern „aktivieren", gewissermaßen impulsiv verstehen.[10] Lehre und Leben der Kirche waren immer eine Art Amalgam, eine Verschmelzung aus Alt und Neu. Nur aus einer romantisierenden Retrospektive heraus entsteht der Eindruck, die Kirche habe stets ein- und dasselbe gefördert oder vermieden. Unveränderlichkeit kommt allein dem Evangelium zu; Lehraussagen haben sich hingegen verändert und mussten sich verändern. Das Konzil von Florenz (1438–1445) zum Beispiel hatte seinerzeit erklärt, dass Kirchenferne, unter anderem „die Heiden", niemals in Gott eingehen könnten; mit dem Zweiten Vatikanischen Konzil setzte ein Umdenken ein.[11] Wurde der Glaube an Christus, den Erlöser, ins Unkenntliche verkehrt? Entstand ein neues, ein „anderes" Evangelium? Nein, aber es kam zum Vorschein, dass sich aus der frohen Botschaft unterschiedliche Konsequenzen ziehen lassen.

Den konservativen Kreisen in der Kirche, die das Problem der Vergegenwärtigung des Glaubens retrospektiv lösen wollen, stehen die sogenannten Progressiven gegenüber. Auch deren Lager teilt sich in unzählige Schattierungen, sodass es schlicht unmöglich ist, dem Panorama der Empfindungen mit wenigen Worten gerecht zu werden. Dies eine aber lässt sich sagen: Während Konservative die Relevanz des Christlichen mithilfe der Vergangenheit sichern wollen, beschwören Progressive den Zeitgeist. Das Denken und Empfinden der Gegenwart – selbst wenn es sich tendenziell säkularisiert – betrachten sie keineswegs als glaubenshinderlich. Ersehnt wird die große Wende. Aus dieser Perspektive erscheint das Zweite Vatikanische Konzil als das eigentliche Gründungsereignis der Kirche, dessen innovatorisches Ausmaß noch gar nicht abzusehen ist.

Auch dieses Denken leidet unter Sehschwierigkeiten. Wer die Kirchengeschichte mit dem Zweiten Vatikanischen Konzil oder gar den

---

[10] Vgl. F. Émile, Treue zur Zukunft. Yves Congar über Tradition, Reform und Katholizität, in: IKaZ 42 (2013) 185–202, hier: 187.
[11] Vgl. Dekret für die Jakobiten, in: DH 1351.

eigenen Ideen beginnen lässt, übersieht, genau wie die Konservativen, dass es im Leben der Kirche nichts anderes als Amalgame von Alt und Neu gegeben hat. Beide Dynamiken – Bewahrung und Weiterentwicklung – sind ihr zutiefst wesensgemäß. Aber auch aus dem pneumatischen Profil der Glaubensgemeinschaft erhellt dies: Weil Jesu Geist zugleich nach rückwärts wie nach vorwärts weist und aus diesem Grund die Erinnerung an die Vergangenheit nur als progressive Erinnerung zu denken ist, muss die Kirche die Spannung zwischen Tradition und Innovation schlicht und einfach aushalten. Am besten, sie geht beharrlich nach vorne – und blickt dabei genauso beharrlich zurück. Es sind eben Paradoxe, die ihr Leben prägen.

3 Kirche – gedeutet

Ob konservativ oder progressiv – hinter den Fassaden sind tief verankerte erkenntnisleitende Denkformen am Werk. Gläubige, denen das christliche Leben ein Anliegen ist, argumentieren unter dem Eindruck bestimmter Kirchenbilder und, dementsprechend, bestimmter Vorurteile. So stößt in der Hitze der Debatten nicht einfach der Glaube auf den Glaubensabfall, vielmehr geraten berechtigte Interessen in Konflikt mit anderen berechtigten Interessen. Auch gesellschaftliche Großoptiken tun das Ihre: das Lebensgefühl einer Umbruchszeit, ihre Art und Weise, Religion zu beurteilen, die völlige Wahlfreiheit in Weltanschauungsfragen. Glaubensstrenge ist nur noch in kleinen Kreisen gefragt, während sich in der säkularen Öffentlichkeit eine zum Teil feindselige Kirchendistanz etabliert hat. Man ist womöglich „spirituell", aber nicht mehr im traditionellen Sinn, auch nicht religiös, schon gar nicht gläubig.[12]

Natürlich leben, empfinden und argumentieren auch engagierte Gläubige aus dem vorherrschenden Lebensgefühl heraus. Doch viele von ihnen haben sich nicht deshalb auseinander gelebt, weil sie fest vom Irrtum der anderen überzeugt sind; man versteht sich einfach

---

[12] Vgl. D. Pollack, Spirituell, aber nicht religiös? Analyse und Thesen zu einer möglichen Entwicklung, in: M. Rötting, C. Hackbarth-Johnson (Hg.), Spiritualität der Zukunft. Suchbewegungen in einer mulitreligiösen Welt, St. Ottilien 2019, 25–42.

nicht mehr – kognitiv, sprachlich, emotional. Nur selten artikulierte Vorentscheidungen richten Barrieren auf, die vordergründig gesehen ephemere Meinungsverschiedenheiten zeigen, tatsächlich aber der Ausdruck ganz bestimmter ekklesialer Optionen sind. Die theologische Forschung seit dem Zweiten Vatikanischen Konzil hat derartige Denkformen hinlänglich freigelegt.[13] Ich skizziere im Folgenden idealtypische Umrisse ohne Anspruch auf Vollständigkeit mit dem Ziel, Gestimmtheiten sichtbar zu machen.

3.1 Christuskirche

Viele Gläubige und Theologien empfinden christozentrisch. Für sie bildet das Mysterium der göttlichen Inkarnation den entscheidenden ekklesialen Anhalt, und es gilt der Grundsatz: Die Inkarnation des *göttlichen Wortes* hat die Institutionalisierung der *Kirche* zur Folge. Jesu Verwurzelung in der Welt ist das Fundament seiner bleibenden Repräsentanz in ihr, welche für immer unverwechselbar bleiben muss. Dieser Bescheid verästelt sich diffizil. So spielt die Überzeugung eine große Rolle, dass Jesus die kirchliche Verfassung konkret gewollt und zum Schaltzentrum seiner eschatologischen Herrschaft gemacht hat. Zu diesem Zweck habe er zuallererst die „Apostel" bestellt, die – an der eigenen Vollmacht beteiligt – sein Erbe sichern sollen. Nach dem Lukas-Evangelium sind die Apostel mit dem Kollegium der sogenannten „Zwölf" identisch. Die Zwölf, von Jesus buchstäblich kreiert, „erschaffen" (vgl. Mk 3,13–19), versinnbilden den Stämmeverbund des zu erneuernden Israels und sind nachösterlich in der christlichen Urgemeinde erste Verantwortungsträger. War das ganze Volk als eine Gemeinschaft apostolischer Jünger und Jüngerinnen gedacht? Gerhard Lohfink winkt ab. Er stellt die „Vielgestalt der Berufung" heraus und konstatiert: „Die Zwölf sind Jünger, aber nicht alle Jünger gehören dem Zwölferkreis an."[14]

Mit Ostern und Pfingsten wird freilich der Freundeskreis Jesu als Ganzes zur Kirche, und diese ist, für den Apostel Paulus zumal, nicht nur mental mit dem Herrn verbunden, sondern höchst real,

---

[13] Beispielhaft vgl. H. J. Pottmeyer, Der eine Geist als Prinzip der Einheit der Kirche in Vielfalt. Auswege aus einer christomonistischen Ekklesiologie, in: PThI 5 (1985) 253–284.
[14] Lohfink, Jesus von Nazaret (s. Anm. 2), 131.

durchweg organisch. Getaufte wissen sich in Christus gleichsam hineinverpflanzt, um fortan allein von seiner Vitalität zu zehren. Als Glieder an Christi Leib sind sie sozusagen „ein Herz und eine Seele" mit ihm (vgl. 1 Kor 12,12–31a). Demnach gab es zu Beginn des Christentums eine folgenreiche Transformation: Die historische Persönlichkeit Jesu hat sich mit Ostern und Pfingsten in Richtung einer Korporation entgrenzt und geheimnisvoll erweitert. In dieser Körperschaft wirkt das göttliche Pneuma als vornehmstes Instrument des Erhöhten. „Wo ist denn Gottes Geist", fragt ein Augustinus, „wenn nicht in Christi Leib? Wir müssen also in seinen Leib eintreten, um teilzuhaben an seinem Geist."[15]

Aus alledem ergibt sich: Wie der historische Jesus nur *einer* sein konnte, so darf und kann auch die Christus-Kirche nur *eine* sein. Ekklesiale Aktivitäten jenseits ihrer strukturellen Reichweite wären monströs. Der Erhöhte, die Hierarchie und das Gottesvolk greifen untrennbar ineinander und stellen gewissermaßen den „in der Menschheit fortlebenden Christus" (Johann Adam Möhler) dar. Papst Pius XII. hat in einem hochrangigen Lehrschreiben aus dem Jahr 1943 diesem Denken die Spitze aufgesetzt: Die „Mitteilung des Geistes Christi" mache deutlich, dass „die Kirche zur Fülle und Ergänzung des Erlösers wird, Christus aber in jeder Hinsicht in der Kirche gewissermaßen seine Erfüllung findet"; der Papst nennt die Kirche sogar die „zweite Person Christi" *(quasi altera persona Christi)*.[16]

Wurde spätestens hier das System zum Glaubenssatz erhoben? Vielleicht. Denn die Gleichsetzung Christi mit dem Rechtsinstitut „Kirche" grenzt an Ekklesiolatrie. Aber diese Vision besticht durch die Konkretion ihrer Christusfrömmigkeit, die dem Katholizismus über die Jahrhunderte hinweg eine bemerkenswerte Stabilität gegeben hat. Für systemische Reformen bleibt hingegen wenig Platz. Es gibt keine Möglichkeit, an das strukturelle Innenleben der Kirche, vorab an ihr hierarchisches Gen zu rühren. Nachgerade den Apostelnachfolgern selbst bleiben die Hände gebunden. Veränderung wäre Treuebruch. Papst und Bischöfe sollen nicht Strukturdebatten führen, sondern im Gefüge des von Christus Empfangenen die „geistliche Mitte" bewahren – so Joseph Ratzinger. Es sei, schreibt er, daran

---

[15] Augustinus, Tract. 27 in Joan.
[16] Vgl. Pius XII., Enzyklika *Mystici Corporis* vom 29. Juni 1943, in: DH 3813.3806.

„festzuhalten, dass die Ordnung der Einheit keine Ordnung bloß menschlichen Rechts ist, sondern dass Einheit zentrale Wesensbestimmung der Kirche ist und dass daher ihr rechtlicher Ausdruck im Amt des Petrusnachfolgers und der Verwiesenheit der Bischöfe aufeinander wie auf ihn hin zum Kern ihrer heiligen Ordnung gehört."[17]

3.2 Geistkirche

Während das christozentrisch orientierte Kirchenverständnis an der Inkarnation des göttlichen Wortes Maß nimmt und davon ausgeht, dass sie sich – analog – in der Institution fortschreibt, steht für ein geistzentriertes Denken das Pfingstgeschehen im Mittelpunkt des Interesses. Nun hatte auch Pius XII. der Sendung des Heiligen Geistes großes Gewicht beigemessen, freilich so aufgefasst, dass mit dem Geist belebt und verinnerlicht wird, was durch Jesu Wirken strukturell bereits angelegt ist. Pneumatozentrisch gedacht, tritt die Kirche mit Pfingsten erst ins Dasein, wobei sie sich weniger als Institution denn als eine Bewegung zeigt, die sich gemäß den Erfordernissen des Augenblicks entfaltet. Ihr „Mentor" ist demnach nicht der historische Jesus, auch nicht der erhöhte Christus, sondern, wenngleich über ihn vermittelt, das österliche Pneuma. Es wirkt personenbezogen und personenfreundlich. Das im Geist erneuerte Individuum wird zum eigentlichen Indiz des Christseins. Wer den Glauben annimmt, findet sich in eine Aura von Beziehungen versetzt. Wichtiger als Strukturen ist die Tatkraft der pneumatisch Erfüllten, denn „im Wirken des Geistes geschieht die Fortführung der Sendung Jesu."[18] Sie betrifft alle gleichermaßen und ist je persönlich, je nach Situation auf die historische Stunde zugeschnitten.

Vor diesem Hintergrund gewinnt die paulinische Charismenlehre an gesteigerter Bedeutung. Was sind Charismen? Es handelt sich um Gottesgaben, um Geschenke „von oben" also, die zwar unverfüglich und unverzweckbar sind, aber der Gemeinschaft als inneres Movens übereignet werden. Nach Norbert Baumert, der sich um die neu-

---

[17] J. Ratzinger, Zur Gemeinschaft gerufen. Kirche heute verstehen, Freiburg i. Br. 1991, 88.
[18] W. Kirchschläger, Die Anfänge der Kirche. Eine biblische Rückbesinnung, Graz – Wien – Köln 1990, 42.

testamentliche Charismenforschung verdient gemacht hat, lässt sich folgende gedankliche Linie ziehen: von der „Gabe" zur „Begabung". Biblisch gesehen, ist das Charisma eine Kraft zur Verlebendigung des Evangeliums. Später dann, bei Thomas von Aquin etwa, versteht man unter dem Begriff eine persönliche Fähigkeit im Dienst an anderen. Paulus selbst hatte auf eine klare theologische Kennzeichnung nur wenig Wert gelegt. Der Apostel kann sowohl Institutionen – zum Beispiel die Kirche an sich oder die Kirche insgesamt – als auch Personen und Personengruppen „charismatisch" nennen.[19]

Vermittelnd lässt sich sagen: Geistesgaben gehen mit den natürlichen Kräften von Getauften eine Symbiose ein. Sie sind nicht mit ihnen identisch und setzen das Vertrauen in den Gnadencharakter von Christwerden und Christsein voraus. Dennoch sind Charismen individuell vergeben und entsprechend persönlich gefärbt. Sie wecken prophetisches Reden, geistliche Weisheit und theologische Einsicht, aber auch gemeindliches Leitungsgeschick oder empathische Seelsorge (vgl. Röm 12,1–8 und 1 Kor 12,1–11).

Den ekklesiologischen Impetus der durch Charismen vermittelten Christuserfahrung hat Hans Küng näher erläutert:

„Diese – außerordentlichen oder alltäglichen – Geistesgaben sind nach Paulus nicht auf einen bestimmten Personenkreis beschränkt, sondern sie sind in der Kirche eine ganz und gar allgemeine Erscheinung. Und das bedeutet für uns heute: sie sind eine nicht nur damalige (in der Urkirche mögliche, wirkliche), sondern eine höchst gegenwärtige, aktuelle, sind nicht nur eine periphere, sondern eine in der Kirche höchst zentrale, wesenhafte Erscheinung. Man muss in diesem Sinn geradezu von einer charismatischen Struktur der Kirche reden, welche jegliche Ämterstruktur umgreift, über sie hinausgreift. So erscheint die Kirche des Ursprungs als nicht uniforme, sondern pluriforme Kirche in einer Vielfalt der verschiedenen Begabungen der einzelnen wie der Gruppen."[20]

Dass die Vielfalt kein chaotisches oder nivellierendes Vielerlei produziert, sieht Küng durch drei Steuerungsmomente gewährleistet:

---

[19] Vgl. N. Baumert, Gaben des Geistes Jesu. Das Charismatische in der Kirche, Graz – Wien – Köln 1986, 145–149.
[20] H. Küng, Denkwege. Ein Lesebuch. Hg. von K.-J. Kuschel, München – Zürich ³2001, 68.

nicht allen das Gleiche, aber jedem das Seine; nicht ein Gegeneinander, sondern ein Füreinander; Einheit mit dem Herrn und deshalb „com-unio (sic!), Gemeinschaft mit den Brüdern und Schwestern".[21] Der *eine* Geist teilt, zurück zu Paulus, die *vielen* Gaben mit. Sie haben die gleiche Würde und wirken im Ensemble. Sie sind aufeinander bezogen, werden einander zum Korrektiv und damit für alle zur Bereicherung. Kirche entsteht durch Charismen vor Ort und lebt in pneumatischen Interaktionen auf, die für die Beteiligten überschaubar bleiben sollen. In neutestamentlicher Zeit war diesbezüglich von „Hausgemeinden" die Rede.[22] Das institutionelle Moment kirchlichen Lebens muss sich nach charismatischer Auffassung sozusagen aus dem Gemeinschaftssinn als Epiphänomen ergeben. Nur so viel an Institution wird erwartet, als für den Korpsgeist der Gemeinde notwendig ist. Dass man sich deshalb die Strukturen offen, geschmeidig und vielgestaltig wünscht, ist konsequent. Beharrlich wird im Übrigen darauf verwiesen, dass die Physiognomie der gelebten Geistkirche dem geschichtlichen Wandel unterliegt. In der Tat spiegelt das Neue Testament, was im Kernbereich des Jerusalemer Judentums oder in hellenisierten Gemeinden außerhalb davon an Sozial- und Autoritätsformen zu Gebote stand. Charismatische Autorität gibt sich pragmatisch. Betont wird der Primat der Praxis vor der Lehre. Man schätzt das Geist*ereignis* höher ein als die Stabilität von Verfassungen.

Gibt es – charismatisch gedacht – einen Hang zum religiösen Leistungsdenken? Das Wesen der Geistesgabe schiebt dieser Versuchung einen Riegel vor; die Gabe kommt ja von Gott. Aber da es vor allem auf den Moment und die Aktion ankommt, sind die Gläubigen gehalten, ihre Gotteserfahrung gleichsam auf der Zunge zu tragen. Stete Reformbereitschaft steigt zum Gütesiegel christlicher Glaubensreife auf. Wer nicht zum herrschaftsfreien Diskurs beiträgt, gerät womöglich ins Abseits. Aber wer bestimmt, wo der Geist tatsächlich wirkt und was in seiner Absicht liegt? Was geschieht, wenn die Kommunikation auch im kleinen Gruppenverband versagt?

Gesunde Selbstkritik bleibt für christozentrisches und charismatisches Denken gleichermaßen brisant: Wird die schwere Sünde aus

---

[21] Vgl. ebd.
[22] Vgl. A. Ganoczy, Zur Ekklesiologie der charismatischen Gemeinden und Sekten, in: Conc(D) 39 (2003) 325–337, hier: 327f.

der Pervertierung einer heiligen Ordnung oder aus der religiösen Selbstüberschätzung geboren? Haltezeichen braucht es immer dann, wenn Geist vorgeschützt, in Wahrheit aber Ungeist am Werk ist. Die Unterscheidung der Geister haben Freundeskreise genauso nötig wie Institutionen.

4 Stunde der Reform?

Angesichts der Situation jetzt, die längst kompliziert genug ist, bleibt wohl zuerst an die Vernunft und den Gehorsam zu erinnern: Vernunft, um zu sehen, dass es abwegig ist, eine neue Kirche auf dem Reißbrett zu entwerfen; Gehorsam, um neu zu lernen, dass es in der Kirche Jesu Christi kein militantes Oben und Unten gibt, sondern nur den Dialog Verantwortlicher. Einander anzuhören, das ist der erste Schritt einer Reform, dem sofort als zweiter die Bereitschaft folgt, das gegenseitige Verstehen zu suchen. So wird die Diskussion versachlicht und zum Paradigma gemacht, wie sich das Zweite Vatikanische Konzil – ein Reformkonzil wie gesagt – geistliches Ringen unter Schwestern und Brüdern vorgestellt hat: als dankbares Gespräch ohne Panikmache. „Lamento braucht die Welt nicht; davon hat sie selbst genug. Hoffnung dagegen ist Mangelware."[23]

---

[23] W. Kasper, Volk Gottes – Leib Christi – Communio im Hl. Geist. Zur Ekklesiologie im Ausgang vom Zweiten Vatikanischen Konzil, in: IKaZ 41 (2012) 251–267, hier: 264.

Kirche ohne Liturgie?
Zur Bedeutung des Gottesdienstes in den diözesanen Pastoralkonzepten[1]

Stefan Kopp

Die Kirche lebt aus der Liturgie. Aber gilt diese ekklesiologische Grundaussage auch für die Pastoralkonzepte deutscher und österreichischer Diözesen der letzten Jahre, auf deren Basis heute Seelsorge (neu) gestaltet wird? Oder spielt dort die Liturgie eher eine untergeordnete Rolle und wird jedenfalls nicht in ihrer zentralen Bedeutung und zentrierenden Funktion für kirchliches Leben vor Ort berücksichtigt? Vielfach wurde von Fachleuten aus dem liturgiewissenschaftlichen Bereich auf liturgietheologische und pastoralliturgische Desiderate angesichts von Transformationsprozessen in der Seelsorge aufmerksam gemacht.[2] Die deprimierende Erfahrung von Litur-

---

[1] Für den Druck durchgesehener und mit Anmerkungen ergänzter Text eines Vortrags im Rahmen des Symposions der Liturgischen Kommission für Österreich vom 30. September bis 1. Oktober 2019 im Bildungszentrum St. Virgil in Salzburg zum Thema „Gottesdienst neu entdecken. ‚Quelle und Höhepunkt' in erneuerten pastoralen Strukturen". Die weitgehend vollständige Sammlung und Systematisierung aller relevanten Quellen aus deutschen und österreichischen Diözesen erfolgte im Rahmen eines Forschungsschwerpunkts des Graduiertenkollegs „Kirche-Sein in Zeiten der Veränderung" an der Theologischen Fakultät Paderborn. Neben den Liturgieverantwortlichen in den deutschsprachigen Diözesen, die das Projekt mit ihren wertvollen Auskünften und Hinweisen unterstützt haben, gilt mein besonderer Dank Andreas Biermann, Promotionsstipendiat des Graduiertenkollegs, der die notwendigen Korrespondenzen geführt sowie die relevanten Quellen umsichtig und verlässlich gesammelt und systematisiert hat.

[2] Vgl. dazu in chronologischer Reihenfolge etwa B. Jeggle-Merz, Gottesdienstliches Leben angesichts von Priestermangel und „Seelsorgeeinheiten". Oder: Auf der Suche nach einer neuen Identität, in: Arbeitsstelle Gottesdienst 39 (2001) 21–40; W. Haunerland, „Seelsorge vom Altare her". Liturgie in Zeiten der Seelsorgeräume, in: P. Hofer (Hg.), Aufmerksame Solidarität [FS Bischof Maximilian Aichern], Regensburg 2002, 75–93; B. Kranemann, Gemeindeliturgie vor den Herausforderungen der „Seelsorgeeinheit", in: G. Augustin u. a. (Hg.), Priester und Liturgie [FS Manfred Probst], Paderborn 2005, 371–391; M. Max, Liturgie als

gieverantwortlichen in den Diözesen ist allerdings häufig, dass ihr Fachbereich wenig Berücksichtigung findet und sie kaum in die diözesanen Erneuerungsinitiativen einbezogen werden. Kritische Stimmen bemängeln in diesem Zusammenhang vor allem einen strukturell-technischen Schwerpunkt der derzeitigen Reformen in der Seelsorge, wogegen inhaltlich-theologische Aspekte und Reflexionen eine untergeordnete Rolle zu spielen scheinen und von vielen mehr als schmückendes oder lästiges Beiwerk denn als tragendes Fundament wahrgenommen werden.[3] Deckt sich dieser subjektive, aber von vielen geteilte Eindruck mit dem objektiven Textbefund der diözesanen Pastoralkonzepte? Thematisieren die aktuellen Dokumente die Liturgie und ihre Rolle für das kirchliche Leben? Und wenn ja, auf welche Weise und mit welchen inhaltlichen Akzentuierungen geschieht dies hier? Oder wird darin ein Bild von einer Kirche deutlich, die – jedenfalls konzeptionell – ohne Liturgie auszukommen scheint?

Schon ein erster statistischer Blick in die einschlägigen Quellen, d. h. in die aktuell geltenden diözesanen Dokumente, von denen das älteste aus dem Jahr 2001 stammt, und damit auf die Zahlen, Daten und Fakten bietet tatsächlich ein – zumindest teilweise – ernüchterndes Bild.[4] In 15 der 30, also in exakt der Hälfte der untersuchten deutschen und österreichischen Diözesen, die textlich auswertbare Dokumente zu pastoralen Entwicklungsprozessen veröffentlicht haben,[5] wird die Liturgie nicht als eigenes Thema

---

Seismograph für die Beziehungsstruktur im Seelsorgeraum, in: A. Findl-Ludescher, S. Schneider (Hg.), Seelsorge(t)räume. Zwischen Notverwaltung und Zukunftsgestaltung (KTh 16), Ostfildern 2011, 177–186; S. Winter, Gottesdienste in Seelsorgeeinheiten. Ein Einblick in die Praxis nordwestdeutscher Bistümer, in: LJ 60 (2010) 197–228; S. Rau, Die Gemeinde feiert – in mehreren Kirchen? Liturgische Wegerfahrungen in einer fusionierten Pfarrei, in: ebd., 229–249; S. Winter, „Man trifft sich im Gottesdienst!?" Seelsorgeeinheiten als zentrale Herausforderung heutiger Liturgie, in: HerKorr 67 (2013) 33–36; S. Kopp, Gottesdienst ist nicht alles, aber ohne Gottesdienst ist alles nichts. Liturgische Vielfalt in Zeiten der Veränderung, in: ThGl 107 (2017) 354–370.

[3] Grundlage für diese Aussagen sind mündliche Einschätzungen und Stellungnahmen einer deutlichen Mehrheit von Liturgieverantwortlichen in deutschen und österreichischen Diözesen.

[4] Vgl. dazu auch die tabellarische Übersicht am Ende des Beitrags.

[5] Die Zahl von 15 Diözesen ergibt sich aus der gemeinsamen Berücksichtigung von Haupt- und Nebendokumenten (vgl. tabellarische Übersicht am Ende des

behandelt; in neun von diesen Diözesen wird sie zumindest unter anderen inhaltlichen Schwerpunkten thematisiert. In den anderen 15 Diözesen werden gottesdienstliche Fragen in den einschlägigen Dokumenten als eigenes Thema erörtert; bei neun davon in dem für den Entwicklungsprozess zentralen Dokument. Wo dies der Fall ist, geschieht es in unterschiedlicher Ausführlichkeit und mit unterschiedlicher Priorisierung. Wie stark Umfang und Form der Erwähnung von Liturgie bzw. ihre thematische Einordnung in den Pastoralplänen der einzelnen deutschsprachigen Diözesen variieren können, sollen einige Beispiele zeigen.

Im „Pastoralplan für das Erzbistum Bamberg" von 2005 firmiert der Themenbereich Liturgie als erster Abschnitt unter der Überschrift „Schwerpunkte der Pastoral" auf etwa drei Seiten,[6] im „Seelsorgekonzept für das Bistum Speyer" von 2015 an zweiter Stelle der „Standards für die Seelsorge" auf über 20 Seiten.[7] In den Ergebnissen der Arbeitsgruppen des Projekts „Dem Glauben Zukunft geben", welche die Früchte der Vierten Vollversammlung des Zukunftsforums im Erzbistum München und Freising im Jahr 2010 sammeln, umfasst der Bereich Liturgie sechs Seiten und nimmt unter den benannten „Ziele[n]" den ersten Platz ein, bezieht sich hier jedoch primär auf den Bereich der liturgischen Bildung.[8] Der entsprechende

---

Beitrags). Vier Diözesen (Köln, Limburg, München und Freising, Wien) haben kein vergleichbares Hauptdokument, mit dem der Entwicklungsprozess dargestellt wird. In der Erzdiözese Wien liegt etwa noch kein umfassendes Hauptdokument für den gesamten Entwicklungsprozess vor, jedoch wurde hier das Thema Liturgie bewusst eigens vorgezogen. – Vgl. Erzdiözese Wien (Hg.), Liturgie in der Erzdiözese Wien. Rahmenordnung, Wien 2017, in: https://www.erzdioezese-wien.at/dl/tqtuJKJMNNKlJqx4KJK/T1-Teilgemeinde_web.pdf (Download: 10.10.2019).

[6] Vgl. Erzbischöfliches Ordinariat Bamberg (Hg.), Den Aufbruch wagen – heute! Pastoralplan für das Erzbistum Bamberg, in: Amtsblatt für das Erzbistum Bamberg 128 (1/2005) 37–40, in: https://seelsorge.kirche-bamberg.de/medien/df90b931-a61b-46ba-b950-1ea031872c40/plan2005.pdf (Download: 10.10.2019).

[7] Vgl. Bischöfliches Ordinariat Speyer (Hg.), Der Geist ist es, der lebendig macht (Joh 6,63). Das neue Seelsorgekonzept für das Bistum Speyer (29. November 2015), in: Beilage zum Oberkirchlichen Verordnungsblatt (4/2016) 76–97, in: https://www.bistum-speyer.de/fileadmin/user_upload/1-0-0/Gemeindepastoral_2015/Grundlegende_Dokumente/Grundsatzpapier_2015_WEB.pdf.pdf (Download: 10.10.2019).

[8] Vgl. Erzdiözese München und Freising (Hg.), Dem Glauben Zukunft geben. Ergebnis der Arbeitsgruppen – „Vollversion" (d. i.: Pastorale Perspektiven – 61

Abschnitt steht hier unter der Überschrift „Liturgie und Verkündigung als Kernkompetenz der Kirche". Der „Pastoralplan für das Bistum Münster" von 2013 thematisiert eine „Option für die Verbindung von Liturgie und Leben" nur in einem Umfang von etwas mehr als einer Seite programmatisch als dritten von vier Punkten ebenfalls unter der Überschrift „Optionen und Ziele".[9] Im selben Umfang und wie in Münster eher programmatisch wird das Thema Liturgie in den „Diözesane[n] Leitlinien" des Erzbistums Freiburg von 2017 aufgegriffen und steht hier unter der Überschrift „Offen für eine lebendige Vielfalt" (in dem Hauptabschnitt „Konkretionen") an dritter von sechs Stellen.[10] In den „Pastorale[n] Leitlinien der Diözese Linz" von 2001 werden „Liturgie und Spiritualität" an zweiter Stelle auf etwa einer Seite zwischen „Verkündigung und Bildung" und „Caritas und Solidarität" sowie „Gemeinschaft in Vielfalt" erwähnt.[11]

In vielen Bistümern wird die Liturgie jedoch nicht eigens thematisiert, was von den meisten betroffenen Liturgieverantwortlichen im Gespräch bedauert wurde. Nicht erwähnt wird das Thema Liturgie in den diözesanen Dokumenten von Dresden-Meißen, Hamburg, Limburg, Mainz, Osnabrück, Trier und Würzburg sowie Feldkirch und Gurk,[12] wobei Hintergründe und Argumentationsmuster dafür unterschiedlich sind. Die Bandbreite an Einschätzungen und Erklärungsmodellen der diözesanen Liturgieverantwortlichen reicht

---

Empfehlungen des Zukunftsforums), München 2011, 6–11, in: https://www.erzbistum-muenchen.de/cms-media/media-19165120.pdf (Download: 10.10.2019); R. Marx, Gegliederte Kurzkommentierungen des Erzbischofs von München und Freising zu den 61 Zielen des Diözesanforums „Dem Glauben Zukunft geben", München 2011, 3–6, in: https://www.erzbistum-muenchen.de/cms-media/media-19165520.pdf (Download: 10.10.2019).

[9] Vgl. Bistum Münster (Hg.), Pastoralplan für das Bistum Münster, Münster 2013, 36f., in: https://www.pastoralplan-bistum-muenster.de/fileadmin/user_upload/pastoralplan/downloads/2013/web_pastoralplan_20130218.pdf (Download: 10.10.2019).

[10] Vgl. Erzbischöfliches Ordinariat Freiburg (Hg.), Christus und den Menschen nah. Diözesane Leitlinien, Freiburg i. Br. 2017, 39f., in: https://www.ebfr.de/html/media/dl.html?i=798028 (Download: 10.10.2019).

[11] Vgl. Bischöfliches Ordinariat Linz (Hg.), Pastorale Leitlinien der Diözese Linz, in: Linzer Diözesanblatt 147 (1/2002) 5, in: https://www.yumpu.com/document/read/27063204/pastorale-leitlinien-der-diozese-linz (Download: 10.10.2019).

[12] Vgl. dazu auch die tabellarische Übersicht am Ende des Beitrags.

in diesem Zusammenhang von Desinteresse verantwortlicher Stellen über mangelnde Ressourcen bis hin zum bewussten Verzicht auf curriculare Festschreibungen, um das liturgische Anliegen lieber ohne theoretische Umwege in der konkreten pastoralen Praxis zu verankern.

In wenigen deutschsprachigen Diözesen gibt es eigene Dokumente, die sich im Kontext der Bistumsentwicklung mit liturgischen Fragen beschäftigen, wobei auch hier sowohl formal als auch inhaltlich die Variationsbreite relativ groß ist. Bestimmte Dokumente beziehen sich eher auf grundsätzliche Aussagen zum liturgischen Leben der Kirche (z. B. in Bamberg und Magdeburg),[13] andere befassen sich primär mit der Frage von Gottesdienstordnungen in den erneuerten pastoralen Strukturen (z. B. in Mainz, Osnabrück und Innsbruck).[14] Sowohl quantitativ als auch qualitativ sind vor allem die einschlägigen Dokumente der diözesanen Entwicklungsprozesse in Speyer und Wien hervorzuheben, die nicht nur ausführlich, sondern auch inhaltlich umfassend und substanziell auf liturgische Aspekte eingehen.[15]

Was aber sind wesentliche Inhalte der untersuchten diözesanen Pastoralkonzepte, die das Thema Liturgie auf unterschiedliche Weise aufgreifen? Die inhaltlichen Schwerpunktsetzungen werden in diesem Beitrag unter zwei Überschriften eingeordnet: Liturgie und

---

[13] Vgl. Erzbischöfliches Ordinariat Bamberg (Hg.), Leitlinien für die Gottesdienste in den Seelsorgebereichen, Bamberg 2017, in: https://pastoraler-stellenplan.kirche-bamberg.de/medien/9e897c68-c180-4d89-834c-5b46af6e65d7/Leitlinien-f%C3%Bcr-die-Gottesdienste-in-den-Seelsorgebereichen.pdf (Download: 10.10.2019); Bistum Magdeburg (Hg.), Das Leben feiern. Liturgie im Bistum Magdeburg, Magdeburg 2004, in: https://www.bistum-magdeburg.de/upload/pzg/pzg_liturgia_dokument.pdf (Download: 10.10.2019).

[14] Vgl. Seelsorgedezernat des Bischöflichen Ordinariats Mainz (Hg.), Orientierungshilfe für eine Gottesdienstordnung, Mainz 2012, in: https://liturgie.bistummainz.de/medien/c41f9ea1-8b2e-4be3-a35c-262ca7a4b93b/Orientierungshilfe-GD-Ordnung.pdf (Download: 10.10.2019); Bistum Osnabrück (Hg.), Gottesdienste an Sonn- und Feiertagen. Eine Arbeitshilfe, Osnabrück 2015, in: http://www.bistum.net/fix/files/990/artikel/doc/Gottesdienste%20an%20Sonn-%20und%20Feiertagen%2C%20Druckfassung%20Dez.%202015.pdf (Download: 10.10.2019); Diözese Innsbruck (Hg.), Leitlinien zur Ordnung der Sonntagsgottesdienste in der Diözese Innsbruck, in: Diözesanblatt Innsbruck 80 (7/2005), in: http://dioezesefiles.x4content.com/page-downloads/leitlinien_sonntagsgottesdienste.pdf (Download: 10.10.2019).

[15] Vgl. Ordinariat Speyer (Hg.), Seelsorgekonzept (s. Anm. 7), 76–97; Erzdiözese Wien (Hg.), Rahmenordnung (s. Anm. 5).

ihre Bedeutung für die Kirche sowie Dimensionen, Funktionen, Qualitätsfragen und Formen der liturgischen Feiern. Im ersten Abschnitt kommen die eher programmatischen ekklesiologischen bzw. liturgietheologischen Aspekte „Quelle" und „Höhepunkt", Einheit und Vielfalt sowie Identität, Sammlung und Sendung in den Blick. Der zweite Abschnitt widmet sich eher pastoralliturgischen Aspekten, vor allem der diakonischen Dimension, der missionarischen Funktion sowie den Intentionen Ziel(gruppen)orientierung, Qualität und (neue) Formen des Gottesdienstes in diözesanen Pastoralkonzepten Deutschlands und Österreichs. Auf dieser Basis soll ein erster Überblick über eine weit verzweigte, unübersichtliche und vermutlich deshalb bisher wenig untersuchte Thematik geboten werden. Den Abschluss bilden einige zusammenfassende Beobachtungen, kritische Anfragen und weitere Perspektiven, die gemeinsam mit der Analyse von Einzelaspekten zuvor als Grundlage für notwendige weitere Reflexionen dienen sollen, wenn sich Kirche vor Ort weiterhin konstituieren und dabei keinen ihrer Wesensvollzüge ausklammern will.

1 Liturgie und ihre Bedeutung für die Kirche

1.1 „Quelle" und „Höhepunkt"

Mit teilweise großen formalen und inhaltlichen Varianzen, aber praktisch durchgängig wird in den Dokumenten zu diözesanen Pastoralreformen, die das Thema Liturgie berücksichtigen, die wichtige Bedeutung der Liturgie im Allgemeinen und der Eucharistie im Speziellen hervorgehoben. Vielfach wird dies in der vom Zweiten Vatikanischen Konzil (1962–1965) geprägten Rede von der Liturgie als „Quelle" und „Höhepunkt" getan, ohne dabei allerdings explizit auf die einschlägigen Konzilsaussagen zu verweisen und sie zu zitieren.[16] Vereinzelt – wie in Paderborn oder in Mainz – wird darauf

---

[16] Auf eine Erwähnung der Dogmatischen Konstitution *Lumen gentium* (LG) über die Kirche und/oder der Liturgiekonstitution *Sacrosanctum Concilium* (SC), wo von der Eucharistie als „der Quelle und dem Höhepunkt des ganzen christlichen Lebens" (LG 11) die Rede ist und von der Liturgie insgesamt gesagt wird, dass sie „der Höhepunkt, dem das Tun der Kirche zustrebt, und zugleich die

Kirche ohne Liturgie?

auch kurz angespielt.[17] In der „Orientierungshilfe für eine Gottesdienstordnung" des Bistums Mainz von 2012 ist in diesem Zusammenhang etwa zu lesen:

> „Die eine Feier unserer Erlösung ist Quelle und Gipfel gemeindlicher Einheit."[18]

Zum Teil bleiben solche programmatischen Aussagen allerdings für sich stehen (z. B. in den einschlägigen Dokumenten der Diözesen Fulda und Innsbruck),[19] zum Teil werden sie noch mit anderen Zitaten aus Konzilsdokumenten angereichert (z. B. in Augsburg und Berlin),[20] selten jedoch sind sie wirklich das liturgietheologische Fundament weiterer substanzieller Aussagen über die Liturgie bzw. ziehen sich wie ein roter Faden durch die entsprechenden Abschnitte zu Bedeutung und Rolle der Liturgie in erneuerten pastoralen Strukturen. Deutlich erkennbare Konsequenzen aus den Verweisen auf grundlegende Dokumente des kirchlichen Lehramtes

---

Quelle, aus der all ihre Kraft strömt" (SC 10), sei, wird etwa in den diözesanen Pastoralkonzepten von Fulda, Hildesheim, Osnabrück, Rottenburg-Stuttgart sowie Eisenstadt, Innsbruck, Graz-Seckau, Linz und Salzburg verzichtet.

[17] Vgl. Erzbischöfliches Generalvikariat Paderborn (Hg.), Das Zukunftsbild für das Erzbistum Paderborn. Berufung. Aufbruch. Zukunft., Paderborn 2014, 65, in: https://www.zukunftsbild-paderborn.de/fileadmin/dateien/Texte/141016_Zukunfts bild_END_ohneKopierschutz.pdf (Download: 10.10.2019); Seelsorgedezernat Mainz (Hg.), Orientierungshilfe für eine Gottesdienstordnung (s. Anm. 14), 31.

[18] Ebd.

[19] Vgl. Bischof von Fulda (Hg.), Zusammen wachsen. Strategische Ziele zur Ausrichtung der Pastoral im Bistum Fulda, Fulda 2017, 115, in: https://2030.bistumfulda.de/bistumfulda2030/pdf/strategischeziele/strategischeziele/bistum_fulda_strategische_ziele_mai_2017_gesamt.pdf (Download: 10.10.2019); Diözese Innsbruck (Hg.), Kirche ist Weggemeinschaft – Perspektivenpapier der Diözese Innsbruck, Innsbruck 2019, 17, in: https://www.dibk.at/de/index.php/content/download/92093/2164917 (Download: 10.10.2019).

[20] Vgl. Generalvikariat der Diözese Augsburg (Hg.), Missionarisch Kirche sein. Das Pastoralgespräch in der Diözese Augsburg, Augsburg 2010, 26, in: https://bistumaugsburg.de/content/download/46302/file/MissionarischKirche.pdf (Download: 10.10.2019); Erzbistum Berlin (Hg.), Wo Glauben Raum gewinnt. Pastorale Leitlinien für das Erzbistum Berlin, Berlin 2013, 10, in: https://www.erzbistumberlin.de/fileadmin/user_mount/PDF-Dateien/Glaube/GlaubenRaum/PL_Broschuere_Ein-Sei.pdf (Download: 10.10.2019).

zur Liturgie finden sich vor allem in Bamberg[21], Speyer[22] und Wien[23]. In der Wiener Rahmenordnung zur Liturgie aus dem Jahr 2017 werden konkrete Hinweise zur Liturgie in erneuerten pastoralen Strukturen etwa auf folgender liturgietheologischer Basis gegeben:

> „Den Mittel- und Höhepunkt bildet die Feier der Eucharistie, da sie als sakramentale Verwirklichung der Einheit mit Gott und der Christen untereinander die innere Quelle jedes kirchlichen Lebens ist, ohne sich darin aber zu erschöpfen. Aus ihr lebt sowohl der Christ als auch die christliche Gemeinschaft und damit auch jede Gemeinde."[24]

In dieser Form singulär berücksichtigt die Diözese Speyer in ihrem Pastoralkonzept die Bedeutung der Liturgie über die vor Ort versammelte bzw. global verbundene irdische Gemeinschaft der Kirche hinaus. Mit Verweis auf die Interzessionen des Eucharistischen Hochgebetes heißt es dort:

> „Liturgie ist Feier der Kirche, die konkret sichtbar wird in der versammelten Gemeinde, aber nicht auf die Feiergemeinde reduziert werden darf. Die Verbindung mit allen Pfarreien und Gemeinden des Bistums und der weltweiten Kirche kommt durch die Nennung des Papstes und des Bischofs im Eucharistischen Hochgebet zum Ausdruck. Darüber hinaus feiern wir als irdische Kirche immer in der Gemeinschaft mit den Heiligen des Himmels und den Verstorbenen in der Ewigkeit."[25]

1.2 Einheit und Vielfalt

Häufiger kommt in den Pastoralkonzepten deutscher und österreichischer Diözesen dagegen die Liturgie, besonders die Eucharistie, als Sakrament der Einheit in den Blick. Das „Zukunftsbild" des Erzbistums Paderborn von 2014 hält dazu etwa fest:

---

[21] Vgl. Ordinariat Bamberg (Hg.), Pastoralplan (s. Anm. 6), 13.34.37–39.
[22] Vgl. Ordinariat Speyer (Hg.), Seelsorgekonzept (s. Anm. 7), 77.79.80.85.
[23] Vgl. Erzdiözese Wien (Hg.), Rahmenordnung (s. Anm. 5), v. a. Nr. 1., 3., 13., 68.
[24] Ebd., Nr. 3.2.
[25] Ordinariat Speyer (Hg.), Seelsorgekonzept (s. Anm. 7), 80.

„Die Eucharistie ist als Sakrament der Einheit das Zentrum und der Höhepunkt des kirchlichen Lebens. In ihr kommt die Gemeinschaft (communio) der Kirche am intensivsten zum Ausdruck."[26]

Überraschend ist allerdings die Tatsache, dass beim Thema Einheit im liturgischen Kontext kaum das ökumenische Anliegen berücksichtigt wird. Abgesehen vom Bistum Mainz, in dem es auf knapp 50 Seiten eigene „Pastorale Richtlinien" von 2008 zur „Feier Ökumenischer Gottesdienste" gibt,[27] wird die ökumenische Dimension der Liturgie und ihrer Bedeutung für die Kirche vor allem in der Erzdiözese Freiburg besonders hervorgehoben und erscheint hier sogar als Motor für liturgische Innovationen. Ausdrücklich wird in diesem Zusammenhang betont:

„Die Suche nach Möglichkeiten der ökumenischen Feier von Gottesdiensten und die Entwicklung weiterer ökumenischer Feierformen werden auf allen Ebenen intensiviert. Dabei sollen ökumenische Gottesdienste im Laufe des Kirchenjahres einen festen Platz haben."[28]

Hinweise und Regelungen zu ökumenischen Gottesdiensten finden sich etwa auch in diözesanen Dokumenten aus Bamberg, Hamburg, Magdeburg, Speyer, Trier und Wien,[29] wobei beispielsweise in Speyer auf den „Leitfaden für das ökumenische Miteinander im Bistum

---

[26] Generalvikariat Paderborn (Hg.), Zukunftsbild (s. Anm. 17), 65.
[27] Vgl. Bischöfliches Ordinariat Mainz (Hg.), Die Feier Ökumenischer Gottesdienste (Pastorale Richtlinien 16), Mainz 2008, in: http://downloads.bistummainz.de/1/4/1/24916929972445597488.pdf (Download: 10.10.2019).
[28] Ordinariat Freiburg (Hg.), Diözesane Leitlinien (s. Anm. 10), 49.
[29] Vgl. Ordinariat Bamberg (Hg.), Pastoralplan (s. Anm. 6), 47; Erzbistum Hamburg (Hg.), Kirche in Beziehung. Handreichung zum Pastoralen Orientierungsrahmen Nr. 1, Hamburg 2018, 27, in: https://www.erzbistum-hamburg.de/ebhh/pdf/2018/Handreichung-zum-POR.pdf?m=1537871284 (Download: 10.10.2019); Bistum Magdeburg (Hg.), Das Leben feiern (s. Anm. 13), 2.14; Ordinariat Speyer (Hg.), Seelsorgekonzept (s. Anm. 7), 89.97; Synode im Bistum Trier (Hg.), „heraus gerufen – Schritte in die Zukunft wagen". Abschlussdokument der Synode im Bistum Trier, in: Kirchliches Amtsblatt für das Bistum Trier 160 (6/2016), 43, in: https://www.bistum-trier.de/fileadmin/user_upload/docs/abschlussdokument_final.pdf (Download: 10.10.2019); Erzdiözese Wien (Hg.), Rahmenordnung (s. Anm. 5), Nr. 101., 138.

Speyer und in der Evangelischen Kirche der Pfalz" von 2015 verwiesen wird.[30] Im Großteil der Pastoralkonzepte der Diözesen Deutschlands und Österreichs wird das Thema Liturgie im ökumenischen Kontext aber theoretisch und praktisch nicht näher vertieft. Im Zusammenhang mit dem Begriff Einheit wird das Thema Vielfalt – abgesehen von der praktischen Vielfalt diverser gottesdienstlicher Formen und ihrer Förderung[31] – auch theoretisch und in seiner (ekklesiologischen) Spannung zur Einheit aufgegriffen, wenn es um die Bedeutung der Liturgie für das Leben der Kirche geht. Bemerkenswert ist auch in dieser Hinsicht vor allem das Seelsorgekonzept von Speyer. Darin wird mehrfach explizit die „Spannung [...] zwischen den berechtigten Interessen einer Zielgruppe und dem Wesen der Liturgie als Feier der ganzen Kirche"[32] thematisiert. Konkret wird deshalb beispielsweise für die Praxis bestimmt:

„Die Eucharistiefeier ist die angemessene Form, den Sonntag als den Tag des Herrn zu feiern. Die Gemeinden, die keine Eucharistie feiern können, sollen sich zu einer Wort-Gottes-Feier, zur Tagzeitenliturgie, zu einer Andacht oder einer anderen Gebetsform versammeln [...]. Durch den Vorrang der Eucharistiefeier kann jedoch jegliche andere Feierform am Sonn- und Feiertag nur solange an ihre Stelle treten, wie die Notwendigkeit besteht."[33]

Zudem werden in Speyer neben der zentralen Eucharistiefeier am Sonntag weitere gottesdienstliche Formen angeregt, die das liturgische Leben der Gemeinde bereichern und ergänzen sollen. Mit ähnlicher Aussageabsicht, aber knapper thematisieren die Eucharistie als Sakrament der Einheit im Kontext der Vielfalt liturgischer Feierformen etwa auch kirchliche Dokumente aus Berlin, Freiburg, Rottenburg-Stuttgart, Feldkirch und Innsbruck.[34] Die Feldkircher Richt-

---

[30] Vgl. Ordinariat Speyer (Hg.), Seelsorgekonzept (s. Anm. 7), 97.
[31] Vgl. dazu auch Kapitel 2.3 dieses Beitrags.
[32] Ordinariat Speyer (Hg.), Seelsorgekonzept (s. Anm. 7), 84.
[33] Ebd., 86.
[34] Vgl. Erzbischöfliches Ordinariat Berlin (Hg.), Wo Glauben Raum gewinnt. Grundlagen für Dienst und Einsatz von Priestern als Pfarrer, Pfarrvikar und Kaplan im Erzbistum Berlin (Leitlinien für das Erzbistum Berlin 3/2017), Berlin 2017, 3, in: https://www.erzbistumberlin.de/fileadmin/user_mount/PDF-Dateien/Glaube/GlaubenRaum/EBB_PL_3-PRIESTER.pdf (Download: 10.10.2019); Ordinariat Freiburg (Hg.), Diözesane Leitlinien (s. Anm. 10), 39; Bischöfliches

Kirche ohne Liturgie?

linien von 2011 beschreiben und entfalten dabei etwa ein konzentrisches Modell. Um die Eucharistie als Mitte des kirchlichen Lebens soll es ein Umfeld geben, das von liturgischer Vielfalt geprägt ist, wenn es dort heißt:

„Die sonntägliche Eucharistiefeier soll eingebettet sein in eine Vielfalt verschiedener Gottesdienstformen, um den unterschiedlichen Menschen und verschiedenartigen Feieranlässen gerecht zu werden. Die Sonntagsmesse ist die wöchentliche Osterfeier (Heiligung der Woche). Ihr entspricht die *Tagzeitenliturgie* (Morgen- und Abendlob) als tägliche Osterfeier (als Heiligung des Tages). Für die Heiligung des Lebens, besonders an wichtigen Übergängen im Leben, gibt es die *Feier der Sakramente und Sakramentalien*. In der *Wort-Gottes-Feier* versammelt sich die Gemeinde um das Wort Gottes. Aber auch das *gemeinsame Rosenkranzgebet und Andachten* bereichern die Vielfalt des gottesdienstlichen Lebens in einer Gemeinde."[35]

Nicht immer wird allerdings die geforderte liturgische Vielfalt in Bezug zur zentralen und zentrierenden Eucharistiefeier als Sakrament der Einheit gesetzt und die damit verbundene Spannung reflektiert. An einigen Stellen ist auch die Tendenz wahrnehmbar, die Spannungen und daraus zu entwickelnde Lösungsansätze gänzlich den Kirchengemeinden vor Ort zu überlassen. So heißt es im Abschlussdokument der Trierer Diözesansynode von 2016 schlicht:

„An die Stelle von Einheitlichkeit tritt Vielfalt in Einheit. Die Ortskirche von Trier entwickelt sich zu einer Kirche mit einer Botschaft, aber vielen Gesichtern. Mit Vielfalt sind auch Konflikte

---

Ordinariat der Diözese Rottenburg-Stuttgart (Hg.), Arbeitshilfe 2. Pastorale Profilierung – Die zweite Phase gestalten, Rottenburg 2016, 34, in: https://www.kirche-am-ort.de/files/Downloads/7_MATERIAL/Arbeitshilfen/Kirche_am_Ort_Arbeitshilfe_2.pdf (Download: 10.10.2019); C. Weber, E. Fischer, Richtlinien für die Gottesdienstordnung in Pfarrverbänden, Feldkirch 2011, 2f., in: https://www.kath-kirche-vorarlberg.at/organisation/entwicklung/links-dateien/gottesdienstordnung-in-pfarrverbaenden (Download: 10.10.2019); Diözese Innsbruck (Hg.), Kirche ist Weggemeinschaft (s. Anm. 19), 17f.
[35] Weber, Fischer, Richtlinien für die Gottesdienstordnung (s. Anm. 34), 3 [Hervorhebungen im Original].

verbunden, die auszuhalten sind und für die es gute Lösungen zu finden gilt."[36] Unspezifisch, wenig konkret und Grundentscheidungen eher an die Kirchengemeinden vor Ort delegierend bleiben in diesem Zusammenhang auch die Aussagen in Anlage 1 „Schritte zur Umsetzung" des Paderborner Zukunftsbildes, in der es heißt:

> „In den Pastoralen Räumen, sowohl in den Pastoralteams wie in den Gremien und Liturgiekreisen, soll in den kommenden Jahren das gottesdienstliche Leben insgesamt überprüft werden. Hierzu gehören auch die Bedeutung der Feier der Eucharistie für den einzelnen Gläubigen wie für die existierenden Pfarreien, die Feierkultur und die Frage weiterer gottesdienstlicher Feiern am Sonntag."[37]

1.3 Identität, Sammlung und Sendung

In Verbindung mit grundlegenden liturgietheologischen und pastoralliturgischen Aussagen zu Einheit und Vielfalt in Liturgie und kirchlichem Leben können die Aspekte Identität, Sammlung und Sendung gesehen werden. Die „Strategische[n] Ziele zur Ausrichtung der Pastoral" im Bistum Fulda von 2017 qualifizieren die sonntägliche Eucharistiefeier etwa als „identitäts- und einheitsstiftend"[38]. Ähnlich formuliert dies die „Orientierungshilfe für eine Gottesdienstordnung" aus Mainz, wobei hier der Begriff „neue Identität"[39] auf die Liturgie insgesamt bezogen verwendet wird, aber in seiner Bedeutung ungeklärt bleibt.

Sammlung und Sendung treten als Schlagworte für den kirchlichen Auftrag häufiger auf, stehen jedoch nicht automatisch mit der Liturgie in Verbindung. In der Diözese Feldkirch steht beispielsweise

---

[36] Synode im Bistum Trier (Hg.), „heraus gerufen – Schritte in die Zukunft wagen" (s. Anm. 29), 161.
[37] Erzbischöfliches Generalvikariat Paderborn (Hg.), Anlage 1: Schritte zur Umsetzung des Zukunftsbildes für das Erzbistum Paderborn, Paderborn 2014, 45, in: https://zukunftsbild-paderborn.de/fileadmin/dateien/Texte/141016_Anlage1_END_ohne_Kopierschutz.pdf (Download: 10.10.2019).
[38] Bischof von Fulda (Hg.), Zusammen wachsen (s. Anm. 19), 28.
[39] Seelsorgedezernat Mainz (Hg.), Orientierungshilfe für eine Gottesdienstordnung (s. Anm. 14), 7.

die ganze Pastoralkonzeption von 2018 unter der Überschrift: „Kirche zwischen Sammlung und Sendung"⁴⁰. Räumlich werden „Sammlung und Sendung" im Paderborner Zukunftsbild gefasst, wenn innerhalb der „Pastoral der Berufung" festgestellt wird, dass „nicht nur die Pfarreien Orte der Sammlung und Sendung im Glauben"⁴¹ sind. Der „Zukunftsprozess" der Erzdiözese Salzburg von 2018 steht unter dem Titel „Gott und die Welt" und definiert für die kirchliche Wirklichkeit einen abstrakten „Handlungsraum" mit drei „Grundachsen": Gottes- und Menschenliebe, Sammlung und Sendung, Schon und Noch-Nicht.⁴² Dezidiert liturgisch konnotiert sind die Schlagworte Sammlung und Sendung etwa in kirchlichen Dokumenten aus Freiburg, Fulda, Hildesheim, Köln und Münster.⁴³

Insgesamt ergibt sich im Blick auf grundsätzliche Aussagen zur Liturgie und ihrer Bedeutung für die Kirche in den deutschsprachigen Pastoralkonzepten kein homogenes Bild, sofern das Thema

---

⁴⁰ Vgl. Katholische Kirche Vorarlberg, Kirche zwischen Sammlung und Sendung. Eine pastoraltheologische Landkarte für die gute Entwicklung der Kirche vor Ort, in: https://www.kath-kirche-vorarlberg.at/organisation/entwicklung/artikel/kirche-zwischen-sammlung-und-sendung (Download: 10.10.2019).
⁴¹ Generalvikariat Paderborn (Hg.), Zukunftsbild (s. Anm. 17), 84.
⁴² Vgl. Erzbischöfliches Ordinariat Salzburg (Hg.), Zukunftsprozess 2018 – Gott und die Welt. Leitprojekte und Dokumentation, in: Verordnungsblatt der Erzdiözese Salzburg (Sondernummer Dezember 2018), Salzburg 2018, 55f., in: http://www.zukunftsprozess.at/fileadmin/user_upload/subportale/Zukunftsprozess/2_Allgemeine_Downloads/2018_12/VOBL_11-2018_SoNr-Zukunftsprozess.pdf (Download: 10.10.2019).
⁴³ Zumeist allerdings in inzwischen überholten Dokumenten, in Freiburg etwa in den obsoleten Pastoralen Leitlinien von 2005 (vgl. Erzbischöfliches Ordinariat Freiburg [Hg.], Den Aufbruch gestalten. Pastorale Leitlinien der Erzdiözese Freiburg, Freiburg 2005, 35, in: https://www.ebfr.de/html/media/dl.html?v=544549 [Download: 10.10.2019]). Weiterhin vgl. für Fulda: H. J. Algermissen, Hirtenwort zum Advent 2002, Fulda 2002, 1; für Hildesheim: J. Homeyer, Eckpunkte 2020. Kurz- und mittelfristige Strukturplanung für die Diözese Hildesheim, Hildesheim 2003, 5f., in: http://www.bistum-hildesheim.de/bho/dcms/sites/hildesheim/nachrichten_dokumente/material_dokumente/Eckpunkte2020.pdf (Download: 10.10.2019); für Köln: Erzbistum Köln (Hg.), Leitlinien für den Pastoralen Zukunftsweg, 1, in: https://www.erzbistum-koeln.de/export/sites/ebkportal/erzbistum/pastoraler_zukunftsweg/.content/.galleries/downloads-02/2018111617-DPR_Leitlinien_Web.pdf (Download: 10.10.2019) [als Quelle für die Inhalte wird in dem Dokument angegeben: „Erzbischof Rainer Maria Kardinal Woelki in seinen Fastenhirtenbriefen und weiteren seiner Ausführungen / Beratungen seit 2015"]; für Münster: Bistum Münster (Hg.), Pastoralplan (s. Anm. 9), 37.

Liturgie überhaupt aufgegriffen und ausführlicher thematisiert wird. Am deutlichsten ist eine durchdachte ekklesiologische und liturgietheologische Basis für pastoralliturgische Überlegungen im Pastoralkonzept von Speyer erkennbar. Vielfach bleiben Formulierungen sonst allgemein-programmatisch, aber machen wichtige liturgietheologische Grundaussagen für praktische Fragestellungen angesichts erneuerter pastoraler Strukturen erstaunlicherweise bis dato kaum fruchtbar.

2 Dimensionen, Funktionen, Qualitätsfragen und Formen der liturgischen Feiern

2.1 Zur diakonischen Dimension

In mehreren diözesanen Pastoralkonzepten wird explizit auf die diakonische Dimension der Liturgie verwiesen. Sie steht dabei meist im Kontext von menschlicher Sinnsuche, milieubedingten Bedürfnissen oder konkreten Anliegen. Diakonisches Handeln, so wird in Bamberg festgehalten,

„trifft […] ebenso zu für den Dienst, den die Kirche durch die Verkündigung der Frohen Botschaft an den Menschen leistet, wie auch für ihr liturgisches Feiern: Im ‚Gottes-Dienst' öffnet sich die Kirche für die Nöte und Sorgen ihrer Zeit und wird so herausgefordert, eine lebenswerte Welt mit aufzubauen."[44]

Das menschliche Bedürfnis nach Sinngebung wird etwa im Bistum Magdeburg zum Ansatzpunkt der Hervorhebung des Diakonischen in den liturgischen Feiern:

„Für die Teilnehmenden sind sie [die gottesdienstlichen Feiern] *Hilfe für die Sinngebung, Gestaltung und Bewältigung des Lebens* und Ausdruck ihrer *Orientierung auf Gott*, den Vater aller Menschen, *hin*."[45]

---

[44] Ordinariat Bamberg (Hg.), Pastoralplan (s. Anm. 6), 14. – Vgl. dazu auch ebd., 34.

[45] Bistum Magdeburg (Hg.), Das Leben feiern (s. Anm. 13), 1 [Hervorhebungen im Original].

Das Bedürfnis nach Sinn und Begleitung wird häufiger auch zum konkreten Anlass für die Etablierung liturgischer Vielfalt genommen. So ist etwa in den Linzer „Pastoralen Leitlinien" von 2001 zu lesen:

„Neue Formen des Feierns werden entwickelt, um dem Bedürfnis der Menschen nach liturgischer und ritueller Begleitung zu Lebenswenden und angesichts einschneidender Lebenserfahrungen entgegenzukommen."[46]

Noch deutlicher wird die diakonische Funktion der Liturgie als Promotorin einer neuen liturgischen Vielfalt, die auf gesellschaftliche Pluralität und Diversität reagieren soll, in der Diözese Feldkirch herausgestellt. In den „Richtlinien für die Gottesdienstordnung in Pfarrverbänden" von 2011 steht dort in diesem Zusammenhang:

„Oft entspricht die Eucharistie – die Hochform der gottesdienstlichen Gemeinde – nicht, nicht mehr oder noch nicht den momentanen Bedürfnissen oder Möglichkeiten dieser [getauften, aber vom gottesdienstlichen Leben der Kirche entfremdeten] Menschen. Ihnen gilt es im Sinne einer diakonischen Liturgie mit verschiedenen nicht-eucharistischen Gottesdienstformen entgegenzukommen. Unterschiedliche Gottesdienstformen werden auch der verschiedenartigen Situationen der Menschen besser gerecht."[47]

Im Bistum Speyer wird neben den Bedürfnissen der Menschen und ihren unterschiedlichen Lebenssituationen, auf die mit Gottesdienstformen für bestimmte Zielgruppen reagiert werden soll, in diesem Kontext auch die Sicherung von Kirchen als Gebetsstätten als Argument für gottesdienstliche Vielfalt genannt.[48] In der Erzdiözese Wien sieht man v. a. in Segensfeiern „eine pastorale Chance [...], die diakonale Dimension der Liturgie spürbar werden zu lassen"[49]. Ähnlich regt man im Erzbistum Bamberg an, für verschiedene Lebenssituationen „entsprechende Formen der Begleitung [...] (‚Segensfeiern')"[50] zu entwickeln.

---

[46] Ordinariat Linz (Hg.), Pastorale Leitlinien (s. Anm. 11), 5.
[47] Weber, Fischer, Richtlinien für die Gottesdienstordnung (s. Anm. 34), 4.
[48] Vgl. Ordinariat Speyer (Hg.), Seelsorgekonzept (s. Anm. 7), 82.
[49] Erzdiözese Wien (Hg.), Rahmenordnung (s. Anm. 5), Nr. 135.
[50] Ordinariat Bamberg (Hg.), Pastoralplan (s. Anm. 6), 51.

2.2 Zur missionarischen Funktion

In den Aussagen zur diakonischen Dimension der Liturgie ist der intentionale Grat zwischen „selbstloser" bzw. „zweckfreier" (liturgischer) Wegbegleitung der Menschen und ihrer Missionierung bzw. (Neu-)Evangelisierung schmal. Meist überwiegt – vorsichtig angedeutet oder explizit artikuliert – die pastorale Hoffnung, die Menschen über sog. niederschwellige gottesdienstliche Formen (neu) zur Mitte des liturgischen Lebens hinzuführen, was sich teilweise – etwa in Salzburg – in Überschriften wie „Missionarische Pastoral"[51] bestätigt, auch wenn das im Text selbst nicht explizit so gesagt wird. Im Abschlussdokument der Trierer Diözesansynode von 2016 heißt es zur Bedürfnisorientierung mit vorsichtiger Andeutung der missionarischen Dimension von Liturgie:

„Dem Bedürfnis der ‚Suchenden' wird zukünftig vermehrt durch entsprechende Gottesdienste (Wort-Gottes-Feier, Tagzeitenliturgie und die Fülle der liturgischen Formen) Raum gegeben. Diese Gottesdienste haben ihren eigenen Wert und versammeln zum Gebet. Sie können Neugierde wecken und Wege zur Feier der Eucharistie eröffnen."[52]

Offensiver ist diese pastorale Hoffnung etwa in der Diözese Graz-Seckau mit dem Anspruch einer „einladende[n] und missionarische[n] Kirche" verbunden, „die sich um die Vertiefung im Glaubensleben bemüht und neue Wege der Verkündigung sucht. Damit wollen wir Menschen aus glaubens- und kirchenfernen Milieus für das Christentum gewinnen und so zur Einladung für Christus selbst werden"[53], wie es in den dortigen „Leitlinien für die Seelsorge" von 2001 explizit

---

[51] Vgl. dazu etwa Ordinariat Salzburg (Hg.), Zukunftsprozess 2018 (s. Anm. 42), 9.
[52] Synode im Bistum Trier (Hg.), „heraus gerufen – Schritte in die Zukunft wagen" (s. Anm. 29), 173.
[53] Bischöfliches Ordinariat Graz-Seckau (Hg.), Leitlinien für die Seelsorge in der Diözese Graz-Seckau, in: Kirchliches Verordnungsblatt für die Diözese Graz-Seckau (2/2001) 14–16, hier: 15, in: https://www.katholische-kirche-steiermark.at/dl/tMs MJmoJKllJqx4KJKJKJKMoM/KVBL_2001_II.pdf (Download: 10.10.2019). Das aktuelle „Zukunftsbild" erwähnt mit einem Zitat von Papst Franziskus die missionarische Dimension der Kirche (vgl. Bischöfliches Ordinariat Graz-Seckau [Hg.], Gott kommt im Heute entgegen. Das Zukunftsbild der Katholischen Kirche Steiermark, in: Kirchliches Verordnungsblatt für die Diözese Graz-Seckau [2/2018] 17, in: https:

heißt. Ähnlich formulieren das auch die einschlägigen Dokumente aus der Erzdiözese Wien.[54] Am deutlichsten und ausführlichsten benennt das Bistum Speyer das missionarische Ziel von sog. niederschwelligen, d. h. in der Regel nicht-eucharistischen gottesdienstlichen Feierformen. Unter der Überschrift „Missionarischer Charakter der Liturgie" heißt es dort im Seelsorgekonzept von 2015:

> „Eine immer wichtiger werdende Zielgruppe der Liturgie ist die wachsende Zahl derer, die noch nie oder seit langem nicht mehr mit dem Gottesdienst der Kirche in Berührung gekommen sind. Liturgie setzt in der Regel ‚Eingeweihte' voraus; also Menschen, die mit der Sprache der Bibel, mit wesentlichen Inhalten des Glaubens und mit grundlegenden gottesdienstlichen Zeichen und Symbolen vertraut sind. Das ist aber immer weniger der Fall. Die Antwort darauf kann nicht darin bestehen, die Liturgie immer ‚flacher' und ‚angepasster' zu feiern. Vielmehr kommt es darauf an, Räume zu schaffen, in denen Fernstehende und Suchende von Liturgie fasziniert und auf Liturgie neugierig werden, und wo die Möglichkeit geboten wird, grundlegende liturgische Vollzüge kennenzulernen und einüben zu können. Hier ist seitens der Verantwortlichen ein besonderes Gespür für die Auswahl passender Texte und Musik, für die ansprechende Gestaltung des Ortes, für ein ausgewogenes Verhältnis von Stille und Aktion usw. nötig. Solche gut gestalteten missionarischen Gottesdienstangebote können eine große Chance sein, um auf die spirituellen Bedürfnisse derer einzugehen, die sich in der derzeitigen Sozialgestalt von Kirche (noch) nicht beheimatet fühlen, und um diese aufs Neue für die christliche Botschaft zu begeistern. Der missionarische Charakter der Liturgie soll besonders an den Hochfesten Weihnachten, Ostern sowie bei Erstkommunion, Trauung und Beerdigung, also an den Tagen, an denen nach wie vor viele Fernstehende am Gottesdienst teilnehmen, beachtet werden."[55]

//www.katholische-kirche-steiermark.at/dl/MqKqJmoJklJqx4KJKJmMJOKk/kk_Zukunftsbild_2018_web.pdf [Download: 10.10.2019]).
[54] Vgl. Erzdiözese Wien (Hg.), Rahmenordnung (s. Anm. 5), Nr. 1.
[55] Ordinariat Speyer (Hg.), Seelsorgekonzept (s. Anm. 7), 84.

Darin ist das Bemühen erkennbar, Menschen mit unterschiedlichen Voraussetzungen die Teilnahme am Gottesdienst zu ermöglichen. Dass dabei eine nicht „flache" und „angepasste", sondern eine – auch objektiv – anspruchs- und qualitätsvolle Feier der Liturgie hilfreich ist, wird zu Recht besonders betont. Schon die Rede von einem besonderen Gespür für die Wahrnehmung von Gestaltungsspielräumen (z. B. bei der Textauswahl), aber vor allem das Verständnis vom erwähnten missionarischen Charakter der Liturgie wird subjektiv unterschiedlich interpretiert werden und konnotiert sein. Ob gerade an den genannten Tagen – abgesehen davon, dass die Liturgie auch für Nichtgetaufte oder nichtpraktizierende Christen eine „Ausstrahlung" haben kann (oder sollte) – der missionarische Charakter der (Hochform christlicher) Liturgie besonders hervortreten soll oder gerade an diesen Tagen – wie beim Erfurter Weihnachtslob für kirchlich Nicht-Initiierte und solche mit wenig gottesdienstlicher Praxis[56] – zurücktreten müsste, kann diskutiert werden. Dabei wäre auch hilfreich, zwischen Feiern der Kirche im Herrenjahr (Weihnachten und Ostern) und besonderen Anlässen wie Trauung und Beerdigung, die eine größere Vielfalt an Feierformen und Auswahltexten ermöglichen, deutlicher zu unterscheiden.

Inhaltliche Schnittmengen mit der missionarischen Funktion von Liturgie gibt es in der Frage der (Neu-)Evangelisierung durch Liturgie, auch wenn dieser Begriff in den Pastoralkonzepten deutscher und österreichischer Diözesen – im Vergleich zum Begriff Mission – überraschenderweise kaum vorkommt. Priorität wird das Thema Neuevangelisierung nur im „Pastoral-strukturellen Erneuerungsprozess" des Bistums Passau von 2014 behandelt, der auch liturgiere-

---

[56] Vgl. J. Wanke, Weihnachtslob für Ungläubige? Ein liturgisches Experiment im Erfurter Dom am 24.12.1988, in: Gottesdienst 23 (1989) 145–147. Zu neueren gottesdienstlichen Formen in diesem Kontext vgl. B. Kranemann, Rituale in Diasporasituationen. Neue Formen kirchlichen Handelns in säkularer Gesellschaft, in: S. Böntert (Hg.), Objektive Feier und subjektiver Glaube? Beiträge zum Verhältnis von Liturgie und Spiritualität (StPaLi 32), Regensburg 2011, 253–273; R. Hauke, Mitfeiern – miterleben – mitgestalten. Neue Perspektiven und Anregungen für die Seelsorge an Christen und Nichtchristen, Leipzig 2014; demnächst: W. Haunerland, Gottesdienste des zweiten Programms. Warum Liturgiereformen heute nicht reichen, in: S. Kopp (Hg.), Kirche im Wandel. Ekklesiale Identität und Reform (QD 306), Freiburg i. Br. 2020 [im Druck].

Kirche ohne Liturgie?

vante Aspekte beinhaltet.[57] Im Erzbistum Freiburg wird als bereits gegeben festgestellt:

> „Die Sakramentenkatechese sowie die Feier der Sakramente und Sakramentalien sind als Chance einer evangelisierenden Pastoral neu entdeckt."[58]

In der Wiener Rahmenordnung zur Liturgie aus dem Jahr 2017 wird in diesem Zusammenhang zweimal das Apostolische Schreiben *Evangelii gaudium* (EG)[59] von Papst Franziskus aus dem Jahr 2013 zitiert – allerdings nicht im Haupttext, sondern erstaunlicherweise nur in den Fußnoten. Das erste Zitat in Fußnote 17 stammt aus EG 24 und lautet:

> „Und schließlich versteht die fröhliche evangelisierende Gemeinde immer zu ‚feiern'. Jeden kleinen Sieg, jeden Schritt vorwärts in der Evangelisierung preist und feiert sie. Die freudige Evangelisierung wird zur Schönheit in der Liturgie inmitten der täglichen Aufforderung, das Gute zu fördern. Die Kirche evangelisiert und evangelisiert sich selber mit der Schönheit der Liturgie, die auch Feier der missionarischen Tätigkeit und Quelle eines erneuerten Impulses zur Selbsthingabe ist."[60]

Das zweite Zitat, ebenfalls aus EG 24, in Fußnote 139 steht im Kontext von Buße und Versöhnung, erinnert mit Papst Franziskus ebenfalls an den Auftrag zur Evangelisierung und betont besonders die Wichtigkeit der Begleitung von Menschen, besonders der „Fernen" und „Ausgeschlossenen".[61]

---

[57] Vgl. Bistum Passau, Pastoral-struktureller Erneuerungsprozess, in: https://www.bistum-passau.de/bistum-pfarreien/pastoral-struktureller-erneuerungsprozess (Download: 10.10.2019).
[58] Ordinariat Freiburg (Hg.), Diözesane Leitlinien (s. Anm. 10), 40f.
[59] Franziskus, Apostolisches Schreiben *Evangelii gaudium* vom 24. November 2013 (VApS 194).
[60] Erzdiözese Wien (Hg.), Rahmenordnung (s. Anm. 5), 10.
[61] Vgl. ebd., 35.

2.3 Zu Ziel(gruppen)orientierung, Qualität und (neuen) Formen des Gottesdienstes

Mit der erwähnten diakonischen und missionarischen Dimension bzw. Funktion von Liturgie hängen in den Pastoralkonzepten deutscher und österreichischer Diözesen in der Regel eng die Fragen nach Ziel(gruppen)orientierung, Qualitätsmanagement und (neuen) Formen des Gottesdienstes zusammen, wobei Ziel(gruppen)orientierung und Qualitätssicherung teilweise nicht primär im Hinblick auf die Liturgie eine Rolle spielen, sondern häufiger im Zusammenhang mit allgemeinen pastoralstrategischen Ansprüchen und Überlegungen auftreten.[62] Das Paderborner „Zukunftsbild" von 2014 nimmt dabei explizit auch auf die „Marktsituation" der kirchlichen „Angebote" im „Wettbewerb" mit anderen Anbietern Bezug und versteht sich als Grundlagenpapier zu Qualitätssicherung sowohl auf administrativer als auch auf pastoraler Ebene.[63]

Im Kontext der Frage nach der Gottesdienst-Qualität werden in deutschen Diözesen teilweise Modelle aus dem evangelischen Bereich rezipiert, wo das Thema schon länger als im katholischen Bereich eine wichtige Rolle spielt. Die Evangelische Kirche in Deutschland (EKD) gründete dafür bereits 2009 ein eigenes „Zentrum für Qualitätsentwicklung im Gottesdienst"[64]. Für das Ziel, dass Qualitätssicherung zum führenden Leitprinzip beim Thema liturgischer Vielfalt wird, diente etwa im Bistum Trier ein vom evangelischen Gottesdienstinstitut (im Rahmen des EKD-Projektes „Kirche im Aufbruch") erarbeitete sog. „Kano-Modell" mit den drei Aspekten „Was stimmen muss – Was wesentlich ist – Was begeistern kann"[65]

---

[62] Vgl. dazu etwa programmatisch Ordinariat Freiburg (Hg.), Diözesane Leitlinien (s. Anm. 10), 26: „Qualität lässt sich beschreiben und weiterentwickeln, sei es in Verwaltung, Seelsorge, Bildung, Caritas oder anderen Tätigkeitsfeldern. Mit sachgerechten Qualitätsinstrumenten analysieren die Leitungsverantwortlichen kontinuierlich die Entwicklungen auf allen Ebenen der Erzdiözese und halten in spezifischen Zielen Schritte fest, die zu einer verbesserten und überprüfbaren Qualität in allen Bereichen führen."
[63] Vgl. Generalvikariat Paderborn (Hg.), Zukunftsbild (s. Anm. 17), 24f.
[64] https://www.kirche-im-aufbruch.ekd.de/reformprozess/zentrum_qualitaetsentwicklung.html (Download: 24.9.2019).
[65] Untertitel von: F. Fendler (Hg.), Qualität im Gottesdienst. Was stimmen muss – Was wesentlich ist – Was begeistern kann, Gütersloh ²2017.

zur Orientierung.⁶⁶ Das Bistum Rottenburg-Stuttgart greift in diesem Zusammenhang für den Gottesdienst die vier Kriterien „biographisch", „ästhetisch", „emotional" und „präsent" des katholischen Theologen Bernd Hillebrand auf und empfiehlt, die Gottesdienstkultur bzw. -qualität entsprechend zu messen.⁶⁷

Die umfangreiche Wiener Rahmenordnung zur Liturgie von 2017 versteht sich als „ein Versuch pastoraler wie liturgietheologischer Qualitätssicherung in einer Zeit der Veränderungen"⁶⁸, wie im Vorwort von Christoph Kardinal Schönborn betont wird. Im „Zukunftsbild der Katholischen Kirche Steiermark" von 2018 wird der Bereich Liturgie (gemeinsam mit anderen Themen) etwa unter der Überschrift „Wir setzen auf Qualität und Vielfalt" erwähnt.⁶⁹

Konkret werden im Kontext von Zielgruppenorientierung und Qualitätssicherung des Gottesdienstes an einigen Stellen Sprache und Musik als wichtige Bereiche angeführt. In der Diözese Graz-Seckau wird dazu beispielsweise als Anspruch formuliert:

„Kirchliche Angebote werden so gestaltet, dass sie für die jeweilige Zielgruppe inhaltlich und ästhetisch ansprechend sind und Bedeutung für ihr Leben haben. Bei Gottesdiensten wird besonderes Augenmerk auf qualitätsvolle Verkündigung gelegt, insbesondere auf Sprache, Predigt und Musik."⁷⁰

---

⁶⁶ Vgl. I. Baur u. a. (Hg.), Herausgerufen zum Feiern. Empfehlungen der Teilprozessgruppe Liturgie zur Umsetzung der Beschlüsse der Synode im Bistum Trier, Trier 2019, 8, in: https://www.bistum-trier.de/fileadmin/user_upload/docs/TPG_Liturgie_Abschlussdokument.pdf (Download: 10.10.2019). Dazu heißt es im Abschlussdokument der Trierer Diözesansynode: „Die Sicherung und laufende Verbesserung der Qualität der sonntäglichen Gottesdienste ist von besonderer Bedeutung. Dazu werden Qualitätsstandards im wertschätzenden Miteinander in einem breit angelegten Dialogprozess aller an den Sonntagsgottesdiensten Beteiligten erarbeitet." (Synode im Bistum Trier [Hg.], „heraus gerufen – Schritte in die Zukunft wagen" [s. Anm. 29], 168)
⁶⁷ Vgl. Ordinariat Rottenburg-Stuttgart (Hg.), Arbeitshilfe 2 (s. Anm. 34), 34; ausführlicher in: B. Hillebrand, „Öffne deine Kirchen – feiere berührende, kurze, starke Liturgien." Eine Kriteriologie für gelingende Gottesdienste, in: BiLi 87 (2014) 179–187.
⁶⁸ Erzdiözese Wien (Hg.), Rahmenordnung (s. Anm. 5), 3.
⁶⁹ Vgl. Ordinariat Graz-Seckau (Hg.), Gott kommt in Heute entgegen (s. Anm. 53), 35.
⁷⁰ Ebd.

In der Diözese Innsbruck sollen vor allem jungen Menschen neue „Zugänge zu Spiritualität und Gebet [...] über Musik und zeitgemäße Sprache ermöglicht"[71] werden. In dieselbe Richtung wird in der Erzdiözese Salzburg gedacht, wenn hier die Bedeutung der Musik für einen „Brückenschlag" zur populären Kultur hervorgehoben wird.[72] Ähnlich wird die „Verbesserung der Musik in Gottesdiensten" im Bistum Essen unter den „Beispiele[n] zum Handeln" im Hinblick auf Qualität und Zielgruppenansprache angeführt.[73] Konkretisiert wurde dieses Anliegen im Bistum Essen u. a. durch einen neuen Brückenschlag zur Pop-Musik, d. h.:

„Im Rahmen seiner Zukunftsbild-Projekte hat das Bistum Essen im Sommer 2017 zwei Pop-Kantoren engagiert. Gemeinsam mit ihren Bands und vielen befreundeten Musikerinnen und Musikern machen sie die weltweit bekannte christliche ‚Praise & Worship'-Musik (englisch: Lobpreis & Anbetung) im Ruhrgebiet und im märkischen Sauerland bekannt."[74]

Diese Kantoren und ihre Bands können von Kirchengemeinden oder Gruppen für Gottesdienste oder Konzerte eingeladen werden; außerdem bieten sie Coachings an. Das Erzbistum Bamberg unterhält zum Thema Neues Geistliches Lied eine eigene Internetseite, die für Interessierte alle relevanten Informationen und Neuigkeiten sammelt.[75]

Als ein wichtiger Weg zur Qualitätssicherung im liturgischen Bereich wird in mehreren Pastoralkonzepten deutschsprachiger Diözesen liturgische Bildung genannt, die hier allerdings zumeist nicht ausführlicher thematisiert wird, weil das Anliegen in der Regel institutionell fest durch Liturgiereferate u. Ä. verankert ist. Programmatisch hält etwa ein Pastoralkonzept aus dem Bistum Hildesheim zur

---

[71] Diözese Innsbruck (Hg.), Kirche ist Weggemeinschaft (s. Anm. 19), 23.
[72] Vgl. Ordinariat Salzburg (Hg.), Zukunftsprozess 2018 (s. Anm. 42), 35.
[73] Vgl. unter den sieben Eigenschaften, die im „Zukunftsbild" des Bistums Essen das Bild der künftigen Kirche zeichnen, die Eigenschaft „berührt", in: https://zukunftsbild.bistum-essen.de/das-zukunftsbild/beruehrt/ (Download: 10.10.2019).
[74] Flyer „Praise & Worship. Die Pop-Kantoren des Bistums Essen", in: https://zukunftsbild.bistum-essen.de/fileadmin/medien/Projektgruppen/PG18/POPKANTOREN_FLYER.pdf (Download: 10.10.2019).
[75] Vgl. Internetseite der Werkstatt Neues Geistliches Lied der Erzdiözese Bamberg, in: https://www.ngl-bamberg.de (Download: 10.10.2019).

Kirche ohne Liturgie?

liturgischen Bildung fest, was auch in anderen Diözesen *mutatis mutandis* die Botschaft ist:

> „Das Bistum Hildesheim fördert in den kommenden Jahren nachhaltig die liturgische Bildung und die Ausbildung einer ‚Ars celebrandi' (Kunst des Feierns) in den Fortbildungen der Priester und in den Angeboten für liturgische Dienste."[76]

Beim Diözesanforum „Dem Glauben Zukunft geben" der Erzdiözese München und Freising finden sich im „Ergebnis der Arbeitsgruppen" 61 „Ziele", von denen das erste Ziel lautet:

> „Die Erzdiözese legt ein Konzept zur liturgischen Bildung der Priester, Diakone und hauptamtlichen pastoralen Mitarbeiter/-innen vor insbesondere für die Bereiche der ars celebrandi und ars praesidendi in der Eucharistie und in den anderen liturgischen Feiern."[77]

Bestenfalls sind in den diözesanen Dokumenten vor allem hauptamtliche und ehrenamtliche Gottesdienstleiter(innen) und die Träger(innen) der anderen liturgischen Dienste im Blick. Das Bistum Speyer bildet auch in diesem Bereich eine bemerkenswerte Ausnahme und spricht in seinem Seelsorgekonzept das Thema liturgische Bildung für alle an der Liturgie beteiligten Gläubigen an.[78]

Im Kontext von zielgruppenorientierter Vielfalt und Qualitätssicherung im Gottesdienst wird über die bisher erwähnten Aspekte hinaus auch die Frage nach (neuen) gottesdienstlichen Formen gestellt. In einigen Diözesen – wie etwa in Aachen, Limburg, München und Freising, Münster und Würzburg – wird in diesem Zusammenhang zu neuen gottesdienstlichen Experimenten ermutigt.[79] Wäh-

---

[76] Hauptabteilung Pastoral im Bistum Hildesheim (Hg.), Den Übergang gestalten. Darstellung der pastoralen Entwicklungen und Perspektiven in der Kirche von Hildesheim, Hildesheim 2008, 7, in: https://www.bistum-hildesheim.de/file admin/dateien/migrated/10/pdf/u/uebergang_gestalten_55997779637963438278. pdf (Download: 10.10.2019).

[77] Erzdiözese München und Freising (Hg.), Dem Glauben Zukunft geben (s. Anm. 8), 6; vgl. auch Marx, Gegliederte Kurzkommentierungen zu den Zielen des Diözesanforums (s. Anm. 8), 3–5.

[78] Vgl. Ordinariat Speyer (Hg.), Seelsorgekonzept (s. Anm. 7), 85: „In den Blick zu nehmen ist daneben jedoch auch die Bildung der gesamten Feiergemeinde."

[79] Vgl. Bischöfliches Generalvikariat Aachen (Hg.), Salz der Erde sein.

rend dabei sonst nur allgemein liturgische Vielfalt gefördert wird, stellt das Bistum Würzburg – in Form von sog. „LiturgieKarten" zu bestimmten Anlässen – auch konkrete Materialien bereit.[80] Neuere und teilweise experimentelle gottesdienstliche Formen sollen die klassischen liturgischen Feierformen, die in den Pastoralkonzepten häufiger namentlich bezeichnet werden, ergänzen oder auch zu ihnen hinführen.[81] Eine ganz eigene Thematik wäre unter den klassischen liturgischen Feierformen die Beantwortung der Frage nach Wort-Gottes-Feiern unter veränderten pastoralen Bedingungen, die in den diözesanen Dokumenten praktisch ganz unterschiedlich beantwortet wird und hier nur angedeutet werden kann, aber einer umfassenderen eigenen Untersuchung bedürfte.[82]

Pastoralkonzept – Entwicklung in den Gemeinschaften von Gemeinden, Aachen 2006, 22, in: https://dioezesanrat-aachen.de/export/sites/verbaende/dioezesanrat-der-katholiken-im-bistum-aachen/.galleries/downloads/pastoralkonzept.pdf (Download: 10.10.2019); Kirchentüren auf – frische Ideen rein, in: Bistum Limburg (Hg.), NETZ – Neue Wege im Bistum Limburg 1/2018, 32f., in: https://mehr-als-du-siehst.bistumlimburg.de/fileadmin/redaktion/Bereiche/mehr-als-du-siehst/NETZ_Download.pdf (Download: 10.10.2019). Das Erzbistum München und Freising unterhält hierzu eine eigene Internetseite, vgl. in: https://www.pastoral-gestalten.de/projekte/projekte-vor-ort/beispiele-innovativer-pastoraler-projekte/ (Download: 10.10.2019). Im Bistum Münster gibt es das Projekt „Laboratorium – Gottesdienst anders" in Friesoythe, vgl. in: http://laboratorium-friesoythe.de/ (Download: 10.10.2019). – Vgl. dazu M. Kröger, S. Orth, A. Runden, Laboratorium – Gottesdienst anders. Neue Wege der Gottesdienstgestaltung in Friesoythe, in: Bischöfliches Generalvikariat Münster (Hg.), Unsere Seelsorge. Das Themenheft der Hauptabteilung Seelsorge im Bischöflichen Generalvikariat Münster, Januar 2018, 14–17, in: https://www.bistum-muenster.de/fileadmin/user_upload/Website/Downloads/Aktuelles/Publikationen/Unsere-Seelsorge/2018/Januar/2018-01-08__US-Januar.pdf (Download: 10.10.2019).
[80] Vgl. https://liturgie.bistum-wuerzburg.de/downloads/liturgiekarten (Download: 10.10.2019).
[81] Vgl. dazu auch die Ausführungen in Kapitel 2.1 und 2.2.
[82] Im Rahmen des Graduiertenkollegs „Kirche-Sein in Zeiten der Veränderung" werden am Lehrstuhl für Liturgiewissenschaft an der Theologischen Fakultät Paderborn zwei Dissertationen vorbereitet, die sich auf den Themenkomplex Liturgie unter veränderten pastoralen Bedingungen beziehen und das Quellenmaterial auch in Rücksicht auf diese liturgische Feierform detaillierter auswerten.

Kirche ohne Liturgie? 121

3 Zusammenfassende Beobachtungen, kritische Anfragen und weitere Perspektiven

Insgesamt ergibt die weitgehend vollständige Sichtung aller aktuellen diözesanen Pastoralkonzepte Deutschlands und Österreichs im Hinblick auf die Frage, welche Rolle darin die Liturgie spielt, ein teilweise beunruhigendes Bild. Dass die Hälfte der Diözesen in ihren einschlägigen Dokumenten zu pastoralen Strukturreformen die Liturgie nicht eigens thematisieren, ist von der Sache her erschreckend und bestätigt den diffusen, im persönlichen Gespräch vielfach geäußerten negativen Eindruck vieler Fachleute.[83] Die andere Hälfte von Diözesen betont in ihren Pastoralkonzepten zwar fast durchgängig die wichtige Bedeutung der Liturgie im Allgemeinen und der Eucharistie im Speziellen und verwendet dafür vielfach programmatische und bedeutungsvolle Begriffe wie Quelle und Höhepunkt, Einheit und Vielfalt, Identität, Sammlung und Sendung. Vergleichsweise wenig bedeutungsvoll ist – abgesehen von Diözesen wie Speyer – dagegen allerdings, welche praktischen Konsequenzen daraus gezogen werden.[84]

Vor allem im Hinblick auf die notwendige ekklesiologische und liturgietheologische Fundierung sind die Schwächen der aktuellen Pastoralkonzepte bedauerlicherweise in der Regel besonders gravierend. Abgesehen davon, dass die genannten Begriffe wenig entfaltet werden, sondern mehr als Schlagworte bzw. innerhalb von allgemeinen Sätzen stehen bleiben, werden die tätige Teilnahme (*participatio actuosa*) aller Gläubigen am gottesdienstlichen Leben der Kirche und Liturgie als Feier des Paschamysteriums – formal wie inhaltlich zentrale liturgietheologische Impulse des Zweiten Vatikanischen Konzils – in 22 von 30 ausgewerteten Diözesen nicht einmal erwähnt, geschweige denn sachlich eingehender reflektiert.[85] Diese Beobachtung zwingt zu der Frage, warum das theologische Fundament

---

[83] Vgl. dazu auch die einleitenden Ausführungen sowie die tabellarische Übersicht am Ende des Beitrags.
[84] Vgl. dazu auch das Zwischenfazit am Ende von Abschnitt 1.
[85] In den diözesanen Dokumenten von Aachen, Bamberg, Berlin, Dresden-Meißen, Eisenstadt, Essen, Feldkirch, Freiburg, Graz-Seckau, Gurk, Hamburg, Hildesheim, Innsbruck, Köln, Limburg, Linz, Magdeburg, München und Freising, Osnabrück, Paderborn, Salzburg und Trier fehlen die beiden wichtigen Prinzipien vollständig.

der liturgischen Erneuerung so wenig rezipiert wurde. Nüchtern wird man auch den mangelnden Erfolg der liturgiewissenschaftlichen Bemühungen der letzten Jahre und Jahrzehnte konstatieren müssen, die nachdrücklich die zentrale Bedeutung der tätigen Teilnahme aller Gläubigen an der Feier des Paschamysteriums gezeigt haben.[86]

Besonders überraschend ist, dass die tätige Teilnahme in der Regel nicht einmal als Schlagwort Eingang in Pastoralkonzepte gefunden hat und – abgesehen vom Thema Partizipation in Bezug auf Fragen zur Mitbestimmung von Gläubigen in Räten und Gremien – im liturgischen Kontext nur in den untersuchten Dokumenten von Augsburg, Münster, Speyer und Wien erwähnt und teilweise inhaltlich entfaltet wird, wobei die Verwendung des Begriffs in fast skurril wirkenden Kontexten – wie in einer historischen Notiz zu Messstipendien – auftreten kann.[87]

---

[86] Zur tätigen Teilnahme aller Gläubigen an der Liturgie als zentralem Formalprinzip der Liturgieerneuerung des Zweiten Vatikanischen Konzils vgl. aus der Fülle der Literatur exemplarisch W. Haunerland, Participatio actuosa. Programmwort liturgischer Erneuerung, in: IKaZ 38 (2009) 585–595. – Zum Paschamysterium als inhaltlichem Reformprinzip der Liturgieerneuerung des Zweiten Vatikanischen Konzils vgl. vor allem S. Schrott, Pascha-Mysterium. Zum liturgietheologischen Leitbegriff des Zweiten Vatikanischen Konzils (Theologie der Liturgie 6), Regensburg 2014. Wichtige kleinere Beiträge dazu sind: I. Pahl, Das Paschamysterium in seiner zentralen Bedeutung für die Gestalt christlicher Liturgie, in: LJ 46 (1996) 71–93; A. Häußling, „Pascha-Mysterium". Kritisches zu einem Beitrag in der dritten Auflage des Lexikon für Theologie und Kirche, in: ALW 41 (1999) 157–165; M. Stuflesser, „Missing the Forest for the Trees"? – The Centrality of the Pascha Mystery, in: Yale Institute of Sacred Music (Hg.), Colloquium. Music, Worship, Arts 55 (Autumn 2008) 41–48; B. Jeggle-Merz, Das Pascha-Mysterium. „Kurzformel" der Selbstmitteilung Gottes in der Geschichte des Heils, in: IKaZ 39 (2010) 53–64; J. Bärsch, Paschamysterium. Ein „Leitbegriff" für die Liturgietheologie des Westens aus östlichem Erbe (2010), in: http://www.ku.de/fileadmin/110503/Paschamysterium_Vortrag.pdf (Download: 10.10.2019); W. Haunerland, Mysterium paschale. Schlüsselbegriff liturgietheologischer Erneuerung, in: G. Augustin, K. Koch (Hg.), Liturgie als Mitte des christlichen Lebens (ThIDia 7), Freiburg i. Br. 2012, 189–209; W. Haunerland, Erneuerung aus dem Paschamysterium. Zur heilsgeschichtlichen Leitidee der Liturgiekonstitution, in: IKaZ 41 (2012) 616–625; ders., Der liturgietheologische Leitbegriff des Zweiten Vatikanischen Konzils. Anmerkungen zu einer wichtigen Studie über das Pascha-Mysterium, in: LJ 64 (2014) 263–271.

[87] In der Wiener Rahmenordnung zur Liturgie aus dem Jahr 2017 wird etwa berichtet, dass Messstipendien „Ausdruck der tätigen Teilnahme der Gläubigen und

Geringfügig öfter tritt in den Pastoralkonzepten der Begriff Paschamysterium auf, der in den kirchlichen Dokumenten von Fulda, Mainz, Rottenburg-Stuttgart, Speyer, Würzburg und Wien verwendet wird, ohne den Texten in der Regel deshalb eine grundlegende Prägung zu geben.[88] Wenn das Christusmysterium nicht nur für die Liturgie, sondern für das ganze christliche Leben eine zentrale Bedeutung haben soll, zeigt die Vernachlässigung dieser theologischen Leitidee in den Pastoralkonzepten eine grundlegende Leerstelle an, und zwar nicht nur, weil sich gerade hier die sachgerechte und in den Dokumenten sonst angestrebte Verbindung von Liturgie und Leben *par excellence* entfalten ließe.

Eine bemerkenswerte Ausnahme von der Regel bildet (auch) in diesem Zusammenhang das Bistum Speyer, dessen Seelsorgekonzept beide Prinzipien aufgreift und entfaltet. Unter Bezugnahme auf das nachsynodale Apostolische Schreiben *Sacramentum caritatis* über die Eucharistie, „Quelle und Höhepunkt von Leben und Sendung der Kirche", von Papst Benedikt XVI. aus dem Jahre 2007 heißt es dort etwa:

---

zugleich eine Spende an den Unterhalt des Klerus und an die Brüder und Schwestern im Glauben [waren], die der Hilfe bedurften." (Erzdiözese Wien [Hg.], Rahmenordnung [s. Anm. 5], Nr. 155.) Zusätzlich wird der Begriff in der Wiener Rahmenordnung zur Liturgie in Fußnote 66 in einem Zitat aus der Liturgiekonstitution erwähnt. Sachlich wird das Anliegen in der Wiener Rahmenordnung allerdings u. a. in Nr. 3.3., 4.3., 5., 5.2., 5.4., 8., 8.1., 39., 44., 77., 84., 95.1., 127., 141. und 144. aufgegriffen und im Vergleich mit vielen anderen diözesanen Pastoralkonzepten bemerkenswert fundiert entfaltet.

[88] Für Fulda vgl. Algermissen, Hirtenwort zum Advent 2002 (s. Anm. 43), 1. – In der Mainzer „Orientierungshilfe für eine Gottesdienstordnung" wird das Paschamysterium mehrmals erwähnt (vgl. Seelsorgedezernat Mainz [Hg.], Orientierungshilfe für eine Gottesdienstordnung [s. Anm. 14]), v. a. wenn es um die konkrete Durchführung des *Triduum sacrum* geht, d. h. um die „Jahresfeier des Paschamysteriums an Ostern" (31) und bei der Besprechung eines „Fallbeispiels": „Die zentrale Feier der Christen ist die Jahresfeier des Paschamysteriums (Tod und Auferstehung Jesu) an Ostern." (21) Zudem wird es bei der Feier von Weihnachten erwähnt: „Auch an Weihnachten feiern die Christen das österliche Paschamysterium unter einem bestimmten Blickwinkel." (36) Der Begriff wird nicht auf die Eucharistie an sich bezogen oder gar auf das sakramentale Leben der Kirche überhaupt. – Auf die Eucharistie ist er beispielsweise bezogen in Rottenburg-Stuttgart, vgl. Ordinariat Rottenburg-Stuttgart (Hg.), Arbeitshilfe 2 (s. Anm. 34), 31.

„In der Feier der Liturgie gilt es, ‚jede mögliche Trennung zwischen der ars celebrandi, d. h. der Kunst des rechten Zelebrierens, und der vollen, aktiven und fruchtbaren Teilnahme aller Gläubigen zu überwinden' und ‚das Gespür für das Heilige' zu fördern (Sacramentum Caritatis 38)."[89]

Mehrfach wird im Speyerer Reformdokument die tätige Teilnahme aller Gläubigen an der Liturgie als Anspruch formuliert, der allerdings nicht nur eine pastoralliturgische Methode bleibt, sondern als Prinzip verstanden wird, das zum Wesen der Liturgie gehört. Ähnlich substanziell wird in diesem Pastoralkonzept die Liturgie als Feier des Paschamysteriums erklärt und entfaltet.[90]

Einen positiveren Eindruck als die (liturgie-)theologischen Anteile hinterlassen die eher (liturgie-)praktischen Anteile in den diözesanen Pastoralkonzepten Deutschlands und Österreichs, die sich etwa um die Wahrnehmung von verschiedenen praktischen Dimensionen und Funktionen der Liturgie, die (Wieder-)Gewinnung von liturgischer Vielfalt, das Anliegen der Qualitätssicherung des Gottesdienstes sowie die Sensibilität für die zeitgenössische Kultur und Gesellschaft mit ihren unterschiedlichen Bedürfnissen und Milieus bemühen, obwohl auch hier einzelne Äußerungen diffus bleiben und missbrauchbar sind. Sowohl die diakonische als auch die missionarische Dimension bzw. Funktion von Liturgie können beispielsweise zu Banalisierung, Horizontalisierung und/oder Instrumentalisierung des Gottesdienstes, auch für an sich ehrenwerte Anliegen, führen und die Liturgie zu einem „pastoralen Produkt"[91] werden lassen, wie Winfried Haunerland jüngst zu Recht herausgestellt hat:

„Denn Gottesdienste sind keine Angebote, die von Produzenten entwickelt werden, um Kunden zu erreichen und das Produkt zu verkaufen. Auch wenn die Liturgie evangelisierende, den Glauben bestärkende, tröstende und diakonische Kraft hat, verliert sie doch ihre eigentliche Mitte, wenn sie dazu instrumentalisiert

---

[89] Ordinariat Speyer (Hg.), Seelsorgekonzept (s. Anm. 7), 78.
[90] Vgl. ebd., 82.
[91] W. Haunerland, Liturgie und Pastoral. Warum der Gottesdienst kein „Angebot" ist, in: HerKorr.Sp (10/2019) 27–29, hier: 27.

wird, zu evangelisieren oder zu missionieren, die Kirchenbindung zu erhalten und zu fördern oder Mitglieder zu rekrutieren."[92] Zudem bleiben in den diözesanen Pastoralkonzepten Deutschlands und Österreichs manche Plädoyers für einladende Offenheit und experimentelle Kreativität im liturgischen Bereich unbestimmt. Im Zusammenhang mit der notwendigen und wünschenswerten Vielfalt an liturgischen Feierformen müsste darüber hinaus verstärkt – nicht nur als Schlagwort, sondern substanziell – die Unersetzlichkeit der sonntäglichen Eucharistiefeier wahrgenommen werden. Häufig wird die geforderte liturgische Vielfalt in den Pastoralkonzepten nicht in ihrem Bezug zur zentralen und zentrierenden Eucharistiefeier reflektiert. So verständlich es ist, dass moderne Entwürfe ressourcen- und bedürfnisorientiert denken und argumentieren: Wenn aber damit Frieden gemacht wird, dass die Sonntagseucharistie nicht mehr die selbstverständliche Mitte einer ansonsten selbstständigen und lebensfähigen Gemeinde ist – sei es, weil es keinen Priester gibt, sei es, weil der Bedarf nicht mehr so dringend gespürt wird –, ist davon die Substanz der katholischen Identität betroffen. Eine These (bzw. ein alter Vorwurf) ist in diesem Zusammenhang, dass die erste Generation von pastoralen Strukturreformplänen wesentlich von den möglichen sonntäglichen Eucharistiefeiern her entwickelt war. Eine spannende Forschungsfrage bleibt, ob das so stimmt und wir es tatsächlich mit einem Paradigmenwechsel zu tun haben.[93]

Aus liturgiewissenschaftlicher Perspektive birgt die (höchst notwendige) Weiterentwicklung von Pastoralkonzepten neben der deutlichen Besinnung auf ekklesiologische und liturgietheologische Fundamente auch pastoralliturgisch über die erwähnten Themenbereiche hinaus noch viel Potenzial. Was die Formen der Liturgie unter veränderten pastoralen Bedingungen betrifft und damit die Kirche sprichwörtlich „im Dorf bleibt", ist etwa eine noch stärkere und kreativere Förderung der Tagzeitenliturgie wünschenswert.

---

[92] Ebd., 29.
[93] Hier hat dieser Beitrag eine sachliche Grenze. Da die untersuchten, aktuell geltenden Fassungen von Pastoralkonzepten in den meisten Diözesen einen oder mehrere Vorläufer haben, bleibt ein wichtiges Desiderat, auf dieser Basis inhaltliche Entwicklungen und Verschiebungen zu untersuchen.

Auch wäre nicht nur theoretisch und weniger ideologisch aufgeladen, sondern vor allem auch praktisch und konstruktiv nach Profilierungsmöglichkeiten der Wort-Gottes-Feier zu fragen, damit diese wichtige liturgische Feierform in ihrem Eigenwert besser entdeckt und nicht weiterhin nur auf der Ebene eines „Eucharistie-Surrogats"[94] verhandelt wird. Ein wichtiges Mittel gegen eine ekklesiale Depression dürfte auch sein, wie Veränderungen von pastoralen Strukturen nicht nur unter den Vorzeichen von Mangel und Verlust gesehen werden, sondern vielleicht sogar einen (liturgischen) Mehrwert erzeugen können.[95]

Um solche Fragen noch stärker in pastoralen Strukturreformen auf diözesaner Ebene zu verankern und vor allem pastoral nachhaltig fruchtbar zu machen, ist noch mehr als bisher ein echtes, vertrauensvolles, offenes und sicher oft mühsames, aber letztlich unerlässliches Gespräch zwischen den verschiedenen Ebenen der Kirche und ihren Handlungsträgern in Theologie und Pastoral, in den Gemeinden und den Leitungsämtern zu führen, um voneinander zu lernen und gemeinsam sachgerechte Antworten auf drängende Fragen zu finden, wenn sich Kirche vor Ort weiterhin konstituieren und dabei keinen ihrer Wesensvollzüge ausklammern will.

---

[94] Damit ist hier gemeint: Wort-Gottes-Feiern sind häufig nur der Ersatz, wenn die eigentlich gewünschte Messfeier nicht möglich ist. Der Begriff an sich ist aber nicht neu, sondern wird beispielsweise bereits von Valentin Thalhofer (1825–1891) in seinem „Handbuch der katholischen Liturgik" verwendet, meint dort im Abschnitt „Der fundamentale Unterschied zwischen dem Kultus der Katholiken und dem der Protestanten" (§ 18) allerdings, dass in der evangelischen Liturgie Schriftlesung und Predigt nicht die Messfeier ersetzen könnten. Thalhofer spricht in diesem Zusammenhang von einem „Surrogat für das Sacrament der Eucharistie" (V. Thalhofer, Handbuch der katholischen Liturgik I, Freiburg i. Br. 1883, 266).

[95] Dazu ausführlicher vgl. Kopp, Gottesdienst ist nicht alles, aber ohne Gottesdienst ist alles nichts (s. Anm. 2), 365–370.

Kirche ohne Liturgie?

Anhang: Tabellarische Übersicht zur Bedeutung des Gottesdienstes in den diözesanen Pastoralkonzepten

(Erz-)Diözese	Hauptdokumente			Nebendokumente			Gesamtumfang			
	+	+/-	-	+	+/-	-	3	2	1	0
Bamberg	X				X			X		
(Eichstätt)	—	—	—	—	—	—	—	—	—	—
Speyer	X				X			X		
Würzburg		X			X					X
Berlin		X		X					X	
Dresden-Meißen		X			X					X
(Görlitz)	—	—	—	—	—	—	—	—	—	—
Freiburg	X				X				X	
Rottenburg-Stuttgart		X		X					X	
Mainz		X			X					X
Hamburg		X			X					X
Hildesheim			X	X				X		
Osnabrück		X			X					X
Köln	—	—	—	X				X		
Aachen		X			X			X		
Essen		X	X					X		
Limburg	—	—	—		X					X
Münster	X				X			X		
Trier		X			X					X
München und Freising	—	—	—	X				X		
Augsburg	X				X			X		
(Passau)	—	—	—	—	—	—	—	—	—	—
(Regensburg)	—	—	—	—	—	—	—	—	—	—
Paderborn		X	X					X		
(Erfurt)	—	—	—	—	—	—	—	—	—	—
Fulda	X				X			X		
Magdeburg	X*					X				
Salzburg		X		X					X	
Feldkirch		X			X					X
Graz-Seckau			X		X				X	
Gurk		X			X					X
Innsbruck	X				X			X		

Wien	—	—	—	X*		X				
Eisenstadt		X	X			X				
Linz	X			X				X		
(St. Pölten)	—	—	—	—	—	—	—	—	—	—
30 (+ 6)	9	4	13	6	5	18	4	8	9	9

* In Magdeburg und Wien gibt es ein eigenes Dokument, das sich mit dem Thema Liturgie unter vielfältigen Gesichtspunkten beschäftigt; in Magdeburg kann dieses trotz eigener Paginierung als Teil des Hauptdokuments angesehen werden.

Hauptdokumente: Ausgewertet wurde das jeweilige Hauptdokument der diözesanen Entwicklungsprozesse, das diese repräsentiert bzw. sie weiteren Kreisen bekannt machen und sie fördern soll (oder, so in Würzburg und Mainz, eine die Entwicklung vorstellende Präsentation).
+: Liturgie wird als eigenes Thema behandelt (etwa erkennbar an einer Überschrift).
+/–: Liturgie wird innerhalb anderer Themen eigens behandelt, d. h. mehr als nur erwähnt.
–: Liturgie wird nicht signifikant behandelt, bestenfalls erwähnt.

Nebendokumente: Als Nebendokumente werden hier z. B. von den kirchlichen Behörden herausgegebene Arbeitshilfen, Zeitschriften, Hirtenworte etc. bezeichnet. Ausgenommen hiervon sind Dokumente, die sich spezifisch nur einem Teilaspekt des Themas Liturgie widmen (etwa Hilfen für die Erstellung von Gottesdienstordnungen u. dgl.).
+: Liturgie wird als eigenes Thema behandelt (etwa erkennbar an einer Überschrift).
+/–: Liturgie wird innerhalb anderer Themen eigens behandelt, d. h. mehr als nur erwähnt.
–: Liturgie wird nicht signifikant behandelt, bestenfalls erwähnt.

Umfang: quantitative Erhebung, in welchem Umfang die Liturgie in den Haupt- und Nebendokumenten thematisiert wird. Der Ertrag aus mehreren Dokumenten wird addiert.
3: Umfang mehr als 10 Seiten.
2: Umfang von 2 bis 10 Seiten.
1: Umfang bis zu 1 Seite.
0: keine Erwähnung der Liturgie in den einschlägigen Dokumenten.

Die eingeklammerten Diözesen haben bisher keine textlich auswertbaren Dokumente zu pastoralen Entwicklungsprozessen veröffentlicht.

Kirche als Moralanstalt?
Theologische Ethik zwischen Anspruch und Wirklichkeit

Peter Schallenberg

1 Mystik und Moral

„Kann man sich als Katholik fühlen, ohne an den sakramentalen Charakter der Ehe zu glauben? Oder sich als Katholik fühlen, ohne Glauben an die Unfehlbarkeit des Papstes? Oder sich als Katholik fühlen, ohne an die Göttlichkeit von Jesus Christus zu glauben? Diese Fragen sind nur solange unsinnig, als man von vornherein eine unauflösliche Beziehung zwischen Katholizismus und dem Einverständnis mit den Doktrinen voraussetzt."[1]

Recht spät erst wurde das in der intellektuellen und theologischen Szene Italiens weit beachtete Buch des italienischen Philosophen Mario Perniola (1941–2018) im deutschen Sprachraum wahrgenommen und übersetzt, leider übrigens recht hölzern und schwerfällig. Der Autor ist ein Norditaliener klassisch-säkularer Provenienz, aus waldensisch und zugleich freimaurerisch geprägter Familie, fasziniert gleichwohl vom starken Ritualismus der katholischen Religion und vehement gegen eine „doktrinäre und moralistische Verhärtung" des Katholizismus streitend:

„So sieht es aus, als ob der Katholizismus von der Mitte des 16. Jahrhunderts an allmählich Stück um Stück auf seine Identifikation mit der civitas humana verzichtet habe; unter dem Drang der Sorge darum, sich eine über allen Zweifel erhabene Identität zuzulegen, hat er sich in einen Prozeß der mimetischen Rivalität mit seinen Gegnern gestürzt und dabei die Vorausset-

---

[1] M. Perniola, Vom katholischen Fühlen. Die kulturelle Form einer universellen Religion. Aus dem Italienischen von S. Schneider [Originalausgabe: Del sentire cattolico. La forma culturale di una religione universale, Bologna 2001], Berlin 2017, 11; vgl. auch ders., Über das Fühlen. Aus dem Italienischen von S. Schneider, Berlin 2009.

zungen, die seine tatsächliche Universalität eigentlich ermöglicht hätten, nach und nach aufgegeben."[2]

Natürlich ist der Beginn in der Mitte des 16. Jahrhunderts kein Zufall, und natürlich ist der mimetisch präsente Rivale der lutherische Protestantismus, den auch, weniger akademisch präzise und intellektuell anspruchsvoll, Horst Herrmann verantwortlich macht für eine moderne Spielart des subjektivistischen Moralismus.[3] Im Hintergrund steht unausgesprochen stets der Indologe an der Bonner Fakultät, Paul Hacker (1913–1979), der 1966 Furore machte mit einem Werk über den Ursprung des christlichen Anthropozentrismus in der Theologie Martin Luthers,[4] damals heftig diskutiert und von einem gewissen Joseph Ratzinger sehr zustimmend besprochen. Immerhin ist das Thema inzwischen über manche Umwege und soziologisch vermittelt und dadurch etwas befriedet auch im Raum katholischer Moraltheologie angekommen,[5] nicht zuletzt durch entsprechende Hinweise und Anstöße von Hans Joas.[6]

Am 25. September 2018 referierte der scheidende Direktor der Katholischen Akademie in Bayern, Florian Schuller, ausführlich über das Buch von Mario Perniola im Rahmen der neu initiierten Reihe „Theologisches Terzett" der Akademie und brach dabei deutlich eine Lanze für die Zurückhaltung gegenüber der allzu forschen Identifizierung von äußerem Ritus und innerer Haltung – oder: von äußerer Moralität und innerer Motivation –, für eine Enthaltung eines vorschnellen subjektiven Urteils über eine letztlich immer unsichtbare Welt von Liebe und Moral.[7] Florian Schuller weist in dem Zusammenhang auf ähnliche Äußerungen des US-amerikanischen

---

[2] Perniola, Vom katholischen Fühlen (s. Anm. 1), 18.
[3] Vgl. H. Herrmann, Im Moralapostolat. Die Geburt der westlichen Moral aus dem Geist der Reformation, Lüdinghausen – Berlin 2017.
[4] Vgl. P. Hacker, Das Ich im Glauben bei Martin Luther. Der Ursprung der anthropozentrischen Religion, Bonn 2009 [Neuauflage]; vgl. auch E. De Negri, La teologia di Lutero. Rivelazione e dialettica, Florenz 1967 [deutsche Ausgabe: Offenbarung und Dialektik. Luthers Realtheologie, Darmstadt 1973].
[5] Vgl. J. Sautermeister (Hg.), Kirche – nur eine Moralagentur? Eine Selbstverortung, Freiburg i. Br. 2019.
[6] Vgl. H. Joas, Kirche als Moralagentur?, München 2016.
[7] Vgl. F. Schuller: Zu Mario Perniola, Vom katholischen Fühlen, in: Zur Debatte 1/2019, 17.

Theologen Andrew M. Greeley (1928–2013) in mehreren Veröffentlichungen hin: Es gibt die radikale Differenz zwischen Gott und Welt, unsichtbarer Heiligkeit Gottes und sichtbarer Sündigkeit des Menschen, wie der Protestantismus in deutlich nominalistischer Tradition nicht müde wird, einzuschärfen. Es ist dies eine differenzierende Dialektik nicht nur von Gott und Welt, sondern – schärfer noch – von Religion und Staat und daher letztlich auch von Kirche und Staat. Aber, und das ist der katholische Kontrapunkt: Es gibt auch die Anwesenheit der unsichtbaren reinen Liebe in der sichtbaren fragmentarischen Moralität des Alltags. Freilich hatte das römische Lehramt in der Person von Papst Innozenz XII. schon 1699 vor dem Hintergrund der posttridentinischen Entwicklung eines stark moralisierten Katholizismus[8] und der Debatten um eine strikte Identität von Glaube und Moral[9] die bruchlose Identifikation von reiner Motivation und normativem Anspruch in der Person und den Thesen von François Fénelon verurteilt.[10] Verurteilt wurde damit zunächst die Identifizierung von reiner *Agape* und unreinem *Eros* – oder anders: von reiner Gottesliebe der Mystik und unreiner Menschenliebe der Moral.[11]

Mit anderen Worten: Es gibt, jenseits von Eden und vor dem Anbruch des letzten Tages, immer nur ein asymptotisches Verhältnis von Idealität und Faktizität, von Dogma und Moral. Es gibt ein mystisches Fühlen der Gegenwart und der Heiligkeit Gottes, das sich nur im äußeren Ritus und kaum in äußerer Moralität abbilden lässt. Mystik geht immer der Moral voraus und übersteigt sie bei Weitem. Und mehr noch: Mystik geht der christlichen Moral voraus, und diese wiederum geht einer weltlichen und säkularen Lebensführung im Zeichen des postmodernen Individualismus voraus, der sich zunehmend als zuvor nicht geahnte, geschweige denn gedachte Radi-

---

[8] Vgl. R. Taveneaux, Il cattolicesimo posttridentino, in: R. Stauffer u. a. (Hg.), Il cristianesimo moderno e contemporaneo, Rom – Bari 1977, 105–202.
[9] Zum Hintergrund vgl. L. Febvre, Le problème de l'incroyance au XVIe siècle. La religion de Rabelais, Paris 1968 [deutsche Ausgabe: Das Problem des Unglaubens im 16. Jahrhundert. Die Religion des Rabelais, Stuttgart 2002].
[10] Zum Hintergrund vgl. P. Schallenberg, Liebe und Subjektivität. Das Gelingen des Lebens im Schatten des „amour pur" als Programm theologischer Ethik (MBT 62), Münster 2003.
[11] Vgl. klassisch A. Nygren, Eros und Agape. Gestaltwandlungen der christlichen Liebe, Bd. 1: Gütersloh 1930, Bd. 2: Gütersloh 1937.

kalisierung des christlich inspirierten Subjektivismus zu erkennen gibt.[12] Dies gilt es, näher auszubuchstabieren für eine katholische Moralität im Kontext radikaler Säkularität und Säkularisierung.

2 Moral im säkularen Zeitalter

Zunächst muss einleitend der schillernde Begriff der Säkularisierung und damit verbunden die Kennzeichnung eines säkularen Zeitalters charakterisiert werden.[13] Dies ist aber nicht möglich, ohne einen Blick zu werfen auf den Hintergrund einer Verhältnisbestimmung von Staat und Religion sowie von Staat und Kirche – verdankt sich doch der Begriff wie der Vorgang der Säkularisierung einer reformatorischen Neubestimmung der theologischen Größe „Kirche" und einer daraus folgenden nachreformatorisch zunehmenden Entflechtung von Kirche und Staat bis hin zum Kulminationspunkt im antiklerikalen Furor der Spätphase der Französischen Revolution, die im Übrigen zunächst keineswegs gegen die Religion oder den christlichen Glauben gerichtet war,[14] sondern gegen das Christentum als politische Institution,

> „nicht weil die Priester sich anmaßten, die Dinge der anderen Welt zu regeln, sondern weil sie Grundeigentümer, Lehnsherren,

---

[12] Vgl. L. Siedentop, Die Erfindung des Individuums. Der Liberalismus und die westliche Welt. Aus dem Englischen von H. Kober [Originalausgabe: Inventing the Individual, Cambridge – London 2014], Stuttgart 2016.

[13] Vgl. G. Marramao, Die Säkularisierung der westlichen Welt. Aus dem Italienischen von G. Memmert, Frankfurt a. M. 1996.

[14] Aufschlussreich dazu: H. Joas, Die Sakralität der Person. Eine neue Genealogie der Menschenrechte, Berlin 2011, 27: „Die allzu engen Bande von Thron und Altar waren durch die Revolution erst gelockert und dann zerrissen worden; aber daraus folgt eben nicht eine Abnahme der religiösen Intensität. Die Teilnahme an Gottesdiensten scheint während der ersten Jahre der Revolution zu- und nicht abgenommen zu haben, da sich ein neues Band zwischen der Revolution und dem Altar zu etablieren begann […]"; vgl. mit Verweis auf H. McLeod, Religion and the People of Western Europe 1789–1989, Oxford 1997, 1. Vgl. auch T. Tackett, The French Revolution and Religion to 1794, in: ders., S. J. Brown (Hg.), Enlightenment, Reawakening, and Revolution 1660–1815 (The Cambridge History of Christianity 7), Cambridge 2006, 536–555; deutlich skeptischer allerdings P. Gay, The Enlightenment. An Interpretation. Bd. 1: The Rise of Modern Paganism, New York 1966.

Zehntherren, Administratoren in dieser Welt waren; nicht weil die Kirche in der neuen Gesellschaft, die man gründen wollte, keinen Platz finden konnte, sondern weil sie damals die am meisten privilegierte und festeste Stelle in der alten Gesellschaft, die in Staub verwandelt werden sollte, einnahm."[15]

Das Verhältnis von Kirche und Staat hatte sich im Lauf der Jahrhunderte der europäischen Kirchengeschichte keineswegs linear zum Konzept des säkularen Staates hin entwickelt. Vielmehr gab es immer schon eine Dialektik beider Sphären, die etwa im Dualismus von Papsttum und Kaiser im Hochmittelalter, insbesondere im Investiturstreit, deutlich zutage trat. Dennoch gehört es, mit den Worten von Ernst-Wolfgang Böckenförde, zum Wesensmerkmal des säkularen Staates,

„dass in ihm die Religion bzw. eine bestimmte Religion nicht mehr verbindliche Grundlage und Ferment der staatlichen Ordnung ist. Staat und Religion sind vielmehr grundsätzlich voneinander getrennt, der Staat als solcher hat und vertritt keine Religion."[16]

Die Frage nach den religiösen Voraussetzungen des Staates[17] und nach dem grundsätzlichen Verhältnis von Staat und Religion ist keine rein neuzeitliche Fragestellung und Auseinandersetzung, auch wenn sie typisch europäisch ist,[18] wie übrigens auch die Frage nach dem rechten Verhältnis von Glaube und Politik eine typisch europäische Fragestellung ist.[19] Diese Diskussion wurde vehement bereits in der Spätantike im fünften nachchristlichen Jahrhundert von Au-

---

[15] A. de Tocqueville, Der alte Staat und die Revolution, München 1978, 24.
[16] E.-W. Böckenförde, Der säkularisierte Staat. Sein Charakter, seine Rechtfertigung und seine Probleme im 21. Jahrhundert (Carl-Friedrich-Siemens-Stiftung: Themen 86), München 2007, 12; vgl. auch ders., Recht, Sittlichkeit, Toleranz. Überlegungen zu Aufgabe, Möglichkeiten und Grenzen des Rechts, Ulm 2001.
[17] Vgl. T. Stein, Himmlische Quellen und irdisches Recht. Religiöse Voraussetzungen des freiheitlichen Verfassungsstaates, Frankfurt a. M. 2007.
[18] Vgl. H. Lehmann, Säkularisierung. Der europäische Sonderweg in Sachen Religion, Göttingen 2004.
[19] Vgl. T. Dienberg u. a. (Hg.), Woran glaubt Europa? Zwischen Säkularisierung und der Rückkehr des Religiösen, Münster 2010.

gustinus geführt, insbesondere in seinem monumentalen Werk „De civitate Dei", „Vom Gottesstaat". Sein Grundgedanke einer Entsakralisierung des Staates und damit einer Trennung beider Sphären ist von bleibender Aktualität, gerade auch im Blick auf eine normative Sakralität der Person und der Individualität als Grundlage des modernen Verfassungsstaates.[20] Dieses politisch-augustinische Denken meint nicht eine gegenseitige Sprachlosigkeit von Religion und Staat, sondern betont gerade die jeweiligen getrennten Verantwortungsbereiche, die aber, nach christlicher Auffassung, im Ziel der überzeitlichen Personalität des Menschen übereinkommen.

Die Periode der fortschreitenden Säkularisierung ist also zunächst durch eine fortschreitende Trennung von Kirche und Staat geprägt, diese Trennung aber findet ihr Äquivalent in der Unterscheidung von privatem Ethos und öffentlicher Verantwortung, später deutlich bei Immanuel Kant: zwischen Moralität und Legalität. Diese Kontrastierung ist schon von Augustinus bekannt, der zwei Staaten oder auch zwei Zivilisationen einander gegenüberstellt, die von höchst unterschiedlichen Formen der Beziehung oder der Liebe gekennzeichnet sind und die Augustinus wiederum sehr deutlich präfiguriert findet sowohl in der alttestamentlichen Erzählung von Kain und Abel als auch dem neutestamentlichen Pendant der Erzählung vom barmherzigen Vater mit dem älteren und dem jüngeren Sohn: auf der einen Seite die Bürgerschaft Gottes, auf der anderen Seite die irdische Bürgerschaft.

Beide Arten von Zivilisation werden mit unterschiedlichen Attributen versehen, die Augustinus im zweiten Teil von „De civitate Dei" näher beschreibt. Der irdische Weltstaat hat nämlich das pure Überleben des Menschen zum Ziel, während der Bürger des Gottesstaates danach strebt, in der Bindung an überzeitliche Güter und an Gott seine ihm von Gott erschaffene Wesensnatur, seine Gottebenbildlichkeit zur Entfaltung zu bringen. Der irdische Staat ist für Augustinus ein notwendiges Übel, das im Brudermord von Kain an Abel seinen Ursprung findet, und der das Überleben durch ein Mindestmaß an Gerechtigkeit und Grundrecht verbürgen soll.[21] Bereits hier kann angedeutet werden, dass viele Jahrhun-

---

[20] Vgl. Joas, Sakralität der Person (s. Anm. 14), 85, Anm. 21; verweist als Referenz auf É. Durkheim, H. Churchill King, W. James, G. Bell und M. Luther King.
[21] Vgl. Augustinus, De civitate Dei, XV 1–8.

Kirche als Moralanstalt?

derte später Thomas Hobbes in seiner düsteren Definition des Staates als „Leviathan", als ungeheures, allein dem bloßen Überleben seiner Bürger verpflichtetes Lebewesen, exakt in dieser augustinischen Richtung denkt, freilich unter Preisgabe einer dem Staat notwendig und eigenständig gegenüberstehenden, sakramental verfassten Kirche.

Bei Augustinus nämlich ist die im Weltstaat befindliche Bürgerschaft Gottes, durch die Sakramente begründet und konstituiert, als pilgerndes Gottesvolk charakterisiert, sodass klar wird, dass sich Augustinus die beiden Bürgerschaften als vermischt vorstellt, nicht im Sinne eines äußeren Dualismus zwischen Gläubigen und Ungläubigen, wie er etwa im islamischen Glaubensmodell vorherrscht, sodass dann ein äußerer totalitärer Anspruch an die Person ergeht. Die Grenze zwischen Erdenstaat und Gottesstaat verläuft augustinisch nicht außen und in der Moral, sondern innen, in der Seele und im Selbstverständnis und in der Motivation eines Menschen, sodass sich dieses *forum internum* einem letzten äußeren totalitären Zugriff entzieht. Das augustinische Denken vom Staat ist eschatologisch geprägt; die Bürgerschaft Gottes ist ja eine Gemeinschaft der Lebenden und der Toten, verstanden als Zeit und Raum übergreifende Familie von Menschen, die in Christus ihr Haupt gefunden hat. Daher ist auch die Bürgerschaft Gottes nicht einfach identisch mit der sichtbaren Kirche auf Erden, die selbst ja aus der unsichtbaren Gnade der sichtbaren Sakramente lebt. Die Zugehörigkeit zur Bürgerschaft Gottes findet sich eben im *forum internum* der unsterblichen Seele einer Person, die zwischen den augustinischen Gegensatzpaaren *uti* (der Haltung der Bürger des Erdenstaates: das rein egoistische Nutzendenken) und *frui* (der Haltung der Bürger der Stadt Gottes: das Geben und Empfangen selbstloser Liebe) wählen kann.

Aus diesem dezidiert eschatologischen Denken, das zugleich aber seit Augustinus das gesamte politische Denken des Abendlandes bis in die Moderne hinein prägt, folgt konsequent ein lineares Geschichtsbild, das dem in vielen außereuropäischen Kulturen zu findenden zyklischen Bild der Geschichte entgegen steht und die Seele des Menschen als im fortschreitenden Fortschritt der Geschichte befindlich denkt. Dieser Aspekt von Fortschritt und Geschichte ist typisch für die biblische Eschatologie und das christliche Denken vom Staat: „Das menschliche Sein ist menschlich nur in seiner Geschichtlichkeit, und es kann nur heilig sein, wenn es in eine Zeit der Verwandlung eingebettet ist."[22]

Mit dieser Verhältnisbestimmung von Staat und Kirche betont Augustinus einerseits die Entsakralisierung des Staates und beschränkt andererseits die Rolle der Religion im Staat. Dennoch hat der Staat aus Sicht der Religion und speziell des christlichen Glaubens eine wichtige und notwendige Aufgabe: Er sorgt für die Sicherheit der Bürger angesichts einer drohenden Schädigung durch Brüder oder Mitmenschen, für Recht und Gerechtigkeit, für politischen Frieden und wirtschaftliche Prosperität. Stets muss aber das letzte und eschatologische Ziel vor Augen stehen: Die Gerechtigkeit, die der weltliche Staat als sein innerweltliches Ziel herstellen muss, findet aus christlicher Sicht erst im Ideal der Gottes- und Nächstenliebe ihre eigentliche Vollendung. Anders und zugespitzt augustinisch ausgedrückt: Liebe ist das Thema der mystischen Theologie,[23] Gerechtigkeit das Thema der politischen Theologie. Oder schärfer formuliert: Gerechtigkeit ist das ferne Echo der Liebe, die gerechterweise jedem Menschen zusteht und die er – mit der Erbsünde des Konkurrenzdenkens behaftet – durchschnittlich nur erfährt im Modus der Gerechtigkeit, ohne dass er doch von solcher kalten Gerechtigkeit leben und glücklich sein könnte.

Eben hier liegt der notwendige Mehrwert der Religion[24] oder besser: der ethische Überschuss des Glaubens an einen personalen und dreifaltigen Gott, weswegen es etwa kein Zufall ist, dass manche staatlichen Verfassungen in der Welt wie die polnische Mai-Verfassung von 1791 anheben mit einer Anrufung nicht nur des Gottes der Philosophen, sondern des dreifaltigen Gottes: Dass Gott nach christlichem Glauben die Liebe ist, meint kein Akzidenz, kein Aperçu der Religionsgeschichte, sondern sein innerstes Wesen, dem das Wesen jedes Menschen entsprechen darf und kann – und soll.

---

[22] P. Nemo, Was ist der Westen? Die Genese der abendländischen Zivilisation, Tübingen 2005, 41; vgl. auch W. Schluchter, Die Entwicklung des okzidentalen Rationalismus. Eine Analyse von Max Webers Gesellschaftsgeschichte, Tübingen 1979.

[23] Vgl. H. Arendt, Liebesbegriff bei Augustin. Versuch einer philosophischen Interpretation, Berlin 1929.

[24] Vgl. H. Joas, Braucht der Mensch Religion? Über Erfahrungen der Selbsttranszendenz, Freiburg i. Br. 2004.

Kirche als Moralanstalt?

Charles Taylor, der bekanntlich in seinem voluminösen Werk „Ein säkulares Zeitalter" die „Geschichte dessen, was man normalerweise die ‚Säkularisierung' des neuzeitlichen Abendlandes"[25] nennt, erzählen will, erläutert die spezifisch christlich formatierte und moderne Säkularisierung der westlichen Welt so:[26]

„Während die politische Organisation aller vorneuzeitlichen Gesellschaften in irgendeiner Weise mit dem Glauben an – oder der Loyalität gegenüber – Gott oder einer Vorstellung vom letzten Realitätsgrund zusammenhing, auf einem solchen Glauben beruhte oder durch ihn verbürgt war, gibt es im modernen westlichen Staat keinen derartigen Zusammenhang."[27]

Und weiter, mit Anspielung auf Michel de Montaigne:

„Wir spielen unsere Rollen in verschiedenen Tätigkeitsbereichen – im Rahmen der Ökonomie, der Politik, der Kultur, des Bildungswesens, des Berufs und der Freizeit –, doch die Normen und Prinzipien, nach denen wir uns dabei richten, und die Überlegungen, die wir anstellen, verweisen uns im allgemeinen weder auf Gott noch auf irgendwelche religiösen Überzeugungen. Die Erwägungen, die unserem Handeln vorausgehen, bewegen sich innerhalb der ‚Rationalität' jedes einzelnen Bereiches [...]."[28]

Und zusammenfassend im Blick auf die säkulare Postmoderne:

„So aufgefaßt, besteht der Wandel hin zur Säkularität unter anderem darin, daß man sich von einer Gesellschaft entfernt, in der der Glaube an Gott unangefochten ist, ja außer Frage steht, und daß man zu einer Gesellschaft übergeht, in der dieser Glaube eine von mehreren Optionen neben anderen darstellt, und zwar häufig nicht die bequemste Option."[29]

Damit verbunden ist zugleich eine Moralisierung des Glaubens an Gott und die Frage nach der Nützlichkeit von Religion und Glaube.

---

[25] C. Taylor, Ein säkulares Zeitalter, Frankfurt a. M. 2009, 9.
[26] Auch erhellend vgl. O. Chadwick, The Secularization of the European Mind in the Nineteenth Century, Cambridge 1975.
[27] Taylor, Säkulares Zeitalter (s. Anm. 25), 11.
[28] Ebd., 13.
[29] Ebd., 14.

Fest steht dabei zunächst: „Wir alle begreifen unser Leben und/oder den Raum, in dem wir unser Leben führen, als etwas, das eine bestimmte moralisch-spirituelle Form aufweist"[30], also als etwas, was dem menschlichen Leben eine letzte Fülle und einen Sinn gibt; wir interpretieren unser Handeln als Streben zu Idealen und müssen es daher auf den Erfolg dieses Strebens hin bewerten. Und dann besteht ein grundsätzlicher Gegensatz zwischen Glaube und Unglaube:

„Der offenkundige Grundgegensatz besteht hier darin, daß die Erklärung des Ortes der Fülle aus der Sicht der Gläubigen eine Bezugnahme auf Gott verlangt, das heißt auf eine Instanz jenseits des Lebens und/oder der Natur des Menschen, während das bei Ungläubigen nicht der Fall ist."[31]

Das aber heißt für den Gläubigen: „Kraft oder Fülle werden im Rahmen einer Beziehung empfangen; der Empfangende erhält seine Kraft allerdings nicht ohne weiteres im gegenwärtigen Zustand, sondern er muß dafür geöffnet, verwandelt und aus seinem Selbst befreit werden."[32] Ohne Erbsünde und das Paradigma der Befreiung aus der Knechtschaft dieser Erbsünde ist das Christentum und sein spezifischer Glaube an Gott nicht zu verstehen; die klassischen Bilder und Erzählungen für diese Befreiung und diesen Exodus aus der einst durch Adam herbeigeführten Sklaverei im Land Ägypten und im Pferch der Schweine sind alttestamentlich der Exodus aus Ägypten und neutestamentlich der Exodus aus dem Schweinetrog.

Hingegen gilt für den nichtreligiösen Menschen der Neuzeit genau das Gegenteil, und verblüffenderweise ist dies Gegenteil unmittelbar anschlussfähig an den typisch augustinischen Gedanken der primären Innerlichkeit:

„Die Kraft, zur Fülle zu gelangen, ist eine innere. Dieser Gedanke nimmt verschiedene Formen an. Eine von ihnen stellt unsere Natur als Vernunftwesen in den Mittelpunkt. Die kantianische Variante ist die direkteste Form dieser Auffassung. Als handlungsfähige Vernunftwesen haben wir das Vermögen, die Gesetze zu geben, nach denen wir leben. Das ist, verglichen mit der in Gestalt

---

[30] Ebd., 18.
[31] Ebd., 23.
[32] Ebd., 24.

Kirche als Moralanstalt? 139

unserer Triebe gegebenen Kraft der bloßen Natur, soviel höherstehend, daß wir beim ungehinderten Nachdenken darüber gar nicht umhinkönnen, Achtung vor dieser Kraft zu empfinden."[33] Das aber hat weitreichende Folgen für den in der Neuzeit, in Renaissance und Reformation entstehenden neuen Typus von Ethik: Die Moralität des Individuums darf nicht durch ethische Heteronomie, sondern muss von interiorisierter Autonomie bestimmt sein. Die Moralität des Staates und der Wirtschaft aber muss von den Eigeninteressen der Individuen bestimmt sein. Es ist nunmehr klar: Private und öffentliche Moral treffen sich im Begriff und im Verständnis personalistischer Menschenrechte und treten zugleich auseinander, parallel dazu distanzieren sich Kirche und Staat und verständigen sich zugleich im Dialog über unveräußerliche Menschenrechte vor dem Hintergrund der klassischen Rede vom Naturrecht.[34] Es beginnt ein neuer Stil des christlichen Glaubens und der christlichen Moral, bis hin zur säkularen Entfaltung in der Postmoderne.[35]

3 Gottesglaube und theologische Ethik

An dieser Stelle muss nun doch zunächst einmal etwas grundsätzlicher nach dem gefragt werden, was das Christentum „Glaube an Gott" nennt, denn ohne ein solches Vorverständnis wäre wohl die westliche (im Unterschied etwa zur islamischen) Überzeugung, nach der „der Glaube in der christlichen (oder postchristlichen) Gesellschaft *eine* Option und in gewissem Sinn eine umkämpfte Option ist"[36], nicht zu verstehen. Zur Debatte steht daher der

„gesamte Hintergrundrahmen, in dem man an Gott glaubt oder sich weigert, an Gott zu glauben. Der Rahmen von früher und

---

[33] Ebd.
[34] Katholischerseits vgl. J. Maritain, The Rights of Man and Natural Law, London 1944; J. C. Murray, We Hold These Truths. Catholic Reflections on the American Proposition, New York 1960; zum Hintergrund auch W. Vögele, Menschenwürde zwischen Recht und Theologie. Begründungen von Menschenrechten in der Perspektive öffentlicher Theologie, Gütersloh 2000, 180–182.
[35] Vgl. C. Theobald, Il cristianesimo come stile. Un modo di fare teologia nella postmodernità, Bologna 2009.
[36] Taylor, Säkulares Zeitalter (s. Anm. 25), 15 [Kursivsetzung im Original].

der Rahmen von heute verhalten sich zueinander wie das ‚Naive'
und das ‚Reflektierte', denn der heutige Rahmen läßt eine Fragestellung zu, die durch die nicht ausdrücklich anerkannte Form des einstigen Hintergrunds ausgeschlossen war. Die Veränderung des Hintergrunds – oder vielmehr: die Zerrüttung des früheren Hintergrunds – wird besonders deutlich, wenn man sein Augenmerk auf bestimmte Unterscheidungen richtet, die heute üblich sind, wie zum Beispiel die Unterscheidung zwischen dem Immanenten und dem Transzendenten oder die Unterscheidung zwischen dem Natürlichen und dem Übernatürlichen."[37]

Und Charles Taylor unterstreicht: „Es ist dieser Wandel des Hintergrunds – des ganzen Rahmens, in dem wir die Fülle erleben und nach Fülle streben –, den ich als Anbruch eines säkularen Zeitalters bezeichne."[38] Genau dies aber verändert grundlegend die Rahmenbedingungen einer Rede vom Glauben an Gott; „wir haben nämlich eine Welt verlassen, in der außer Frage stand, daß der Ort der Fülle außerhalb oder ‚jenseits' des menschlichen Lebens liegt."[39] Religion ist dann definiert als die Unterscheidung von Immanenz und Transzendenz, von Gott und Welt, aber nicht von Gott und Mensch; da doch Gott Mensch geworden ist, so ist das menschliche Subjekt immer vorrangigster Ort der Selbstoffenbarung Gottes und seines Willens. Jüdisch-christliche Religionstradition betont den Vorrang jenseitiger Ziele vor dem diesseitigen Ziel menschlichen Gedeihens:

„Gott lieben und anbeten ist der Endzweck. Natürlich wird Gott im Rahmen dieser Tradition als ein Wesen gesehen, von dem das menschliche Gedeihen gewollt wird, aber die Verehrung Gottes wird nicht als davon abhängig aufgefaßt. Der Befehl ‚Dein Wille geschehe' ist nicht gleichbedeutend mit ‚Sorge dafür, daß die Menschen gedeihen', obwohl wir wissen, daß das menschliche Gedeihen Gottes Wille ist."[40]

Und noch mehr zugespitzt meint dann Religion im christlichen Sinn:

---

[37] Ebd., 33.
[38] Ebd., 34.
[39] Ebd., 36.
[40] Ebd., 39.

„Es geht um das Gefühl, hier gebe es einen Wert, der höher ist als das menschliche Gedeihen und der über dieses Gedeihen hinausgeht. Im Fall des Christentums kann man diesen Wert als *Agape* begreifen, als die Liebe Gottes zu uns, an der wir durch seine Kraft teilhaben können. Anders ausgedrückt: Uns wird eine Möglichkeit der Verwandlung gegeben, die uns über die bloß menschliche Vollkommenheit hinausführt. Sinn hat diese Vorstellung von einem für uns erreichbaren höheren Gut aber nur im Kontext des Glaubens an eine höhere Macht: den transzendenten Gott des Glaubens, der in den meisten Definitionen der Religion eine Rolle spielt. Doch dann setzt drittens die christliche Schilderung unserer möglichen Transformation durch *Agape* voraus, daß wir unser Leben als eines begreifen, das über die Grenzen seiner ‚natürlichen' Spanne zwischen Geburt und Tod hinausgeht: Unser Leben reicht weiter als dieses Leben."[41]

Dem entgegengesetzt konstatiert Charles Taylor,

„daß das Aufkommen des neuzeitlichen Säkularismus, so wie ich ihn verstehe, mit der Entwicklung einer Gesellschaft zusammenfällt, in der ein völlig selbstgenügsamer Humanismus zum erstenmal in der Geschichte zu einer in vielen Kreisen wählbaren Option wird. Unter Humanismus verstehe ich in diesem Zusammenhang eine Einstellung, die weder letzte Ziele, die über das menschliche Gedeihen hinausgehen, noch Loyalität gegenüber irgendeiner Instanz jenseits dieses Geschehens akzeptiert. Diese Beschreibung trifft auf keine frühere Gesellschaft zu."[42]

Ein solcher „ausgrenzender" Humanismus, der „zum erstenmal den Bereich der zulässigen Optionen erweiterte und die Zeit des ‚naiven' religiösen Glaubens beendete"[43], umgibt sich zunächst noch mit einem providenziellen Deismus – insbesondere im englischen Sprachraum – und formt den Humus für die neuzeitliche Säkularität:

---

[41] Ebd., 45 [Kursivsetzung im Original].
[42] Ebd., 41. Vgl. auch ders., Quellen des Selbst. Die Entstehung der neuzeitlichen Identität, Frankfurt a. M. 1994.
[43] Taylor, Säkulares Zeitalter (s. Anm. 25), 43.

„Eine säkulare Epoche ist eine, in der der Niedergang aller über das menschliche Gedeihen hinausgehenden Ziele denkbar wird. Besser gesagt: Dieser Niedergang gehört für sehr viele Menschen zum Bereich der vorstellbaren Lebensweisen. Das ist der entscheidende Zusammenhang zwischen der Säkularität und dem selbstgenügsamen Humanismus."[44]

Für die Ethik aber heißt das eine schnell beginnende und radikal fortlaufende Autonomie, denn mit der entzauberten Welt der Naturwissenschaften ungefähr ab dem Zeitalter der Reformation entsteht ein neues, wie Charles Taylor es nennt, „abgepuffertes Selbst"[45], das sich in seinem wachsenden Selbst-Bewusstsein freilich der Entzauberung verdankt.

„Aber um das abgepufferte Selbst hervorzubringen, war mehr nötig als Entzauberung. Es bedurfte darüber hinaus eines Vertrauens in die eigenen sittlichen Gestaltungskräfte."[46]

So wird erst die radikale Emanzipation der Ethik von der Naturwissenschaft ermöglicht, im Gegensatz zur Welt vor der Reformation: „In der 500 Jahre zurückliegenden verzauberten Welt gab es keine klare Grenze zwischen dem Physischen und dem Sittlichen."[47] Die Autonomie einer individualistisch konstruierten Ethik meint,

„daß das abgepufferte Selbst den Ehrgeiz entwickeln kann, sich von allen Dingen jenseits der Grenze zu lösen und seinem Leben eine eigene, autonome Ordnung zu verleihen."[48]

Und so entsteht eine explizit säkulare Ethik, sodass man sagen kann, „daß der moderne Humanismus neben seinen aktivistischen und interventionistischen Tendenzen einen Ersatz für die *Agape* hervorbringen mußte."[49]

---

[44] Ebd., 44.
[45] Erläuternd vgl. ebd., 79: „Das abgepufferte Selbst ist im wesentlichen das Selbst, das sich der Möglichkeit der Distanzierung, des Desengagements bewußt ist."
[46] Ebd., 54.
[47] Ebd., 76.
[48] Ebd., 73.
[49] Ebd., 55 [Kursivsetzung im Original].

4 Christliches Menschenbild

Christlicher Glaube antwortet auf die Frage „Warum bin ich überhaupt auf der Welt?" mit dem Glauben an Gott und seine Offenbarung in Jesus Christus: So ist Gott, so liebenswert und menschenfreundlich. Und so soll und darf der Mensch sein, so liebenswert und menschenfreundlich. Und jede Technik muss diese innere Qualität des Menschen – jedes Menschen als Person – achten und voraussetzen, ohne doch ein Urteil über diese Qualität als Gottesebenbild und mit Menschenwürde begabt fällen zu dürfen. Technik ist richtig, aber nur wenn sie gut ist: Denn Gut und Böse sind die grundlegenden Unterschiede der ethischen Hochebene, und hier liegt gleichsam der springende Punkt. Das Gute ist unhintergehbar und unhinterfragbar, es ist, wie der Begriff der Würde,[50] nicht mehr weiter begründbar und nicht nochmals nach einem letzten Warum hinterfragbar. Das Gute wird nicht gut durch gute und nützliche Eigenschaften, und ein Mensch hat nicht deshalb Würde, weil er sich als gut und nützlich erweist.

Richtig und Falsch hingegen sind die grundlegenden Unterschiede der technischen Tiefebene und messen sich immer an einem letzten Ziel und Zweck, also an Eigenschaften hinsichtlich eines bestimmten Zieles, das erreicht werden soll. Das letzte Ziel schlechthin aber ist nach dieser metaphysisch-ethischen Auffassung die gute Gesinnung und das gute Gewissen der Person – und diese Person entzieht sich einem letzten Zweck, sondern lebt ganz zweckfrei. Einfach, weil sie es darf und Gott es so will: Das ist der Sinn der Rede von Schöpfung Gottes. Ich wie jeder andere lebe weder aus eigenen Gnaden noch von Gnaden des anderen, sondern von Gnaden eines unsichtbaren Gottes, den kein Mensch je empirisch erfahren hat, den man nur denkt um des besten Zusammenlebens willen. Freilich denkt das Christentum noch mehr: Es denkt über das empirische Wissen hinaus und denkt Gott als Offenbarung, also als Person, die durch Propheten und Gesetzgebung, schließlich in Jesus von Nazareth und in der von ihm gestifteten Kirche, ja auch im Gewissen ei-

---

[50] Dazu vgl. H. Bielefeldt, Auslaufmodell Menschenwürde? Warum sie in Frage steht und warum wir sie verteidigen müssen, Freiburg i. Br. 2011; W. Härle, Würde. Groß vom Menschen denken, München 2010; P. Schaber, Instrumentalisierung und Würde, Paderborn 2010.

nes jeden Menschen sich offenbart und ausspricht. Das alles meint christliches Menschenbild. Und es widersetzt sich vom ersten Ansatz her jedem Versuch der künstlichen Züchtung oder gar der technischen Herstellung, es steht allein der Bildung und Ausbildung und Erziehung zur Verfügung.[51]

5 Liebe und Personalität

„Dass jeder Mensch glücklich werden möchte, bedarf keiner Begründung, Eudaimonie ist das für alle evidente letzte Ziel. Zu erreichen ist es nur durch ein Leben, das den Tugenden entspricht. Unter einer Tugend versteht Aristoteles eine feste Grundhaltung (*héxis*, lateinisch *habitus*) der Seele, die die Extreme vermeidet und die richtige Mitte verwirklicht. Dass auch diese als typisch aristotelisch geltende so genannte Mesotes-Lehre ihre Wurzeln bei Platon hat, sei nur am Rande erwähnt. [...] Diese Struktur der richtigen Mitte zwischen gegensätzlichen Formen des Fehlverhaltens findet Aristoteles in allen Tugenden. Ein Leben gemäß den Tugenden führt, wenn äußeres Unglück fernbleibt zu der dem Menschen erreichbaren Glückseligkeit."[52]

Dieses Glück trägt in der ethischen Tradition des Christentums den Namen Liebe als ewige Personalität, als Gott mithin, und zugleich wird auch der Weg der Tugend, der zu jenem Ziel führt, als Liebe bezeichnet und in der Offenbarung des Neuen Testamentes breit entfaltet, sodann seit der Zeit der Kirchenväter als ethische Systematik allmählich entwickelt. Beglückt durch den anderen Menschen vor dem Glück des eigenen Lebens stehen dürfen: Genau das ist jetzt mit dem Begriff der Schöpfung als Geschenk und Gabe des eigenen Lebens gemeint.[53] Natur und ihre Zufälligkeit wird als Schöpfung

---

[51] Vgl. P. Schallenberg, Menschenbildung oder Menschenzüchtung? Zum schwierigen Verhältnis von Mystik und Politik, in: ders. (Hg.), „Als wögen Tränen unsere Arbeit auf" – Menschliche Arbeit im gesellschaftlichen Wandel. 50 Jahre Sozialinstitut Kommende Dortmund, Münster 1999, 249–258.
[52] T. A. Szlézak, Was Europa den Griechen verdankt. Von den Grundlagen unsrer Kultur in der griechischen Antike, Tübingen 2010, 250, Anm. 25.
[53] Vgl. J. Pieper, Alles Glück ist Liebesglück, Hamburg 1992, 13: „Was naturhaft geschieht, das geschieht von Schöpfungs wegen, auf Grund der Erschaffung; und

Kirche als Moralanstalt?

und göttliche Notwendigkeit interpretiert; eine höchst eindrucksvolle geistige Leistung des Menschen bricht sich Bahn.

Gerade durch diesen wesenhaften Bezug zum vergeistigten Glück[54] – und nicht bloß durch die Möglichkeit einer empirisch fassbaren Bedürfnisbefriedigung – überragt der Mensch als einziges der Lebewesen den Bereich der empirischen Natur. Damit hat der Mensch gerade durch seine Möglichkeit (oder Verweigerung) der Aktuierung seiner sittlichen Freiheit zum vollkommenen Glück eine Sonderstellung im Kosmos inne. Der Mensch ist als politisches Lebewesen das Wesen der Freiheit: Er kann sein Ziel vollkommener Glückseligkeit aktiv und in Zusammenarbeit mit allen anderen Menschen anstreben, so entsteht der Staat und so entsteht aus dem Handeln in den griechischen Stadtstaaten die Politik.

Aber der Mensch erlebt sich zugleich auch als Mängelwesen, als durch Defekt und „Ursünde" je schon in seiner Freiheit zum Guten und zum vollkommen Glück eingeschränkt. Die Schöpfung Gottes als innerste Wesensnatur des Menschen ist eingeschränkt durch die ebenso zur faktischen Natur des Menschen gehörende Fähigkeit zur Verfehlung und zum Bösen und zur Sünde. Sündigen ist, so zu leben, als ob Gott nicht existierte, ihn aus dem eigenen Alltag zu beseitigen, zu zweifeln an der von Gott geschenkten eigenen Notwendigkeit, sich und andere für entbehrliche Staubkörner im Universum zu halten.

Dagegen, gegen diese tief sitzende innere geistige Verzweiflung und Verödung des Menschen, muss die wesenhafte, aber gebrochene Freiheit zum Guten und zum Besten gefördert und motiviert werden. Mit anderen Worten: Es braucht Anreizsysteme für den Menschen, damit er im Gewissen sich auf das Gute hin ausbildet und ausstreckt, damit er das Gute in konkreter Gestalt in seinem Leben für attraktiv hält und es in die Tat des Alltags umsetzt. Ohne eine vor Gott abgesicherte Güterabwägung und einen steten Willen zum Ver-

---

das heißt, es geschieht einerseits aus dem innersten und eigensten Impuls der Kreatur, andererseits stammt der allererste Anstoß dieses Impulses nicht aus dem Herzen dieses gleichen geschaffenen Wesens, sondern aus dem alle Dynamik in der Welt in Gang bringenden Akt der *creatio*."

[54] Vgl. K. Demmer, Das vergeistigte Glück. Gedanken zum christlichen Eudämonieverständnis, in: Gr. 72 (1991) 99–115.

zicht wird diese Grundentscheidung des Gewissens zum Guten nicht gelingen, wird das Leben nicht gelingen.⁵⁵

Dies charakterisiert nochmals den schon erwähnten christlichen Begriff von Bildung: Aus-Bildung des ursprünglichen Gottesebenbildes durch entschiedene Gewissens- und Herzensbildung, damit das Bild des Guten konkrete Gestalt im Denken und Handeln gewinnt. Solche Bildung ist aber keineswegs nur eine Aufgabe von Personen, sondern ebenso von politischen Institutionen: Die guten Strebungen des Menschen sollen durch Anreize gefördert, die Versuchungen zum Bösen dagegen durch Sanktionen abgewehrt werden. Denn dem Menschen fehlen instinktive und unfehlbare Neigungen zum Guten und zum Besten, er neigt zu Fremd- und Selbstzerstörung, er hält ein nur scheinbar Gutes für ein wirklich Gutes und verstrickt sich auf der suchtartigen Suche nach dem Guten im Vorletzten, in der Sünde, im Bösen.

Nach christlichem Glauben gehört das zum Erbe des Menschen, auch vor jeder persönlichen und individuellen Schuld. Daher spricht der christliche Glaube von der Ursünde des Menschen und der Erbsünde der im Menschen eingewurzelten Lieblosigkeit, die sich jedem menschlichen Streben nach Glück stellenweise höchst erfolgreich in den Weg stellt. Albert Görres unterstreicht prägnant und kurz: „Die Antriebe werden narzisstisch und egoistisch. Sie neigen zum gewaltsamen Sich-durchsetzen."⁵⁶

6 Freiheit zur Heiligkeit

Für ein Menschenbild in der rechtsstaatlichen Demokratie heißt das aus Sicht der Moraltheologie: Dem Individuum und seiner gebrochenen Freiheit zum Guten gebührt der ständige Vorrang vor dem Kollektiv, der Person gebührt der Primat vor der Gesellschaft. Nicht der Staat hat ursprünglich ein Recht, sondern jede Person hat unver-

---

[55] Vgl. P. Schallenberg, „Wenn jemand nicht sein Leben gering achtet ..." Christliche Lebensentscheidung in geglücktem Verzicht, in: IntamsR 18 (2002) 240–247.
[56] A. Görres, Psychologische Bemerkungen über die Erbsünde und ihre Folgen, in: C. Schönborn (Hg.), Zur kirchlichen Erbsündenlehre. Stellungnahmen zu einer brennenden Frage, Freiburg i. Br. 1991, 13–35, hier: 18.

äußerliche Grundrechte, und der Staat hat nur insoweit recht (einschließlich des Gewaltmonopols), als er bedrohte Rechte von Personen zu schützen hat. Die Heiligung und Vervollkommnung des Menschen mit Blick auf ein gelungenes Bild vom Glück ist von Staat und Recht indes entschieden zu fördern. Es braucht Anreize zur Heilung und zum Guten durch Bildung und Leitbilder. Ein Wertrelativismus dagegen und die damit verbundene Absage an ein gewissenbindendes Naturrecht – wobei „Natur" für den Rest an nicht manipulierbarer biologischer Zufälligkeit als Substrat menschlichen Wesens steht – wäre das Ende der Menschheit und die Abschaffung des Menschen, vor der Clive S. Lewis hellsichtig schon 1943 warnte:

„Das Endstadium ist da, wenn der Mensch mit Hilfe von Eugenik und vorgeburtlicher Konditionierung und dank einer Erziehung, die auf perfekt angewandter Psychologie beruht, absolute Kontrolle über sich selbst erlangt hat. Die *menschliche* Natur wird das letzte Stück Natur sein, das vor dem Menschen kapituliert."[57]

Freiheit und Personalität bilden die Grundpfeiler einer moralischen Entwicklung des Menschen, zuerst im Raum der Liebe[58] von Ehe und Familie, sodann im Raum der Gerechtigkeit von Staat und Recht. In dieser Sicht aber ist die Kirche keine Moralanstalt gleichsam als Verdoppelung des Staates, sondern die institutionalisierte Garantie des grundlegenden Rechtes jeder menschlichen Person auf Gottes Liebe – menschlich gesehen eine Torheit, göttlich gesehen eine Selbstverständlichkeit. Diesem Selbstverständnis Gottes und des Menschen weiß sich die Kirche stets verpflichtet.

---

[57] C. S. Lewis., Die Abschaffung des Menschen, Einsiedeln ²1983, 62.
[58] Vgl. H. G. Frankfurt, Gründe der Liebe. Aus dem Amerikanischen von M. Hartmann [Originalausgabe: The Reasons of Love, Princeton 2004], Frankfurt a. M. 2005.

Komplexität und Freiheit
Ein Versuch über Veränderung

Günter Wilhelms

Die Kirche steht unter Veränderungsdruck. Diese Feststellung dürfte konsensfähig sein, für Beobachter wie für Mitglieder und Verantwortliche.[1] Die Gründe sind vielfältig. Naturgemäß fallen die Antworten auf die Frage, was zu tun ist, recht unterschiedlich aus und sind, in Krisenzeiten kein Wunder, so vielfältig wie widersprüchlich.

Der französische Soziologe und Begründer der Akteur-Netzwerk-Theorie, Bruno Latour, hat vor einigen Jahren den Versuch unternommen, seine Erfahrungen im Umgang mit der katholischen Kirche und ihrem Gottesdienst zu beschreiben.[2] Seine Beschreibungen klingen nur allzu vertraut: „[S]o viele Worte des Heils"[3] klängen falsch, so stellt er in seiner Selbstbeobachtung fest. In ihrem Bemühen, den Glauben zu bewahren, richteten die Verkünder des Wortes Hürden auf, „Prüfsteine", an denen die „Treue der Gläubigen zu messen war"[4]. Latour denkt dabei auch an die Predigt. Aus dem, was früher selbstverständlich und Brauch war,

> „machten sie ein Ärgernis. […] Sie glaubten, dieses künstlich produzierte Ärgernis sei positiv, sie würden nach Maßgabe der Energie belohnt, mit der sie ‚gegen die Feigheiten, die Richtungslosigkeit, die Verderbnisse der Zeit' an dem alten Begriff festhielten"[5].

„Wer sein Leben retten will, der wird es verlieren" (Mt 16,25), so zitiert Latour die Bibel. Es sei vielmehr „am Hirten, zur Herde zurück-

---

[1] „Kirche" soll hier als Kollektivsingular verstanden werden und deutlich machen, dass die beiden großen Kirchen in Deutschland, die hier gemeint sind, in einem Boot sitzen, wenn es um ihr (krisenhaftes) Verhältnis zur modernen Gesellschaft geht.
[2] Ich vermute, dass er damit die Erfahrung vieler Gläubiger recht gut getroffen hat.
[3] B. Latour, Jubilieren. Über religiöse Rede, Berlin 2016, 84.
[4] Ebd., 17f.
[5] Ebd., 18.

zufinden"⁶. Nicht die Welt habe den Glauben verloren, sondern der Glaube die Welt.⁷ Die „Prüfsteine", an denen sich die Treue der Gläubigen brechen soll, zielten mit ihrer Differenzsetzung, ob gewollt oder nicht, auf die „Treue der Gläubigen", auf die weitgehende Identifizierung mit der jeweiligen Gestalt der Kirche, zielten auf eine Unmittelbarkeit, die in früheren Zeiten „normal" war. Heute werde sie zum Ärgernis. Mag sein, dass die aktuelle Krisenstimmung dazu beiträgt, eher reflexhaft zu reagieren. Mag auch sein, dass Latour übertreibt, wenn er von einem „produzierten Ärgernis" schreibt. Aber, und damit sind wir bei dem Anliegen des vorliegenden Versuchs, er kann darauf aufmerksam machen, dass dann, wenn die Kirche sich verändern will oder muss, eine Reflexion der gesellschaftlichen Bedingungen unerlässlich ist, in die sie verstrickt ist. Sonst drohten ihr, sich in Kontroll- oder Identitätsillusionen zu verlieren.⁸

Die nun folgenden Überlegungen sind keine theologische Reflexion über diese Sachverhalte. Es geht auch nicht um eine kritische Analyse konkreten kirchlichen Handelns, sondern um einen notwendigerweise sehr kurz gehaltenen Versuch einer sozialwissenschaftlich und ethisch orientierten Aufklärung über Differenzstrategien und Unmittelbarkeiten, ihre Motive und möglichen Folgen. Im Mittelpunkt steht das konkrete Verhältnis von Individuum und Organisation bzw. Gesellschaft. Dabei geht es um die Bedingungen der Möglichkeit von Veränderung – wobei Veränderung auf die strukturellen Bedingungen von Freiheit abhebt. Um dieses Verhältnis zu analysieren, soll auf die moderne Steuerungstheorie zurückgegriffen werden. Das mag auf den ersten Blick ungewöhnlich und weit hergeholt erscheinen. Doch Steuerung zielt auf die (Un-)Möglichkeit von Veränderung, und zwar unter komplexen, unübersichtlichen gesellschaftlichen Bedingungen. Wobei „Komplexität" in Verbindung mit Differenzierung nicht nur die wichtigsten strukturellen Merk-

---

⁶ Ebd., 21.
⁷ Vgl. ebd., 22.
⁸ In diesem Zusammenhang kann man daran erinnern, dass gerade die katholische Kirche mit ihrem Symbolverständnis „eigentlich" (im Sinne von theoretisch) der Form gegenüber dem Inhalt eine besondere Bedeutung gegeben hat und man diese Eigenart etwa mit Armin Nassehi als „modernitätskompatibel" deuten könnte (vgl. G. Wilhelms, Ritual und moderne Gesellschaft. Ein kulturkritischer Versuch, in: S. Kopp [Hg.], Gott begegnen an heiligen Orten [ThIDia 23], Freiburg i. Br. 2018, 175–196).

male moderner Gesellschaft markiert, sondern zugleich ihre zentralen Herausforderungen benennt. Weil schließlich „Differenz" (siehe Prüfsteine) und Unmittelbarkeit (Identifizierung) das Verhältnis von kirchlichen Sozialgestaltungen und modernen gesellschaftlichen Bedingungen betreffen, lassen sich, so die Hoffnung, Hinweise finden für die mögliche „Kompatibilität" von Kirche und Moderne.

Was kann man von der Steuerungstheorie lernen, wenn es um die Möglichkeiten oder Unmöglichkeiten organisationalen Handelns in der modernen Gesellschaft geht?

1 Steuerung

Beginnen wir mit einem knappen Einblick in die Grundlagen der Steuerungstheorie. Seit den 80er-Jahren des letzten Jahrhunderts hat sich aus der soziologischen Systemtheorie heraus eine Debatte entwickelt, die sich intensiv der praktischen Frage zugewandt hat, wie denn Veränderung von „Systemen" gedacht werden kann. Dass sich diese Frage gerade im systemtheoretischen Kontext entwickelt hat, ist kein Zufall. Sie resultiert aus deren eigenwilliger, aber sehr wirkmächtiger Gesellschaftstheorie und -analyse, die Steuerung als eine sehr voraussetzungsvolle Operation erscheinen lässt.

Ein erster wichtiger Punkt ist die Verabschiedung von der Vorstellung einer „Allmacht der Gedanken": Es ist nicht möglich, so die These, durch Denken die Kommunikation zu steuern. „Denken" und „Kommunikation" gehören nämlich zwei ganz verschiedenen Systemen an – dem Bewusstseinssystem auf der einen und dem sozialen System auf der anderen Seite. Niklas Luhmann, der Begründer der neueren soziologischen Systemtheorie, hat es so ausgedrückt: „Der Mensch kann nicht kommunizieren; nur die Kommunikation kann kommunizieren."[9] „Das Soziale" bestehe nicht aus Menschen, sondern aus Kommunikation. Diese auf den ersten Blick provozierend wirkende und gegen die philosophische und soziologische Tradition gerichtete Positionierung kann hier nicht angemessen diskutiert werden. Aber was bedeutet diese Annahme für die Steuerungsfrage? Sie bedeutet zwar nicht zwangsläufig das Ende jeder

---

[9] N. Luhmann, Die Wissenschaft der Gesellschaft, Frankfurt a. M. 1990, 31.

Art von Steuerung durch das Denken. Aber man muss Zurückhaltung üben und Steuerung „vermittelter" denken: Bewusstsein kann Kommunikation nur „irritieren oder reizen", „kausal instruieren" oder gezielt beeinflussen kann es sie nicht.[10] Ein zweiter Punkt bezieht sich auf den wohl bekanntesten Begriff von Luhmann, die „Autopoiesis". Mit diesem Begriff will er die *moderne* Gesellschaft als funktional differenzierte charakterisieren (das ist nicht neu), und zwar so, dass ihre ausdifferenzierten Lebensbereiche als sich selbst reproduzierende verstehbar werden (das ist neu). Das heißt, sie „bringen sich mittels der rekursiven Reproduktion ihrer Elemente als autonome Einheiten selbst hervor."[11] Dann ist Steuerung im Sinne einer gezielten und willentlichen Einflussnahme „von außen" schlicht unmöglich. Diese Theorie wird plausibler, wenn man an die mit dem Stichwort „Globalisierung" verbundene Veränderung der modernen Gesellschaft denkt. Mit ihr haben Intransparenz und Undurchsichtigkeit der gesellschaftlichen Verhältnisse erheblich zugenommen. Wirtschaft, Wissenschaft, Politik, Medien, Religion u. a. haben sich aus ihrer ursprünglich nationalstaatlichen Einbindung gelöst und zu einer immer eigensinnigeren, abgeschlosseneren Systemlogik entwickelt. Das weltweite Finanzsystem wird häufig als typisches Beispiel genannt. Man kann diese Entwicklung auch als eine durch Komplexität angetriebene und „nicht-triviale" Systeme hervorbringende beschreiben:

„Ein Trivialsystem ist durch eine flache, lineare Input-output-Beziehung gekennzeichnet [...]. Ein nicht-triviales System [...] dagegen baut eine eigene interne Komplexität auf, so dass jeder Input (jede Intervention) zunächst intern nach den eigenen Regeln des Systems verarbeitet wird und damit der Input *nicht* mehr linear zu einem bestimmten Output führt, sondern die Systemlogik darüber entscheidet, welcher Output aus einem Input folgt."[12]

Die Ordnung eines Systems folgt der „Idee" des Systems. Einheit des Systems heißt, die Elemente des Systems nach der Idee des Systems

---

[10] Vgl. G. Kneer, A. Nassehi, Niklas Luhmanns Theorie sozialer Systeme. Eine Einführung, Paderborn 2000, 70.
[11] Ebd., 58.
[12] H. Willke, Komplexe Freiheit. Konfigurationsprobleme eines Menschenrechts in der globalisierten Moderne, Bielefeld 2019, 140 [Kursivsetzung im Original].

zu formen.¹³ Das heißt, diese Komplexität lässt sich nicht einfach beobachten; sie lässt sich nur „imaginieren"¹⁴.

Was es heißt, dass Organisationen oder ganze Gesellschaften statt aus Personen aus Kommunikationen bestehen, hat Helmut Willke, der wohl profilierteste Steuerungstheoretiker im deutschsprachigen Raum, am Beispiel einer Firmengründung zu zeigen versucht:

> „Gründet eine kleine Gruppe von Leuten eine neue Firma [...], dann sind da zunächst nur Leute, die miteinander kommunizieren. Es gibt noch keine Organisation. Die Kommunikationen verfestigen sich allmählich in Erwartungen, Erwartungserwartungen, Geschichten, Episoden, Festlegungen, Entscheidungen über Rollen, Arbeitsteilung, Zuständigkeiten und Verantwortungen, die erinnert, dann in der Regel dokumentiert und so festgehalten werden."¹⁵

Das ist dann die Organisation.

„Am Anfang, und zunächst, besteht also ein enger Zusammenhang zwischen Personen und Organisationen [...]. Aber bald trennen sich die Wege. [...] Nach dieser Trennung wird das entstandene Sozialsystem zum Rahmen für die dann darin gegebenen Handlungsmöglichkeiten und Freiheiten."¹⁶

Wie dieser „Rahmen" zu deuten ist, darüber geht schon lange der Streit: Ist diese Trennung die für Freiheit notwendige Bedingung, oder ist der Rahmen nicht längst zu einem „stahlharten Gehäuse" (Max Weber) für den Menschen geworden? Ist der Prozess der Aufklärung nicht längst überbordet und hat sich in Unübersichtlichkeit und Nichtwissen verwandelt? Ist der Prozess der Freiheit nicht längst in neuen Zwang umgeschlagen? Und schließlich: Ist Steuerung höchst voraussetzungsvoll, ja unwahrscheinlich geworden? Diese Fragen stellt die Steuerungstheorie. Für Willke legt sie den Finger in die Wunde der „klassischen" Systemtheorie. Sie will nicht jeden Voluntarismus verabschieden, sondern (nur) vor „Kontrollmythen" und „Allmachtsphantasien" warnen, vor Vereinfachungen, die zu falschen Handlungsoptionen verführen können. Den Ethiker inte-

---

¹³ Vgl. ebd., 141.
¹⁴ Ebd., 142.
¹⁵ Ebd., 15.
¹⁶ Ebd.

ressiert insbesondere das Schicksal der Freiheit des Menschen. Was sind die sozialen Bedingungen der Möglichkeit von Autonomie und Freiheit, und inwiefern kann die Steuerungstheorie bei der Aufklärung dieser Bedingungen hilfreich sein?

2 System und Organisation

Die Frage nach der Möglichkeit oder Unmöglichkeit von Steuerung findet ihre Anwendung in verschiedenen Lebensbereichen – in der Therapie, in der Organisationsberatung, in der Politik.[17] Ihre vielleicht populärste Form hat sie im Bereich der Politik gefunden. Vor allem im Kontext demokratietheoretischer Bemühungen wurde immer wieder darauf hingewiesen, dass die beiden zentralen Ordnungskräfte moderner Gesellschaft, Staat bzw. Politik und Markt, versagen, wenn es um Steuerung oder Gestaltung geht. Unter den Stichworten „Staatsversagen" oder „Marktversagen" lassen sich zahlreiche Beispiele dafür finden (weit über die Demokratiedebatte hinaus und speziell im Bereich der Organisationstheorie), dass weder das Modell hierarchischer Fremdsteuerung oder direkter autoritärer Beeinflussung (das durchaus auch dem demokratisch-politischen Handeln zugrunde liegen kann) noch das Gegenmodell der Deregulierung, des „Laissez-faire", des „Durchwurstelns" (das Programm des freien Marktes) zu überzeugen vermögen.[18] Gibt es neben Markt und Plan, Markt und Staat, Markt und Hierarchie eine Alternative, so fragt die moderne Steuerungstheorie.[19] Ihre Antwort besteht in dem Versuch einer Skizzierung eines „dritten Modells", das mit Begriffen wie „Kontextsteuerung", „flexible Spezialisierung", „organisierte Komplexität" einhergeht. Allerdings ist gleich anzufügen, dass dieses Modell nicht einfach als patente Lösung der Steuerungsprobleme angesehen werden will. Dafür sind seine „Transaktionskosten" zu hoch, seine Durchsetzung von Einsicht und einer gehörigen Portion Freiwilligkeit abhängig. Das hat nicht zuletzt damit zu

---

[17] Vgl. H. Willke, Systemtheorie II: Interventionstheorie. Grundzüge einer Theorie der Intervention in komplexe Systeme, Konstanz 1994.
[18] Vgl. ders., Systemtheorie III: Steuerungstheorie. Grundzüge einer Theorie der Steuerung komplexer Sozialsysteme, Konstanz 2014, 8.
[19] Vgl. ebd., 9.

tun, dass dieses Modell Diskurs und Verhandlung beinhaltet – dazu später mehr. Wenn gleichwohl Steuerung sein soll und nicht Evolution, nicht „Durchwursteln", nicht Zwang, dann gilt es eine Perspektive zu eröffnen, die eine konkrete Vorstellung oder Idee davon zu entwickeln erlaubt, wie Veränderung möglich sein kann unter komplexen Bedingungen.

Für Willke gilt es in der Politik zu unterscheiden, ob für eine bestimmte Problemlage der „gesunde Menschenverstand" ausreicht – dann kann „Entwarnung gegeben werden"[20]. „Schwierig wird es bei Themen, zu deren Verständnis ein spezifischer Sachverstand und entsprechende Expertise unerlässlich sind. Denn in diesen Fällen wird es zur Fiktion, der Mehrheit der Laien eine reale Willensfreiheit zu unterstellen."[21] Freiheit „läuft leer."[22] Aber nicht nur die „Laien" scheinen zunehmend überfordert. Das gilt auch für die professionelle Politik. Willke bezieht sich auf den Zustand der Demokratie und ihre Steuerungsprobleme. Immer wieder macht er darauf aufmerksam, dass zukunftsfähige Politik den Ausgleich zweier Aspekte suchen muss: Sie hat zum einen die „Eigenständigkeit und Selbststeuerungskompetenz der gesellschaftlichen Subsysteme" zu respektieren und zu fördern; sie hat zum anderen die „Kompetenzkompetenz" oder „Kernkompetenz" des politischen Systems, die auf negative Externalitäten der Subsysteme reagiert und ein gesteuertes Zusammenspiel der Teile ermöglicht, festzuhalten.[23] Das kann sie nur, wenn sie durch „komplementäre Akteure und Institutionen" Unterstützung erfährt, etwa durch Stiftungen, Forschungsinstitute, NGOs der Zivilgesellschaft u. a.[24] Die Idee einer hierarchisch gearteten Steuerung der Gesellschaft durch die Politik wird ersetzt durch Dezentralisierung, Vernetzung, „Zivilisierung" und die Einbeziehung von Fachkompetenz – im Sinne einer Ergänzung, nicht Ablösung der „Kompetenzkompetenz" des politischen Systems.[25]

---

[20] Willke, Komplexe Freiheit (s. Anm. 12), 173.
[21] Ebd., 173.
[22] Ebd.
[23] Vgl. ebd., 175.
[24] Vgl. ebd., 176. Vgl. dazu H. Willke, Dezentrierte Demokratie. Prolegomena zur Revision politischer Steuerung, Berlin 2016.
[25] Wem bei diesen Überlegungen das Stichwort „Subsidiarität" in den Sinn kommt, der liegt durchaus richtig.

Die Suche nach einem neuen alternativen Steuerungsmodell lässt sich auch im Bereich der Organisationsberatung finden. Leitend ist wieder die Frage, wie mit Komplexität angemessen umzugehen ist. Der Soziologe und Systemtheoretiker Uwe Schimank rückt den Begriff „Selbstreflexion"[26] in den Mittelpunkt. Typisch systemtheoretisch geht auch er davon aus, dass (1.) gezielte Einflussnahme von außen unsachgemäß ist und (2.) Einflussnahme nur „katalytisch" wirken kann, indem die systemeigenen Prozesse gefördert werden, die Selbstbeschreibungen generieren.[27] Plausibel werden solche Ideen, wenn man sich Organisationen genauer ansieht und feststellen muss, dass sie auf einem „informalen Fundament"[28] basieren. Je komplexer beispielsweise ein Unternehmen, desto mehr muss es mit ungeregelten Prozessen „von unten" rechnen. Entscheidungen der Leitung können nicht „perfekt rational"[29] sein. Komplexe Organisationen ähneln eher „Anarchien" als Bürokratien. Wollte man unter solchen Bedingungen steuern, müsste man wohl oder übel bei solchen „natürlichen" Prozessen ansetzen. Ansonsten käme es zu Fehlentwicklungen oder Illusionierungen: „Offizielle Ziele und faktische Prozesse liefen auseinander."[30] Also muss man von Vereinheitlichung umstellen auf die Ermöglichung von Spielräumen für Experimente, muss umstellen von Hierarchie auf Heterarchie, statt fixer Zielformulierungen müssen alle relevanten Subsysteme einer Organisation beteiligt werden.[31] Das ist mit „Selbstreflexion" gemeint: Selbststeuerung. Selbstreflexion kann das Unternehmen davor bewahren, in den durch den Marktmechanismus provozierten, kurzfristigen Reiz-Reaktions-Mechanismus hineinzugeraten. Selbstreflexion meint die Fähigkeit eines Systems, sich selbst zu thematisieren und sich als „Umwelt" anderer Systeme wahrzunehmen. Sie

---

[26] U. Schimank, Evolution, Selbstreferenz und Steuerung komplexer Organisationssysteme, in: M. Glagow, H. Willke (Hg.), Dezentrale Gesellschaftssteuerung. Probleme der Integration polyzentrischer Gesellschaft, Pfaffenweiler 1987, 45–64, hier: 58.
[27] Vgl. G. Wilhelms, Die Ordnung moderner Gesellschaft. Gesellschaftstheorie und christliche Sozialethik im Dialog, Stuttgart – Berlin – Köln 1996, 114, unter Bezugnahme auf Schimank, Evolution, Selbstreferenz und Steuerung (s. Anm. 26).
[28] Schimank, Evolution, Selbstreferenz und Steuerung (s. Anm. 26), 49.
[29] Ebd.
[30] Wilhelms, Ordnung moderner Gesellschaft (s. Anm. 27), 114.
[31] Vgl. Schimank, Evolution, Selbstreferenz und Steuerung (s. Anm. 26), 60–62.

meint gerade nicht bloße „Selbstbespiegelung". Reflexion erhöht vielmehr die Freiheitsgrade des Systems und dadurch die Wahrscheinlichkeit der Rücksichtnahme, weil mögliche Folgen eigenen Handelns für Dritte ansichtig werden und sich alternative Handlungsmöglichkeiten auftun. Differenz oder Distanz oder Autonomie sind es, die solche Spielräume – eben *Selbst*steuerung – erst möglich machen.[32]

Auch Willke hat sich intensiv mit dem Anwendungsbereich Organisationsberatung beschäftigt. Er konzentriert sich auf das Verhältnis der Systemebenen – Gesellschaft bzw. Organisation und Person bzw. Mitglied (der Organisation). Drei Problemkreise hat er herausgestellt, die die gegenwärtige Situation komplexer, differenzierter Organisationen in besonderer Weise kennzeichnen: Geschlossenheit, Kommunikation, Veränderung.

„Der Kern operativer *Geschlossenheit* ist ein selbstreferentieller Verweisungszusammenhang von organisationsspezifischen Kommunikationen."[33] Organisationale Regeln leiten Entscheidungen, die wiederum auf Erwartungen reagieren und Erwartungen ändern. Die Regeln bleiben, Personen wechseln. Willke will damit nicht sagen, dass Personen irrelevant sind. Aber wenn Personen entscheiden, entscheiden sie

„nach Regeln, die von den Personen ‚abgezogen' und in der Systemstruktur zugleich auf Dauer und auf Kontingenz (d. h. auf Veränderbarkeit durch Entscheidung) gestellt sind."[34]

Die Regeln sind es, die eigendynamisch, „eigensinnig", in diesem Sinne „geschlossen" funktionieren. Deshalb muss jede Veränderung bei den Regeln, nicht bei den Personen ansetzen.

Die Systemtheorie stellt, wie gesagt, von Personen auf *Kommunikationen* um, damit der Charakter sozialer Systeme herausgestellt werden kann. Soziale Systeme bestehen nicht aus einzelnen Per-

---

[32] Kann man aber die Kategorie der Reflexion auf soziale Systeme anwenden? Ja, sofern sie Institutionalisierungen oder Mechanismen zu bestimmen erlaubt, die es dem System ermöglichen, ihre Differenz zur Umwelt (wieder) ins System einzuführen (vgl. Wilhelms, Ordnung moderner Gesellschaft [s. Anm. 27], 92). Die Systemtheorie benutzt dafür auch den Begriff Selbstreferenz.
[33] Willke, Systemtheorie II (s. Anm. 17), 149 [Kursivsetzung G. W.].
[34] Ebd., 155.

sonen, sondern aus Kommunikationen. Wieder geht es darum, die Aufmerksamkeit auf die „Spezialsemantiken" und Erwartungsmuster zu lenken, die „hinter dem Rücken der Akteure" ganz eigenständige „Realitäten" erzeugen.[35]

„In organisierten Kontexten wie Unternehmen, Parteien, Kirchen, Schulen, Vereinen etc. verdichten sich Kommunikationen zu [...] Routinen [...], zu einem *Regelsystem*, welchem das einzelne Mitglied nur schwer entrinnen kann."[36]

Die Organisationsberatung muss entsprechend auf die Kommunikationsstrukturen und Entscheidungsregeln zurückgreifen, um Veränderung zu bewirken.

Unter dem Stichwort *Veränderung* geht es (am Beispiel Unternehmen) vor allem um die Erhöhung der Effizienz im Produktionsablauf. Aber auch hier liegt die Herausforderung in der Bestimmung des Verhältnisses von System- und Akteurs- oder Personebene, auch hier soll sich die Aufmerksamkeit auf die Eigenlogik komplexer Bedingungen richten: ihre Zirkularität, ihre „Rückkopplungsschleifen", den Widerstand gegen Einflussversuche von außen.[37] Die Leitfrage der herkömmlichen Theorie offener Systeme lautet: „Wie passt sich ein System optimal seiner Umwelt an?" Die Leitfrage der Theorie komplexer Systeme lautet: „Wie konstituiert und rekonstruiert sich ein nicht-triviales System in einer überkomplexen, chaotischen Umwelt?"[38] An die Stelle von „Spezialisierung, Fragmentierung, Hierarchisierung, Rationalisierung und Kontrolle" treten die Begriffe „Vernetzung, Dezentralisierung, Komplexität, Innovativität und Lernfähigkeit."[39]

3 Person und Diskurs

Man muss bei den Regeln ansetzen, nicht bei den beteiligten Personen; Personen gehören zur „Umwelt" des sozialen Systems, jeder Voluntarismus verbietet sich (angesichts von Komplexität) – alle

---

[35] Vgl. ebd., 159.
[36] Ebd., 158 [Kursivsetzung im Original].
[37] Vgl. ebd., 181.
[38] Ebd., 173.
[39] Vgl. ebd., 178.

diese Einsichten und Optionen, so hat es den Anschein, können auf die Person mit ihrer Freiheit verzichten, ja sie störte eher die systemische Logik. Aber schon Willke macht darauf aufmerksam, dass es sich hier um ein (immer wiederkehrendes) Missverständnis handelt: Die Entscheidung der Systemtheorie, die Person in die „Umwelt" des Systems „auszulagern", bedeute keineswegs ihre Geringschätzung. Im Gegenteil:

> „Wird der Mensch als Person aus dem Sozialsystem herausgenommen, so schützt gerade dies seine Autonomie und Eigenständigkeit."[40]

Weil sich die Ethik für die Bedingungen der Handlungsfähigkeit des Menschen interessiert, ist für sie das Verhältnis von Individuum und System (Organisation und Gesellschaft) von besonderem Belang. Auch Steuerung kann nicht „ethik-neutral" gedacht werden. Das wird deutlich, wenn man sich anschaut, welche Konsequenzen die Einsichten, die aus der systemtheoretisch orientierten Steuerungstheorie gewonnen werden können, für die Bestimmung der Rolle der Individuen oder Personen mit sich bringen. Wie gesagt, war es Luhmann, der soziale Systeme gerade dadurch gekennzeichnet sah, dass sie ganz ohne die Person auskommen. Personale Kategorien taugten nicht zu Bestimmung sozialer Systeme, so lautete sein Credo. In seinem neuesten Werk hat sich Willke intensiv mit der Frage auseinandergesetzt, wie Freiheit unter komplexen Bedingungen möglich sein soll und gestaltet werden kann. Dabei nimmt er Luhmann ausdrücklich in Schutz gegenüber denjenigen, die ihm vorwerfen, er habe individuelle Freiheit endgültig aus der Gesellschaft verabschiedet. Das Gegenteil sei richtig. Gerade die moderne, komplexe und differenzierte Gesellschaft bedeute nämlich gegenüber der „einfachen", vormodernen mehr Spielräume für Personen (und Systeme):

> „Für das mythische Denken ist die Einheit der Symbolsysteme konstitutiv, während moderne, funktional differenzierte Gesellschaften diese Einheit in eine Vielzahl unterschiedlicher Symbolsysteme mit je eigener Logik und Operationsform auflösen und damit Vielfalt und Kontingenz einbauen."[41]

---

[40] Ebd., 157.
[41] Willke, Komplexe Freiheit (s. Anm. 12), 244.

Der Prozess, der häufig schlichtweg als „Entfremdung" abqualifiziert wird, bekommt hier eine freiheitstiftende Funktion. Die Trennung von Denken und Kommunikation eröffnet zwar die Möglichkeit der Erzeugung regelrecht „fremder Welten", denen der Mensch rat- und hilflos gegenübersteht und denen er nur schwer entrinnen kann. Aber diese Trennung hat eine zweite Seite.

„Für die Moderne ist es ja gerade kennzeichnend, dass Personen eben nicht *mit Haut und Haaren* einer Organisation angehören wie etwa einem Stamm, einer Kirche oder einer Kultur. Vielmehr sind Personen heute an ganz verschiedenen Systemen beteiligt, in denen sie nicht gänzlich aufgehen, sondern stets nur in einer bestimmten Rolle aktiv sind. Genau das ist Bedingung möglicher Freiheit und Autonomie von Personen, dass sie nicht von Organisationen oder von ihrer Gesellschaft insgesamt vereinnahmt werden."[42]

„Wäre der Mensch tatsächlich mit ‚Haut und Haaren' Teil des sozialen Systems, dann handelte es sich im Wortsinne um ein ‚totales System' […]."[43]

Differenz und Distanz zwischen System und Person sollen also ihre (negative) Freiheit sichern. Aber könnte und müsste die Person nicht auch eine positive Rolle einnehmen im Systemprozess selbst? Bliebe nicht ansonsten der Verweis auf die Freiheit nur idealistischer Schein? Schließlich kann Freiheit sich nur in der Auseinandersetzung des Menschen mit seiner Welt realisieren, wenn sie denn konkret werden will. Muss das nicht auch in einer komplexen Welt gelten? Dann müsste man zeigen können, welche Bedeutung die Freiheit des Menschen für die Steuerung und Gestaltung von Organisationen und Gesellschaft haben könnte. Der Person müsste ein aktiver (wenn nicht gar konstitutiver) Part zugewiesen werden im Prozess der „Selbstreflexion" des Systems.

Auch dafür lassen sich wenigstens Anknüpfungspunkte in der steuerungstheoretischen Debatte finden. Oben fielen die Stichworte „katalytische" Steuerung oder „komplementäre Akteure und Institutionen" (Zivilgesellschaft u. ä.), es war von einer Alternative zwischen hierarchischer „Fremdsteuerung" (Politik) und „Laissez-faire"

---

[42] Ebd., 14 [Kursivsetzung im Original].
[43] Willke, Systemtheorie II (s. Anm. 17), 157.

oder „Durchwurgteln" (Markt) die Rede. Keine Frage, wie mehrfach festgestellt, liegt das zentrale Interesse der systemtheoretisch orientierten Steuerungstheorie darin, vor einem naiven Voluntarismus, vor Macht- und Kontrollillusionen zu warnen. Aber auf der anderen Seite, und darin entfernt sie sich von der „klassischen" Luhmannschen Position, sucht sie nach Vermittlungen – ohne wieder in personalistische Verkürzungen des Sozialen zurückzufallen. Wenn Willke etwa von „systemischen Diskursen" schreibt, dann geht es ihm vor allem darum, „überzogene Ansprüche an Kontrolle, Beherrschbarkeit, Machtausübung und Steuerung"[44] abzuwehren, die Autonomie der einzelnen Bereiche ernst zu nehmen, ohne eine Rücksichtnahme auf die möglichen Folgen eigenen Entscheidens für Dritte zu vernachlässigen. „Systemische Diskurse" etwa in Form von „Verhandlungssystemen, konzertierten Aktionen, sozialökonomischen Räten, Bildungsrat, Wissenschaftsrat, tripartistischen Kommissionen"[45] u. ä. könnten als dezentrale reflexive Formen von Selbstorganisation die Systeme für Belange Dritter öffnen, *indem* sie die Systemspielräume erweitern und ihre Autonomie stärken. Solche Diskurse könnten sowohl zwischen Systemen vermitteln, als auch innerhalb eines Systems (oder einer Organisation) für Vermittlung sorgen. Sie könnten die Politik und ihre etablierten Formen und Institutionen ergänzen und in Organisationen „Selbstreflexion" organisieren.

Vermittlung soll die Form des Diskurses oder die Form von Verhandlungssystemen annehmen, so lautet die steuerungstheoretische Option. Wenn die Stichworte „Diskurs" und „Verhandlung" nicht nur metaphorisch gemeint sein sollen, dann wäre hier die Stelle, den „Faktor" Mensch (wieder) ins System einzubinden. Jürgen Habermas hat dieses Problem in Auseinandersetzung mit Luhmann bekanntermaßen mit der Differenz Lebenswelt – System auf den Begriff zu bringen versucht. Es sollen „Impulse aus der Lebenswelt in die Selbststeuerung der Funktionssysteme einfließen können."[46]

---

[44] H. Willke, Systemtheorie entwickelter Gesellschaften. Dynamik und Riskanz moderner gesellschaftlicher Selbstorganisation, Weinheim – München ²1993, 140.
[45] Ebd., 139.
[46] J. Habermas, Der philosophische Diskurs der Moderne. Zwölf Vorlesungen, Frankfurt a. M. 1985, 422.

Auch er geht offensichtlich davon aus, dass eine *direkte* Einwirkung auf die Systemimperative nicht möglich ist, weil sie gegen solche Eingriffe immun sind und dazu neigen, solche sozialintegrativen Übergriffe zu vereinnahmen.[47] Andererseits macht, so Habermas, die systemische Geschlossenheit sensibel für „Stimuli, die auf eine Steigerung ihres Vermögens zur Selbstreflexion abzielen, d. h. der Empfindlichkeit für die Reaktionen der Umwelt auf ihre eigenen Aktivitäten."[48] Anders als Luhmann denkt Habermas ausdrücklich normativ – nicht nur, indem er Kommunikation als intersubjektive Verständigung begreift, die letztlich auf einen Konsens abzielt, sondern auch, weil er den Luhmannschen Systembegriff nur als „theoretischen Ausdruck für die real existierenden Verdinglichungsstrukturen"[49] verstehen kann. Verständigung soll sein, und Verständigung ist ohne die Beteiligung des Einzelnen nicht vorstellbar, wie vermittelt (ob als „Irritation" oder als „Stimulus") sie auch immer gedacht werden mag. Selbstreflexion bedarf der Unterbrechung der autopoietischen Prozesse – ansonsten „kommunizierte" Systemlogik mit Systemlogik. Nur die kreative Freiheit des individuellen Subjekts lässt solche „Unterbrechung" denkbar sein[50] – auch wenn diese Diskurse nicht auf Konsens abzielen.[51]

Wie auch immer: Um solche „Sensibilisierungen" geht es. Sie müssen allerdings konkrete Gestalt gewinnen, um in systemischen Kontexten wirksam werden zu können. Nur so kann die Balance zwischen Individuum und System gehalten werden. Sie kann nur gehalten werden, wenn das Individuum auf Distanz gehalten wird zum System, gerade nicht mit „Haut und Haaren" Teil des Systems wird. Erst eine gewisse Differenz zwischen Mensch und System ist es, die den Beitrag der Person zur Reflexivität des Systems ermöglicht. Auch hier greift das Wechselverhältnis von Distanz und Reflexivität. Sofern die Person nicht gänzlich in ihrer Rolle aufgeht, kann sie alternative Perspektiven ins systemische Spiel bringen. Sie sieht, was

---

[47] Vgl. Wilhelms, Ordnung moderner Gesellschaft (s. Anm. 27), 106.
[48] Habermas, Diskurs der Moderne (s. Anm. 46), 423.
[49] H. Kerber, Zur Theorie des kommunikativen Handelns und ihrer Kritik am Systemfunktionalismus, in: ders., A. Schmieder (Hg.), Soziologie. Arbeitsfelder, Theorien, Ausbildung. Ein Grundkurs, Reinbek bei Hamburg 1991, 564–578, hier: 578.
[50] Vgl. Wilhelms, Ordnung moderner Gesellschaft (s. Anm. 27), 101–106.
[51] Vgl. ebd., 121.

das System nicht sieht. Sie kann ihre Perspektive aber nur ins Spiel bringen, wenn das System so gestaltet ist, dass es diese Möglichkeit eröffnet.

„Distanznahme" verlangt Routinen oder Regeln. Und umgekehrt: Distanz setzt Reflexionsfähigkeit oder Probehandeln voraus, eine Fähigkeit, die wiederum entsprechender Regeln oder Routinen bedarf. Reflexion erhöht die Freiheitsgrade und damit die Wahrscheinlichkeit von Rücksichtnahme, weil alternative Verhaltensoptionen eröffnet werden und weil die möglichen Folgen eigenen Handelns für Dritte und für sich selbst ansichtig werden.[52] Entsprechend dem Modell der Selbsterkenntnis muss sich „das Soziale" gleichsam „entsubjektivieren", um als Mittel zur Selbsterkenntnis oder Selbstreflexion fungieren zu können. Und umgekehrt gilt: Das Soziale dient dem Einzelnen, um Reflexion und Freiheit zu vermitteln.

4 Schluss

Sich in einer komplex gearteten „Umwelt" zu bewegen, lässt (aus steuerungstheoretischer Sicht) grundsätzlich zwei Optionen für das Referenzsystem offen. Entweder man setzt auf eine nicht-komplexe, „triviale" Systemform; dann braucht man sich keine weiteren Gedanken zu machen über Offenheit und Geschlossenheit, über Erwartungen „von außen", ob vonseiten anderer Systeme oder vonseiten der Mitglieder. Oder man versteht sich als komplexes, nicht-triviales System; dann wird es komplizierter. Dann muss man Zurückhaltung üben, von Kontrollillusionen Abschied nehmen, dann müssen Vermittlungen ermöglicht werden, die es erlauben, dezentral wechselseitige Erwartungen intern (reflexiv) zu verarbeiten (Distanz).

Spätestens mit dem Zweiten Vatikanischen Konzil (1962–1965) ist die Öffnung zur Welt für die katholische Kirche zum Programm geworden. Öffnung heißt, von der Welt zu lernen. Das setzt wiederum Veränderungsbereitschaft voraus. Wenn Veränderung möglich sein soll, dann muss, so paradox es auch klingen mag, die einseitige Fokussierung auf die Seite der Personen aufgegeben werden. Diese Option der Steuerungstheorie ist für die Kirche auch deshalb schwer

---

[52] Vgl. ebd., 119.

nachvollziehbar, weil sie die Öffnung eng mit der Person verbunden hat. Zu eng![53] Stattdessen müsste sie sich der Ebene der Regeln, Verfahren, Institutionen zuwenden. Das ist das eine. Eine zweite Konsequenz aus den steuerungstheoretischen Einsichten bezieht sich auf die Form der Institutionalisierung. Stichworte sind Selbststeuerung und Autonomie der ausdifferenzierten Bereiche. Statt hierarchischer Steuerung Dezentralisierung, indirekte Intervention, die Spielräume öffnet. Steuerung wird „imperfekt"; aber sie kann verhindern, dass sich etablierte Strukturen abschotten, in ihrer eigenen Welt leben, indem sie viele Akteure einbezieht, auch Akteure, die nicht zum Referenzsystem gehören (sogenannte „komplementäre" Akteure und Institutionen; s. o.). Solche Institutionalisierungen schaffen neue Spielräume für Organisationen – dann, wenn sie Distanzierungsmöglichkeiten eröffnen oder „unorganisierte Reste" belassen. Und sie öffnen (neue) Beteiligungsmöglichkeiten für Personen – via Diskurs. Hier passte das berühmte Wort von Willy Brandt: „mehr Demokratie wagen".[54]

Dass diese Optionen die Kirche in ein Dilemma stürzen, ist durchaus zu erwarten – in das Dilemma zwischen Öffnung und Beharrung oder Schließung, zwischen Freiheit, Dialog auf der einen und Hierarchie, Sakralisierung der Strukturen, Dogmatik auf der anderen Seite.[55] Und dieses Dilemma provoziert problematische „Gegenstrategien": Latour hat von „Hürden" geschrieben, die die Kirche aufrichte, um ihre Mitglieder zu prüfen und zur „Totalidentifikation" zu nötigen. Folgte sie dieser Strategie, dann würde sie über kurz oder lang zum „Trivialsystem", zur „Sekte" (Ernst Troeltsch), und könnte wohl als „kleine Herde" sicher in die Zukunft gehen. Zugleich verschärfte sich die Differenz zwischen System und „Umwelt" bzw. Gesellschaft. Die Kirche nähme in Kauf, dass ihre Autonomie zur Autarkie geriete, Selbstreflexion zur Selbstbespiegelung. Die „Umwelt" taugte nicht einmal mehr zur Irritation. Die

---

[53] Ein Indiz dafür, dass Kirche und Theologie diese Herausforderung noch nicht richtig verstanden haben, ist der immer wieder zu beobachtende Versuch, soziale Wirklichkeit mithilfe personaler Kategorien (miss-)zuverstehen.

[54] Diese steuerungstheoretischen Optionen müssen so etwas wie eine (zentrale) „Kernkompetenz" in Analogie zur Politik nicht ausschließen, aber sie „krempeln" sie regelrecht um.

[55] Vgl. F.-X. Kaufmann, Kirche in der ambivalenten Moderne, Freiburg i. Br. 2012, besonders 87–104.

Kirche würde zu einem tatsächlich autopoietisch-geschlossenen System, blind und eigensinnig. Aber Öffnung und Schließung sind nicht notwendig Widersprüche. Auch steuerungstheoretisch lässt sich die alte Weisheit nachvollziehen, dass Öffnung und Veränderung nicht heißen müssen, seine Identität aufs Spiel zu setzen. Im Gegenteil: Öffnung erweist sich als Bedingungen für Identität und Autonomie. Latour hatte die Bibel zitiert: „Wer sein Leben retten will, wird es verlieren." Wenn die Kirche dem steuerungstheoretisch informierten Rat folgen wollte, nähme sie zwar in Kauf, ihren „Nimbus als ideale Form" zu verlieren, aber sie gewönne die „Statur" einer Organisation, die sich den „Weltproblemen nicht verweigert".[56]

---

[56] Vgl. H. Willke, Demokratie in Zeiten der Konfusion, Berlin 2014, 162. Willke bezieht sich hier auf die Demokratie.

Vom Sturm, der alles verändert, und dem Mut, neue Brücken zu bauen
Kirche in Transformationsprozessen

Tobias Faix

1 Prolog: Das Problem der Brücke, die nicht mehr über den Fluss führte

Wir leben in großen gesellschaftlichen Transformationsprozessen, deren Auswirkungen wir höchstens erahnen können. Deshalb möchte ich mit einem Bild beginnen, das uns helfen soll, die grundsätzlichen Dimensionen des aktuellen gesellschaftlichen Wandels einzuordnen, um dann zu fragen, was dies für Kirche bedeutet. Der Wissenschaftstheoretiker Thomas Kuhn hat diese fundamentalen gesellschaftlichen Transformationsprozesse „Paradigmenwechsel" genannt. Diese zeichnet aus, eine ganze Epoche zu verändern und zu prägen.[1] Als Beispiel nannte Kuhn die Kopernikanische Wende vom geozentrischen hin zum heliozentrischen Weltbild oder auch die Erfindung der Druckmaschinen im Kontext der Industrialisierung, die eine umfassende Veränderung der Welt zur Folge hatte, von der Arbeitsweise über die Verstädterung und die Kirchen bis hin zur Veränderung in den Familienstrukturen. Der momentane Wandel fegt wie ein großer Wirbelsturm über die Erde und verändert die Lebensfragen von uns Menschen maßgeblich und nachhaltig, und zwar im Denken, Arbeiten und im Verstehen des Lebens. Die Folgen des Sturms sind gravierend und zeigen sich plastisch im folgenden Bild: Eine Brücke steht in der Mitte des Bildes, neben der Brücke fließt ein Fluss. Was ist passiert? Ein Sturm hat den Flusslauf verändert, die Brücke ist aber stehengeblieben und steht nun neben dem Fluss. Der Fluss symbolisiert dabei die Lebenssituation der Menschen, die in der Herausforderung stehen, sich in den großen Transformationsprozessen zu orientieren, Antworten auf die Fragen des Lebens, der Lebensgestaltung und der Sinnorientierung zu bekommen. Die Brü-

---

[1] Vgl. T. S. Kuhn, Die Struktur wissenschaftlicher Revolutionen, Berlin 1996.

cken, die wir uns über manche frühere Lebensfragen mühsam gebaut haben, führen nicht mehr ans Ziel. Dies bedeutet aber auch, dass die Brücken nicht mehr ihr eigentliches Ziel erfüllen, und die Frage ist: Brauchen wir neue Brücken?

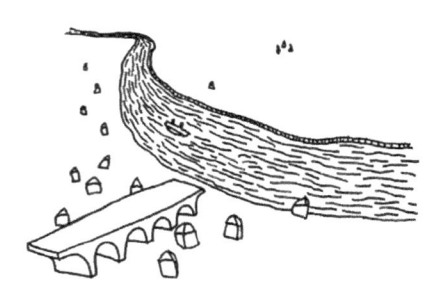

Grafik 1
Quelle: Matthias Gieselmann.

Neue Versuche in Theologie und Kirche, die wieder über die Flüsse führen, d. h., die Lebensfragen der Menschen beantworten? Welche Brücken kann eine Kirche bauen helfen? Wo sind bewährte Brücken? Und wo stehen Brücken wie Antworten auf Fragen, die die Menschen nicht mehr haben? Beginnen wir aber mit dem Sturm.

2 Der Sturm: Die globalen Transformationsprozesse

Der Sturm der globalen Transformation hat viel verändert. Wir befinden uns in einem tiefgreifenden und fortgesetzten Prozess der Modernisierung, der sich in den letzten Jahrzehnten zunehmend beschleunigt hat.[2] Wir erleben dabei eine Diffusion von Transformationsprozessen, die sich in globalen Phänomenen zeigt. Kaum einer hat den Sturm der Veränderung in den letzten 300 Jahren so gut beschrieben wie der kanadische Philosoph und Politikwissenschaftler Charles Taylor („Ein säkulares Zeitalter"), der besonders die gegenwärtigen religiösen Veränderungsprozesse historisch, philosophisch, anthropologisch und religiös plausibel und nachvollziehbar dargestellt hat. Taylor vertritt dabei die These, dass es auf der einen Seite zu einem Niedergang des Religiösen im öffentlichen Raum gekommen ist und auf der anderen Seite gleichzeitig das Re-

---

[2] Vgl. H. Rosa, Beschleunigung. Die Veränderung der Zeitstrukturen in der Moderne, Frankfurt a. M. 2005.

ligiöse neue Wege oder, um in unserem Bild zu bleiben, neue Brücken braucht. Unter dem Begriff „Säkularität" umschreibt Taylor dabei „eine neue Gestalt der zum Glauben veranlassenden und durch Glauben bestimmten Erfahrung"[3]. Charles Taylor stellt zunächst den Rückzug der Religion aus dem öffentlichen Raum (Politik, Wirtschaft, Recht etc.) dar (Säkularität 1), danach das Schwinden subjektiver religiöser Überzeugungen sowie der Kirchenbindung (Säkularität 2) und als drittes die Veränderung der Bedingungen des Glaubens und das Entstehen der säkularen Option (Säkularität 3). Dabei möchte Taylor auch die Subtraktionsgeschichte korrigieren, die davon ausgeht, dass sich die Moderne aus den Fängen der Religion befreien möchte[4]. Vielmehr, so Taylor, lägen auch vielen Errungenschaften in der modernen Welt theologische und spirituelle Motive zugrunde, weshalb die moderne Welt aus zweierlei Richtungen zu deuten sei: sowohl religiös als auch nicht religiös.[5] Da sich das Religiöse aber in einer ständigen Umformung befinde und sich somit im öffentlichen und wissenschaftlichen Diskurs immer wieder neu beweisen müsse, brauche es den Mut, neue Brücken zu bauen. Dass dies heute ernsthaft möglich ist, ist auch ein Verdienst von Taylor selbst.[6]

Bevor wir uns weiter dem „Sturm" und dessen Inhalt und Auswirkung auf Kirche zuwenden, möchte ich zunächst auf einen Begriff eingehen, der in den letzten Jahrzehnten eine erstaunliche Karriere gemacht und sich quer durch fast alle Disziplinen zu einem der bedeutendsten, jedoch auch vieldeutigen und sperrigen Begriffen entwickelt hat: Transformation. Der erste gewichtige Gebrauch des Wortes Transformation geht auf das Jahr 1944 zurück. Dort bezeichnete Karl Polanyi den tiefgreifenden Wandel der westlichen Gesellschaftsordnung im 19. und 20. Jahrhundert als „Great Transformation"[7]. Dieser soziologische und politologische Gebrauch hat sich

---
[3] C. Taylor, Ein säkulares Zeitalter, Berlin 2012, 703.
[4] Vgl. ebd., 48–50.
[5] Vgl. ebd., 171.
[6] Vgl. ebd., 319–336. – Ausführlich vgl. T. Faix, „Wie spricht die Kirche zu unserer Welt?" Von Charles Taylors ‚Bewohnenden' und ‚Suchenden' und deren Bedeutung für die Kirche, in: Ethik und Gesellschaft 1/2019, in: http://dx.doi.org/10.18156/eug-1-2019-art-6 (Download: 24.9.2019).
[7] Ausführlich können seine Analysen nachgelesen werden in dem Buch: K. Polanyi, The Great Transformation. Politische und ökonomische Ursprünge von Ge-

seitdem etabliert, und so werden heute die großen gesellschaftlichen Umbrüche wie Individualisierung, Globalisierung, Digitalisierung oder Pluralisierung oftmals als Transformationen oder Transformationsprozesse beschrieben.

2.1 Die interdisziplinäre Verortung von Transformation

Darüber hinaus hat sich in der Politikwissenschaft und der Soziologie der Terminus „Transformation" (auch *Transformation Studies*) durchgesetzt und beschreibt dort interdisziplinäre Forschungs- und Studienangebote,[8] die sich mittels unterschiedlicher Schwerpunkte mit Veränderungsprozessen befassen, wie beispielsweise der vergleichenden Gesellschaftsanalyse und der Analyse sozialen Wandels. Transformation bezeichnet den grundlegenden Wechsel oder Austausch des politischen Regimes, gegebenenfalls auch der gesellschaftlichen und wirtschaftlichen Ordnung.[9] Die Politikwissenschaft beschäftigt sich insbesondere mit der Umwandlung von Diktaturen zu Demokratien (Demokratisierung). Aktuell stehen postsozialistische Staaten als auch die Transformationsprozesse in China, Afrika und in der islamischen Welt im Fokus der politischen Transformationsforschung. Dabei geht es um die Umbildung von Übergängen

---

sellschaften und Wirtschaftssystemen, Frankfurt a. M. 1973. Einen guten Überblick über die Entwicklung gibt der Sammelband: K. Polanyi, Chronik der großen Transformation. Artikel und Aufsätze (1920–1945). Bd. 3: Menschliche Freiheit, politische Demokratie und die Auseinandersetzung zwischen Sozialismus und Faschismus, Marburg 2005.

[8] Beispiele geben das Norbert Elias Center for Transformation Design & Research (NEC) der Europa-Universität Flensburg, das unter der Leitung des Sozialpsychologen Harald Welzer steht und vor dem Hintergrund von Klimawandel, Ressourcenverknappung und Umweltverschmutzung die Möglichkeiten zur gesellschaftlichen Veränderung unter dem Leitbild der Zukunftsfähigkeit erforscht, sowie das Wuppertal Institut unter Leitung von Professor Uwe Schneidewind, das in seiner Forschung ebenfalls Klima-, Umwelt- und Ressourcenaspekte verbindet und ökologische Fragestellungen mit solchen des ökonomischen und gesellschaftlichen Wandels verknüpft.

[9] Eine Art Zwischenstatus der Transformationsstudien bietet das inter- und transdisziplinäre sozialwissenschaftliche Handbuch der Transformationsforschung mit 74 Beiträge von 71 Wissenschaftlerinnen und Wissenschaftlern, das von Raj Kollmorgen, Wolfgang Merkel und Hans-Jürgen Wagener im Jahr 2015 herausgegeben wurde (vgl. R. Kollmorgen, W. Merkel, H.-J. Wagener [Hg.], Handbuch Transformationsforschung, Wiesbaden 2015).

oder die Veränderung eines politischen Systems, einer Weltanschauung, eines Wertesystems, einer Sozialstruktur, eines Wirtschaftssystems sowie von Verhaltensweisen und Lebensstilen innerhalb einer Gesellschaft.[10] Transformationsprozesse finden dabei auf unterschiedlichen gesellschaftlichen Ebenen statt:

a) Die Makroebene beschreibt dabei die großen gesellschaftlichen Veränderungen wie die Postsäkularisierung, die Pluralisierung oder die Globalisierung – in Deutschland aber auch die unterschiedlichen sozialen Milieus.

b) Die Mesoebene beschreibt die institutionellen Veränderungen wie die zunehmende Ablehnung von Institutionen, bspw. Parteien, Gewerkschaften sowie Kirchen und Gemeinden.

c) Die Mikroebene stellt die subjektiv persönlichen Veränderungen im Bereich der Familie (Stichwort: Pluralisierung der Glaubens- und Lebensformen), der Arbeitswelt, Freizeitgestaltung oder Beziehungsfähigkeit dar.

Alle drei Ebenen hängen eng miteinander zusammen und beeinflussen sich gegenseitig. Ist von Transformationsprozessen auf soziologischer Ebene die Rede, geht es um konkrete Veränderungsprozesse, die sich auf und zwischen den einzelnen Ebenen beobachten und analysieren lassen. Gesellschaft meint dabei soziologisch nicht nur die Makroebene, d. h. die gesamte Gesellschaft, vielmehr beginnt Gesellschaft bereits bei den Individuen und ihrem sozialen Handeln. Da Gesellschaft erst mit der Wechselwirkung unter Individuen entsteht, wäre die Aufgabe von Transformationsprozessen, diese Wechselwirkungen zu analysieren und zu verstehen.

---

[10] Vgl. S. Leibfried, M. Zürn (Hg.), Transformation des Staates? (Edition Zweite Moderne), Berlin 2006, 11. – Weiterhin vgl. R. Kollmorgen, Gesellschaftstransformation als sozialer Wandlungstyp. Eine komparative Analyse, in: R. Kollmorgen (Hg.), Transformation als Typ sozialen Wandels. Postsozialistische Lektionen, historische und internationale Vergleiche, Münster 2005, 33–35; Kollmorgen, Merkel, Wagener (Hg.), Handbuch Transformationsforschung (s. Anm. 9); Wikipedia, Transformation, in: http://de.wikipedia.org/wiki/Transformation (Download: 25.3.2017).

2.2 Der aktuelle gesellschaftliche Gebrauch am Beispiel der „Großen Transformation"

Einer breiten Öffentlichkeit wurde der Begriff spätestens 2013 bekannt, als die Bundesregierung die „Große Transformation" ausrief, um auf die großen gesellschaftlichen Umbrüche zu reagieren. Ziel war und ist es, einen Gesellschaftsvertrag für die zentralen Themen und globalen Megatrends unserer Zeit wie die Transformation der Energiesysteme zur Nachhaltigkeit oder die Transformation unseres Bildungssystems gemeinsam zu gestalten. Verantwortlich dafür ist der Wissenschaftliche Beirat der Bundesregierung Globale Umweltveränderungen (WBGU), dessen Gutachten zur aktuellen Lage der demokratischen Entwicklung im „Gesellschaftsvertrag für eine Große Transformation"[11] erschienen ist und zur Grundlage einer andauernden Diskussion wurden. Das Gutachten zeigt, dass Transformation nur gelingen kann, wenn Staaten, Unternehmen und die gesamte Zivilgesellschaft gemeinsam die Weichen stellen sowie alle Mittel der regionalen, nationalen und globalen Zusammenarbeit ausschöpfen. Auch die Kirchen sind Teil dieses Gesellschaftsvertrags: „Die Große Transformation als Herausforderung für Kirchen und Theologie" zeigt auf, dass die gesellschaftlichen Transformationen die beiden großen Kirchen zum einen genauso in ihrer Veränderungskraft betreffen und dass diese zum anderen als Teil der Gesellschaft ihren Beitrag zur Mitgestaltung leisten wollen.[12] Den vielleicht aktuellsten Entwurf einer Theorie der Transformation legte der Leiter des Wuppertal Instituts, Prof. Dr. Uwe Schneidewind, mit seinem Buch „Die Große Transformation. Eine Einführung in die Kunst gesellschaftlichen Wandels" vor. Dort stellt er eine interdisziplinäre Vorgehensweise zu einer nachhaltigen gesellschaftlichen Wende vor. Transformation ist bei Schneidewind dabei nicht nur ein deskriptiver Begriff, sondern eine aktive Herausforderung zur Gestaltung.[13]

---

[11] Eine ausführliche Dokumentation gibt es hier: Welt im Wandel. Gesellschaftsvertrag für eine Große Transformation, in: https://www.wbgu.de/fileadmin/user_upload/wbgu.de/templates/dateien/veroeffentlichungen/hauptgutachten/jg2011/wbgu_jg2011.pdf (Download: 10.4.2018).

[12] Die verschiedenen Beiträge der beiden Großkirchen können eingesehen werden in: http://www.umkehr-zum-leben.de (Download: 27.6.2018).

[13] Vgl. U. Schneidewind, Die Große Transformation. Eine Einführung in die Kunst gesellschaftlichen Wandels, Frankfurt a. M. 2018.

2.3 Das kirchliche Verständnis von Transformation

Spätestens seitdem der World Council of Churches (WCC) im März 2018 in Arusha (Tansania) das Thema „Transforming Discipleship" („Vom Geist bewegt – zu verwandelnder Nachfolge berufen") ausgerufen hat, wird es im kirchlichen und theologischen Kontext wahrgenommen und zunehmend ökumenisch diskutiert. Dabei geht der WCC von einem doppelten Verständnis von Transformation aus, wie Direktor Jooseop Keum von der Kommission für Weltmission und Evangelisation (CWME) erläutert: *Transforming Discipleship refers both to the transformation of Christians through their discipleship engagements and to discipleship that is transformative of the world.*[14] Wir haben hier also eine theologische Wechselwirkung, die im Begriff der Transformation enthalten ist und deutlich von der deskriptiven Bedeutung der bisher erwähnten Disziplinen abweicht. Hier geht es um eine doppelte Transformation, die zum einen die Akteure selbst betrifft (ein Handeln des Heiligen Geistes an ihnen), und zum anderen durch die Akteure in der Welt (das Wirken des Heiligen Geistes durch die Akteure) handelt.

Mit diesem Verständnis wollen wir uns nun wieder dem Sturm zuwenden und am Beispiel der Kirchenaustritte die Folgen für die Kirche betrachten und fragen, was wir daraus lernen können.

3 Die Folge des Sturms: Menschen treten aus der Kirche aus

In den letzten 25 Jahren wurden über 870 evangelische und katholische Kirchen geschlossen. Wo einst Gottesdienste gefeiert wurden, sind nun Museen, Kindergärten, Restaurants, Zahnarztpraxen oder

---

[14] Vgl. The Work of the Spirit and Discipleship in Christian mission, in: https://www.oikoumene.org/en/press-centre/news/the-work-of-the-spirit-and-discipleship-in-christian-mission (Download: 2.10.2019). – Schon auf der 10. Vollversammlung des Ökumenischen Rates der Kirchen in Busan (2013) war das Stichwort „Transformation" diskutiert: „Angesichts grassierender Umweltzerstörung und einer Weltwirtschaft, die Ungleichheit und Armut im Norden wie im Süden verschärft, ruft die weltweite Kirche zu einem Pilgerweg der Gerechtigkeit und des Friedens, auf dem wir uns verwandeln lassen und die Transformation der ungerechten Weltverhältnisse sich ereignet." (vgl. in: https://www.oikoumene.org/de/resources/documents/assembly/2013-busan [Download:10.5.2018])

gar eine Bankfiliale. Seit die Universität Freiburg in Verbindung mit der Evangelische Kirche in Deutschland (EKD) eine langfristige Projektion der Kirchenmitglieder und des Kirchensteueraufkommens für die 20 evangelischen Landeskirchen und 27 römisch-katholischen (Erz-)Diözesen in Deutschland bis 2060 mit dem Ergebnis ermittelt hat, dass sich die Mitgliedschaften beider Kirchen um die Hälfte reduzieren werden, ist das Thema „Kirchenaustritt" in fast aller Munde. Die Mitgliederzahlen der evangelischen Kirche in Deutschland werden sich demnach von 21,5 Millionen im Jahr 2017 auf 10,5 Millionen Mitgliedern im Jahr 2060 reduzieren. Diese Zahlen zwingen die Kirche in Bewegung, denn eines ist sehr deutlich: dass die Halbierung der Mitglieder Auswirkungen auf alle Bereiche der Kirche haben wird.

3.1 Wann treten die Menschen aus der Kirche aus?

Zum einen ist die Austrittswahrscheinlichkeit im Alter zwischen 20 und 35 Jahren am höchsten, wobei sie bei Männern nochmals deutlich höher ausfällt als bei Frauen. In dieser Altersspanne tritt man sehr oft seinen ersten, gut bezahlten Job an und spürt damit zum ersten Mal, dass die Mitgliedschaft in der Kirche Geld kostet. Zum anderen steigt die Wahrscheinlichkeit, die Kirche zu verlassen, bei den Frauen nochmals zwischen 40 und 50 Jahren.[15]

3.2 Warum treten die Menschen aus der Kirche aus?

Das Herausfordernde ist, es gibt nicht *den* Grund, sondern es ist immer eine Menge an Gründen. Viele Menschen treten aus den Kirchen aus, weil sie ihnen als altmodisch und aus der Zeit gefallen vorkommen. Zu diesem Image tragen zum einen theologische und ethische Ansichten bei, die mit einem modernen Weltbild als unvereinbar erscheinen (z. B. eine kirchliche Sexualmoral oder die Rollen von Frauen in der katholischen Kirche), aber auch hierarchische Strukturen, die in einer demokratisch verfassten Gesellschaft als nicht mehr opportun erachtet werden. Anderen ist die Kirche zu politisch oder zu theologisch liberal, sie wünschen sich eine Kirche, die

---

[15] Die ausführlichen Zahlen findet man in: https://www.ekd.de/kirche-im-umbruch-projektion-2060-45516.htm (Download: 15.9.2019).

mehr zu ihrem Glaubensmodell passt. Dann nennen viele Ausgetretene die Kirchensteuer als Austrittsgrund. Manchen ist sie zu hoch für den Service, den sie im Gegenzug bekommen. Anderen dient sie als Symbol für den Reichtum der Kirchen, der entweder nicht mit ihrem jesuanischen Anspruch vereinbar erscheint oder in den Augen der Ausgetretenen unzweckmäßig eingesetzt wird. Weiterhin werden negative Erfahrungen mit den Kirchen angeführt. Einigen erscheint die Kirche im Alltag als zu bürokratisch und zu wenig dem Menschen zugewandt. Andere beklagen einen Lebensstil von Pastoren und Priestern, der dem gepredigten Anspruch beider Kirchen widerspricht. Schließlich fallen in diese Motivgruppe auch persönliche Enttäuschungen, die aus Versäumnissen und Fehlverhalten in der Seelsorge entspringen, etwa wenn sich Menschen in ihrer Trauerarbeit von der Seelsorgerin oder dem Seelsorger nicht ernst genommen fühlen. Dann verlassen Menschen die Kirchen, weil sie ihren Glaubens- und Moralvorstellungen nicht mehr zustimmen können. Diese Divergenz – etwa in der Frage, ob gleichgeschlechtliche Paare mit dem Segen Gottes zusammenleben dürfen – führt Menschen dazu, der Institution, die für sie nicht mehr nachvollziehbare Inhalte vertritt, den Rücken zu kehren. Schließlich berichten Ausgetretene auch davon, dass sie nicht mehr glauben oder auch glauben könnten, ohne einer Institution anzugehören. In diesem Fall stellt die individuelle Religiosität das Austrittsmotiv dar, die entweder erloschen ist oder auf eine Art und Weise gelebt wird, bei der man keiner Kirche bedarf. Nimmt man die letzten Forschungen zu dem Thema, dann kann man zusammenfassend von drei Motiven sprechen:[16]

1. Austritt als formaler Akt: Einige der Befragten fühlten sich der Kirche nie verbunden und stellen mit ihrem Austritt einen formalen Zustand her, der dem inneren Befinden entspricht. Andere driften einfach aus der Kirche hinaus, weil sie entweder kaum Kontakt zu deren Leben haben oder die einst gespürte Verbundenheit immer schwächer wird.
2. Austritt als Befreiung: Wieder andere befreien sich durch den Kirchenaustritt aus einem Zustand ständiger Enttäuschung, den ih-

---

[16] Vgl. D. Gutmann, F. Peters, A. Kendel, T. Faix, U. Riegel (Hg.), Kirche – ja bitte! Innovative Modelle und strategische Perspektiven gelungener Mitgliederorientierung, Neukirchen-Vluyn 2019, 14–28.

nen die Mitgliedschaft in dieser Institution aus unterschiedlichen Gründen bereitet. Der Austritt bedeutet damit eine individuelle Befreiung. Ein ähnliches Gefühl stellt sich bei den Befragten ein, die die Kirche verlassen haben, weil sie sich durch diese Gemeinschaft in ihrer individuellen Freiheit eingeschränkt gefühlt haben.
3. Austritt als spiritueller Akt: Schließlich gibt es eine Gruppe von Menschen, die sich einst sehr in ihren Gemeinden engagiert haben, irgendwann aber dem oder einigem, wofür Kirche steht, nicht mehr zustimmen konnten. Dieser Konflikt wird von den Befragten gelöst, indem sie aus der Kirche austreten.

3.3 Es geht nicht nur ums Geld, sondern um die Beziehungen

Neu in der aktuellen Diskussion ist außerdem, dass es bei der ganzen Thematik nicht nur um die Kirchensteuer geht, sondern viel mehr um die Entfremdung der Menschen von ihrer Kirche. Nehmen wir die Ergebnisse unserer Studie (Kirchenaustrittsstudie der Universität Siegen und des Forschungsinstituts „empirica")[17], dann lässt sich ein idealtypisches Modell des Kirchenaustritts rekonstruieren, das auch für die Frage des Kirchenverbleibs von Wichtigkeit ist. Es begreift den Austritt als Prozess von einer – mehr oder weniger – engen Bindung der Befragten an die katholische Kirche in ihrer Kindheit hin zu einer fehlenden Bindung. Dieser Prozess der Entfremdung wird verursacht durch Glaubenszweifel, das Erscheinungsbild der Kirche (Macht, Unglaubwürdigkeit), eine persönliche Diskrepanz zu ethischen Positionen der Kirche und/oder der anti-modernen Haltung der Kirche. Auslöser des Austritts im eigentlichen Sinn sind dann entweder die Kirchensteuer oder ein persönlich enttäuschendes Erlebnis. Traditionen, vor allem in Form von einzelnen Ereignissen

---

[17] Ausführlich vgl. U. Riegel, T. Kröck, T. Faix, Warum Menschen die katholische Kirche verlassen. Eine explorative Untersuchung zu Austrittsmotiven im Mixed-Methods-Design, in: M. Etscheid-Stams, R. Laudage-Kleeberg, T. Rünker (Hg.), Kirchenaustritt – oder nicht? Wie Kirche sich verändern muss, Freiburg i. Br. 2018, 125–207; U. Riegel, T. Faix, Warum habt ihr uns verlassen? Empirische Befunde zum Kirchenaustritt und mögliche pastorale Konsequenzen, in: LS 69 (2018) H. 5: Kirchenaustritt, 306–312; U. Riegel, T. Faix, T. Kröck, The Relational Dimension of Disaffiliation: Thematic Analysis on the Relevance of Relationship in the Process of Leaving the Roman-Catholic Church, in: JET 31 (2018) 137–166.

(wie Trauungen, Beerdigungen etc.), scheinen zwar noch bei vielen geschätzt, insgesamt lässt sich bei den Befragten (welche eher aus dem höheren Bildungsniveau stammen) jedoch feststellen, dass es längst kein Motiv mehr ist, in der Kirche Mitglied zu sein, „weil sich das so gehört". Vielmehr scheint ein abwägender und nach dem Nutzen fragender Aspekt relevant zu sein. Nehmen wir diese Beobachtungen ernst, dann lässt sich in den qualitativen Austrittsportraits ein Kosten-Nutzen-Modell feststellen, das aufzeigt, dass es nicht nur um materielle Kosten geht, sondern auch soziale oder emotionale Kosten (wie Entfremdungsprozesse, enttäuschende Ereignisse etc.) geeignet sind, die Waage im Kosten-Nutzen-Kalkül in Richtung „Austritt" kippen zu lassen.

Das lässt sich auch gut in einem Schaubild abbilden, das wir entwickelt haben:

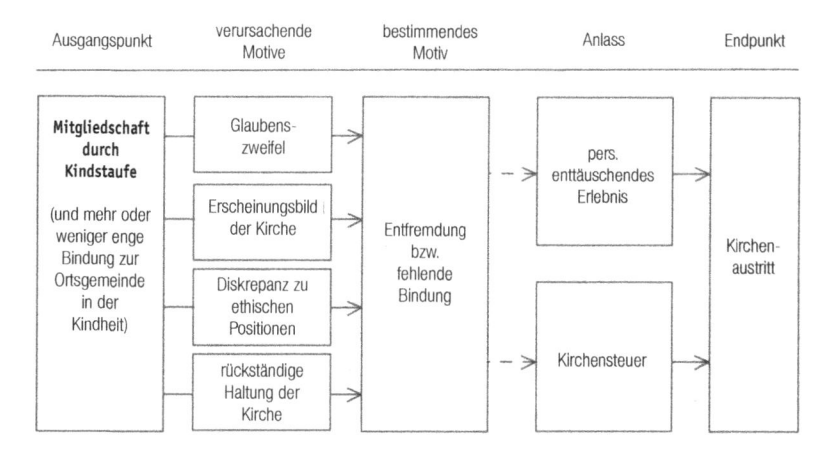

Ausgangspunkt	verursachende Motive	bestimmendes Motiv	Anlass	Endpunkt
Mitgliedschaft durch Kindstaufe (und mehr oder weniger enge Bindung zur Ortsgemeinde in der Kindheit)	Glaubenszweifel	Entfremdung bzw. fehlende Bindung	pers. enttäuschendes Erlebnis	Kirchenaustritt
	Erscheinungsbild der Kirche			
	Diskrepanz zu ethischen Positionen		Kirchensteuer	
	rückständige Haltung der Kirche			

Grafik 2: Idealtypisches Modell des Kirchenaustritts.
Quelle: Die Abbildung ist übernommen aus: Riegel, Kröck, Faix, Warum Menschen die katholische Kirche verlassen (s. Anm. 17), 188.

Es ist also nicht in erster Linie das Geld, das Menschen heute für ihre Austrittsmotive angeben, sondern es sind die fehlenden Bindungen und Beziehungen. Die Kirchensteuer ist eher ein Anlass, der die Mitglieder ins Nachdenken über das Kosten-Nutzen-Verhältnis ihrer Mitgliedschaft bringt. Wenn dies stimmt, dann sind die Konsequenzen für mögliche Brücken offensichtlich, nämlich wie die Entfremdung überbrückt werden kann.

4 Neue Brücken einer Kirche der Hoffnung

Wenn wir in diesem Punkt über drei neue Brücken nachdenken wollen, dann ist die Grundlage im Kontext von fehlenden Beziehungen und Entfremdungsprozessen die richtige Haltung gegenüber den Mitgliedern. Der katholische Bischof Klaus Hemmerle hat diese Grundlage der gegenseitigen Begegnung wie folgt ausdrückt: „Laß mich dich lernen, Dein Denken und Sprechen, Dein Fragen und Dasein, damit ich daran die Botschaft neu lernen kann, die ich Dir zu überliefern habe."[18] Bei den Menschen sein, zuhören, lernen – sind die ersten Schritte, um das Evangelium neu zu lernen. Wie können, wollen oder müssen wir als Kirche darauf reagieren? Drei mögliche Brücken sollen nun als mögliche Konsequenzen aus den bisherigen Überlegungen folgen.

4.1 Brücke 1: Die semantische Leerstelle überwinden

Wenn wir die bisherigen Überlegungen zum Transformationsbegriff und den gesellschaftlichen Veränderungsprozessen aufnehmen und auf die Kirche und dann auf unsere Verhältnisse in Deutschland anwenden, kann man sagen, dass wir gerade eine institutionelle Säkularisierung erleben, die sich in schrumpfenden Kirchen zeigt, gleichzeitig jedoch eine neue, subjektiv aufgeladene Spiritualisierung. Dabei lässt sich diese Spiritualität allerdings nicht mehr in die klassischen Kategorien einordnen, weshalb es immer weniger gelingt, mit besonders jungen Menschen über ihren Glauben zu sprechen. Der Theologe Ulf Elmhorst verweist in diesem Zusammenhang auf eine „semantische Leerstelle". Denn weder Jugendmitarbeitende noch viele junge Menschen selbst haben eine Sprache, auf die sie zurückgreifen können, um das zu beschreiben, was sie glauben. Es scheint daher nicht zu hoch gegriffen zu sein, von einer „religiösen Sprachkrise" zu sprechen. Dies lässt sich an drei wesentlichen Punkten festmachen:
a) kaum Anbindung an die traditionelle, konfessionelle Glaubenssprache der Kirchen,

---

[18] K. Hemmerle, Was fängt die Jugend mit der Kirche an? Was fängt die Kirche mit der Jugend an?, in: http://www.klaus-hemmerle.de/index.php?option=com_content&view=article&id=446&Itemid=33&limitstart=1 (Download: 10.5.2019).

b) kaum Anbindung an die institutionellen Organisationen/Kirchen, die traditionell für diese Glaubenssprache verantwortlich sind,
c) kaum Anbindung an semantische Verständnisse theologischer Grundbegriffe des Glaubens (dogmatische Grundaussagen).
Der Wegfall der konfessionellen Grenzen erinnert an den Wegfall der Grenzen Europas durch das Schengener Abkommen. Ein Beispiel dafür stellt Mike dar, der anmerkt: „Ich fühle mich vom Glauben her eher den Baptisten zugehörig, bin aber Landeskirchler."[19] Viele Menschen besuchen die Angebote, die ihnen dabei helfen, mit ihrem Glauben anzudocken, und wo sie sich ernst genommen fühlen, unabhängig von ihrem konfessionellen Hintergrund. Dies generiert eine Herausforderung, da die Sprache in vielen Gemeinden dogmatisch, theologisch, konfessionell gebunden ist, jedoch außerhalb des eigenen Umfeldes kaum jemand mehr diese Sprache versteht. Das stellt ein zunehmendes Problem dar. So erzählte mir ein 17-Jähriger im Rahmen eines Forschungsprojektes, dass für ihn das „Kreuz" ein wichtiger Begriff in seinem Leben sei. Als ich nachfragte, was das Kreuz für ihn bedeute, antwortete er mir: „Gesundheit". Da der Zusammenhang für mich nicht nachvollziehbar war, fragte ich nach, und er erklärte mir, dass er Fan von Juventus Turin sei und sein Lieblingsspieler del Piero sich beim Einlaufen aufs Fußballfeld immer bekreuzige, damit er sich nicht verletze. Deshalb stehe das Kreuz für Gesundheit, und er mache dies übrigens auch so. „Die Grenzen meiner Sprache bedeuten die Grenzen meiner Welt"[20], um Ludwig Wittgenstein zu zitieren. Aber genau diese Grenzen müssen erweitert werden, und für Kirche bedeutet dies, dass neue Brücken zu den Menschen gebaut werden müssen. Kirche und die Gläubigen müssen sowohl die Sprache(n) des Glaubens wie auch die Sprache(n) öffentlicher Vernunft beherrschen und von der einen in die andere übersetzen können.[21] Wir erreichen die Mehrheit der Men-

---

[19] T. Faix, T. Künkler, Generation Lobpreis und die Zukunft der Kirche. Das Buch zur empirica Jugendstudie 2018, Neukirchen-Vluyn 2018, 20.
[20] Vgl. L. Wittgenstein, Logisch-philosophische Abhandlung – Tractatus logico-philosophicus. Kritische Edition. Hg. von B. McGuiness und J. Schulte, Frankfurt a. M. 1998.
[21] Vgl. H. Bedford-Strohm, Position beziehen. Perspektiven einer öffentlichen Theologie, München ⁵2015, 23.

schen in unseren Stadtteilen und Dörfern nicht nur nicht mehr, sondern selbst wenn wir in Beziehung zu ihnen stehen, verstehen sie uns kaum noch. Aber gerade die Sprache ist ein Schlüssel, um gesellschaftlich verstanden zu werden und sich aktiv einzumischen. Religiöse Menschen, die angesichts des Verlusts der Plausibilitätsstruktur versuchen, mit dogmatischer Gewissheit ihrer Interpretation des Glaubens Gehör zu verschaffen, werden feststellen, dass diese Brücken nicht ans Ziel führen. Viele Menschen leben in einem „Schengener Abkommen des Glaubens", ohne feste konfessionellen Grenzen und dogmatische Sicherheiten. Die Menschen verhalten sich in meinen Augen oft wie religiöse Touristen, die kurz in religiöse oder quasireligiöse Kontexte eintauchen und die Angebote mitnehmen, die ihnen derzeit bei der Lebensbewältigung am nützlichsten erscheinen. Oder wie Janine es sagt: „Ich bin gerne evangelisch, da es eine Konfession der Freiheit ist, in der sich Yin und Yang das Gleichgewicht halten."[22] Deshalb halte ich es für elementar wichtig, dass wir mutig neue Brücken bauen. Und das ist auch ein Risiko, da wir den Fluss noch nicht so richtig kennen, wir haben noch wenige Begriffe und Konzepte, um das, was passiert, angemessen zu verstehen.

4.2 Brücke 2: Das Betreten von neuen ekklesialen Räumen

Eine Konkretion dabei ist das weitere Öffnen von Kirchen und Gemeindehäusern, deren Gäste und Verwaltende wir sind. So könnten Kirchen neu gefüllt und Begegnungsräume geschaffen werden sowie Orte werden, in denen die Präsenz Gottes Menschen verändert und Räume neu füllt. Wir brauchen einen „Such-Ort", in dem christliche Spiritualität partizipativ praktiziert wird *(belonging before believing)*, damit die indifferent Suchenden und Glaubenden neu in den Blick genommen werden können. Deshalb ist wichtig, was der Theologe Michael Schüssler anmerkt:

---

[22] U. Bußmann, T. Faix, S. Gütlich, Wenn Jugendliche über Glauben reden. Gemeinsame Erfahrungsräume gestalten. Ein Praxisbuch für die Jugendarbeit. Basierend auf der empirica-Studie „Spiritualität von Jugendlichen", Neukirchen-Vluyn 2013, 39.

„Auf den ersten Blick können die Orte kirchlichen Handelns entlang ihres temporalen Index grob in zwei Bereiche eingeteilt werden, in dauerhafte Kirchenformen (Solid Church) und in flüchtigere, verflüssigte Kirchenformen (Liquid Church)."[23]

Wir werden in Zukunft beides brauchen und müssen deshalb wagen, neue Brücken zu bauen, einige Beispiele gibt es schon, wie die ökumenische Initiative Kirchehoch2 mit ihren vielen konkreten Ideen dazu oder die *Fresh Expressions of Church*-Initiative der anglikanischen Kirche, die mutig und frisch auch zunehmend in der evangelischen und katholischen Kirche Gehör findet. Diese Initiativen zeigen das deutliche Bemühen, die Vielfalt kirchlicher Orte zu fördern, ohne den Anspruch zu haben, dass diese neuen Orte die ganze Kirche abbilden – und trotzdem ganz Kirche sind.[24] Wie diese Spannung in den nächsten Jahren gehalten wird und welche innovativen neuen Sozial- und Gemeindeformen im Raum der Kirchen dabei herauskommen, wird zu beobachten sein.

4.3 Brücke 3: Die persönlichen Beziehungen beleben

So wie die Säkularisierung nicht das Ende der Religion im öffentlichen Raum ist, so sind die Kirchenaustritte nicht das Ende der Kirche. Aber beide Entwicklungen hängen miteinander zusammen und bieten für Religion und Kirche neue Chancen und Herausforderungen. Wie eingangs mit Charles Taylor aufgezeigt, schreitet zwar die Säkularisierung fort, aber das bedeutet nicht, dass Glaube und Religiosität verschwindet, weder aus dem öffentlichen Raum, noch aus der privaten Praxis der Menschen. Deshalb ist die entscheidende Frage: Wie verhält sich die Kirche in diesen Transformationsprozessen? Wo sind die Brücken für die Menschen, die Fragen an die Kirche haben, weil sie vielleicht unzufrieden sind oder weil sie spirituell interessiert sind? Spannend ist vor allem die Gruppe der Mitglieder, die überlegt, aus der Kirche auszutre-

---

[23] M. Schüssler, Mit Gott neu beginnen. Die Zeitdimension von Theologie und Kirche in ereignisbasierter Gesellschaft (PTHe 134), Stuttgart 2013, 25.
[24] Ausführlich dazu vgl. S. Bils, Die Relevanz des Kontexts in und für Fresh Expressions of Church, in: PrTh 53 (2018) 30–33; sowie das Fresh X-Netzwerk e. V., in: https://www.freshexpressions.de (Download: 10.9.2019).

ten, sie umfasst ca. 20 Prozent. Diese Fokusgruppe ist vielleicht die wichtigste in der ganzen Thematik „Kirchenaustritt", denn hier hat die Kirche noch einen direkten Zugriff durch die Mitgliedschaft und kann, wenn sie denn will, direkt ins Gespräch kommen. Aber genau das gestaltet sich oftmals schwierig, auch vonseiten der Kirche. Welche konkrete pastorale Strategie (Brücken) hier greifen kann, muss natürlich vor Ort entschieden werden, aber die Wichtigkeit der persönlichen Beziehung scheint, wie gesehen, hier unüberhörbar deutlich. Das Bistum Essen hat eine Stelle mit persönlichem Ansprechpartner für Austrittswillige und Ausgetretene als Reaktion darauf eingerichtet, was sicher ein erster guter und einfacher Schritt ist. Des Weiteren ist das Ehrenamt eine gute Prophylaxe gegen Kirchenaustritt. Da, wo sich Menschen engagieren, entwickeln sie auch Identität. Dies gilt besonders für die junge Generation, sie braucht den Freiraum, Kirche mitzugestalten, und zwar in ihrer Form und Sprache. Gerade für junge Erwachsene gibt es oftmals kaum Angebote in der Kirche, das fängt dann erst wieder bei Familien an, aber diese Zielgruppe ist, wie wir gesehen haben, ganz entscheidend. Dabei sind viele junge Erwachsene spirituell indifferent und offen oder sogar auf der Suche, aber eben nicht in der Kirche und genau da müssen wir ansetzen. Und das beginnt mit ganz einfachen, aber wichtigen Schritten wie einer klaren, verständlichen Sprache, einer verständlichen und öffentlich dargelegten Zielstellung kirchlicher Arbeit, einer geschwisterlichen Teilhabemöglichkeit, einer dem Auftrag entsprechenden Führungskultur und Aufgabenwahrnehmung, einer moralischen Integrität kirchlicher Amtsträgerinnen und Amtsträger im Ehrenamt wie in der beruflichen Tätigkeit und nicht zuletzt: integrem, transparentem, effektivem und effizientem Finanzgebaren. Denn eines hat unsere Studie deutlich gemacht: je höher die eigene Religiosität, desto höher die Identifikation mit Kirche. Daraus folgt wiederum: je höher die Identifikation, desto höher die eigene Zufriedenheit. Deshalb ist ein gutes und den Menschen zugewandtes Mitgliedermanagement eine Grundvoraussetzung, um Teilhabe und Engagement zu ermöglichen. Schauen wir auf die Identifikation mit der Kirche, dann fällt auf, dass diese mit dem Engagement innerhalb der Kirche ebenfalls steigt. So lässt sich vermuten, dass dies sowohl mit der Gestaltungsmöglichkeit zusammenhängt, etwas in der eigenen Kirchengemeinde einbringen zu können, als auch mit der Einbindung in die Gemeinschaft wie bspw. den Kontakt zu Hauptamtlichen oder anderen Ehrenamtlichen.[25]

5 Epilog: Als Kirche im Auge des Sturms leben

Fassen wir die gemachten Überlegungen zusammen, so lässt sich festhalten, dass die großen Transformationsprozesse die gesellschaftliche und kirchliche Wirklichkeit verändern und dass es die erste Aufgabe ist, diese Veränderungen zu analysieren und die Folgen zu verstehen. Dazu braucht es interdisziplinäre Analysen, gerade, wenn es um das Verständnis von Transformation und Transformationsprozessen geht, weshalb wir ein Grundverständnis der Begrifflichkeiten brauchen. Da heraus kann, um im Bild zu bleiben, überlegt werden, wie neue Brücken aussehen können. Dabei ist es wichtig, nicht gegen die Entwicklung, sondern mit der Entwicklung zu arbeiten und dies, ohne die prophetische Kraft der Kirche zu verlieren. Gerade in Zeiten der Pluralisierung des Glaubens und der zunehmenden Auflösung der konfessionellen Grenzen ist die Frage nach der Identität des Glaubens und dessen Verortung in der Kirche von großer Bedeutung. Damit dies gelingt, muss sich Kirche auf ihr Kernelement der Beziehungsfähigkeit zurückbesinnen. Menschen wollen nicht „gemanaged" werden, sondern wollen heute gesehen, wahrgenommen und verstanden werden. Dazu braucht es aber Brücken, die nicht sprachlich und dogmatisch an den Fragen der Menschen vorbeiführen, sondern die Menschen in ihren Kontexten ernst nehmen. Das fängt mit der inneren Haltung und dem eigenen Bild von Kirche an, die den Menschen wieder Hoffnung geben, dass Glaube tatsächlich Veränderung mit sich bringt. So wie es der Tübinger Neutestamentler Hans-Joachim Eckstein mal formulierte:

„Eine Hoffnung, die unsere Gegenwart nicht tiefgreifend verändert, ist nicht wirklich aus der Zukunft bei uns angekommen.

---

[25] Ausführlich dazu vgl. T. Faix, U. Riegel, Zufriedenheit und Engagement als zentrale Kriterien zeitgenössischer Mitgliedschaft in der evangelischen Kirche. Ergebnisse einer deutschlandweiten empirischen Erhebung zu Kirchenaustritts- und Verbleibmotivationen, in: Jahrbuch Sozialer Protestantismus 2019, Gütersloh 2019.

Denn da wo Hoffnung einkehrt, verwandelt sich die Gegenwart."[26]

Aus dieser Verwandlung der Gegenwart entstehen neue Brücken. Hoffnung muss für die Menschen greifbar sein, aus ihrer Lebenswelt stammen und in ihrer Sprache gesprochen werden. Denn Hoffnung bringt einen Perspektivwechsel, lässt einen dieselbe Situation mit einer neuen Optik sehen.

---

[26] U. Elmhorst, Jugend und Religion – Trägt die Konfirmandenzeit etwas zur Entwicklung individueller religiöser Identität bei? Eine qualitative Studie, in: https://pub.uni-bielefeld.de/download/2304465/2304468/Promotion_Jugend_und_Religion_Ulf_Elmhorst_2008.pdf (Download: 10.3.2018).

Kirche in Zeiten der Veränderung
Und was passiert mit den Seelsorgenden?

Christoph Jacobs

Wer von Zukunftsbildern und Reformplänen für die Kirche hört, denkt meist zuerst an die Entwicklung der Strukturen der Kirche, an deren Zukunftsfähigkeit und deren Management. Doch: Wer fragt danach, wie es den Betroffenen geht? Wer fragt danach, was mit den Gläubigen oder mit den Seelsorgenden passiert, die in und mit diesen Strukturen leben und arbeiten?[1]

Die bisherige Bevorzugung der Strukturperspektive hat sicherlich einen guten Grund darin, dass die strukturelle Dimension in den zurückliegenden zwanzig Jahren durch den Einzug der Organisationswissenschaften in die Ordinariate und bei ihren theologischen Vordenker(inne)n eine durchaus berechtigte Aufmerksamkeit erfahren hat.

Allerdings keimt bei vielen Gläubigen und ihren Seelsorgenden immer wieder der Verdacht auf, dass die geheime Agenda vieler Reformpläne und Zukunftsbilder die Rettung der Organisation und nicht die Rettung des Menschen sein könnte. Sie fordern: „Man sollte uns, die Gläubigen oder die Seelsorgenden, zuerst einmal umfassend befragen, wie wir uns den Dienst der Kirche und in der Kirche in der Zukunft vorstellen!"

Die geforderte Priorität der Menschenperspektive in der Entwicklung der Kirche ist nicht nur berechtigt, sondern theologisch dringend geboten.[2] Denn der Auftrag der Kirche ist der Dienst am Menschen, nicht der Dienst an sich selbst:

---

[1] Ein besonderer Dank geht an meinen Kollegen Benjamin Dahlke für hilfreiche Hinweise und kritische Begleitung beim Schreiben dieses Beitrags.
[2] Vgl. H. W. Gärtner, Wie kommt das Evangelium in die Organisation, in: H. Bohlander, M. Büscher (Hg.), Werte im Unternehmensalltag erkennen und gestalten (Deutsches Netzwerk Wirtschaftsethik 13), München – Mering 2004, 71–94; H. W. Gärtner, Kirche als Organisation – (Leib Christi) aus organisationstheoretischer Sicht, in: WzM 54 (2002) 373–388; ders., Was passiert, wenn das Evangelium in die Organisation kommt? Anmerkungen zur doppelten Paradoxiebildung und

„Der Praxis der Kirche geht es nicht um den Selbsterhalt der Kirche. Kirche ist nicht Selbstzweck, sondern weiß sich von Gott selbst in Dienst genommen, von jenem Gott, von dem wir Christen glauben, daß er in Jesus einer von uns geworden und als der Auferstandene mit seinem Heiligen Geist mitten unter uns lebt [...]. Kirche leistet also Heils-Dienst, Dienst am Heil der Welt. Sie ist Sakrament des universellen Heils."[3]

Die Kirche könnte sich dabei an der Frage orientieren, die Jesus den Menschen zu stellen pflegte: „Was willst du, dass ich dir tue?" (Lk 18,41)

Bisher existiert leider keine umfassende und verlässliche Erhebung darüber, was angesichts des dynamischen Wandels in der Gegenwart die Menschen in unserer Gesellschaft sich von der Kirche erwarten. Auch die Perspektive der Seelsorgenden im Mahlstrom der Veränderungsprozesse kommt nach Aussagen vieler Seelsorgenden selbst häufig (zu) wenig zu Wort. Um genau diese Perspektive soll es in diesem Beitrag gehen. Denn: *Seelsorgende sind nicht nur von oben beauftragte Akteure in dem Prozess des Managements des Wandels im Dienst der Zukunftsbilder und Reformpläne. Sie sind vor allem auch: Betroffene.*

Einen wertvollen Beitrag zum Verständnis der Situation der Seelsorgenden in Zeiten der Veränderung leistet die „Deutsche Seelsorgestudie 2012–2014"[4]. Sie wurde durchgeführt in 22 Diözesen mit 8 500 Teilnehmer(inne)n. Ziel der weltweit größten Studie mit Priestern, Diakonen und Laien im hauptberuflichen pastoralen Dienst ist die Bereitstellung von aktuellem Grundlagenwissen zum Gelingen des Lebens aller Seelsorgerinnen und Seelsorger.

Das Forschungsprojekt stellt die Menschen in das Zentrum des Interesses, nicht primär die Bedürfnisse der Organisation. Ein wichtiger Forschungshorizont ist es, dass die Perspektive der Seelsorgenden und

---

zum Paradoxiemanagement in kirchlichen Einrichtungen, in: G. Augustin u. a. (Hg.), Christliches Ethos und Lebenskultur, Paderborn 2009, 503–529.
[3] P. M. Zulehner, Pastoraltheologie. Bd. 1: Fundamentalpastoral, Düsseldorf 1989, 54.
[4] Vgl. K. Baumann, A. Büssing, E. Frick, C. Jacobs, W. Weig, Zwischen Spirit und Stress. Die Seelsorgenden in den deutschen Diözesen, Würzburg 2017; dies., Überraschend zufrieden bei knappen Ressourcen – und die Kraft der Spiritualität. Ergebnisse der Deutschen Seelsorgestudie, in: HerKorr 69 (2015) 294–298.

ihre Situation im Kontext des Wandels bisher zu wenig berücksichtigt wurde. Es geht um die Lösung von Zukunftsfragen der Seelsorgenden und die Förderung ihrer Wachstumsdynamiken, nicht um die Suche nach Defiziten. In der Studie finden sich Fragen zur Spiritualität, zur Gesundheit, zur Zufriedenheit, zur privaten Lebenssituation, zum „Stress", zum Engagement im Dienst, zur Wertschätzung ihrer Tätigkeit, zu Lebenseinstellungen, zu den Anforderungen.

Bisher wurde diese Studie im Wesentlichen von den Seelsorgenden selbst und ihren Verantwortlichen wahrgenommen. Die im Folgenden vorgetragenen Überlegungen verfolgen daher auch das Anliegen, einige Ergebnisse in prägnanter Form für alle an der Gestaltung des pastoralen Wandels Interessierten aufzubereiten. Auch die Gläubigen sollten die Chance besitzen, diese Ergebnisse zu kennen und zu berücksichtigen.

Noch einmal etwas detaillierter zur Begründung: Der Strukturwandel betrifft nicht nur die Gläubigen, auch nicht nur die Organisation selbst. *Jeder Realisierungsschritt betrifft die Seelsorgenden zuerst als Betroffene.* Sie erhalten Aufträge zu Reformplänen. Sie sollen Zukunftsbilder erarbeiten. Sie werden in die Pflicht zur Umsetzung genommen. Sie werden versetzt, um der Umsetzung den Weg zu bereiten. Sie werden häufig auch in Konflikte mit ihren eigenen Lebensperspektiven und Lebenswünschen hineingezogen. Allerdings ist klar: Ein strukturorientiertes Management des Wandels kommt an seine Grenzen, wenn es um Menschen geht. *Man managt Menschen nicht, wie man Strukturen managt.* Menschen brauchen Menschenführung und Förderung. Menschen haben ihr ureigenes Leben und eine „Psychologik": also Hoffnungen, Ängste, Lebensgeschichte, Heimat, Wünsche, Ärger. Sie brauchen Geduld, Anerkennung, fürchten Verluste, wissen nicht mehr, was sie tun sollen. Man kann Menschen nicht am Schreibtisch planen. Man muss um sie werben! Sie müssen Entwicklungsschritte gehen; dies kann man behindern oder unterstützen. Und schließlich gilt: Am Ende trägt jede Struktur ein menschliches Gesicht. Aber wie wird dieses Gesicht aussehen, wenn man die Strukturen verändert hat, ohne Teilhabe an der Veränderung zu praktizieren und mit Widerständen umzugehen? So macht es durchaus Sinn, in diesem Beitrag unterschiedliche pastoralpsychologische und pastoralsoziologische Perspektiven des Wandlungsdrucks auf das Personal der Kirche in den Blick zu nehmen und anfanghaft zu analysieren. Dies hat ein mehrfaches Ziel:

1. Es gilt, darum zu werben, dass die seelsorglich Handelnden und ihre Verantwortlichen erkennen, wie sehr ihre eigene Identität und ihre Handlungsspielräume in die Veränderungsprozesse hineingezogen sind. Und dass diese Erkenntnis ihnen helfen könnte, sich selber besser zu verstehen und entsprechende Schritte förderlicher Selbstentwicklung zu gehen.
2. Es gilt, darum zu werben, dass auch die Gläubigen ein Verständnis oder bestenfalls sogar eine Sympathie für die Veränderungen im Selbstverständnis, in den Handlungsaufträgen und in den Maßnahmen der Seelsorgenden gewinnen. Denn zurzeit haben viele Seelsorgende den Eindruck, seitens der Diözesen und seitens der Gläubigen gleichermaßen unter Druck gesetzt zu werden und zu wenig Wertschätzung und Unterstützung zu erhalten.
3. Es gilt, angesichts großer Zukunftsunsicherheit tragfähige Orientierungspunkte anzubieten, die für die Förderung der Identität der Seelsorgenden in Zeiten der Veränderung für die Zukunft wichtig sind.

Angesichts dieser Zielsetzung sei allerdings einem möglichen Missverständnis von Beginn an energisch entgegengetreten: *Die Kirche ist nicht für die Seelsorgenden da, sondern für die Gläubigen!* Diese Maxime sei deswegen – selbstkritisch – vorangestellt, weil in der Realität der Pastoral bei Gläubigen durchaus bisweilen der Eindruck entsteht, sie hätten mit Seelsorgenden zu tun, die glauben, es müsse zuerst ihnen als Seelsorgenden in der Pastoral gut gehen und nicht den Gläubigen oder überhaupt den Menschen, die Jesus Christus als die Nächsten identifiziert hat. Wenn dem so ist, so wäre dies eine sehr bedauerliche Einstellung! Die Pastoral ist nicht ein Raum ichbezogener Selbstverwirklichung oder gar ein Wohlfühlraum für das pastorale Personal. Seelsorge ist Dienst an den Menschen. Wenn dies als die oberste Priorität begriffen wird, dann darf und muss allerdings auch die Frage gestellt werden, wie sich der gegenwärtige Wandel auf die Identität der Seelsorgenden auswirkt und welche Konsequenzen sich daraus ergeben. Denn eine lebendige Seelsorge braucht lebendige Seelsorgende, die sich mit ihrem Dienst und ihren organisationalen Bedingungen positiv identifizieren können.

1 Der Wandlungsdruck der Gegenwart als Herausforderung an die Kirche

Wer gegen den vernünftigen Augenschein und zum Teil wider besseres Wissen noch bis in das Jahr 2019 hinein gedacht, geäußert und gehofft hatte: „Mit dem Wandel der Kirche ist es nicht so schlimm!" und „Wir brauchen eigentlich nichts zu verändern!", sieht sich spätestens seit der Veröffentlichung des universitären Forschungsprojektes „Projektion 2060" der Universität Freiburg im Mai dieses Jahres 2019 vor recht beunruhigende Fakten und die Frage nach zukunftsfähigen Konsequenzen gestellt. Es geht um den geradezu dramatischen Schrumpfungsprozess des kirchlich verfassten Christentums in Deutschland.

Die „Projektion 2060" ist die Studie des Forschungszentrums Generationenverträge an der Albert-Ludwigs-Universität Freiburg im Auftrag der Deutschen Bischofskonferenz (DBK) und der Evangelischen Kirche in Deutschland (EKD) zur langfristigen fakten- und annahmebasierten Vorausberechnung („Projektion") der Kirchenmitglieder und des Kirchensteueraufkommens in Deutschland.[5] Diese Berechnung wurde deshalb erstellt, weil die Kirchen in Deutschland auf zuverlässige Prognosen über die Mitglieder- und Kirchensteuerentwicklung angewiesen sind. Basierend auf Daten des Statistischen Bundesamtes wurden die demografische Entwicklung, die Entwicklung der Erwerbsbeteiligung, altersspezifische Steuerprofile und kirchenspezifische Faktoren wie die Entwicklung der Taufen sowie der Kircheneintritte und -austritte zugrunde gelegt. Erstmals konnten bundesweite Zahlen zum Altersprofil aller Katholiken sowie Daten aus einer Sonderauswertung der (staatlichen) Bevölkerungsstatistik mit den Wanderungsbewegungen von Kirchenmitgliedern zwischen den Diözesen und aus dem Ausland abgebildet werden.[6] Bisher haben

---

[5] Vgl. EKD, DBK (Hg.), Langfristige Projektion der Kirchenmitglieder und des Kirchensteueraufkommens in Deutschland. Eine Studie des Forschungszentrums Generationenverträge an der Albert-Ludwig-Universität Freiburg, in: https://dbk.de/fileadmin/redaktion/diverse_downloads/dossiers_2019/2019-05-02_Projektion-2060_EKD-VDD_FactSheets_final.pdf.pdf? (Download: 5.5.2019); DBK, Projektion 2060. Langfristige Projektion der Kirchenmitglieder und des Kirchensteueraufkommens in Deutschland, Bonn 2019, in: https://dbk.de/themen/kirche-und-geld/projektion-2060/ (Download: 5.5.2019).

[6] Vgl. DBK, Langfristige Projektion der Kirchenmitglieder und des Kirchensteueraufkommens in Deutschland. Kardinal Marx und Landesbischof Bedford-

sich die Prognosen zur Bevölkerungsentwicklung in der Regel als ausgesprochen zuverlässig erwiesen. Die Annahmen zu Tauf-, Austritts- und Aufnahmeverhalten von Kirchenmitgliedern werden dabei als stabil vorausgesetzt – was sicher als „günstige" Annahme bezeichnet werden kann.

Folgende Fakten gilt es zur Kenntnis zu nehmen:
- Die Mitgliederzahlen beider Kirchen werden in den kommenden 40 Jahren bis 2060 um die Hälfte auf dann nur noch 22,7 Millionen Kirchenmitglieder zurückgehen.
- Die den Kirchen zur Verfügung stehende Finanzkraft wird sich in diesem Zeitraum halbieren – trotz nominell gleichbleibendem Kirchensteueraufkommen.
- Die Austrittswahrscheinlichkeit ist bei der Gruppe der 25- bis 35-Jährigen besonders hoch. Dies ist die Gruppe derjenigen, die in den Beruf einsteigen und Familien gründen. Besonders häufig treten Männer zwischen 25 und 29 Jahren aus. Dies sind pro Jahr drei Prozent der Kirchenzugehörigen.
- Die Auswirkungen der Kirchenaustritte zeigen sich vor allem auch in der Wahrscheinlichkeit, dass junge Eltern ihre Kinder taufen lassen. Wer austritt, lässt seine Kinder in der Regel nicht mehr taufen. Denn gerade bei katholischen Eltern werden Kinder in den ersten drei Jahren nach der Geburt getauft; später nimmt die Wahrscheinlichkeit der Taufe ab.
- Der Abwärtstrend basiert auf drei Faktoren:
  a) der demografischen Entwicklung,
  b) den Austritten,
  c) den Taufunterlassungen.
- Überraschend ist die Verteilung des Gewichts der Steuerungsfaktoren für den Rückgang. Anders als bisher angenommen, ist der Hauptfaktor nicht der allgemeine Rückgang der christlichen Bevölkerung aufgrund des demografischen Wandels. Wesentlicher als der Demografie-Faktor wirken sich die Faktoren von Austritt plus Taufunterlassung (aufgrund von Kirchendistanz und -austritt) von Jahr zu Jahr immer deutlicher aus: Das

---

Strohm: „Wir stellen uns auf Veränderungen ein", Pressemitteilung Nr. 069 vom 2.5.2019, in: https://dbk.de/presse/aktuelles/meldung/langfristige-projektion-der-kirchenmitglieder-und-des-kirchensteueraufkommens-in-deutschland/detail/ (Download: 5.5.2019).

Gewicht dieser kombinierten Faktoren wird immer stärker wachsen und schließlich zu zwei Dritteln zum Rückgang beitragen. Damit werden Vermutungen empirisch belegbar, dass ein wesentlicher Teil der Veränderungen in der kirchlichen Mitgliederstruktur außer von allgemeinen, sehr schwierig zu bewältigenden Säkularisierungsprozessen von innerkirchlich „hausgemachten" Faktoren abhängt. An erster Stelle steht natürlich der Reputationsverlust durch die Missbrauchssituation durch Priester und andere Seelsorgende. Dazu gehören auch die Finanzskandale. Dazu trägt aber auch der allgemeine Attraktivitätsverlust der kirchlichen Lebenskultur bei, die sich vor allem an den Bedürfnissen der in Überzahl vorhandenen alten Menschen orientiert und dort die meisten Kräfte bindet. Dies birgt natürlich deutliche Risiken für weiter beschleunigte Veränderungsprozesse: „Wenn wir das Vertrauen verlieren, kann das zu disruptiven Ereignissen führen"[7], so lässt sich das EKD-Ratsmitglied Prof. Andreas Barner in der Frankfurter Allgemeinen Zeitung (FAZ) zitieren.

2 Demografischer und sozialer Wandel: Psychosoziale Folgen für das pastorale Personal

Dass die Veränderungen in den Zahlen der christlichen Bevölkerung in Deutschland sich in den Zahlen der Priester und in den Zahlen der Priesterkandidaten niederschlagen, ist nur selbstverständlich. In den letzten 50 Jahren hat sich die Zahl der Priester in Deutschland halbiert. Dadurch hat sich die Zahl der Katholiken pro aktivem Priester in den Pfarreien verdoppelt. Die Zahl der Neupriester hat sich um zwei Drittel verringert.[8]

---

[7] Vgl. R. Bingener, „Viel Zeit haben wir nicht mehr". Studie zur Zukunft der Kirche, in: FAZ vom 2.5.2019, in: https://www.faz.net/aktuell/politik/inland/studie-prognostiziert-deutschen-kirchen-duestere-zukunft-16166977.html (Download: 5.5.2019).
[8] Wikipedia, Priestermangel, in: https://de.wikipedia.org/w/index.php?title=Priestermangel&oldid=188345760 (Download: 5.5.2019).

Jahr	1970	1980	1990	2000	2008	2009	2010
Priester	26 089	25 063	19 707	17 129	15 527	15 367	15 136
Neupriester	303	211	295	154	93	99	81

Jahr	2011	2012	2013	2014	2015	2016	2017
Priester	14 847	14 636	14 490	14 404	14 087	13 856	13 560
Neupriester	86	76	98	75	58	77	74

Tabelle 1: Entwicklung der Zahl der Priester und der Neupriester in den vergangenen 50 Jahren.

Natürlich ist diese Situation im Vergleich zur weltkirchlichen Gesamtsituation vielfach als „paradiesisch" anzusehen. Zudem ist auch die Zahl der praktizierenden Katholiken drastisch zurückgegangen. Weiterhin wird häufig zu Recht darauf hingewiesen, dass in Deutschland zusammen mit den Priestern auch eine große Zahl von professionellen Seelsorgerinnen und Seelsorgern im Dienst der Gläubigen steht. Allerdings wird in den unmittelbar zurückliegenden Jahren deutlich, dass bei dem Laienpersonal der Kirche eine annähernd ähnliche Entwicklung begonnen hat und beschleunigt weitergehen wird. Dafür existieren m. W. allerdings noch keine belastbaren Kennlinien.

Die „Deutsche Seelsorgestudie 2012–2014" hat gezeigt, dass die Alterskurve der Priester gegenwärtig die typische „W-Form" besitzt, die im Laufe der Jahre auf eine „Urne" hinausläuft. Wir haben eine recht große Gruppe von sehr alten Priestern am ganz oberen Ende der Altersverteilung. Dann existiert ein kleines „Tal" mit der Gruppe der 65- bis 75-Jährigen. Und schließlich folgt die sehr große Gruppe der „Babyboomer" unter den Priestern, bevor die Zahl der Priester nach unten abbricht. Diese Dynamik ist der gegenwärtige Anlass zur Reorganisation der Pfarrer-Stellen in der Pastoral. Die Gruppe der Babyboomer wird zwischen 2025 und 2035 in den Ruhestand gehen. Dadurch bedingt, braucht es je nach diözesanem Pastoralkonzept ein bis zwei weitere Reorganisationen. Die gesamte Gruppe der Priester zwischen 24 und 65 Jahren wird zu jenem Zeitpunkt zahlenmäßig die Hälfte derjenigen betragen, die sich im verdienten priesterlichen aktiven Ruhestand befinden – und gleichwohl noch umfassend tätig sind. Wenn nicht ein deutlicher Eingriff zur effekti-

ven Steigerung des Nachwuchses erfolgen kann (und das ist sehr unwahrscheinlich!), wird um das Jahr 2035 herum – und das ist bald – das Verhältnis der Priester unter 65 Jahren und der Priester über 65 Jahren ungefähr ein Drittel zu zwei Drittel betragen.[9]
Diese Fakten haben weitreichende Implikationen für Zukunftsbilder und Reformpläne. Sie betreffen die Wirkkraft der alten Priester und das Selbstverständnis der jungen Seelsorgenden. Dies soll in zwei ersten Orientierungspunkten für die Zukunftsbilder und Reformpläne entfaltet werden.

2.1 Orientierungspunkt 1:
In Zukunft werden die alten Priester sehr wertvoll!

Da die Priester in der Phase des Ruhestandes eine hoch zufriedene und engagierte Gruppe darstellen und zugleich mit 20 Stunden seelsorglicher Tätigkeit pro Person pro Woche aufgrund der Größe ihrer Gruppe eine größere Arbeitsleistung erbringen als die jungen Priester zusammen, wird diese Gruppe der „zufriedenen und tatkräftigen Pensionäre" in den nächsten 20 Jahren entscheidend zum menschlichen, freundlichen und dem Menschen tatkräftig zugewandten Gesicht der Pastoral beitragen können. Dies hat allerdings zur Voraussetzung, dass sowohl die Gläubigen als auch die Verantwortlichen in den Diözesen sich des Wertes dieser Gruppe bewusst werden. Es braucht eine Neubesinnung auf den Wert der Lebens- und Glaubens-Erfahrenen, eine Neubewertung ihrer Rolle in der Pastoral und eine neue Wertschätzung dieser Art des Priesterseins.

2.2 Orientierungspunkt 2:
Die jungen Seelsorgenden sind anders!

Wer Zukunftsbilder entwirft und Reformpläne schmiedet, wird mit Menschen rechnen, die anders sind als bisher. Wer ab ca. 1995 in den pastoralen Dienst trat, ist mit einem neuen menschlichen und auch theologischen Profil in den Beruf gekommen: postmodern und sich der Minderheitensituation bewusst. Das Anderssein zeigt sich in zwei Perspektiven:

---

[9] Vgl. C. Jacobs, Herausforderungen an das Priestersein aus Sicht der Seelsorgestudie, in: Diak. 48 (2017) 2–11.

1. der pastoralsoziologischen Perspektive: Die Postmoderne ist in der neuen Seelsorgergeneration angekommen.
2. der pastoralpsychologischen Perspektive: Die neue Generation versteht sich als qualifizierte Minderheit in einer nachchristlichen Umwelt.

Für viele Gläubige in den Gemeinden, für die starke Hauptgruppe der gegenwärtigen älteren Mitbrüder und Kolleginnen in der Seelsorge ist diese Tatsache sehr gewöhnungsbedürftig oder sogar ein Ärgernis. Denn sie empfinden und handeln stark aus dem Selbstverständnis der Konzilsgeneration, die sich selbst für „modern" hält und damit alt wird. Für die Jungen ist die Konzilsgeneration aber die Ausdrucksform einer Sozialform von Kirche, deren Gestalt im Vergehen zu sein scheint, wie bereits der Pastoraltheologe Paul M. Zulehner formuliert hat: „Denn der Verdacht ist groß, dass die konziliare Generation am Abtreten ist, und eine andere nachkommt."[10]

Und wenn es so wäre? Dann würde zwar die Konzilsgeneration alt, aber nicht die Kraft des Konzils. Denn die Jüngeren leben genau in jener Wirklichkeit, die das Zweite Vatikanische Konzil (1962–1965) vorhergesagt und hervorgebracht hat! Die „postmodernen" Seelsorgerinnen und Seelsorger personifizieren geradezu die postmoderne Wirklichkeit, der sie angehören.[11] Kennzeichnend für die „radikalisierte Moderne", die sich durch Wandel und Beschleunigung geradezu stabilisiert,[12] sind vor allem die Prozesse der Pluralisierung mit ihrer funktionalen Autonomie der Teilsysteme, der Segmentierung, ja Fragmentarisierung der Lebenswelten, der Notwendigkeit zur Auswahl aus der Angebotsstruktur auch auf der Ebene der zwischenmenschlichen Beziehungen und der religiösen Selbstverwirklichungsformen (Patchwork-Religiosität) und nicht zuletzt mit der verschärften Individualisierung der Lebensentwürfe und Formen der Lebensführung. Dies alles zeigt sich im Verlust fast aller Selbstverständlichkeiten und in der Herausforderung, den eigenen Lebenssinn

---

[10] P. M. Zulehner, Wie geht's, Herr Pfarrer? Ergebnis einer kreuzundquer-Umfrage: Priester wollen Reformen, Wien 2010.
[11] Vgl. K. Gabriel, Kirchen im gesellschaftlichen Wandel, in: ThGl 100 (2010) 254–273.
[12] Vgl. H. Rosa, Beschleunigung. Die Veränderung der Zeitstrukturen in der Moderne, Frankfurt a. M. 2005.

als lebenslange Aufgabe zu begreifen und mit erheblichem Aufwand selbst zu konstruieren.[13] Der gegenwärtige Weg der Identitätsfindung dieser postmodernen Minderheit ist ein laufender und offener Prozess. Er vollzieht sich mit zwei Frontstellungen: Zum einen in der missionarischen Ausrichtung auf die umgebende, weiterhin säkularer werdende Gesamtgesellschaft. Zum anderen in Richtung auf die vorfindliche und weithin auch vorgesetzte Generation von Gläubigen, Ehrenamtlichen und Kolleg(inn)en bzw. Vorgesetzten („Chefs"), deren Ära des kulturell geprägten Christentums mit seiner pfarrgemeindlich-flächenerfassend geprägten Volkskirche unweigerlich zu Ende geht. Mein Postulat zu dieser neuen Generation lautet: Es wäre notwendig, diese junge Generation als eigene Gruppe im Sinne einer Avantgarde einer neuen Kirche ernst zu nehmen, sie nicht mit den Altlasten einer vergehenden Kirchengestalt in ihrer Energie zu lähmen und ihr vor allem die Freiheit zum Experimentieren zu geben.

3 Pastoraler Wandel als Herausforderung an die Identität des Personals der Kirche

Die bisherigen Überlegungen haben exemplarisch gezeigt: Die Wandlungsprozesse in der Gesellschaft und in der Kirche haben nicht nur demografische, sondern auch psychosoziale Folgen. Die Argumentationsrichtung dieses Beitrags lautet daher: *Ihre gebündelte Wirkungsdynamik geht viel tiefer als strukturelle Veränderungsprozesse. Die Identität der Seelsorgenden wird infrage gestellt. Die pastoralen Veränderungsprozesse sind ein bedeutender Beschleunigungsfaktor für einen Wandel im Selbstverständnis.*

Dass die postmoderne Identitätsfrage und ihre Konsequenzen für die Rolle der Seelsorgenden beim Personal der Kirche Einzug erhält, tritt erst jetzt stärker ins Licht.[14] Allerdings schrieb der bekannte Pas-

---

[13] Ausführlich zur Charakterisierung der jungen Seelsorgenden vgl. C. Jacobs, Warum sie „anders" werden. Vorboten einer neuen Generation von Seelsorgern, in: Diak. 41 (2010) 313–322.

[14] Vgl. H. Keupp, Postmoderne Identitäten. Vortrag im Rahmen der Tagung „Die Grammatik urbanen Zusammenlebens" am 9./10.09.1999 an der Universität Köln, in: http://www.ipp-muenchen.de/texte/postmoderne_identitaeten.pdf

toraltheologe Hermann Stenger bereits vor 30 Jahren in seinem Buch „Eignung für Berufe der Kirche":

> „Es gab eine Zeit, da war ein Ritter ein Ritter, ein Bauer ein Bauer und ein Pfarrer ein Pfarrer. Auch wenn er ein unfähiger oder sogar schlechter Pfarrer war, war er dennoch unbestritten für andere und vor sich selbst ein Pfarrer. Inzwischen haben sich die Zeiten grundlegend geändert. Die Ritter sind verschwunden, die Bauern sind dabei, Techniker und Ingenieure zu werden, und die Pfarrer fragen sich, wer sie eigentlich sind."[15]

Was damals mit Blick auf Priester geschrieben wurde, gilt heute auch für Diakone, die Pastoralreferent(inn)en und Gemeindereferent(inn)en. Sie stellen sich mehr und mehr existenziell die Fragen: *Wer* bin ich eigentlich? Und: *Wozu* bin ich eigentlich da?[16] Letztlich bestätigt sich darin, was die Konzilsväter im Zweiten Vatikanischen Konzil mit großer prognostischer Kraft über die ganze Welt sagten: Die Menschheit steht in einer neuen Epoche der Geschichte, und tief greifende und rasche Veränderungen sind dabei, Schritt um Schritt auf die ganze Welt überzugreifen.[17] *Es geht für die Seelsorgenden um die Frage nach der eigenen Identität und der eigenen Rolle in Zeiten des pastoralen Wandels.*

Diese Frage ist ohne Zweifel stark forciert worden durch die Veränderungen in den pastoralen Strukturen in den vergangenen 20 Jahren, wobei die letzte Dekade dafür vermutlich entscheidend ist. Denn unter dem Druck der Strukturprozesse veränderte sich auch die von den Diözesen in ihren pastoralen Programmen und Konzepten eingesetzte Theologie. Diese theologischen Konzepte knüpfen mehrheitlich an die Theologie des Zweiten Vatikanischen Konzils mit seiner Wiederentdeckung des Priestertums aller Getauf-

---

(Download: 5.9.2017); ders., Identität und Kohärenz: Ein vergeblicher Anspruch in der Postmodernen Gesellschaft?, in: B. Schmitz, P. Prechtl (Hg.), Pluralität und Konsensfähigkeit, Würzburg 2001, 25–56.

[15] H. Stenger (Hg.), Eignung für die Berufe der Kirche. Klärung – Beratung – Begleitung, Freiburg i. Br. 1988, 43.

[16] Vgl. C. Jacobs, Seelsorgestudie und Berufungspastoral – Wer bist du? & Für wen bist du da?, in: Zentrum für Berufungspastoral – Arbeitsstelle der DBK (Hg.), Werkheft der Berufungspastoral 1 (2016) 18–28.

[17] Vgl. Pastorale Konstitution *Gaudium et spes* (GS) des Zweiten Vatikanischen Konzils über die Kirche in der Welt von heute, Art. 4.

ten an[18] – vergleiche exemplarisch bei Joseph Ratzinger[19] und Elmar Mitterstieler[20]. Mit einer Theologie der Berufung auf der Basis einer Theologie des Priestertums der Getauften kam mehr und mehr die Einsicht zum Tragen, dass nicht die Priester und auch nicht die bezahlten Professionellen die Hauptakteure der Pastoral sein können. Es sind die Gläubigen selbst, die (eigentlich) die Eigen-Verantwortung für die Evangelisation der Welt und das Funktionieren des Alltags der Gemeinde vor Ort tragen (müssten).

Die ausgesprochen wünschenswerte neue theologische Wertschätzung des Priestertums der Gläubigen, die Neubestimmung des Bischofsamtes und vor allem die nachkonziliare Entwicklung im deutschsprachigen Raum haben allerdings die Frage nach der Identität („Wer bin ich?") und Rolle („Was tue ich?") bisher mit einer zu geringen Aufmerksamkeit bedacht.[21] *Dass diese Fragestellung sowohl ein theologisches Problem als auch ein pastorales Problem darstellt, wird zunehmend in einer geradezu existenziellen Irritation des pastoralen Personals, besonders der Priester, greifbar.* Aus pastoralpsychologischer und pastoralsoziologischer Perspektive lassen sich exemplarisch folgende Brennpunkte der Problematik benennen:[22]

- Viele, die heute Priester sind, wollten eigentlich Pfarrer werden. Das Priestersein ist für sie dazu eine Voraussetzung, ohne die es nicht geht. Mit dieser zugespitzten Aussage ist folgende Problemlage angesprochen: Für viele Priester von heute verknüpfte sich mit ihrem Priesterwerden als zentrales Zukunftsbild ihrer Existenz das Bild des vor Ort weisungsberechtigten Pfarrers für ein bestimmtes, möglichst überschaubares Territorium. Das war und ist ihr Traum, ihr Lebensziel. Diese Vorstel-

---

[18] Vgl. Dogmatische Konstitution *Lumen gentium* (LG) des Zweiten Vatikanischen Konzils über die Kirche, Art. 10.
[19] Vgl. J. Ratzinger, Sentire ecclesiam, in: GuL 36 (1963) 321–326.
[20] Vgl. E. Mitterstieler, Das wunderbare Licht, in dem wir leben. Gleichheit, Würde und Priestertum aller in der Kirche, Würzburg 2011.
[21] Vgl. B. Bihl, Weihe und Jurisdiktion. Wiederauflage eines klassischen theologischen Problems unter neuen Vorzeichen, in: MThZ 69 (2018) 288–304.
[22] Zur Begründung ausführlicher vgl. C. Jacobs, Die Deutsche Seelsorgestudie 2012–2014. Konzept, Ergebnisse und Konsequenzen, in: Zeitschrift für Pastoraltheologie 37 (1/2017) 9–38; ders., Herausforderungen an das Priestersein aus Sicht der Seelsorgestudie, in: Diak. 48 (2017) 2–11; ders., Wie Priester leben können. Herausforderungen für die Priester, in: ebd., 21–26.

lung wurde für viele durch die Realität zerschlagen. Häufig wird dies als sehr frustrierend oder gar „gewalttätig" schnell erfahren bzw. interpretiert. Viele Priester sehen, dass sie unter den gegenwärtigen und kommenden Bedingungen niemals eine Zukunft als Pfarrer haben werden. Sie erleben dies mit Scham und Frustration als „Degradierung". Sie können und wollen nicht einsehen, dass ihre Qualifikationen und ihre Belastungsfähigkeit für große seelsorgliche Einheiten aus Sicht der Personalverantwortlichen nicht ausreichen.

- Auch viele, die Gemeindereferent(in) oder Pastoralreferent(in) geworden sind, waren und sind fasziniert von der Arbeit in den „kleinen Heimaten", in denen sie einen Verwirklichungsort für ihre Ideale und dabei die Stabilisierung ihrer in der Postmoderne brüchig gewordenen Identität erhofften.[23] Als solche Orte können die alten Milieus der relativ kleinen Pfarrgemeinden und die selbstständigen Handlungsfelder in der kategorialen Seelsorge ohne Weiteres verstanden werden. Viele verknüpften und verknüpfen noch heute eine derart vorgestellte Tätigkeit – in ähnlicher Form wie die Priester – mit der Erwartung einer entsprechenden Machtposition durch funktionale Leitungsverantwortung. Allerdings rütteln die pastoralen Strukturveränderungen massiv an diesen überkommenen pastoralen Milieus. Gemeindereferent(inn)en werden keine „Pfarrgemeinde-Referent(inn)en" mit Alleinverantwortung für Erstkommunion und Firmung mehr sein; und viele „kategoriale Sehnsuchtsorte" werden neu zugeschnitten oder in große Seelsorgeeinheiten „eingemeindet" werden. Der Druck zur Professionalisierung in den Feldern der Seelsorge steigt. Der Organisationsentwickler Valentin Dessoy identifiziert in dieser Entwicklung provokativ einen weithin beachteten Impuls für die Entwicklung des Selbstverständnisses der Berufsgruppe der Laien: „Kirche braucht Profis – aber keine Gemeindereferenten."[24]

---

[23] Vgl. H. Rosa, Heimat im Zeitalter der Globalisierung, in: Der Blaue Reiter – Journal für Philosophie (1/2007) 19–23; ders., Weltbeziehungen im Zeitalter der Beschleunigung. Umrisse einer neuen Gesellschaftskritik, Berlin 2012.
[24] Vgl. V. Dessoy, Kirche braucht Profis – aber keine Gemeindereferenten. Skizze einer neuen Rollenarchitektur, in: Das Magazin – Zeitschrift des Bundesverbandes der Gemeindereferenten/innen 16 (4/2017) 4–12.

- Neue pastorale Berufsbilder sind dabei, den Charakter der Pastoralteams zu verändern. Hintergrund ist der Nachwuchsmangel in den pastoralen Laienberufen, die ja ebenfalls weniger werden, obwohl für sie überhaupt keine Verpflichtung zu einem zölibatären Leben besteht. Ein wichtiger Grund ist das Austrocknen der Ressourcen unter den Gläubigen und die mangelnde Attraktivität der Berufsbilder der Kirche. Es wird viele Quereinsteiger(innen) aus anderen Berufen brauchen, um den Bedarf an seelsorglichen Diensten in Zukunft decken zu können. Hier werden viele Identitätsfragen entstehen.
- In Diözesen mit ausreichender Finanzkraft wird es in Zukunft für die großen Einheiten mehr und mehr nötig sein, speziell ausgebildete und beauftragte Verwaltungsleiter(innen) bereitzustellen. Diese werden viele funktionale Managementdienste bei sich bündeln, die vorher bei den Seelsorgenden, vor allem bei den leitenden Pfarrern, angesiedelt waren. Auch hier stellt sich für viele auf einmal die Frage: Wer bin ich denn, wenn ich – völlig überraschend – „nur" noch für die Seelsorge verantwortlich bin? Dafür gibt es vielfach noch keine Rollenkonzepte und Zukunftsbilder. Missionarisches Handeln gehört bisher nicht zu den Kernkompetenzen. Seelsorgende sagen mit Recht: „Darin sind wir nicht ausgebildet!"
- Wenn es tatsächlich so ist, dass die Gemeinde vor Ort in ihrer Nähe zu den Menschen das „Kronjuwel" für die Fruchtbarkeit des pastoralen Handelns darstellt, dann wird es unumgänglich sein, dass Ehrenamtliche vor Ort die Hauptverantwortung in den vier Handlungsfeldern der Kirche übernehmen (Gemeinschaftsbildung, diakonisches Handeln, Verkündigung und Liturgie). Dazu wird auch die Übernahme wesentlicher liturgischer Dienste und der Pastoral der Sakramente gehören. Tatsache ist es aber, dass viele Seelsorgende dies zwar verstandesmäßig einsehen und sogar im Auftrag der Diözesen zu organisieren haben, aber gefühlsmäßig durch diese Zuständigkeitsverlagerung in ihrer Identität schwer irritiert werden. *Sie wissen zwar, dass sie es selber gar nicht mehr bewältigen könnten, aber sie stellen sich mit Recht die Frage: „Was wird denn in Zukunft mein ‚Ureigenes' sein, in dem ich unersetzlich sein werde?"*
- Als Kostbarkeit und Symbol des Besonderen galt und gilt in der Kirche von Beginn an die freiwillige Entscheidung von Männern

und Frauen für die Lebensform der Keuschheit und Ehelosigkeit. Dies hat sich in der Öffentlichkeit der westlichen Welt in den vergangenen Jahrzehnten immer stärker gewandelt. Die Lebensform der Priester und Ordensleute hat leider nicht nur an Strahlkraft und Attraktivität in der Gesellschaft verloren. Sie hat auch vielfach die Wertschätzung der Gläubigen und sogar bei einem Teil derjenigen eingebüßt, die diese Lebensform selber gewählt und versprochen haben. Viele zölibatär Lebende erleben sich nicht nur im Kontext der gegenwärtigen Gesellschaft als Exoten, sondern auch im Kontakt mit der Mehrheit der Gläubigen in einer „Verteidigungsstellung" für ihre Lebensform. Dies wurde durch den Missbrauchsskandal dramatisch forciert. Der ständige Rechtfertigungsdruck kränkt; er führt zu wiederholten Rückzugsgefechten oder zum Rückzug in das Private oder auf labile Machtpositionen. Darüber hinaus hat die Seelsorgestudie gezeigt, dass jeweils ein Viertel der Priester den Aussagen: „Meine Lebensform ist großartig und erfüllend" und „Wenn ich die Wahl hätte, würde ich mich wieder für dieselbe Lebensform entscheiden" nicht positiv zustimmen kann; bei allen anderen Berufsgruppen sind es jeweils unter zehn Prozent. Hier scheint ein beachtliches Problem der Selbstakzeptanz und Selbstgewissheit der eigenen gewählten Lebensform vorzuliegen, das sich mit Sicherheit auf die wahrgenommene Identität und die eigene Rollensicherheit auswirkt. Vergleichende Analysen zu den Herkunftsländern der Priester in der Seelsorgestudie zeigen übrigens, dass die Problematisierung des zölibatären Lebens eine wesentliche kulturelle Prägung hat: Je stärker die Kultur des Herkunftslandes (z. B. Afrika, Indien) bzw. des Lebensraumes (die katholische Diaspora-Subkultur des Ostens) die zölibatäre Lebensform stützt und wertschätzt, umso höher ist die verinnerlichte eigene Wertschätzung der zölibatären Lebensform. Priester in einer „zölibatsfreundlichen" oder „zölibatsstützenden" Kultur urteilen über ihre eigene Lebensform positiver als Priester in einer „zölibatskritischen" Kultur.[25] Man wird hier folgern können: Es braucht dringend eine neue Stützung des Zölibates durch die Gläubigen in den Gemeinden!

---

[25] Vgl. Jacobs, Herausforderungen an das Priestersein (s. Anm. 22); ders., Wie Priester leben können (s. Anm. 22).

So sei noch einmal fokussiert: Die Dynamik der Veränderungen im Bereich der pastoralen Strukturen findet ihre zumindest ebenso bedrängende Parallele im Bereich der inneren Vorgänge und der Rolle des pastoralen Personals. *Es geht um ihre Identität, die im Kontext der Wandlungsvorgänge neu aufgestellt werden muss. Hierbei handelt es sich um personale Vorgänge, die nicht „organisiert" oder gar dekretiert werden können. Es sind vergleichsweise langsame Wachstumsvorgänge, die Zeit, Aufmerksamkeit und viele Ressourcen brauchen. Und sie brauchen ein Klima der Wertschätzung. Denn nur in einem Raum wertschätzender Beziehungen und wechselseitiger positiver Anteilnahme kann sich Identität konstruktiv entwickeln.*

4 Konstruktive Perspektiven: Zukunftsbilder für die Förderung des pastoralen Personals

Seelsorgende sind Menschen, die in ihrem Leben im Idealfall ein hohes Risiko eingehen: *Sie stellen ihr Leben in Dienst. Sie vertrauen sich einer Organisation an, für die sie als Priester keine Alternative haben und für die sie als Laien unter großem Risiko nach einer Alternative suchen müssten.* Sie machen sich abhängig von einer Organisation, deren gesellschaftlicher Einfluss nicht mehr auf Mehrheitseinfluss, sondern auf Minderheiteneinfluss basieren wird.[26] *Zukunftsbilder und Reformpläne für die Organisation der Kirche sind m. E. nur anziehend bzw. vertretbar, wenn sie menschendienlich sind.*

Selbstverständlich *wirksam* ist diese Maxime nicht, weil alle (!) Organisationen aus organisationslogischen Gründen nicht an der Fülle des Lebens der Menschen, sondern an ihrem eigenen Überleben interessiert sind. Daher ist die Frage menschenbezogen zu stellen: *Was brauchen die Seelsorgenden, um angesichts ihres Lebenseinsatzes für das Evangelium in der Kirche eine Zukunft für ein gelingendes Leben zu finden?* Dazu seien in knapper Form mit Blick auf eine gelingende Zukunft der Seelsorgenden einige wichtige Merkposten und Handlungsoptionen formuliert. Wichtig ist mir, dass sie nicht zufällig zustande gekommen sind, sondern ihren Ursprung in zentralen empirischen Fakten der Seelsorgestudie und Er-

---

[26] Vgl. S. Moscovici, Sozialer Wandel durch Minoritäten, München 1976.

fahrungen aus der Praxis der geistlichen, supervisorischen und therapeutischen Begleitung haben.

4.1 Seelsorge macht zufrieden!

Seelsorgende sind mit ihrem Leben und ihrer Tätigkeit im Vergleich mit der Normalbevölkerung überraschend zufrieden.[27] Sie sagen erstens „Es ist grundsätzlich gut mit meinem Leben!" und zweitens „Seelsorge macht Freude. Ich kann mich damit gut identifizieren!". Dies ist ein beachtenswerter Kontrapunkt gegen eine an der Oberfläche wabernde Stimmung des Jammerns und der Angst. Für die nichtkirchliche Öffentlichkeit, für die meisten Gläubigen und sogar für viele Seelsorgende selbst kommt dieses Faktum allerdings überraschend.

Die Vergewisserung, dass die Seelsorgenden diese Erfahrung bis heute so zentral machen dürfen, könnte ein bedeutsamer Stabilitätsanker und ein Motivationspotenzial angesichts einer im Moment ungewissen Zukunft werden. Denn man darf daran erinnern, dass diejenigen, die so zufrieden geantwortet haben, ebenfalls in ihrem Leben bis heute zahlreiche Probleme und Herausforderungen bewältigt haben, z. B. auch die großen Umbrüche der Konzilszeit. Für die eigene Motivation ist es sehr wichtig, diese Grunderfahrung im Herzen zu behalten und immun zu machen gegen erwartbare Schwierigkeiten.

4.2 Seelsorgende erwarten von ihrer Kirche zukunftsfähige Konzepte und Wertschätzung für ihre Tätigkeit

In großer Spannung zur hohen persönlichen Lebenszufriedenheit und guten Zufriedenheit mit der Tätigkeit steht die große Unzufriedenheit mit dem Zustand der kirchlichen Organisation. Die Stellungnahmen der Seelsorgenden zu den Aussagen: „Die Diözesanleitung hat klare Vorstellungen über die Zukunftsstrategien", „Die Diözesanleitung setzt die richtigen Prioritäten" und „Die Diözese kümmert sich um ihre Mitarbeiter" fallen sehr desillusionierend aus für diejenigen, die als Verantwortliche in ihren Konzepten „nur das Beste" wollen. Gute Konzepte und guter Wille kommen offen-

---

[27] Vgl. Baumann u. a., Überraschend zufrieden (s. Anm. 4).

sichtlich nicht so an. Bilanzierend heißt das: *Viele Seelsorgende halten die Zukunftsstrategien ihrer Diözese für unklar.* Sie haben kein positives Vertrauen, dass ihre Diözese die Zukunft meistern wird, viele glauben nicht, dass ihre Diözese gut für sie sorgt. Damit besteht für die Verantwortlichen ein deutlicher Handlungsbedarf. Denn wenn es so bliebe, dass Seelsorgende erwarten würden, in der eigenen Kirche nicht glücklich werden zu können, wäre das trauriger Prädiktor für die Zukunft des Nachwuchses.

4.3 Die Zukunft ist das „Miteinander" mit unterschiedlichen professionellen und menschlichen Profilen

Seit der Einführung der Laienberufe in der Seelsorge im deutschsprachigen Raum haben die theologisch-wissenschaftlichen Kontroversen um die Fragen nach Diensten und Ämtern einen großen Platz eingenommen. Die Angehörigen der verschiedenen Berufsgruppen haben versucht, sich gegeneinander zu profilieren und sich möglichst scharf voneinander abzugrenzen. Auch die „Verteilungskämpfe" um die Ressourcen des pastoralen Alltags haben eine Rolle gespielt. Diese Profilprobleme und Neidgefühle und die dahinterliegenden Ungerechtigkeiten in Fragen der Machtverteilung, der Bezahlung und der Entwicklungsmöglichkeiten lassen sich auch heute noch in den Daten der Seelsorgestudie empirisch nachweisen. Allerdings: *Noch bedeutsamer als Profilunterschiede sind die Gemeinsamkeiten unter den Seelsorgenden. Aus pastoralpsychologischer Perspektive erweisen sich die Unterschiede der Berufsgruppen als weitgehend irrelevant mit Blick auf die menschlichen Herausforderungen der Zukunft.*[28] *Die Gemeinsamkeiten in ihren beruflichen und menschlichen Wachstums- und Entwicklungsaufgaben sind bedeutsamer als die Unterschiede.* Wesentlicher als Berufsgruppenzugehörigkeiten sind Tätigkeitsfelder und Persönlichkeitsprofile. Daraus ist zu folgern: Es geht für alle gemeinsam um menschliches Wachstum und gemeinsame Professionalisierung im Dienst der Menschen. Für die Entwicklung der Kirche heißt das: Die Kirche als „Anbieterin" eines Lebensweges bzw. Berufsweges wird von den Interessentinnen und Interessenten geprüft, ob sie eine individuelle, auf die Person zuge-

---

[28] Vgl. C. Jacobs, Die Kirche und ihr Personal: Anforderungen an geistliche Persönlichkeiten [im Druck].

schnittene Perspektive „für ein gutes Leben" bieten kann. Alle Gestaltungsprozesse des Wandels gilt es, mit Blick auf diese Potenziale zu prüfen und zu entwickeln.

4.4 Es braucht geistliche Persönlichkeiten und ein „Investitionsprogramm für Spiritualität"

Die spirituelle Motivation für den Einsatz im Dienst des Evangeliums stellt schon immer das tragende Fundament für den Dienst in der Kirche dar. *Je stärker innerweltliche Gratifikationen wegfallen oder unattraktiv werden (Ansehen, Einkommen, Macht usw.), umso stärker kommt die intrinsische, von innen aus dem Herzen entspringende Motivation für den Einsatz zur Geltung.*[29] So wird immer deutlicher, dass – im Unterschied zu früher – das Arbeitsfeld der Seelsorge nur für Menschen attraktiv wird, die diesen Lebensraum aus geistlicher Motivation wählen.

In der Seelsorgestudie hat sich gezeigt, dass die Lebendigkeit der Gotteserfahrung und das erlebte Gottvertrauen bei allen Berufsgruppen ein ausgesprochen positiv bedeutsames Merkmal für Identifikation mit der Seelsorge und der gewählten Lebensform, für die Lebens- und Arbeitszufriedenheit, für die Gesundheit und die Praxis des spirituellen Lebens darstellen.[30]

Eine entscheidende Rolle für die Lebendigkeit der Gotteserfahrung spielen in diesem Zusammenhang das persönliche und private Gebet und eine Haltung der Ehrfurcht und der Dankbarkeit. Aus empirischer Perspektive sind die private Gebetspraxis und dankbare und ehrfürchtige Gottesbeziehung sogar „tragfähiger" als die theologisch zentralere Feier der Eucharistie. Möglicherweise liegt das daran, dass die Feier der Eucharistie im Alltag der Seelsorgenden häu-

---

[29] Vgl. K. Demmer, Zumutung aus dem Ewigen. Gedanken zum priesterlichen Zölibat, Freiburg i. Br. 1991, 54–57.
[30] Vgl. A. Büssing, E. Frick, C. Jacobs, K. Baumann, Health and Life Satisfaction of Roman Catholic Pastoral Workers: Private Prayer has a Greater Impact than Public Prayer, in: PastPsy 65 (2016) 89–102; dies., Self-Attributed Importance of Spiritual Practices in Catholic Pastoral Workers and their Association with Life Satisfaction, in: PastPsy 66 (2017) 295–310; E. Frick, K. Baumann, A. Büssing, C. Jacobs, J. Sautermeister, Spirituelle Trockenheit – Krise oder Chance? Am Beispiel der römisch-katholischen Priesterausbildung, in: WzM 70 (2018) 61–77.

fig in das „Arbeitsprogramm" einsortiert und dann auch als Arbeit erlebt wird und damit ihre existenzielle Kraft für die Identitätsbildung verliert. Ein zusätzliches Problem dürfte darin bestehen, dass viele Priester die Nicht-Teilnahme vieler Gläubigen an der Eucharistiefeier als Kränkung erleben. Auch leidet die erlebte Lebendigkeit der Eucharistiefeier aus der Perspektive vieler junger Priester unter der Altersstruktur der Teilnehmenden. So wird die Feier der Messe mit vielen Lasten beladen und „als Problem liturgischer Gestaltung erfahren"[31].

Wichtig bleibt die Erkenntnis der Seelsorgestudie, dass die Freude der eigenen Tätigkeit in der Seelsorge grundsätzlich in einem spirituellen Kontext steht. Seelsorgende, die sich mit ihrer Tätigkeit hoch identifizieren, äußern neben einer grundsätzlichen Lebenszufriedenheit meist bei drei Antwortbereichen eine besonders hohe Zustimmung:
1. Ich führe eine persönliche Beziehung mit Gott/Jesus, die mich nährt.
2. Meine Lebensform hilft, den Menschen wirksamer zu dienen.
3. Meine Arbeit reißt mich mit und macht mich zufrieden.

Hier zeigt sich, dass die Förderung des spirituellen Lebens auch die spirituell bedeutsame Erfahrung der Freude und Hingabe an die eigene Tätigkeit einschließt. So könnte das Fazit lauten: Bedeutsam für geistliche Persönlichkeiten sind die Förderung der erfahrenden Gottesbeziehung, der dienenden Hingabe an die Menschen und der Freude an der eigenen Arbeit.

Es wäre also kontraproduktiv, wenn Seelsorgende ihre Ressourcen für das eigene spirituelle Leben in die Managementaufgaben der Pastoral verlagern würden. Oder anders und pointiert aus der Perspektive der Gläubigen gesagt: *Auch die Gemeinden sollten mehr Wert darauf legen, dass ihre Seelsorgenden sich Zeit nehmen für ihr spirituelles Leben.* Das ist wichtiger als Zeit für Management, Veranstaltungen und Sitzungen.

---

[31] J. Ratzinger, Glaube und Zukunft, München 1970, 123.

4.5 Es braucht Wachstumsprogramme für Lebenssicherheit

Der bekannte Sozial- und Gesundheitspsychologe Heiner Keupp illustriert die herausfordernde Situation der Identitätsbildung der Menschen von heute mit dem plastischen Begriff der Gefahr der „ontologischen Bodenlosigkeit".[32] Menschen von heute sind gezwungen, ständig an der Stabilität ihres menschlichen Fundamentes für eine gelingende Lebensbewältigung zu arbeiten. Erst so werden Selbstorganisation, Authentizität, Handlungsfähigkeit und die „Verbuchung" von Anerkennung möglich. Die Lebenswissenschaften und mit ihnen die Weltgesundheitsorganisation setzen für die Konzeption dieser Lebensbewältigungskraft auf das salutogenetische Modell.[33] *Menschen brauchen für den Erwerb einer stabilen, aber gleichzeitig flexiblen Identität ein „Gefühl der Kohärenz", das befähigt, sich als aktive Gestalter des eigenen Lebens zu begreifen.* Es geht darum, das Gefühl zu haben, sich in ungewohnten Situationen zurechtfinden zu können, sich gegenüber Herausforderungen motiviert zu verhalten und nicht das Gefühl zu haben, im Leben als traurige Versager dazustehen. Jeder Mensch braucht ein Gefühl, das Leben zu verstehen, die Ressourcen für die Gestaltung zu besitzen und sich sinnvoll engagieren zu können (Verstehbarkeit, Gestaltbarkeit, Sinnhaftigkeit). Dieses so beschriebene Fundament ist angesichts der Herausforderungen des Wandels und der dadurch entstehenden Belastungen bei gegenwärtigen Seelsorgenden allerdings leider eher unzureichend ausgebildet. *Seelsorgende selbst stehen vor der Herausforderung, zuallererst und immer wieder an ihrem Fundament zu bauen: Das eigene „Lebenshaus" darf in stürmischen Zeiten nicht auf Sand gebaut sein (vgl. Mt 7,24–27).* Dieses Streben liefert die menschliche Grundlage für die seelsorglichen Kompetenzen wie z. B. Leitungskompetenzen, Rollensicherheit und Belastungsfähigkeit in den unterschiedlichen Handlungsfeldern. Und die verant-

---

[32] Vgl. H. Keupp, Identität und Kohärenz (s. Anm. 14); ders., Gesundheitsförderung als Identitätsarbeit, in: Zeitschrift für qualitative Bildungs-, Beratungs- und Sozialforschung 7 (2006) 217–238.

[33] Vgl. A. Antonovsky, The Sense of Coherence as a Determinant of Health, in: J. D. Matarazzo, S. M. Weiss, J. A. Herd, N. E. Miller (Hg.), Behavioral Health: A Handbook of Health Enhancement and Disease Prevention, New York 1984, 114–129; A. Antonovsky, Unraveling the Mystery of Health. How People Manage Stress and Stay Well, San Francisco 1987.

wortlichen Organisationen (Diözesen, Ordensgemeinschaften usw.) müssen in kreative Ressourcenentdeckung, kontinuierliche Ressourcenförderung und ein konsequentes Ressourcentraining investieren.

4.6 Es braucht ein differenziertes Gesundheitsförderungsprogramm

Schon die Missionsreisen des Heiligen Paulus und seiner Gefährten haben gezeigt: Für die Belastungen der missionarischen Aktivität ist eine ausreichende körperliche und seelische Fitness unerlässlich. *Gesundheit ist nicht Selbstzweck, sondern ermöglicht Lebensqualität angesichts von Belastungen. Sie dient dazu, die Umwelt meistern und verändern und die eigenen Bedürfnisse, Wünsche und Hoffnungen wahrnehmen und befriedigen zu können.* Der Gesundheitspsychologe Peter Becker hielt bereits vor einigen Jahren die Fitness der Seelsorgenden für nicht unbedingt ausreichend.[34] Darüber hinaus ist bekannt: Menschen, die in Organisationen tätig sind, welche in Umstrukturierungsprozessen stehen, erleben häufig gesundheitliche Beeinträchtigungen. Dies zeigen auch die Ergebnisse der Seelsorgestudie. Im Rahmen eines umfassenden Gesundheitsprogrammes braucht es erstens ein belastungsreduzierendes Organisationskonzept und zweitens organisationale Förderungsprogramme für die körperlich-sportliche Aktivität, die Steuerung des Körpergewichtes und des Alkoholkonsums und der problemorientierten Belastungsbewältigung. Es gibt einfach zu viele Gelegenheiten zum Sitzen, Essen und Trinken, zu wenig Anlässe für Bewegung und körperliche Tätigkeit: Das ist geradezu ein gesundheitliches Berufsrisiko, das gemanagt werden muss. Denn Gesundheit ist eine „geistliche Aufgabe"[35]. Nicht nur die Seelsorgenden selbst, sondern auch die Gläubigen sollten im Dienst der Gesundheit ihrer Seelsorgenden darauf achten.

---

[34] Vgl. P. Becker, Gesundheitskompetenz und persönliche Fitness der Seelsorgenden, 1988.
[35] A. Grün, M. Dufner, Gesundheit als geistliche Aufgabe, Münsterschwarzach 2001.

4.7 Gemeinschaftliches Leben ist attraktiver und gesünder – es sollte Priorität erhalten

Für junge Männer, die sich für ein Leben als Priester interessieren, ist das Szenario des Einzelgängers in einem ausgedünnten Netz von Gläubigen und noch mehr vereinzelten Priestern in Pfarrhäusern immer weniger attraktiv. Ein junger Priesterkandidat eröffnete kürzlich seine Diplomarbeit mit der provokativen Frage:

„Warum muss ich es denn begründen, wenn ich mein Leben eben nicht allein in einem Pfarrhaus verbringen will? Nur weil anscheinend die Mehrheit der Priester in unserem Land heute so lebt? Sonst will doch eigentlich auch niemand so leben! Und der Zölibat ist sicher nicht gleichbedeutend mit selbst gewählter Einsamkeit"[36].

Viele Gläubige und selbst die Priester wissen nicht (mehr), dass das gemeinschaftliche Leben von Priestern in der Kirchengeschichte eher der Normalfall und auch die kirchlich eindeutig gewünschte Lebensform ist. *Generell wird man sagen müssen: Das Leben in der Sozialform des Ein-Personen-Haushalts bzw. des Lebens mit Pfarr-Haushälterin ist überholt und vorbei.*

Die Daten der Seelsorgestudie sind dabei eindeutig: *Priester, die in einer der vielen verschiedenen möglichen Formen gemeinschaftlichen Lebens vor Ort leben, sind zufriedener, lebenssicherer, gesünder, belastungsfähiger, engagierter in der Seelsorge, spirituell verwurzelter. Und: Sie erleben ihre zölibatäre Lebensform positiver und identifizieren sich mehr mit ihrer Lebensform als Priester.*

Damit deutet sich die Notwendigkeit eines weitreichenden Umsteuerns in der gesamten Pastoral an: Zugunsten der Lebensqualität der Priester (und im Interesse der Förderung der priesterlichen Lebensform) wird das gemeinschaftliche Leben von Priestern strukturell und individuell zu fördern sein. *Priester müssen auf die Chancen des gemeinschaftlichen Lebens hin ausgebildet und trainiert werden. Und es wird zu einer Reduktion der Stellen führen müssen, wo Priester*

---

[36] T. Hasselmeyer, „Es ist nicht gut, dass der Mensch alleine sei" – Pastoralpsychologische Reflexion über die Möglichkeiten und Effekte von Formen gemeinschaftlichen Lebens für Diözesanpriester anhand einer qualitativen Pilotstudie und historischen Retrospektive [Diplomarbeit masch.], Paderborn 2007.

gezwungen (!) wären, allein zu leben. Das gemeinschaftliche Leben von Priestern wird auf ihren Wunsch hin auch gegen die Präsenz- und Versorgungserwartungen von Gläubigen durchzusetzen sein. Es geht um die Zukunft, die Attraktivität und Überzeugungskraft der priesterlichen Lebensform.

4.8 Es braucht eine Kenntnis des eigenen Ressourcenprofils und einen charismenorientierten Personaleinsatz

„Hauptsache, die Stelle ist besetzt!" Oder: „Hauptsache, wir in unserer Pfarrei bekommen den uns zustehenden Priester oder Laienmitarbeiter!" Solche Aussagen regieren häufig trotz aller Veränderungen noch die Gespräche und Maximen im Kontext des Personaleinsatzes. Dabei sollte schon lange die Einsicht gekommen sein: *Je knapper das Personal, umso wertvoller ist es und umso sorgfältiger müsste darauf geachtet werden, dass keine Ressourcen verschleudert werden.* Dies muss in Zukunft zu Ressourcenprofilen von Seelsorgenden und einem darauf basierenden charismenorientierten Personaleinsatz mit dem Ziel der Passung von Erfordernissen der Gläubigen vor Ort und ihren Seelsorgenden führen.

Natürlich ist klar: Das Personal hat für die Gläubigen und ihre Bedürfnisse da zu sein (s. o.). Personaleinsatz darf nicht die Vorlieben der Seelsorgenden zum Maßstab des Personaleinsatzes machen. Aber umgekehrt gilt ebenso: Es gibt Stellen, die aufgrund des Mangels an personellen Ressourcen nicht (mehr) besetzt werden können. Und es existieren Anforderungsprofile vor Ort, für die im Moment oder grundsätzlich niemand mehr zur Verfügung steht. Zudem gilt: *Eine missionarische Kirche muss fähige Seelsorgende mit einer Sendung beauftragen, für die es bisher noch keine Stellen gab.*

In der Personalführung und im Personalmanagement gibt es eine einfache Regel: *Je knapper das Personal ist, umso sorgfältiger muss der Personaleinsatz auf der Basis von Beginn an erhobener und entwickelter Ressourcenprofile geplant werden.* In vielen Diözesen und in den Vorstellungen vieler Gläubiger gibt es noch die Vorstellung, dass z. B. alle Priester qua Amt austauschbar sein sollten. Das ist aber nicht der Fall. Die Seelsorgestudie hat z. B. gezeigt, dass bei Berücksichtigung der Ressourcen maximal ein Drittel, sinnvollerweise aber nur ein Viertel der Priester für die Funktion des Pfarrers in einem großen Seelsorgeraum infrage kommen. Und wie in jedem Unter-

nehmen gibt es immerhin sicher zehn bis 15 Prozent Personen mit schwachen Ressourcen und 25 Prozent Personen mit einem leicht zu überfordernden „angestrengten" Ressourcenstatus.
Das bedeutet:
1. Die Seelsorgenden müssen ihre Ressourcen kennen. Sie sind vielfältig, aber unterschiedlich verteilt und brauchen den geeigneten Platz in der Seelsorge, an dem sie zur Entfaltung kommen können.
2. Die Organisationsentwicklung und der Personaleinsatz haben sich an den vorhandenen menschlichen Ressourcenpotenzialen zu orientieren. Wenn keine Seelsorgenden mit den entsprechenden Ressourcen zur Verfügung stehen, gilt es nach anderen konzeptuellen Lösungen zu suchen.
3. Für die Gläubigen gilt: Sie müssen das Interesse haben, dass die Seelsorgenden an den richtigen Platz kommen. Sie würden dann leichter akzeptieren können, dass er oder sie nicht zu ihnen kommt.

So würden auch die theologischen Grundeinsichten besser umgesetzt werden, dass die Gläubigen selbst die Trägerinnen und Träger der Weitergabe des Evangeliums sind und dass der Geist Gottes die Charismen gibt, wem er will.

5 Schlussthese: Die Menschen müssen der Maßstab aller Zukunftsbilder und Reformpläne sein!

Am Schluss dieses Beitrags seien die verschiedenen Schlaglichter noch einmal in einer einzigen These gebündelt. Pointiert möchte ich zuspitzen: *Die Menschen müssen der Maßstab aller Zukunftsbilder und Reformpläne sein!*

Wenn nicht der Dienst am Wohlergehen der Menschen, also der Gläubigen und ihrer Seelsorgenden, zum Maßstab aller Zukunftsbilder und Reformpläne wird, dann werden sie ihre Wirkung verfehlen. Denn kaum jemand würde sich mit ihnen identifizieren und sie realisieren. Sie würden kaum das Papier wert sein, auf dem sie gedruckt sind. Denn die Sachlage ist klar: Die Zukunftsbilder werden alle eine ausgesprochen kurze Halbwertszeit haben – falls es sich überhaupt um Zukunftsbilder und nicht einfach um Verfahrensvorschriften zum Management eines Downsizing handelt.

Es gehört zum Grundwissen der Organisationswissenschaften, dass die personellen und die finanziellen Ressourcen die beiden zentralen Steuerungsfaktoren der Organisation darstellen. *Also werden in Zukunft die Ressourcen der Gläubigen und der Seelsorgenden die Steuerungsfunktion der Reformpläne übernehmen.* Schärfer akzentuiert: Die „Human Resources" werden entscheidend sein. Das „Personal vor Ort" (die Gläubigen) und die Seelsorgenden sind die großen Akteure in der Entwicklung der Kirche. Mit Blick auf das pastorale Personal werden die Personalverantwortlichen aufgrund ihrer Einsatzhoheit und Förderungsverantwortung eine große Gestaltungsmacht und Verantwortung tragen. *Damit werden sie entscheidend die Pastoralpläne prägen.*

Die Kirche hat von ihrem Selbstverständnis her allerdings noch einen entscheidenden dritten Steuerungsfaktor. *Die Kirche lenkt der Sendungsauftrag Jesu Christi.* Dafür braucht es die theologische Reflexion und Modifikation jedweder aus den Organisationswissenschaften ausgeliehener Konzepte. Jesus Christus hat die Kirche nicht um ihrer selbst willen, sondern um der Menschen und um ihres Heiles willen gestiftet. *Die Gläubigen und ihre Seelsorgenden haben daher das Recht, dass Zukunftsbilder und Reformpläne an ihnen Maß nehmen und ihrem Heil dienen.* Die Analyse der Wandlungsprozesse bei den Seelsorgenden hat gezeigt: Die gegenwärtigen Veränderungen und die neuen Anforderungen hinterlassen tiefe Spuren in ihrer Identität. Sie müssen sich – bei aller Kontinuität ihrer Wesensidentität und ihres Grundauftrags – quasi neu erfinden. Dabei dürfen wir davon ausgehen, dass der Geist Jesu Christi jeder Generation der Kirche die Seelsorgenden schickt, die sie braucht. Und allen miteinander den Geist, der das Antlitz der Erde erneuert.

Pastorale Räume neu denken und gestalten

Michael N. Ebertz

1 Der Raum als Gebiet

Wer heute an „pastorale Räume" denkt, meint damit zumeist einen geografischen Gebietsbegriff. Ähnlich wie bei Polizeirevieren oder Schulbezirken wird das geografische Territorium, auf einer Landkarte markierbar, eingegrenzt. Auch Vertreter der Pharmaindustrie oder von Staubsaugern machen das. Wie geografische Grenzen zwischen Ländern, Orten, Stadtvierteln, Nachbarschaften oder Wohnhäusern verlaufen, oft auch durch Grenzanlagen, Mauern, Zäune oder Markierungen auf topografischen Karten leicht zu identifizieren, haben dann auch solche pastoralen Räume ihre Grenzen. Manchmal kennen sie nur Spezialisten.

Grenzen, so lässt sich an der Geschichte erkennen, „sind häufig das Ergebnis historischer, gesellschaftlicher und technologischer Entwicklungen. Manche, die früher unverrückbar erschienen, sind heute obsolet – wie etwa die Zollschranken innerhalb Europas"[1]. Nur an – manchmal heruntergekommenen – Gebäuden können wir innerhalb von Europa solche Staatsgrenzen noch erkennen. Manche bedauern das, hatten solche Grenzen doch ihre eigene Atmosphäre und wurde ihre Überquerung doch mit innerer Spannung erlebt. Grenzkontrollen ließen staatliche Herrschaft und Macht, auch Terror und Gewalt spüren, aber auch Heimatgefühle aufkommen.

> „Wer einmal an einem Grenzübergang warten musste, bis der eigene Ausweis geprüft war und die Grenze passiert werden durfte, dem erschließt sich ihre Bedeutung als ein Zusammenhang von Staatsgebiet, Kontrollinstanz und Übergangszone. Mit dieser Erfahrung gelangt man an den Kern dessen, was Grenzen vor allem im 19. Jahrhundert bezeichneten und als was sie noch heute hauptsächlich definiert werden, nämlich territoriale Markierun-

---

[1] A. Öztürk, Editorial, Grenzen, in: APuZ 63 (4–5/2014) 2.

gen zur Absicherung von Macht, an denen der Hoheitsbereich des einen Staates aufhört und der eines anderen anfängt."[2] Die geografischen Grenzen zwischen West- und Ostdeutschland sind inzwischen zumeist verwischt und begrünt, obwohl die sozialen, religiösen und politischen Unterschiede noch – siehe Europawahl – ausgeprägt sein können. Die geografischen Grenzen der früheren Kleinstaaterei, die bis ins 19. Jahrhundert hinein gerade auch „Deutschland" charakterisierten, dürften nur noch den wenigsten bekannt sein. Sozial, religiös, kulturell und politisch wirken diese freilich bis heute nach. Wir haben seitdem nicht nur im Blick auf alte Atlanten und Globen deutlich erfahren: Geografische Grenzen sind konstruiert und vergänglich.

Wo der Limes der Römer in Deutschland verlief, wissen heute nur noch Expertinnen und Experten. Was für sie von wissenschaftlichem Interesse ist und „in einem bestimmten Zeitraum den äußersten Rand des politischen Einflussbereichs markiert und damit eine existenzielle Bedrohung darstellt, kann zu einer anderen Zeit ein touristischer Programmpunkt unter vielen sein."[3] Wir sehen deutlich: Geografische Grenzen können sich in ihrer Relevanz verschieben.

Aber bleiben nicht wenigstens die natürlichen Grenzen von Relevanz? Wie der französische Historiker Lucien Febvre anhand von geografischen, militärischen und staatspolitischen Grenzen zeigen konnte, ist zwar eine typologische Differenzierung nach bestimmten Erscheinungsformen wie Flüssen, Schutzwällen oder Landmarken möglich. Aber: Solche Grenzen existieren nicht an sich, auch sie werden erst dazu gemacht.[4] Im Falle von natürlichen Grenzen mag diese These irritieren,

„denn Bergkämme oder Küsten bilden doch eigentlich sehr markante landschaftliche Einschnitte. Sie werden allerdings nur vom Menschen in dieser Form erfahren, für andere Lebewesen bedeuten sie keine natürliche Einschränkung der Bewegungsfreiheit. Ebenso wie künstlich erzeugte Hindernisse unterliegt ihr Status

---

[2] C. Kleinschmidt, Semantik der Grenze, in: ebd., 3–8, hier: 3.
[3] Ebd.
[4] Vgl. L. Febvre, Das Gewissen des Historikers, Berlin 1988, 27–29; Kleinschmidt, Semantik der Grenze (s. Anm. 2), 4.

als Grenze also kulturellen Setzungen und konventionellen Wahrnehmungsmustern."[5]

Geografische Grenzen sind konstruiert und vergänglich, können ihre Relevanz und auch ihre Bedeutung wandeln. Wenn heute in beinahe allen deutschen Bistümern von der „Vergrößerung der pastoralen Räume"[6] die Rede ist, sind zunächst auch geografische Vorgänge gemeint: Ihre Fläche wird größer, während ihre Zahl kleiner wird. So kennt die offizielle „Kirchliche Raumgliederung in Deutschland 2018", welche die Deutsche Bischofskonferenz (DBK) herausgibt, insgesamt 10 044 „Pfarreien und Seelsorgestellen", für das Bistum Trier zum Beispiel sind es 887.[7] Für 2007 bis 2011 lauteten die Zahlen in diesem Bistum noch 935 bzw. 922, dort ist – nach dem Beschluss einer Diözesansynode – deren Reduktion auf gut 35 Pfarreien geplant. So wird etwa in einer sogenannten „Raumgliederung des Bistums Trier" als „Vorlage für die formale Anhörung" mit Stand vom 8. Februar 2019 eine Landkarte präsentiert,[8] auf der die geografischen Grenzen von 13 Großpfarreien markiert werden, die ab 2020 errichtet werden. Die „anderen 22 Pfarreien der Zukunft" sollen ab 2022 an den Start gehen, heißt es an gleicher Stelle. Auf den Webseiten einiger Bistümer findet sich ein sogenannter „Pfarreifinder", der Antwort gibt auf die Frage: „Zu welcher Pfarrei gehöre ich eigentlich …?" Das wollen Sie spätestens wissen, wenn Sie ein Kind zur Taufe anmelden wollen, einen Pfarrer für ein Gespräch suchen oder wenn Sie heiraten wollen; die zentrale Datenbank mehrerer Bistümer hilft Ihnen, es herauszufinden. Der Pfarreifinder ist hoch komfortabel – Sie öffnen ihn beispielsweise

---

[5] Kleinschmidt, Semantik der Grenze (s. Anm. 2), 4.
[6] B. Kämper, H.-W. Thönnes, Vorwort, in: Kirche im Wandel – Rückbau, Umbau und Neubau kirchlicher Institutionen (EGTSK 44), Münster 2010, VII–X, hier: VIII.
[7] Vgl. Sekretariat der DBK, Kontinuierliche jährliche Erhebung statistischer Eckdaten über Priester, Diakone und andere hauptamtliche Mitarbeiter/innen in der Pastoral 2018, Bonn 2019, 5.
[8] Vgl. Bischöfliches Generalvikariat Trier, Raumgliederung des Bistums Trier. Vorlage für die formale Anhörung: Pfarreien der Zukunft, Umsetzung am 1. Januar 2020, Stand: 8. Februar 2019, in: https://www.bistum-trier.de/fileadmin/user_upload/PdZ_Bistum_Trier__A3_StandAnhoerung_2019_01.pdf (Download: 25.5.2019).

unter https://mewe.bistum-mainz.de/pfarreifinder/ und tragen dann z. B. einfach Ihre Straße ein: Das Programm liefert sehr schnell Vorschläge, aus denen Sie auswählen und weiterfinden können.[9] Deutlich ist an all diesen Beispielen, was Rainer Bucher auf den Punkt bringt:

> „Als Erbe der spätantiken Konstantinischen Formation, der frühneuzeitlichen Institutionalisierungsprozesse von Kirche und der reaktiven Schließung im 19. Jahrhundert denkt und entwirft sich die katholische Kirche immer noch primär von ihren Sozialformen her: als globale Papstkirche, als regionales Bistum, als lokale Gemeindekirche. Sie denkt den Raum geographisch, sich selbst institutionell und ihre Prozesse repetitiv."[10]

Wenn die Kirche den Raum geografisch denkt, so legt die Aussage von Bucher richtigerweise nahe, dann ist damit nicht nur ein institutionelles, wenn nicht institutionalistisches Selbstverständnis verbunden (Kirche als Institution), sondern auch ein ganz bestimmter Modus der Erledigung von Aufgaben („repetitiv"). Kirche gliedert sich in diesem Sinne flächendeckend in Diözesen und Pfarreien, die zugleich die amtlichen Adressen darstellen, wo z. B. bestimmte pastorale Bedürfnisse „angemeldet" und durch Amtshandlungen befriedigt werden müssen. Anmeldungsberechtigt ist nur, wer seine Wohnung in Straßen hat, die zum gleichen pastoral-geografischen Raum „gehören". Nicht der individuelle Lebensraum ist dafür ausschlaggebend, sondern der Sozialraum, nicht die Orte des Arbeitens, auch nicht der Freizeit, sondern der Wohnsitz. Auch nicht meine Wahl, wie dies in den USA möglich ist. Dort „gibt es keine feste Zuordnung der Katholiken zur Pfarrei ihres Territoriums, sondern jeder lässt sich frei in einer bestimmten Kirchengemeinde registrieren, die nicht seine Wohnort-Pfarrei sein muss"[11]. Auch die Kirchensteuer wird in Deutschland wohnsitzbezogen bezahlt, aber – über das

---

[9] Vgl. Rechenzentrum des Bistums Mainz, Pfarreifinder. Pfarreiensuche im Mainzer Meldewesenverbund, in: https://mewe.bistum-mainz.de/pfarreifinder/ (Download: 25.5.2019).
[10] R. Bucher, Die unerbetene Chance nutzen!, in: Feinschwarz vom 9. August 2017, in: https://www.feinschwarz.net/die-unerbetene-chance-nutzen/ (Download: 25.5.2019).
[11] D. Röttger, Es geht auch anders! Inspirationen aus der Kirche in Frankreich und den USA, Paderborn 2017, 20.

zuständige Finanzamt – zentral vom Bistum eingezogen, auf dessen Territorium der Wohnsitz liegt.

Eine territorialistische pastorale Raumordnung mit einer ganz bestimmten Koppelung von ganz bestimmten Orten ist nicht nur konstruiert, sondern zugleich oktroyiert, also ohne Mitwirkung der Kirchenmitglieder entstanden und als gültig gesetzt. Die freie Wahl der Zugehörigkeit ist nicht vorgesehen, vielmehr entscheidet ein Konditionalprogramm darüber: Wenn man in der Straße x wohnt, dann „gehört" man zur Pfarrei y. Dort ist man auch für die pastorale Bedürfnisbefriedigung zuständig. Eine territoriale Raumordnung konditioniert den pastoralen Betrieb.

Darüber ließe sich zeigen, dass damit auch ein bestimmtes Welt-, Umwelt- oder Gesellschaftsverständnis verbunden ist und damit auch ein bestimmtes Verständnis des Menschen bzw. von Kirchenmitgliedschaft, freilich auch ein bestimmtes Staats-Kirchen-Wirtschaft-Verständnis.[12] Wie die pastorale Bedürfnisbefriedigung per Raumordnung unfreiwillig konditioniert ist, so auch die Mitgliederrekrutierung im Säuglingsalter. Wer in eine katholische Familie hineingeboren ist und in einer bestimmten Straße wohnhaft, ist auch in einer vorherbestimmten Pfarrei zu taufen, hat dort zu heiraten, zu beichten, seine Gottesdienste zu besuchen, seinen Pfarrer für ein Gespräch aufzusuchen und ist von dort aus zu beerdigen – ehedem in der geweihten Erde eines katholischen Friedhof um die Pfarrkirche herum.

Mit dieser geografischen Raumordnung ist ein bestimmtes Priesterbild verbunden, dementsprechend das Personal so ausgewählt und sekundärsozialisiert wird, dass in jeder Situation ein Handeln im Sinne der Institution erwartbar ist (was nicht immer gelingt, nicht einmal im Fall von Bischöfen[13]). Zugleich wird mit einem solchen Personalprogramm ein anderer Programmtyp pastoralen Handelns gekoppelt: das schon angesprochene Konditionalprogramm, das entsprechende Vorschriften und Formulare sowie entsprechende Kontrollen enthält, um seine Richtigkeit sicherzustellen. Mit jener geo-pastoralen Raumordnung ist aber auch ein bestimmtes Gesell-

---

[12] Vgl. nur die Beiträge in: Kirche im Wandel (s. Anm. 6).
[13] Vgl. etwa M. N. Ebertz, L. Segler, Was tun, wenn das Vertrauen endet?, in: J. Valentin (Hg.), Der „Fall" Tebartz-van Elst. Kirchenkrise unter dem Brennglas (ThKontr), Freiburg i. Br. 2014, 91–118.

schafts- und Familienbild verbunden: Stabilität, geringes Veränderungstempo und konfessionelle Homogenität. Jener geo-pastoralen Raumordnung ist aber nicht nur ein statisches, sondern auch ein staatsanaloges Selbstverständnis inhärent: die Kirche als „Anstalt"[14]. In einer Gesellschaft radikalen Wandels muss ein solches Raumprogramm ebenso scheitern wie in einer Gesellschaft, die für eine Analogie von „politischer und hierokratischer Herrschaft" keine Plausibilität mehr kennt.[15]

Schon vor ca. 55 Jahren hat das Zweite Vatikanische Konzil (1962–1965) die damalige und – vorausgreifend – die Folgezeit als eine Zeit des Wandels diagnostiziert: sachlich, zeitlich und sozial und – ansatzhaft – auch räumlich. In *sachlicher* Hinsicht sprach das Konzil von „einem umfassenden Wandel der Wirklichkeit"[16] und davon, dass „tiefgreifende […] Veränderungen Schritt um Schritt auf die ganze Welt übergreifen" (GS 4). Es ist kein Wandel, der nur die gesellschaftliche Oberfläche betrifft. In *zeitlicher* Hinsicht sprach das Konzil von einem „immer tiefer greifenden Wandel" (GS 6) mit einer „so raschen Beschleunigung, dass der Einzelne ihm schon kaum mehr zu folgen vermag" (GS 5). Es ist also kein Wandel, der vorübergeht, sondern sich gleichsam spiralenförmig immer weiter steigert. In *sozialer* (und räumlicher) Hinsicht führt dieser Wandel, so das Konzil, „die menschliche Gesellschaft […] zu einer neuen Ordnung"[17] der „überlieferten örtlichen Gemeinschaften, wie patriarchalische Familien, Clans, Stämme, Dörfer" (GS 6). Er gestalte „in Jahrhunderten gewordene Denk- und Lebensformen der Gesellschaft völlig um" (GS 6). Es ist kein partieller, sondern ein totaler Wandel, den das Konzil diagnostiziert, ja, so können wir heute sagen, prognostiziert hat. Total ist er auch insofern, als er auch das religiöse Leben erfasst: So kann „man schon von einer wirklichen sozialen und kulturellen Umgestaltung sprechen, die sich auch auf das religiöse Leben auswirkt" (GS 4).

---

[14] Ein idealtypischer Grundbegriff bei Max Weber, den er dem „Verein" kontrastiert und darüber das Begriffspaar „Kirche" und „Sekte"; vgl. M. Weber, Wirtschaft und Gesellschaft, Tübingen ⁵1972, 28f.
[15] Vgl. ebd., 688–726.
[16] Pastorale Konstitution *Gaudium et spes* (GS) des Zweiten Vatikanischen Konzils über die Kirche in der Welt von heute, Art. 5. Weitere Belegstellen werden mit Kürzel und Artikelziffer direkt im Text angegeben.
[17] Dekret *Christus Dominus* (CD) des Zweiten Vatikanischen Konzils über die Hirtenaufgabe der Bischöfe in der Kirche, Art. 3.

Wer den Raum geografisch oder terrorialistisch versteht, das hat schon Max Weber gezeigt, ist einem staatlichen, genauer einem Raumverständnis der öffentlichen Verwaltung verhaftet. Denn der politische Verband des Staates sucht zugleich die physischen Gewaltmittel und seine Gebietsherrschaft zu monopolisieren. Indem sich die Kirche seit dem 4. Jahrhundert zur „Kirche der Gesellschaft" entwickelte und sich dabei mit dem politischen Verband verbandelte, strebte sie auch eine „hierokratische *Gebiets*herrschaft und (parochiale) territoriale Gliederung" an, „aber", so Max Weber weiter, „derart wesentlich wie dem politischen Verband ist das tatsächliche *Gebiets*herrschaftsmonopol für die Kirchen historisch nicht gewesen und heute vollends nicht."[18] Kirche könnte also anders – anders als der Staat. Wie lässt sich „pastoraler Raum" somit anders als in Kategorien der Gebietsherrschaft denken und gestalten?

2 Pastorale Räume jenseits der Gebietsherrschaft

Ein erster Schritt könnte darin bestehen, „sich von der alten Herrschaftskategorie ‚Überschaubarkeit' zu verabschieden [...]. ‚Überschaubarkeit' ist eine typisch neuzeitliche Disziplinierungskategorie. Alles zu sehen ist ein lange unerreichtes, aber immer erreichbareres Ziel moderner Herrschaft."[19] Die Verabschiedung von der kirchlichen Sozialgestalt geistlicher Herrschaft mit einer entsprechenden Gebietsherrschaft lässt sich auch mit Charles Taylor begründen, der im Rückgriff auf die Religionssoziologie Émile Durkheims seit dem Mittelalter drei Phasen ausmacht: In der ersten (mittelalterlichen) Phase war Kirche „im Prinzip mit der Gesellschaft deckungsgleich", obschon es einige Außenseiter und Häretiker gab. Über die Kirche wurden Menschen auch „gegen ihren Willen mit Gott verbunden". In einer zweiten Phase (ab dem 16. Jahrhundert, verstärkt dann im kollektiven Entsetzen über die Widerrufung des Edikts von Nantes) komme es zu einem Wertewandel, der den Kirchenzwang „nicht nur falsch, sondern absurd und infolgedessen obszön" erscheinen lässt. In ihr werde von der Einzelperson der Eintritt in die Konfessionskir-

---

[18] Vgl. Weber, Wirtschaft und Gesellschaft (s. Anm. 14), 30 [Kursivsetzung im Original].
[19] Bucher, Die unerbetene Chance nutzen (s. Anm. 10).

che ihrer Wahl erwartet, die sie zugleich „mit einem politischen Gemeinwesen" verbindet. Auch diese Phase der Staatenbildung auf konfessionell homogener Grundlage, die gleichwohl schon Gebiete mit konfessioneller Mischung kannte, ist vorbei und im heutigen Europa allenfalls noch in Ländern mit christlich-orthodoxer Bevölkerung erkennbar. In der dritten, bis zur Gegenwart reichenden Phase (ab dem 18. Jahrhundert) werde es zunehmend obsolet, „unsere Verbindung mit dem Sakralen in irgendeinen besonderen, größeren Rahmen einzufügen, sei es die ‚Kirche' oder der Staat".[20] Heute wird die wachsende Differenz im religiösen Feld durch die Kirchen nicht nur hingenommen, sondern sogar in die Kirchen und ihre Wohlfahrtsverbände hineingenommen. Ähnlich wie die Ehe wird die Kirche damit auch von einem Prozess der Deinstitutionalisierung erfasst, in der Rückgriffe auf die früheren Sanktionskonzepte selbst leerlaufen und sogar unter ihren eigenen Mitarbeitenden keine Akzeptanz mehr finden.[21]

3 Pastorale Räume in der Dienstleistungsgesellschaft

Die Verabschiedung von einer Kirche als Institution[22] geistlicher (Gebiets-)Herrschaft legt sich auch deshalb nahe, weil das Zusammenleben in unserer Gesellschaft immer weniger durch die Erfahrung und Akzeptanz von (zumal männlicher) Über- und Unterordnung bestimmt wird. Obwohl noch viele Politiker – wie seinerzeit das Zweite Vatikanische Konzil – von „unserer modernen Industriegesellschaft" sprechen, leben wir schon längst in einer Dienstleistungsgesellschaft. Dieses Etikett steht für eine der vielen Diagnosen unserer Zeit und meint insofern nur einen – aber einen kaum zu unterschätzenden – Aspekt der Gegenwart. Der amerikanische Soziologe Daniel Bell hat diese These bereits in den 1970er-Jahren her-

---

[20] Vgl. C. Taylor, Die Formen des Religiösen in der Gegenwart, Frankfurt a. M. 2002, 83–85.
[21] Vgl. M. N. Ebertz, L. Segler, Spiritualitäten als Ressource für eine dienende Kirche. Die Würzburg-Studie, Würzburg 2016.
[22] Vgl. schon M. N. Ebertz, Religion ohne Institution. Gestaltwandel der Kirche aus soziologischer Sicht, in: K. Hofmeister, L. Bauerochse (Hg.), Die Zukunft der Religion. Spurensicherung an der Schwelle zum 21. Jahrhundert, Würzburg 1999, 41–51.

vorgebracht und damals zunächst von der „nachindustriellen Gesellschaft" gesprochen.[23] Ihm zufolge wird die gesellschaftliche Ordnung immer weniger durch die industrielle Produktion bestimmt. Nachdem sich der Anteil der Erwerbstätigen im Agrarsektor, dem primären Wirtschaftssektor, zurückbildet, nehme auch der Anteil im sekundären Sektor, dem Industriesektor, ab, und es wächst und wächst der Dienstleistungsbereich, der tertiäre Sektor. Tatsächlich hat Daniel Bell bis heute Recht behalten. In Deutschland hat der Anteil der Erwerbstätigen im Dienstleistungsbereich die 50-Prozent-Marke (von 45 Prozent auf 54 Prozent) erstmalig zwischen 1970 und 1980 überschritten. Schon in den 1990er-Jahren wurde die 60-Prozent-Marke überstiegen, und seit der Jahrtausendwende bis heute arbeiten knapp ein Viertel der Erwerbstätigen in Deutschland im Sekundären und drei Viertel im Tertiären, also im Dienstleistungssektor. Der tägliche Erfahrungsraum der großen Mehrheit auf dem Arbeitsmarkt ist somit schon lange nicht mehr die industrielle Fertigung. Wissen wird zur zentralen Achse, um die sich die neue Technologie, das Erwerbsleben, das Wirtschaftswachstum und die soziale Schichtung organisieren. Fachliches Wissen und Können werden zur Voraussetzung von Macht, Muskelkraft wird ebenso abgewertet wie der Arbeiter als Repräsentant der Industriegesellschaft und derjenige, dem Zugang und Voraussetzung für den Wissenserwerb versperrt ist. In der Sozialdemokratischen Partei Deutschlands (SPD), die sich als traditionelle parteipolitische Vertretung der Arbeiterschaft versteht, geht die Angst um, weil ihr das Wählerreservoir ausgeht, und auf der Suche nach der „Neuen Mitte" taumelt sie (seit der Regierung von Gerhard Schröder) von einer Orientierungs- und Identitätskrise in die nächste. Sie muss umlernen, weil ihr die sozialstrukturelle Wählerbasis wegrutscht.

In der Dienstleistungsgesellschaft erfahren vielfältige und differenzierte Formen der Face-to-Face-Interaktion – nicht zuletzt im Bildungs- und im Gesundheitswesen – eine starke Aufwertung. Aushandlung, Begleitung und Beratung („auf Augenhöhe") verdrängen befehls- und gehorsamsbestimmte Sozialbeziehungen, selbst innerhalb der Familien zwischen Mann und Frau, Eltern und Kindern. Das katholische Familienmodell ist ein Auslaufmodell und lässt

---

[23] Vgl. D. Bell, Die nachindustrielle Gesellschaft, Frankfurt a. M. 1975.

sich auch nicht mehr unter dem Label der Familie als Hauskirche revitalisieren. Die Emanzipation der Frauen ist auch eine Folge der Chancen, die ihnen die Dienstleistungsgesellschaft bietet. Frauen werden in den Arbeitsmarkt gebracht, womit auch die herkömmliche Geschlechterordnung, Ehe- und Familienvorstellungen unter Druck geraten. Was sich hier vollzogen habe „und noch vollzieht", sei „für die Menschheitsgeschichte bedeutsamer als etwa die Entdeckung der Atomenergie oder die Ausbreitung der Automation"[24], hatte schon Kardinal Joseph Höffner in seiner „Christlichen Gesellschaftslehre" ziemlich mehrdeutig gemeint.

Es gibt einige Hinweise, dass die Chancen dieses neuen Erfahrungsraums im heutigen Zusammenleben noch kaum ergriffen wurden. Zwar erhält schon seit Jahren und Jahrzehnten die funktionale Autorität der Theologie als Reflexionsort des Glaubens eine – zumindest innerkirchliche – Aufwertung zuungunsten einer bloß auf der Basis von rituell vermittelter Amtsautorität operierenden Repräsentanz des Christentums. Aus Seelsorge als Seelenführung wird Seelsorge als Begleitung. Aber klerikale Amtsautorität verliert auch an gesellschaftlicher Akzeptanz, wenn sie sich Argumentationen verschließt, sich einer bloß routineförmigen und belehrenden Interaktionslogik verschreibt und diese nicht als symmetrisches Begegnungsgeschehen umformt; wenn sie Frauen die Emanzipation verwehrt und aus der religiösen Dienstleistungserbringung ausschließt, ja wenn dem religiösen Dienstleistungsbegriff selbst – zugunsten einer *communio hierarchica* – der legitime theologische Status verweigert wird. Die Kirche ist damit herausgefordert, ihre Arbeit von Herrschaft auf Leistung, auf Dienstleistung umzustellen, sie also von der vertikalen, gesetzes- und gehorsamsorientierten Über- und Unterordnungsbeziehung in eine horizontale Tauschbeziehung umzulegen. Das ist ein Optionswechsel, der nicht wenigen Christinnen und Christen schwerfällt. Von der nachkonziliaren *Communio*-Theologie überschattet und gern überlesen, findet sich in der Dogmatischen Konstitution *Lumen gentium* (LG) des Zweiten Vatikanischen Konzils die Kirche in einer Doppelstruktur beschrieben, bestehend aus „communio *et* ministratio" (vgl. LG 4). In der Übersetzung von Rahner und Vor-

---

[24] J. Höffner, Christliche Gesellschaftslehre. Studienausgabe, Kevelaer [4]1983, 86f.

grimler steht da: „Gemeinschaft und Dienstleistung". Dies heißt somit:
1. Die Kirche ist nicht nur als Gemeinschaft zu begreifen.
2. Die Kirche hat sich (strukturell) differenziert aufzustellen.
3. Die Kirche als Gemeinschaft ist nicht der Kirche als Dienstleistung übergeordnet, denn der Geist „eint sie in Gemeinschaft und Dienstleistung".

Nicht nur „dienen" ist ein theologisch qualifizierter Begriff, sondern auch „Dienstleistung" ist ein solcher geworden. Mit dieser neuen Selbstbeschreibung hat sich die Kirche für die moderne Gesellschaft neu aufgestellt, hat sich ausdifferenziert. Sie hat gleichsam – auch im profanen Leben anzutreffende – Grundformen des Sozialen in sich hineinkopiert.

Christ und Christin zu sein und Kirche zu leben, heißt heute, weniger in einem vertikalen Befehls- und Gehorsamsverhältnis, sondern in einem horizontalen Tauschverhältnis, in einem religiösen Dienstleistungsverhältnis zu operieren. Tatsächlich sind rituelle und karitative Dienstleistungen (Kasualien, Beratung) gefragt, die entsprechenden Qualitätsansprüche steigen, und der selbstbestimmte „Kirchenkunde" ist zur vorherrschenden Sozialfigur unter den Kirchenmitgliedern geworden, während die Priesterrolle dabei ist, sich in die „Magierrolle" zu verwandeln. Kleriker erfahren sich dann nicht mehr als „Vorsteher" von Gemeinden, als Pfarr-Herren, sondern sie haben „Kunden" und erleben sich manchmal von ihnen gesteuert, da diese auf dem freien religiösen Markt auf Alternativen zurückgreifen können. Die verbleibende gemeindliche *Communio* wird zu einer schrumpfenden, vorwiegend aus alten Arbeitsmarktpassiven rekrutierten Milieugemeinde, die nun davon bedroht ist, die Angestellten und bestimmte Typen von Frauen zu verlieren, die die Rollenmuster der traditionellen Geschlechterordnung schon längst hinter sich gelassen haben. Eher bestimmte Empfänger und Empfängerinnen, weniger die Erbringer und Erbringerinnen moderner Dienstleistungen finden sich in dieser *Communio* vor Ort. Auch in der Kirche wächst die Angst, sich in der Dienstleistungsgesellschaft am Rand wiederzufinden – nicht nur seitens der Kleriker, sondern auch seitens der Laien, insbesondere der Engagierten. Und die Christen und Christinnen, die sich in der Enge der milieuverengten Kirchengemeinden nicht wiederfinden, werden zu religiös Suchenden und erleben ein „Alleingelassensein mit dem Gefühl, dass alles bricht und nichts mehr hält […]."[25]

Für eine zukunftsfähige Kirche dürfte es problematisch sein, wenn sie sich an ihrem überkommenen statischen und staatsanalogen geopastoralen Raummuster orientiert, das die geistliche Über- und Unterordnung – auch im kirchenrechtlichen Sinn als *communio hierarchica*[26] – impliziert und der wachsenden horizontalen Logik des Sozialen, die sich als Dienstleistung fassen lässt, wenig Raum lässt.

4 Raum als Kommunikationsraum

In einem anderen Verständnis wird Raum nicht als geografisches Gebiet, sondern als Kommunikationsraum verstanden. Gemäß der von Anthony Giddens vorgetragenen Diagnose, dass wir in einer „posttraditionalen Gesellschaft" leben, wird seit Beginn der Moderne der kommunikative „Raum immer stärker vom Ort losgelöst", „indem Beziehungen zwischen ‚abwesenden' Anderen begünstigt werden, die von jeder gegebenen Interaktionssituation mit persönlichem Kontakt örtlich weit entfernt sind", obwohl sie ihrerseits zugleich „von entfernteren sozialen Einflüssen gründlich geprägt und gestaltet werden".[27] Mit dieser Trennung von örtlichem und überörtlichem Kommunikationsraum geht eine Entterritorialisierung, d. h. das „‚Heraushehen' sozialer Beziehungen aus ortsgebundenen Interaktionszusammenhängen"[28], einher, also die *Trennung auch von Ort und Sozialität*. Insbesondere in den jüngeren Generationen sind mittels Handyzugang zum Internet nicht nur Musiktitel, Kinofilme und Fernsehserien ständig digital präsent,

> „sondern auch die eigene Clique, die Kommilitonen und Berufskollegen. Das soziale Netz, das in der Moderne noch durch periodisch wiederkehrende Begegnungen aufrecht erhalten wurde, wird jetzt durch die digitalen Medien im Minutentakt neu ge-

---

[25] H. Bude, Gesellschaft der Angst, Hamburg 2014, 10.
[26] Vgl. W. Böckenförde, Zur gegenwärtigen Lage in der römisch-katholischen Kirche. Kirchenrechtliche Anmerkungen, in: N. Lüdecke, G. Bier (Hg.), Freiheit und Gerechtigkeit in der Kirche (fzk 37), Würzburg 2006, 143–158.
[27] Vgl. A. Giddens, Konsequenzen der Moderne, Frankfurt a. M. 1997, 30.
[28] Ebd.

knüpft. Soziale Präsenz bedeutet, mit dem Handy erreichbar zu sein, sich in der Community mit Foto und Hobbys präsentieren, sich Musiktitel überspielen und auf Videos in Youtube aufmerksam machen. Soziale Vernetzung geschieht also nicht mehr über im Wochenrhythmus stattfindende Treffen, sondern indem man sich über Medien immer neu auf Treffpunkte einigt"[29] –

auf Treffpunkte unter Anwesenden und auf „Treffpunkte" unter Abwesenden. Damit ist ein neuer kommunikativer Möglichkeitenraum entstanden, an dessen Nutzung sich auch die Generationengrenzen verfolgen lassen. Der neue kommunikative Möglichkeitenraum des Computers ist so niederschwellig, dass „tendenziell jeder Teilnehmer an der Kommunikation sich an ein Netz der Datenverarbeitung wenden kann, aus dem Informationen gezogen werden können, die von keiner Situation [...] mehr kontrolliert werden"[30], jedenfalls „mit den herkömmlichen Formen der Beziehungskontrolle (via Grenzsetzung) und Quellenkritik (via Autorität) nicht mehr bewältigt werden können"[31]. Eine zentrale Konsequenz einer solchen posttraditionalen „Computergesellschaft" ist ein soziales Kontrollproblem, das für alle herkömmlichen Institutionen zur Herausforderung wird – für die Wissenschaft, die Medizin, das Militär, die Politik und auch für die Religionen. Denn der neue – ortlose – mediale Möglichkeitenraum ist weniger ein Raum „in dem Sinne, dass in ihm alles seinen angemessenen Platz hat, sondern eher in dem Sinne, dass man sich in ihm bewegen kann und verwenden und vertauschen kann, was man in ihm findet."[32] In diesem neuen kommunikativen Möglichkeitenraum entstand für diejenigen, die ihn nutzen, eine neue Vielfalt an Beziehungschancen, welche den schon von Georg Simmel diagnostizierten Prozess der wachsenden strukturellen Individualisierung zu steigern vermag.[33] Der neue kommunikative Möglichkeitenraum er-

---

[29] E. Bieger, W. Fischer, J. Mügge, E. Nass, Pastoral im Sinus-Land. Impulse aus der Praxis/für die Praxis (KirchenZukunft konkret 4), Berlin – Münster 2008, 94.
[30] D. Baecker, Studien zur nächsten Gesellschaft, Frankfurt a. M. 2007, 85.
[31] Ebd.
[32] Ebd., 92.
[33] Georg Simmel schreibt: „Die Zahl der verschiedenen Kreise nun, in denen der Einzelne darin steht, ist einer der Gradmesser der Kultur. Wenn der moderne Mensch zunächst der elterlichen Familie angehört, dann der von ihm selbst gegründeten und damit auch der seiner Frau, dann seinem Berufe, der ihn schon für sich

weitert auf dem sozialen Koordinatensystem der Einzelpersonen ihre ohnehin schon multiplen Zugehörigkeiten und Identitäten, legt sie nicht mehr lokal fest, schon gar nicht mehr auf ein Gebiet um die Wohnung herum. Kommunikation unter Anwesenden, die unter der Prämisse wechselseitiger Wahrnehmbarkeit und darin registrierter Gegenwart der jeweils Anwesenden füreinander stattfindet, wird nur noch *eine* Möglichkeit in einem Panorama von tendenziell unbegrenzten und unkontrollierbaren Möglichkeiten. Und dies gilt dann auch für den religiösen Kommunikationsraum.

Eine wichtige Frage ist, ob spezifisch *religiöse* Kommunikation nicht auf Kommunikation unter zeitlich und sozial leibhaftig Anwesenden angewiesen ist,[34] auf Situationen, in denen Raum und Ort und auch Zeit zusammenfallen. Ist also die Face-to-Face- oder Vis-à-vis-Situation als der „Prototyp aller gesellschaftlichen Interaktion"[35] der bleibende, bevorzugte, gar exklusive Ort religiöser Kommunikation? Bei der Thematisierung von *Kommunikation* im

---

oft in mehrere Interessenkreise eingliedern wird (z. B. in jedem Beruf, der über- und untergeordnete Personen enthält, steht jeder in dem Kreise seines besonderen Geschäfts, Amtes, Büros etc. darin, der jedes Mal Hohe und Niedere zusammenschließt, und außerdem in dem Kreise, der sich aus den Gleichgestellten in den verschiedenen Geschäften etc. bildet); wenn er sich seines Staatsbürgertums und der Zugehörigkeit zu einem bestimmten sozialen Stände bewusst ist, außerdem Reserveoffizier ist, ein paar Vereinen angehört und einen die verschiedensten Kreise berührenden geselligen Verkehr besitzt: so ist dies schon eine sehr große Mannigfaltigkeit von Gruppen, von denen manche zwar koordiniert sind, andere aber sich so anordnen lassen, dass die eine als die ursprünglichere Verbindung erscheint, von der aus das Individuum auf Grund seiner besonderen Qualitäten, durch die es sich von den übrigen Mitgliedern des ersten Kreises abscheidet, sich einem entfernteren Kreise zuwendet [...]. Die Gruppen, zu denen der Einzelne gehört, bilden gleichsam ein Koordinatensystem, derart, dass jede neu hinzukommende ihn genauer und unzweideutiger bestimmt. Die Zugehörigkeit zu je einer derselben lässt der Individualität noch einen weiten Spielraum; aber je mehr es werden, desto unwahrscheinlicher ist es, dass noch andere Personen die gleiche Gruppenkombination aufweisen werden, dass diese vielen Kreise sich noch einmal in einem Punkte schneiden" (G. Simmel, Über soziale Differenzierung. Soziologische und psychologische Untersuchungen, Leipzig 1980, 103).

[34] Vgl. H. Tyrell, Religiöse Kommunikation. Auge, Ohr und Medienvielfalt, in: K. Schreiner (Hg.), Frömmigkeit im Mittelalter. Politisch-soziale Kontexte, visuelle Praxis, körperliche Ausdrucksformen, München 2002, 41–93, hier: 47f.

[35] P. L. Berger, T. Luckmann, Die gesellschaftliche Konstruktion der Wirklichkeit. Eine Theorie der Wissenssoziologie, Frankfurt a. M. [4]1974, 31.

Zusammenhang mit *Religion* geht es nicht um Nebensächliches, denn zum einen gilt:

„Nur als Kommunikation hat Religion […] eine gesellschaftliche Existenz. Was in den Köpfen der zahllosen Einzelmenschen stattfindet, könnte niemals zur Religion zusammenfinden – es sei denn durch Kommunikation."[36]

Zum anderen zeigt schon die Christentumsgeschichte, dass trotz oder sogar wegen des speziellen Verhältnisses der religiösen Kommunikation zur Wahrnehmung die Wahl des Kommunikations*mittels* hochgradig normativ besetzt und somit ein Konfliktthema ist (Ikonoklasmus, Bildersturm; schriftliche oder auch mündliche Tora; Predigt oder Ritus). Welche Kommunikationsmittel (Sprache, Bild, Ritus, Tanz) sind für die Gottesverehrung zugelassen und welche nicht, mit welchen Kommunikationsmitteln ist die Treue zum Ursprung (Ritus oder Schrift oder Nachahmung) und mit welchen Kommunikationsmitteln die religiöse Verbundenheit untereinander zu sichern, also zwischen den „Gläubigen"? Mit welchen Kommunikationsmitteln sind die religiösen Heilswahrheiten auszulegen und zu verkündigen und die Heilsmittel zu spenden? Kann einer Religion, wenn nicht jedes Mittel der Kommunikation, jede Kommunikationsbedingung recht sein? Solche Fragen sind keinesfalls weniger bedeutend als die Frage, wer über die jeweiligen Kommunikationsmittel verfügen darf.

Religionssoziologische Studien legen die These nahe, dass Religion der Eigengesetzlichkeit ihrer Verbreitungsmedien unterliegen kann[37] und damit zum Beispiel auch in außerreligiöse Kontexte gerät, was als solches und auch in seinen Folgen nicht mehr von einer religiösen Gemeinschaft oder Institution kontrollierbar ist.[38] So lässt sich nicht nur die Bibel im Bett oder auf der Toilette lesen, sondern auch während des Empfangs des Fernsehgottesdienstes lässt sich zu

---

[36] N. Luhmann, Religion als Kommunikation, in: H. Tyrell, V. Krech, H. Knoblauch (Hg.), Religion als Kommunikation, Würzburg 1998, 135–145, hier: 137.
[37] Vgl. J. Rüpke, Religion medial, in: J. Malik, J. Rüpke, T. Wobbe (Hg.), Religion und Medien. Vom Kultbild zum Internetritual, Münster 2007, 19–28, hier: 27.
[38] Vgl. M. N. Ebertz, Dispersion und Transformation, in: D. Pollack, V. Krech, O. Müller, M. Hero (Hg.), Handbuch Religionssoziologie, Wiesbaden 2018, 411–436.

Hause allerhand treiben. Mischung drückt sich zum Beispiel auch darin aus, dass

> „die christliche Tradition beschworen wird, mit Rekurs auf den Tod Jesu Christi, zugleich aber Chiffren eines Buddhismus oder okkultistischer und esoterischer Inhalte, deren Kommensurabilität darin zum Ausdruck kommt, dass man sich deren Lösungen besser ‚vorstellen' kann"[39];

und tatsächlich ist der Buddhismus, von dem dann die Rede ist, ebenso „bloß" aus den Massenmedien bekannt wie die meisten religiösen Themen und Persönlichkeiten, von denen der Dalai Lama „allzu oft" genannt wird.[40] Zweifellos leben wir im Kontext der posttraditionalen Gesellschaft in einer Zeit, in der sich – ähnlich wie zu Zeiten der Reformation – die Kommunikationsbedingungen im Allgemeinen und die „Kommunikationsbedingungen der Religion [...] nachhaltig verändert haben"[41], und zwar möglicherweise so, dass über die Kommunikationsformen nicht nur die Kommunikationsgestalt der Religion verändert wird, sondern auch ihre Inhalte und deren Kohärenz erheblich unter Druck geraten. Für eine Religion, die – wie das Christentum – auch nach intersubjektiver Wahrheit und Erkenntnis fragt und sich dabei auf eine überpersönliche Offenbarung Gottes zurückführt, ist die nicht kontrollierbare religiöse Kommunikation der posttraditionalen Gesellschaft eine zentrale – und noch kaum verstandene – Herausforderung.

5 Raum als Ensemble von Gütern, Menschen und Handlungen

In Aufnahme der Vorstellung von Raum als Kommunikationsraum, aber in Berücksichtigung der Tatsache, dass Kommunikation auch – und möglicherweise gerade im Blick auf Religion – auf Interaktion unter Anwesenden angewiesen ist, und im Wissen um den Plausibilitätsverlust geistlicher Gebietsherrschaftsräume in der modernen Dienstleistungsgesellschaft legt sich nahe, „Raum" und damit auch

---

[39] A. Nassehi, Erstaunliche religiöse Kompetenz, in: Bertelsmann Stiftung (Hg.), Religionsmonitor 2008, Gütersloh 2007, 113–132, hier: 125.
[40] Vgl. ebd.
[41] Tyrell, Religiöse Kommunikation (s. Anm. 34), 82.

„pastorale Räume" neu zu denken. Hierfür kann die neuere Raumsoziologie hilfreich sein. Ihr zufolge ist Raum nicht mehr bloß als Revier oder „Behälter" zu sehen, auch nicht allein als Kommunikationsraum, sondern als ein relationales Ensemble von Gütern, Menschen und Handlungen.[42] Ein solcher Beziehungsraum ist bestimmt durch bestimmte soziale Güter, bestimmte Menschen und bestimmte Kommunikationen und Handlungen einerseits, aber auch und gerade durch „die Verknüpfung derselben"[43] andererseits: „Nur wenn man beide Aspekte, also sowohl die ‚Bausteine' des Raums als auch deren Beziehung zueinander kennt, kann die Konstitution von Raum analysiert"[44] und gestaltet werden. Folgt man diesem soziologischen Verständnis von Raum, dann sind sowohl die einzelnen Elemente als auch die Anordnungen dieser Elemente in den Blick zu nehmen. Räume entstehen erst durch „Spacing", d. h. dadurch, dass aktiv die Verknüpfung der einzelnen Elemente vorgenommen wird. Es geht um ein

> „Positionieren in Relation zu anderen Platzierungen. Spacing bezeichnet bei beweglichen Gütern oder bei Menschen sowohl den Moment der Platzierung als auch die Bewegung zur nächsten Platzierung."[45]

Die Gestaltung pastoraler Räume in diesem Sinn wird sich also einerseits fragen müssen, welche Güter (etwa Gebäude), welche Menschen (z. B. Priester oder „Laien" aus welchen Sinus-Milieus[46]) und welche Kommunikationen (Predigten, Vorträge, Diskussionen) und Handlungen (Gottesdienste, Andachten, Meditationen) ausgewählt werden sollen und wie (auch wann) die jeweiligen Güter mit welchen Menschen (etwa Zielgruppen) und welchen Kommunikationen und Handlungen kombiniert werden sollen bzw. können. Auf der Makroebene eines Bis-

---

[42] Vgl. M. Löw, Raumsoziologie, Frankfurt a. M. 2001.
[43] M. Löw, G. Sturm, Raumsoziologie, Wiesbaden 2005, 13, in: https://www.ssoar.info/ssoar/bitstream/handle/document/59649/ssoar-2005-low_et_al-Raumsoziologie.pdf?sequence=1&isAllowed=y&lnkname=ssoar-2005-low_et_al-Raumsoziologie.pdf (Download: 25.5.2019).
[44] Ebd.
[45] Ebd., 14.
[46] Vgl. M. N. Ebertz, Sinus-Milieus, Kirchenmarketing und Pastoral, in: B. Barth, B. B. Flaig, N. Schäuble, M. Tautscher (Hg.), Praxis der Sinus-Milieus. Gegenwart und Zukunft eines modernen Gesellschafts- und Zielgruppenmodells, Wiesbaden 2018, 209–225.

tums, auf der Mesoebene eines Dekanats und auf der Mikroebene einer Seelsorgeeinheit kann dann gefragt und ausgehandelt werden, in welchen (Kirchen-)Gebäuden an welchen Orten mit welchem Personal für welche Zielgruppen und mit welchem speziellen Auftrag pastorale Präsenz zur Gemeinschaftsbildung oder Dienstleistungserbringung zur Seelsorge oder Gesellschaftssorge gezeigt werden soll.

6 Neue Pastorale Räume 2025

Sollte die Kirche an ihrer priesterzentrierten Personalstruktur festhalten und diese nach wie vor an ganz bestimmte Bedingungen knüpfen (männlich, zölibatär, heterosexuell disponiert), könnte dies dann angesichts des beschleunigten[47] und seit Jahrzehnten vorhergesagten Priestermangels heißen: 2025 verabschiedet sich die Kirche in Deutschland von einer flächendeckenden Präsenz nach der Art geistlicher Polizeireviere; denn es geht nicht mehr darum, den wahren Glauben zu kontrollieren, sondern ihn – auch und gerade mit jungen Erwachsenen, die sie ebenfalls schon seit Jahrzehnten verliert[48] – wahrhaftig zu ermöglichen und exemplarisch zu entfalten. Pastorale Räume werden nicht als territoriale Herrschafts-, sondern als Beziehungsräume aus Gütern, Menschen, Kommunikationen und Handlungen gedacht, weil sie Zeichen und Werkzeuge für die innigste Vereinigung mit Gott sein sollen. Verfolgt werden nicht nur Gemeinschafts-, sondern auch Dienstleistungsabsichten. Endlich haben wir LG 4 begriffen. Dort heißt es: Kirche ist auch Dienstleistung. Hauptsache ist nicht mehr eine dauerhafte Gemeinschaft, die Lokal-Heimatliches mit Pastoralem verbandelt und damit andere – Lokal-Fremde – ausschließt. Dieser Pastorallokalismus beherrschte die frühere Volks(heimat)kirche. Solche „Kirchorte" gibt es zwar noch, aber sie sind Auslaufmodelle. Zur Hauptsache wird:

---

[47] „Die Summe der neugeweihten Priester ist 2018 von 74 auf 60 im Vergleich zum Vorjahr (–18,9 %) gesunken" (Sekretariat der DBK, Kontinuierliche jährliche Erhebung statistischer Eckdaten [s. Anm. 7], 3); seit mehr als 50 Jahren hat Gregor Siefer diese Thematik erforscht, vgl. G. Siefer, Mosaiken. Religionssoziologische Streiflichter, Berlin – Münster 2011.

[48] Vgl. schon Institut für kirchliche Sozialforschung (IKSE), Katholiken und Pfarrgemeinde, Essen 1977, 83.

Pastorale Kommunikationen und Handlungen werden von vielen unterschiedlichen Zielgruppen als Geschenk Gottes erfahren. 2025 ist die jeweils situationsspezifische Zielgruppendifferenzierung und -fokussierung (um nicht Energien zu zerstreuen) Standard geworden, weil (etwa die Sinus-Milieu-)Studien nachweisen, dass jenen ganz unterschiedliche Aspekte des Evangeliums und Stilformen der Selbst-, Gottes- und Nächstenliebe wichtig sind. Es wurde eine weitere Unterscheidung getroffen: zwischen Hauptzielgruppen und Nebenzielgruppen. Ehrenamtliche gehören zu den Nebenzielgruppen. Das Thema Qualität wurde ins Zentrum gerückt. Ehrenamtliche werden qualifiziert. Maßstab dafür ist die jahrzehntelange vorbildliche Praxis der ökumenischen Telefonseelsorge. Dort sind auch Ehrenamtliche Profis.

Weil Pastoral nicht nur Seelsorge an Einzelpersonen, sondern ebenso Gesellschaftssorge heißt, arbeiten die Verantwortlichen in den nun wirklich „neuen" pastoralen Räumen auch an der „Lösung all der vielen moralischen Probleme, die im Leben der Einzelnen wie im gesellschaftlichen Zusammenleben entstehen" (GS 16), mit. Es wurde schon längst erkannt: Wo Kirche sich für die Menschen interessiert, interessieren sich diese auch für die Botschaft der Kirche.[49] Aus dem pastoralen Lieblingswort der „Vernetzung" ist 2025 Realität geworden: Vernetzung zwischen verschiedenen pastoralen Initiativen, im Blick auf die Profis der verbandlichen Caritas, die evangelischen Kirchen, aber auch andere Akteure der Zivilgesellschaft, die vielleicht nicht im Auftrag der Kirche, doch im Sinne ihrer Reich-Gottes-Botschaft tätig sind. Es wird damit ernst gemacht, „dass alle Menschen, Glaubende und Nichtglaubende, zum richtigen Aufbau dieser Welt, in der sie gemeinsam leben, zusammenarbeiten müssen" (GS 21). „Netzwerk" heißt anspruchsvoll, gelernt zu haben, in bestimmten Bereichen nicht mehr in einem Neben- oder Gegeneinander zu handeln, sondern in einem abgestimmten und verbindlich vereinbarten Miteinander. Auch die Netzwerk-Akteure sind wichtige Nebenzielgruppen geworden. Pastorale Räume werden damit auch und nicht zuletzt als Kommunikationsräume verstanden, die in einer digitalisierten Gesellschaft weit über lokale oder regionale Orte hinausreichen. *Smart cities* und *smart landscapes* brauchen auch *smart churches*.

---

[49] Vgl. M. N. Ebertz, O. Fuchs, D. Sattler (Hg.), Lernen, wo die Menschen sind. Wege lebensraumorientierter Seelsorge, Mainz 2005.

B) Praktische Erfahrungen und Perspektiven einer „Kirche in Zeiten der Veränderung"

Der Personalentwicklungsplan
Zu den Reformen in der Seelsorge der Evangelischen Kirche von Kurhessen-Waldeck

Bernd Böttner

„*Pflüget ein Neues, solange es Zeit ist*" *(Hos 10,12)*

Mit den Beschlüssen der Herbsttagung 2015 hat die Landessynode der Evangelischen Kirche von Kurhessen-Waldeck einen Prozess der Neuaufstellung der kirchlichen und der pastoralen Arbeit beschlossen, der sich über einen Zeitraum von mehr als zehn Jahren erstrecken soll. Zu den Kennzeichen dieser Neuaufstellung zählen Aufgabenkritik, Ressourcenorientierung und Kooperation. Diese Stichworte beschreiben eine ganze Reihe von Neuerungen, die mehr oder weniger gleichzeitig umgesetzt werden sollen, und zwar unter den Bedingungen sich gleichzeitig vollziehender Veränderungen im kirchlichen Leben angesichts sich verändernder gesellschaftlicher Rahmenbedingungen für kirchliches Handeln.

„Was ist daran neu?" So fragen manche. Haben sich doch die gesellschaftlichen und kirchlichen Verhältnisse immer gewandelt und von den Handelnden neue Ideen, neue Konzepte gefordert. Und es ist doch immer eine Stärke der christlichen Kirchen gewesen, auf neue Herausforderungen angemessen zu reagieren und das Evangelium von Jesus Christus neu zur Sprache zu bringen. Andererseits gehören die Kirchen zu den Institutionen, in denen sich Wandel nur sehr langsam vollzieht, die eine hohe Beständigkeit aufweisen und sich durch die Bewahrung der Tradition ausweisen.

In den Büchern der Bibel haben die Suche nach dem Neuen und der Aufbruch zu neuen Ufern einen hohen Stellenwert. Trotz der skeptischen Feststellung des Predigers („Es geschieht nichts Neues unter der Sonne") geht es immer wieder um neue Formen des Glaubens und des gottgefälligen Lebens: „Singet dem Herrn ein neues Lied" (Ps 98,1); „gib mir einen neuen, beständigen Geist" (Ps 51,12); „wir dienen im neuen Wesen des Geistes und nicht im alten Wesen des Buchstabens" (Röm 7,6); „zieht den neuen Menschen an, der nach Gott geschaffen ist, in wahrer Gerechtigkeit und Heiligkeit" (Eph 4,24).

Das für mich schönste Bild vom göttlichen und menschlichen Zusammenwirken beim Wachsen des Neuen verwendet der Prophet Hosea:

„Säet Gerechtigkeit und erntet nach dem Maß der Liebe! Pflüget ein Neues, solange es Zeit ist, den Herrn zu suchen, bis er kommt und Gerechtigkeit über euch regnen lässt." (Hos 10,12)

Bedeutet für mich doch dieses Bild auch, dass Kirche nie Selbstzweck ist, es letztlich nie um die Erhaltung kirchlicher Strukturen geht, schon gar nicht um die Zukunftssicherung der Kirche, sondern um die Verkündigung des Evangeliums von Jesus Christus und um die Botschaft vom Reich Gottes, das zuerst eine Gabe Gottes ist, dann aber eine Gabe zur Aufgabe. Darum ist Kirche immer Mittel zum Zweck, darum hat sie sich so aufzustellen, dass sie dem Zweck so gut wie möglich dienen kann.

1 Reformprozess 2026

1.1 Was wollen wir? Wo wollen wir hin?

Wir wollen in dem sich nicht verkleinernden Gebiet der Evangelischen Kirche von Kurhessen-Waldeck trotz bzw. mit weniger Mitgliedern und trotz bzw. mit weniger Ressourcen Volkskirche sein. So in etwa hat es die Synode 2015 beschlossen. Weil wir Kirche für das Volk sein wollen, weil wir in einer Volkskirche viele gute Möglichkeiten sehen, mit Menschen über den Glauben ins Gespräch zu kommen, das Evangelium so zu leben, dass viele es wahrnehmen können. Das geht nicht, ohne dass wir ständig darüber nachdenken, mit welchen Angeboten wir Menschen ansprechen und erreichen. Weil sich die Menschen und die gesellschaftlichen Verhältnisse ändern, darum müssen sich auch unsere Angebote ändern. Ein wie auch immer geartetes „Weiter so!" ist nicht die Antwort. Mit der Verkündigung des Evangeliums auf der Höhe der Zeit zu sein; heißt, Arbeitsformen und kirchliche Angebote zu ändern und nicht die Menschen ändern zu wollen, damit sie für unsere Angebote passen. Darum geht es in der Volkskirche immer um eine inhaltliche und organisatorische Neuaufstellung. Dabei gilt es nicht nur die zehn Prozent der hoch verbundenen Gemeindemitglieder im Auge zu haben, sondern auch die anderen 90 Prozent und nach Möglichkeit auch noch die, die nicht (mehr) zu uns gehören. Wo begegnen sie uns und nehmen Kirche wahr? Vor allem bei den Kasualien, im Religionsunterricht, in den Kitas, in der Konfirmandenarbeit, in der Seelsorge sowie in Chören und bei kirchenmusikalischen Veranstaltungen sowie auf unseren diakonischen Arbeitsfeldern.

1.2 Was heißt das nun unter den sich verändernden Rahmenbedingungen im Bereich der Evangelischen Kirche von Kurhessen-Waldeck?

Während wir im Jahr 2000 eine Million Mitglieder hatten, so werden es Ende 2018 vermutlich um die 800 000 sein. Die Gründe dafür sind vielfältig: Landflucht, demografischer Wandel, aber auch der Bedeutungsverlust der Kirchen spielen eine Rolle. Auf die Frage nach den Ursachen des Bedeutungsverlustes gibt es keine einfache Antwort. Die Bedeutung der Kirchen nimmt in allen westlichen Wohlstandsgesellschaften ab, die Säkularisierung führt zu wachsender Konfessionslosigkeit.

Die Individualisierung von Religion und Glaube schreitet voran. Gute kirchliche Arbeit wird in Anspruch genommen, ohne dass sich damit für alle eine Verpflichtung zur Kirchenmitgliedschaft verbindet. Im Jahr 2017 haben die evangelischen Kirchen durch das Reformationsjubiläum eine enorm hohe Aufmerksamkeit erreicht, und trotzdem haben wir prozentual noch nie so viele Mitglieder verloren wie in jenem Jahr.

Auch wenn wir Megatrends unterliegen, die wir kaum beeinflussen können, müssen wir uns dennoch als Kirche fragen, welche eigenen Anteile wir an dem Bedeutungsverlust haben: Wo haben wir unsere Arbeit nicht angemessen genug gemacht? (Ich frage bewusst nicht: Wo haben wir nicht genug gearbeitet?) Sind wir mit unserer Arbeit bei den Menschen? Wo geben wir Antworten auf Fragen, die keiner (mehr) stellt? Wie gut nehmen wir die Fragen der Menschen wahr? Natürlich dürfen wir auch nicht der geistlichen Frage ausweichen: Warum wirkt der Geist unter uns nicht so, wie wir uns das wünschen?

Zu den Rahmenbedingungen unserer Arbeit gehören auch die Finanzen. Deren Entwicklung war in den vergangenen Jahrzehnten Gott sei Dank nicht 1 : 1 an die Mitgliederentwicklung gekoppelt. Die Kirchensteuereinnahmen waren im Zeitraum von 2000 bis

2017 von Verlusten und Zuwächsen gekennzeichnet. Von der Hochkonjunktur-Phase profitieren vor allem die Kirchen in den Metropolregionen. Wie sich die Einnahmen in den nächsten Jahren konkret entwickeln werden, ist schwer zu prognostizieren. Negative Veränderungen sind zu erwarten, wenn die geburtenstarken Jahrgänge 1956 bis 1964 aus dem Erwerbsleben ausscheiden, die Mitgliederverluste in den jüngeren Jahrgängen lassen weitere Verringerungen erwarten. Das anhaltend niedrige Zinsniveau erschwert die finanzielle Situation, vor allem im Hinblick auf die Absicherung der Pensionsleistungen.

Wir wollen in dem sich nicht verkleinernden Gebiet der Evangelischen Kirche von Kurhessen-Waldeck trotz bzw. mit weniger Mitgliedern und trotz bzw. mit weniger Ressourcen Volkskirche sein.

1.3 Was folgt daraus?

Das geht nur mit einer inhaltlichen und organisatorischen Neuaufstellung! Mit den uns zur Verfügung stehenden Ressourcen müssen wir die Fragen beantworten:
- Mit welchen Arbeitsformen und Formaten kirchlicher Arbeit erreichen wir die Menschen? Welche Aufgaben können wir schultern?
- Was ist notwendig? Wo wollen wir ansetzen? Was gehen wir ganz neu an?
- Was machen wir weiter? Was lassen wir?
- Was benötigen wir, um zukünftig gut arbeiten zu können?

Sowohl im Frühjahr 2013 als auch im Herbst 2015 hat die Synode eine Aufgabenkritik auf allen Ebenen und in allen Regionen angesagt. Wir werden zukünftig sehen, wie stark sich die Ergebnisse der Aufgabenkritik regional und lokal unterscheiden und wie wir als Landeskirche gut damit umgehen lernen, welche Unterstützung vor Ort benötigt wird und wie die gesamte Landeskirche von den Regionen lernen kann. Dabei – so zeigt sich immer mehr – benötigen wir Experimentierfreudigkeit und Fehlerfreundlichkeit. Das ist einfacher gesagt als getan, zumal die Angst, etwas falsch zu machen, groß ist und es für eine Großorganisation bzw. Institution nicht leicht ist, sich entsprechend zu verhalten.

Was hat die Landessynode auf den Weg gebracht und wo stehen wir im Blick auf die Umsetzung der Beschlüsse heute?

2 Kooperation als Herausforderung und Chance

Wir brauchen ein neues Maß und neue Formen der Zusammenarbeit! Diese Erkenntnis baut auf einer uralten Erkenntnis auf, nämlich auf dem Bild von dem einen Leib und den vielen Gliedern, das Paulus in 1 Kor 12 entwickelt hat: Das Zusammenspiel kirchlicher Tätigkeiten antwortet auf die Differenziertheit des Leibes Christi, das ist der am tiefsten reichende Grund für deren Kooperation. Erst in der gegenseitigen Ergänzung und Förderung des christlichen Gesamtlebens kommt jede einzelne kirchliche Profession zu einer Erfüllung ihres Sinns.

Das heißt: Kooperation ist nichts Zufälliges, sondern für die Kommunikation des Evangeliums Konstitutives. Der Strukturwandel, so schmerzlich er ist, lässt Kooperation als ein Potenzial kirchlicher Arbeit entdecken, das bisher nicht ausreichend genutzt wird. Dabei darf erwartet werden, dass eine Kooperation in der Kirche zu Resultaten führt, die kein kirchliches Amt und kein Beruf für sich allein erreichen können. Es muss auch gesehen werden, dass mit der Anforderung, kooperativ zu denken und zu arbeiten, eine neue Aufgabe entsteht. Dafür sind neben der grundsätzlichen Bereitschaft zusätzliche Ressourcen erforderlich, besonders die Ressource Zeit. Diese Ressourcen für die Kooperation einzusetzen, wird sich langfristig auszahlen.

Die Landessynode hat im November 2016 das Gesetz über die Bildung von Kooperationsräumen beschlossen. Die Bildung der Kooperationsräume in den Kirchenkreisen ist im Jahr 2017 erfolgt, mal mit Einsicht und Begeisterung, mitunter auch mühsam und ohne Einsicht. Hier zeigt sich wie bei allen Teilmaßnahmen des Reformprozesses, dass es besonders dann mühsam wird, wenn der große Zusammenhang und das Ziel entweder nicht kommuniziert werden oder die grundsätzliche Einsicht fehlt.

Der Kooperationsraum ist kein Verband mit Satzung, Vorstand oder Haushalt. Er soll helfen, neue Formen kirchlicher Zusammenarbeit zu entwickeln und einzuüben, vor allem für spätere Zeiten, in denen mit weniger Personal im Kooperationsraum gearbeitet werden muss. Er soll eine gute pastorale Versorgung sicherstellen und ermöglichen, dass Pfarrerinnen und Pfarrer „gut, gern und wohlbehalten" arbeiten können, vor allem, dass die in einem Raum tätigen Haupt-, Neben- und Ehrenamtlichen gut miteinander arbeiten.

Hierbei denke ich auch an Kooperation mit den Gemeinschaften im Raum der evangelischen Kirche und natürlich auch an die römisch-katholische Kirche.

Die Idee des Kooperationsraums läuft ins Leere, wenn er nur als zusätzliche Herausforderung verstanden wird. Das Motto kann für mich nur lauten: „Besser weniger gut machen!" Fertige Konzepte stehen am Ende und nicht am Anfang. Das Ziel ist die Profilierung der Arbeit und ein gabenorientierter Einsatz der vorhandenen Ressourcen.

Darum gibt es *nur zwei Pflichtaufgaben* im Kooperationsraum: zum einen die verlässliche gegenseitige Vertretung von Pfarrerinnen und Pfarrer – mit dem Ziel der verlässlichen Garantie von freien Zeiten bei gleichzeitiger Erreichbarkeit von Kirche! Zum anderen: gemeinsam Gottesdienst feiern, und zwar in erster Linie nicht aus Gründen der Effektivität, sondern um den Kooperationsraum geistlich zu füllen. Auf der Pflicht kann die Kür aufbauen, die viele Möglichkeiten bietet, auch was das Feiern von Gottesdiensten mit alten und neuen Formaten betrifft, an unseren traditionellen Orten, den Kirchen, ebenso wie an den verschiedensten anderen Orten!

Unter die Überschrift „Kooperation" gehört für mich auch das Thema *Zusammenarbeit in Multiprofessionellen Teams*. Es ist dies das bis jetzt am wenigsten bestimmte Thema innerhalb des Reformprozesses, gleichwohl ist es für mich von großer Bedeutung. Angesichts der gravierenden Reduzierung der Mittel und der Stellen, vor allem im Bereich der Pfarrstellen, aber auch aller Mitarbeitendenstellen, ist eine Zusammenarbeit der unterschiedlichen Professionen und eine gegenseitige Übernahme von Aufgaben unerlässlich, um (volks-)kirchliche Strukturen gewährleisten zu können.

Im Hinblick auf die zukünftige Zusammenarbeit soll das berufliche Profil von Diakoninnen und Diakonen als explizit geistliches und soziales Amt der Kirche weiterentwickelt werden. In der evangelischen Kirche ist es möglich, auf eine Ausbildung zum Erzieher oder auf ein Studium der Sozialen Arbeit eine Ausbildung zur Diakonin/zum Diakon aufzusatteln. Sie werden in ihr Amt eingesegnet. Sie arbeiten sowohl im gemeindepädagogischen Bereich als auch bei weltlichen und kirchlichen Trägern sozialer Arbeit. Durch eine entsprechende Zusatzausbildung und Einsegnung können sie auch das Feiern von Gottesdiensten, das heißt auch Predigt und Verwaltung der Sakramente, übernehmen.

3 Pfarramtlicher Dienst mit Mitte und Maß

Eine wichtige Bedeutung für die Volkskirche haben unsere Pfarrerinnen und Pfarrer. Das hat die Fünfte Kirchenmitgliedschaftsuntersuchung (V. KMU) ausdrücklich bestätigt. Darum gilt es heute und in Zukunft, für diesen Beruf Menschen, *junge* und *ältere*, zu gewinnen. Wie kann das geschehen?
- Es ist zuallererst eine geistliche Herausforderung.
- Dazu benötigen wir eine positive Berufsbeschreibung.
- Dafür müssen wir aktiv auf jüngere und ältere Gemeindemitglieder zugehen.
- Dafür braucht es einen angemessenen Lohn und vor allem angemessene Arbeitsbedingungen.

Wir wollen weiter von einem Amt sprechen und nicht von einer berufsförmigen Ausgestaltung mit festen Arbeitszeiten. Aber das Amt benötigt Mitte und Maß – in Zukunft mehr denn je! Dieser Auftrag ist nicht neu! Er wurde schon in dem Diskussionspapier „Das Amt des Pfarrers und der Pfarrerin in der modernen Gesellschaft"[1] (2001/2004) der Theologischen Kammer formuliert, aber meines Erachtens noch nicht hinreichend beantwortet. Aber heute zeigt sich deutlicher als früher: Das Amt benötigt eine Begrenzung, die durch klare Dienstbeschreibungen zu erreichen ist, deren Ziel lautet: Freiheit zur Selbstgestaltung und geordnete Verhältnisse!

In Anlehnung an die Handreichung „Gut, gerne und wohlbehalten arbeiten"[2] der Bayrischen Landeskirche hat das Landeskirchenamt einen Rahmen vorgegeben für die Erarbeitung von Dienstbeschreibungen durch die Dekaninnen und Dekane im Dialog mit den Pfarrerinnen und Pfarrern, unter Berücksichtigung der Herausforderungen und Profile in den Kooperationsräumen und zur Vor-

---

[1] Vgl. Landeskirchenamt Kassel (Hg.), Das Amt des Pfarrers und der Pfarrerin in der modernen Gesellschaft. Eine Studie der Evangelischen Kirche von Kurhessen-Waldeck (Didaskalia 53), in: https://www.ekkw.de/media_ekkw/downloads/ekkw_das_amt_des_pfarrers.pdf (Download: 15.8.2019).
[2] Vgl. Landeskirchenamt der Evangelisch-Lutherischen Kirche in Bayern (Hg.), Gut, gerne und wohlbehalten arbeiten. Handreichung für die Erstellung von Dienstordnungen für Pfarrerinnen und Pfarrer der Evangelisch-Lutherischen Kirche in Bayern, in: http://www.berufsbild-pfr.de/files/files/Handreichung%20f%C3%BCr%20die%20Erstellung%20von%20Dienstordnungen.pdf (Download: 15.8.2019).

lage im Kirchenvorstand. Dienstbeschreibungen sind keine Dienstanweisungen, sie sind auch keine Arbeitszeiterfassungen! Es geht mitnichten um die Einführung von Wochenarbeitszeiten. Mit den Dienstbeschreibungen auf der Grundlage einer Jahresarbeitshöchstzeit als Rechengröße soll sichergestellt werden, dass Pfarrerinnen und Pfarrer nicht über das vertretbare Maß hinaus tätig sein müssen. Auch hier lautet das Ziel: Überforderungen vermeiden und Aufgabenkritik so umsetzen, dass sie kein Lippenbekenntnis bleibt.

4 Reduzierung und Verteilung von Pfarrstellen

Die Landessynode erachtet einen Abbau von Pfarrstellen bis zum Jahr 2026 als notwendig, dessen Ausmaß gravierend ist und dessen wirkliche Auswirkungen von den Mitgliedern der unterschiedlichen Leitungsgremien in den Kirchenkreisen und Kirchengemeinden und von der Basis noch lange nicht realisiert worden sind. Die Beschlüsse sehen für 2026 eine Zahl von 445 vollen Gemeindepfarrstellen und von 180 Funktionsstellen vor, von denen 80 refinanziert sind.

Was verbirgt sich hinter den Funktionsstellen? Mit Funktionsstellen oder auch landeskirchlichen Stellen bezeichnen wir alle Stellen, die nicht direkt in den Gemeinden angesiedelt sind. Dazu gehören die Bereiche:
- Leitung
- Kategorial-/Sonderseelsorge (Krankenhaus-, Altenheim-, Notfallseelsorge und Polizei-, Gefängnis-, Bundeswehr-, Kurseelsorge)
- diakonischen Einrichtungen
- Spezialpfarrämter für Jugend, Erwachsenenbildung, Akademie, Aus-, Fort- und Weiterbildung, Mission und Ökumene
- Schule.

4.1 Was bedeutet dies nun für den Stellenabbau?

Wir reduzieren Pfarrstellen in weniger als einem Jahrzehnt in einem erheblichen Umfang. Dabei möchte ich nicht unerwähnt lassen, dass wir aktuell in Relation zu den Gemeindemitgliedern deutlich mehr Pfarrstellen haben als vor 20 Jahren. Das zeigt, dass wir bisher in der Lage waren, über das bisherige Maß hinaus Pfarrerinnen und Pfarrer

Der Personalentwicklungsplan

einzustellen, die, wie auch die V. KMU gezeigt hat, ganz wesentlich sind für die Arbeit und für den Erfolg der Volkskirche. Zum anderen zeigt die Zahl – mit aller Vorsicht – aber auch, dass wir trotz des Pfarrstellenabbaus im letzten Jahrzehnt entgegen der gefühlten Wahrnehmung nicht von einer Verschlechterung der pfarramtlichen Versorgung in der Relation von Pfarrstellen zur Zahl der Gemeindemitglieder sprechen dürfen.

Last but not least zeigt sich, dass die im Pfarrstellenbudgetgesetz vorgesehene Verteilung der Pfarrstellen auf die Kirchenkreise nach Gemeindegliederzahl und Fläche ein wichtiger Baustein zu einer gerechten Verteilung der Stellen und deren Besetzung darstellt, schließlich wird über die Bildung der Pfarrbezirke für die Gemeindeglieder sichergestellt, wer für sie als Gemeindepfarrerin oder Gemeindepfarrer zuständig und ansprechbar ist. Eine gleichmäßige Verteilung auf die Kirchenkreise ist notwendig, um zu garantieren, dass auch die Vakanzen sich einigermaßen gleichmäßig auf die Kirchenkreise verteilen werden.

Die Kirchenkreisvorstände und Kreissynoden stehen mit Blick auf die Aufstellung und Beschlussfassung der Pfarrstellenpläne vor einer großen Aufgabe und Herausforderung. Ich wünsche mir, dass der gemeinsame Wille aller für eine gute Verteilung der Pfarrerinnen und Pfarrer auf die Gemeinden stärker sein wird als die lokalen Interessen.

5 Ausblick

Ich komme zum Schluss und frage: Sind die Gemeinden, sind die Kirchenvorstände, die Kirchenkreisvorstände, die Kreissynoden, die Mitarbeiterinnen und Mitarbeiter, die Pfarrerinnen und Pfarrer schon auf die skizzierten Veränderungen und Herausforderungen eingestellt? Das ist eine schwer zu beantwortende Frage. Manche sehen die Notwendigkeit der Veränderungen, und zwar sowohl der inhaltlichen als auch der strukturellen Veränderungen, ohne dass sie sich diese im Detail wirklich vorstellen können. Manche sehen klarer als andere, dass es darum geht, Veränderungen zu gestalten. Andere hängen den Bildern und Erfahrungen des bisher Gewohnten an. Sie tun sich schwer, die eigenen Enttäuschungen oder auch Ängste in Worte zu fassen und in das Gespräch einzubringen. Wieder andere verschließen die Augen vor der Entwicklung oder versuchen die notwendigen Veränderungen auf die Zeit nach ihrem aktiven Dienst oder ihrer ehrenamtlichen Tätigkeit zu verschieben.

Ich habe Verständnis, dass die anstehenden Veränderungen viele verunsichern und sie daher die bisherigen Strukturen bewahren möchten. Dabei frage ich auch selbstkritisch, ob es hätte besser gelingen können, den Verantwortlichen auf allen Ebenen die Gründe für die angestrebten Veränderungen nahezubringen und so aus Betroffenen Beteiligte zu machen.

Ich sehe nach wie vor eine große Vermittlungsaufgabe, vor allem bei den Pfarrerinnen und Pfarrern, aber auch bei den hauptamtlich Mitarbeitenden in der Kirche. Sie bringen das Wissen und die Professionalität mit, um Stimmungen aufzunehmen, aber sich nicht allein von ihnen leiten zu lassen. Weil aber Pfarrerinnen und Pfarrer sowie Mitarbeitende einerseits von den Veränderungen selbst betroffen sind und andererseits oft lokalen Interessen verpflichtet sind, ist das keine leichte Aufgabe.

Ich werbe leidenschaftlich, die Augen für die notwendigen Veränderungen zu öffnen. Wir werden auch weiterhin darum streiten müssen, welche Wege wir gehen können und welche Arbeitsfelder wie besetzt sein sollen, welche Arbeitsfelder wir in welcher Weise verändern, was wir lassen und was wir ganz neu denken und angehen können. Ich sehe viele gute Ansätze und ermutige in den Kirchengemeinden, in den Kooperationsräumen, in den Kirchenkreisen konstruktiv an den Veränderungen mitzuwirken.

Im Gespräch mit jungen Pfarrerinnen und Pfarrern, mit Vikarinnen und Vikaren, mit Studierenden erlebe ich, wie unvoreingenommen viele von ihnen die anstehenden Veränderungen wahrnehmen und mir sagen: „Meine Kirche ist jetzt so, wie sie ist. Ich trage nicht die alten Bilder und die Enttäuschungen der Alten mit mir herum. Ich habe Lust, in meiner Kirche zu arbeiten, und zwar mit den Möglichkeiten, die jetzt zur Verfügung stehen, und mit neuen Ideen, die gemeinsam zu entwickeln sind." Solche Gespräche machen mir Mut, heute und morgen daran zu arbeiten, dass wir als Kirche das Evangelium verkünden, zum Glauben einladen und Gemeinschaft erfahrbar werden lassen.

Berufung. Aufbruch. Zukunft.
Das Zukunftsbild für das Erzbistum Paderborn

Michael Bredeck

1 Einführung

Wie in den anderen römisch-katholischen Bistümern in Deutschland gibt es auch im Erzbistum Paderborn, einem sehr heterogen geprägten Flächenbistum in der Mitte Deutschlands, seit Jahren einen diözesanen Entwicklungsprozess. Er geht auf einen Anstoß des amtierenden Erzbischofs Hans-Josef Becker kurz nach dessen Amtsantritt im September 2003 zurück. Am Anfang stand die bischöfliche Einsicht, ein „Weiter so" komme nicht infrage, die voraussichtlich 20 Jahre seiner Amtszeit müssten genutzt werden, um Verständigung zu finden über den Weg des Erzbistums in die Zukunft. Deren Konturen begannen sich 2003 vor dem Hintergrund atemberaubender gesellschaftlicher und demografischer Entwicklungen beunruhigend abzuzeichnen.

16 Jahre später: Am 25. Oktober 2019 kann das Erzbistum ein kleines Jubiläum feiern: den fünften Geburtstag des „Zukunftsbild[es] für das Erzbistum Paderborn", das mit den drei Begriffen „Berufung. Aufbruch. Zukunft." unterlegt wurde und ein beachtliches Zwischenergebnis des 2003 angestoßenen Weges war.[1] Mit dem Zukunftsbild wurde die erste Phase des diözesanen Entwicklungsweges abgeschlossen. Dessen fünfter Jahrestag ist wiederum der Startpunkt zum nächsten Diözesanen Forum Mitte November 2020. Nach 2017 bereits zum zweiten Mal soll dort durch eine große Bistumsveranstaltung überprüft werden, wie die Umsetzung des Zukunftsbildes vorangeht, wo es Erfolge, aber auch Scheitern oder Schwierigkeiten gibt.

---

[1] Vgl. Erzbischöfliches Generalvikariat Paderborn (Hg.), Das Zukunftsbild für das Erzbistum Paderborn. Berufung. Aufbruch. Zukunft., Paderborn 2014.

Dramatisch zugespitzt gegenüber 2003 und sogar 2014 hat sich freilich die Problemkonstellation, in der die katholische Kirche wie festgezurrt erscheint: Die Gesamtgemengelage der Kirchenkrise schlägt zurück auf den Versuch, einen Weg für die Zukunft des Bistums zu beschreiben. Ausgelöst durch die Vorstellung der sog. „Missbrauchsstudie" (MHG-Studie) im September 2018 zeigen sich sehr ernsthafte Fliehkräfte in der Architektur der Kirche. Die dahinter liegenden Themen sind nicht neu, ihre Debatte wurde Jahrzehnte immer wieder verschoben, und die ohnehin sich ereignenden massiven Veränderungen tun ihr Übriges. Die Proteste nicht nur, aber besonders von Frauen unter dem Motto „Maria 2.0" und die Ankündigung eines Synodalen Weges für die katholische Kirche in Deutschland durch die Deutsche Bischofskonferenz im Frühjahr 2019 markieren einen Kontext, der die Weiterarbeit an diözesan entscheid- und gestaltbaren Themen deutlich beeinflusst. Damit kommt der Prozess der Entwicklung des Erzbistums Paderborn in der Spätphase des amtierenden Erzbischofs in prekärere, weil noch weniger übersichtliche Fahrwasser.

2 Der Weg zum Zukunftsbild: Zur Struktur des Perspektivprozesses „Perspektive 2014" (2004–2014)

Ein Blick zurück: Im September 2003 wurde der damalige Weihbischof und Diözesanadministrator Hans-Josef Becker in sein Amt als Erzbischof von Paderborn eingeführt. Auf der Grundlage einer Rundreise durch die damals 40 Dekanate stieß er ein Jahr später, am 30. Oktober 2004, unter dem Namen „Perspektive 2014" einen Entwicklungsprozess für das Erzbistum an, der zur Formulierung diözesaner Schwerpunkte und verbindlicher pastoraler Rahmenbedingungen führen sollte. Der Prozess war sehr offen konstruiert und getragen aus der Intuition, dass „es nicht mehr so weitergehen kann wie bisher". Bereits in den ersten Jahren gab es einige strukturelle Entscheidungen: eine umfassende Dekanatsreform (2006) sowie die Fortschreibung der gerade im Aufbau befindlichen Pastoralverbünde (Pfarreiengemeinschaften; seit 2000) zu insgesamt 87 Pastoralen Räumen (seit 2010). Doch Strukturveränderungen allein schienen schon früh nicht ausreichend zu sein. 2009, bei einer ersten Zwischenbilanz, formulierte der Erzbischof: „Der ‚Status quo' [...] beantwortet die zentralen pastoralen [...] Herausforderungen nicht."² Als Leitfragen gab er dem Bistum auf: „Wozu bist du da, Kirche von Paderborn? Was sind deine Anliegen? Wofür setzt du dich ein?"³ Überlegungen auf allen Ebenen des Bistums mündeten dann in das „Zukunftsbild für das Erzbistum Paderborn", das seit 2015 in verschiedenen Schritten umgesetzt wird, also als Bezugspunkt der weiteren Bistumsentwicklung fungiert. Es lässt sich zu Recht sagen: Bei diesem Prozess der Bistumsentwicklung geht es um eine alle Aspekte des pastoralen und administrativen Handelns betreffende Transformation. Alles ist in Veränderung: theologische und spirituelle Grundlagen, pastorale Abläufe und Strukturen, administrative Prozesse.

Blickt man auf den Prozess der Jahre 2004 bis 2014 zurück, waren die ersten fünf Jahre (2004–2009) bistumsseitig kaum organisiert. Zunächst sah es so aus, als ob die Auftaktrede vom 30. Oktober 2004 einfach in der Luft hängen würde. Aus heutiger Sicht verwundert es, wie nach und nach ein Prozess entstand, der immer mehr Akteure im Bistum verband und einband. Auf dem Weg wuchs das Vertrauen in die Kraft und das Zusammenspiel der vielen Akteure, das sich nach und nach entwickelte. Vergleicht man Zusammensetzung und Ablauf der Diözesanen Foren 2004, 2014 und 2017, sind diese Kraft und dieses Zusammenspiel deutlich erkennbar.

2009 erfolgte eine Grundsatzentscheidung für einen strukturierten Entwicklungsprozess: eine Lenkungsgruppe unter Vorsitz des Erzbischofs wurde eingerichtet. Diese existiert bis heute, ihre Arbeitsweise und die Themen haben sich verändert. Ging es in den ersten Jahren vor allem darum, überhaupt erst einmal Themen der Entwicklung der Pastoral, der beruflichen Rollenveränderungen wie der Teamarbeit sowie die Zielorientierung pastoraler und administrativer Abläufe zu besprechen, ging es im weiteren Verlauf immer mehr um die Steuerung eines extrem komplexen Change-Prozesses mit einer Vielzahl von höchst unterschiedlich eingestellten Beteiligten.

Im November 2009 lud der Erzbischof einen deutlich größeren Kreis an Menschen (etwa 400) zu einer Halbzeitbilanz nach Pader-

---

² H.-J. Becker, Ansprache zum Diözesanen Forum am 21. November 2009, in: https://www.erzbistum-paderborn.de/aktuelles/ansprache-zum-dioezesanen-forum-2009 (Download: 15.8.2019).
³ Vgl. ebd.

born ein. Diese Gelegenheit nahm er wahr, um ein zentrales Kriterium zu formulieren, das ihm auf der Basis der bisherigen fünfjährigen Wahrnehmung als geeignet erschien, den weiteren Entwicklungsprozess theologisch zu fundieren. Er sprach von der „Pastoral der Berufung", verband das mit Stichworten wie Taufpriestertum, Charismenorientierung und einer Differenzierung des bislang dominierenden pfarrgemeindlichen Paradigmas („pastorale Orte und Gelegenheiten").[4]

Im Anschluss an diese Halbzeitbilanz nahmen – und das war eine erste, bedeutende Intervention – verschiedene Perspektivgruppen ab 2010 ihre Arbeit auf, die die inhaltlichen Vorgaben des Erzbischofs aufgriffen und vertieften. Jene wurden abteilungs- und hierarchieübergreifend besetzt, im Bistum eine Neuigkeit. In der Folge richteten sie mehrere Projektforen aus, die einer Verständigung und Vertiefung des jeweiligen Perspektivthemas dienten und ebenfalls abteilungs- und hierarchieübergreifend besetzt waren.

Mit dem Jahr 2010 begann auch der Prozess einer strukturellen Neuordnung bzw. Weiterentwicklung der Pfarreien: Die bestehenden – teilweise noch gar nicht realiter funktionierenden Pastoralverbünde – wurden auf der Basis verständigter Kriterien in größere Pastorale Räume hin fortgeschrieben. Seitdem läuft die sukzessive Umsetzung dieser Fortschreibung, die in einem sehr verbindlichen Rahmen in gemeinsamer Trägerschaft von Bistum, Dekanaten und der Ebene vor Ort mit klaren Zeitlinien und inhaltlichen Vorgaben (Pastoral der Berufung und Perspektivthemen) erfolgt. Auf diesem Weg sind auch die ehrenamtlichen Gremien in Bewegung gekommen. Verbindlich ist eine zwei- bis dreijährige Planung jedes Pastoralen Raumes zu einer Pastoralvereinbarung, die vom Erzbischof gegengezeichnet wird. Auf dem Weg dorthin erhält jeder Pastorale Raum zwei Berater oder Beraterinnen, die vom Erzbistum qualifiziert wurden.

Der Aufbau der großen Pastoralen Räume bindet natürlich viel Energie. Es versteht sich von selbst, dass die Erkenntnisse des Aufbaus der Pastoralen Räume zentrale Bedeutung für die Formulierung des späteren Zukunftsbildes hatten. Diözesane, Dekanats- und Pastorale-Raum-Ebene stehen über alle Fragen in einem permanenten Gesprächsprozess.

---

[4] Vgl. ebd.

2012 wurden die bislang bestehenden Arbeitskreise aufgelöst und durch eine Art Runden Tisch ersetzt, an dem Verantwortungsträger aus unterschiedlichen Bereichen zusammenkamen: Theologische Grundlagenarbeit (Perspektivthemen der Pastoral der Berufung), Gesamtprozess des Bistums, Pastorale Konzeption, Pastorales Personal, Verwaltungsentlastung und Kommunikation. Hier wurde ein vernetztes Arbeiten begonnen – mit allen Möglichkeiten und Grenzen, die das in den meist eng gestrickten Terminkalendern der Beteiligten bot. Diese „Teilbereichsleiterrunde" war auch federführend für die operative Entwicklung des Textes des späteren Zukunftsbildes verantwortlich. Hinter dieser Runde standen aber deutlich mehr Personen und Bereiche, als in der ursprünglichen Arbeitskreisstruktur abgebildet werden konnte. Die engen Grenzen von zuständigen Abteilungen wurden hier bewusst überschritten, was dem Gesamtprozess eine deutliche Dynamik gab.

3 Die Pastoralwerkstatt im Juni 2013

Ab Beginn des Jahres 2012 wurde über eineinhalb Jahre ein Novum in der Geschichte des Erzbistums vorbereitet: eine Pastoralwerkstatt, zu der Ende Juni 2013 in Paderborn knapp 600 Männer und Frauen zusammenkamen und über vier Tage lang Empfehlungen für das spätere Zukunftsbild erarbeiteten. Zwei Drittel der Teilnehmenden waren hauptberufliche Laien und Priester aus Pfarreien, pastoralen und karitativen Einrichtungen, Verbänden und Gremien, ein Drittel ehrenamtlich tätige Menschen, vor allem aus den Pastoralen Räumen und den Verbänden. Entlang der inhaltlichen Themen des Bistumsprozesses und der praktischen und administrativen Fragen, wie sie sich auf dem Weg der Pastoralen Räume ergaben, wurden etwas mehr als 70 Empfehlungen formuliert, die sehr unterschiedliche Ebenen und Realisierungswege ansprachen. Auch wenn sich insgesamt der Eindruck einstellte, hier wurde noch recht stark vom bestehenden Status quo her gedacht – und in neuen, zusätzlichen Stellen –, waren diese Tage sehr wirkungsvoll: Denn es war gelungen, in einen offenen Prozess einzutreten und Themen und Fragen zu bearbeiten, ohne das Ergebnis im Vorfeld zu kennen. Es war gelungen, dies in einer zugleich nachdenklichen und geistlich geprägten Atmosphäre zu tun. Und es war gelungen, beieinander zu bleiben, obwohl deutlich spürbar war, dass nicht nur unterschiedliche Ebenen und Altersstufen, sondern auch unterschiedliche Kirchenbilder miteinander rangen. Erfahrbar war das gemeinsame Bemühen, ohne hierarchische Vorentscheidungen quer durch alle Ebenen, haupt- und ehrenamtlich, miteinander zu sprechen und zu Ergebnissen zu kommen. Externe Resonanzgeber beobachteten die Tage und meldeten sowohl den Verantwortlichen auf Bistumsebene als auch den vor Ort Versammelten ihre Eindrücke zurück, die durchaus wirksame Interventionen beinhalteten.

Alle Empfehlungen wie auch das Hintergrundmaterial wurden im Internet zugänglich gemacht, ein weiteres Moment, das Transparenz signalisieren sollte. Eine externe sozialwissenschaftliche Evaluation half dabei, die Empfehlungen zu sortieren und Schwerpunkten zuzuordnen.

4 Die Textentstehung

Dann begann die Arbeit an ersten Bausteinen des späteren Zukunftsbildes. An fünf offenen Abenden für die Teilnehmer der Pastoralwerkstatt im Frühjahr 2014 wurden diese Bausteine vorgestellt und nochmals diskutiert. Der endgültige Text des Zukunftsbildes, den der Erzbischof unterzeichnete und der Öffentlichkeit vorstellte, wurde zwar in Paderborn von einer kleinen Redaktionsgruppe formuliert und in enger Abstimmung mit dem Erzbischof und den bischöflichen Leitungsgremien entwickelt, die inhaltliche Beratung im Vorfeld wie eine abschließende Absprache in den diözesanen Beratungsgremien führte aber zu einem Text, in dem sich viele der Gedanken und Empfehlungen wiederfanden, die sich auf dem Weg der vergangenen Jahre entwickelt hatten. Das entsprechende Echo bei denen, die beteiligt waren, ist noch immer positiv.

5 Die Veröffentlichung und der Inhalt des Zukunftsbildes

Am 25. Oktober 2014 wurde im Rahmen eines Diözesanen Forums das Zukunftsbild für das Erzbistum Paderborn vorgestellt. Der Text hatte neben einem persönlichen Vorwort des Erzbischofs, in dem er den Status des Textes klärte, eine biblische Grundlegung erhalten, auf der dann die theologische Basis mit der Berufungstheologie aufbaut. Ein Kapitel beschreibt die grundlegende Haltung, die es für die Pastoral der Berufung braucht (Vertrauen und Verantwortung), ein weiteres benennt Schlüsselthemen für das pastorale Handeln und klärt das diözesane Verständnis dieser Schlüsselthemen (Vielgestaltigkeit; Entscheiden, Kommunikation, Partizipation; Führen und Leiten in der Kirche; Miteinander von Haupt- und Ehrenamt; Dienst der Priester und das Volk Gottes; Prioritäten und Nachrangigkeiten im pastoralen Handeln). Ein eigenes Kapitel erschließt das Verständnis und die Entwicklungsmöglichkeiten der Pastoralen Räume vom Grundanliegen des Zukunftsbildes, der Berufungsförderung, her. Ein Schlusskapitel richtet den Blick nach vorn und formuliert den Auftrag zur Umsetzung und Aneignung des Zukunftsbildes in den kommenden Jahren.

Der Text geht nicht ein auf die später sogenannten „übergreifenden Fragen", die natürlich auch im Paderborner Bistumsprozess zur Sprache kamen, aber doch relativ wenig Raum einnahmen. Im Erzbistum Paderborn sollte keine Hoffnung erzeugt werden, die weltkirchlich enttäuscht werden könnte. Wie sich dieses Thema nun im Zeichen des angekündigten Synodalen Weges weiter entwickeln wird, bleibt abzuwarten. Im Zuge der weiteren Bistumsentwicklung wird es jedenfalls nicht möglich sein, die „übergreifenden Themen", wie sie vonseiten der Bischofskonferenz genannt werden (Priesterliches Amt, Macht und Entscheidungsstrukturen, Rolle der Frauen, Sexualmoral) aus der Bistumsentwicklung auszuklammern.

Zehn Jahre intensive Verständigung liegen dem Text zugrunde, der in der Druckfassung 100 Seiten umfasst. Zugleich wurden verschiedene Anlagen zu diesem Text veröffentlicht, die einzelne Aspekte des Zukunftsbildes vertiefen. Hier ist insbesondere die Anlage 1 zu nennen, in der Schritte zur Umsetzung des Zukunftsbildes beschrieben werden, um einzelne Aspekte des Zukunftsbildes zu realisieren oder voranzubringen.

Erzbischof Hans-Josef Becker macht in seinem Vorwort zum Zukunftsbild unmissverständlich deutlich, dass das Papier nicht einfach abgeheftet werden soll:

„Der Text ist ein Zukunftsbild, macht also deutlich, in welche Richtung sich das Erzbistum Paderborn entwickeln soll – und so wird es niemanden, der sich informieren und beteiligen möchte, wundern, wenn in den kommenden Jahren nach und nach Schritte zur Umsetzung einzelner Aspekte dieses Zukunftsbildes unternommen werden."[5]

6 Die Aneignung und Umsetzung des Zukunftsbildes

Um die Umsetzung und Aneignung zu organisieren, wurde zu Beginn des Jahres 2015 ein eigenes Projekt Bistumsentwicklung im Generalvikariat initiiert, das in direkter Anbindung an den Erzbischof und Generalvikar als „Wächter" des Zukunftsbildes agieren und in die diözesanen Prozesse, Abläufe und Entscheidungen hineinwirken sollte. Zehn Teilprojekte, die die Anliegen des Zukunftsbildes aufgriffen, sowie verschiedene Daueraufgaben standen hinter diesem Projekt und arbeiteten in Abstimmung mit den übrigen Abteilungen des Generalvikariates zusammen. Diese Struktur wurde ab September 2018 in eine neue Struktur überführt, die als „Entwicklungsabteilung" nun dauerhaft eingerichtet ist.

2017 fand im Rahmen eines Diözesanen Forums in Unna eine erste Überprüfung des Standes der Umsetzung statt. Bei der Umsetzung seit 2015 ging es nicht darum, „Textkritik" vorzunehmen, also den Text des Zukunftsbildes zu loben oder gut oder schlecht zu finden, sondern durch den Text angestoßen zu werden und ins Handeln zu kommen. Vermieden werden sollte der Gestus der Beurteilung: Ich finde das Zukunftsbild gut oder schlecht. Diese (schein-)akademischen Debatten gibt es in der Kirche zuhauf, aber sie helfen in der Regel niemandem. Befördert werden soll hingegen die Bewegung, das Handeln: Ich überprüfe mein Handeln vor dem Hintergrund des Zukunftsbildes; ich nehme mir konkret vor …; ich verabrede folgende Versuche …

Fragen sind viele da, Kritik und Unbehagen natürlich auch. Und auch Gegner des Weges haben sich versammelt. Deutlich wird: Der Text ist kein Kompromisstext, in dem sich jeder wiederfindet. Er enthält ein deutliches Votum, in welche Richtung sich das Erzbistum Paderborn entwickeln will. Er setzt auf die Berufungstheologie sowie eine pastorale Realisierung derselben. Er setzt auf deutliche Ressour-

---

[5] Generalvikariat Paderborn (Hg.), Das Zukunftsbild für das Erzbistum Paderborn (s. Anm. 1), 5.

cenverschiebungen im kirchlichen Leben weg von den Pfarrgemeinden. Und er setzt auf eine Kirchenkonzeption, die von der Taufe her konstituiert ist, ohne das Amt zu relativieren. Somit ist das Zukunftsbild im besten Sinne Rezeption des Zweiten Vatikanischen Konzils (1962–1965) auf Ebene des Erzbistums Paderborn. Aber natürlich ruft das Spannungen, Widerstände und Vernebelungsversuche hervor, teils auch seltsame Vorwürfe oder Klischees bis dahin, Priester und traditionelle katholische Seelsorge sollten überflüssig gemacht werden. Beharrungstendenzen lassen sich wohl am besten dadurch erklären, dass das Zukunftsbild deutliche Akzente eines Umkehr- oder Bekehrungsprozesses trägt.

7 Der Organisationsentwicklungsprozess der diözesanen Verwaltung

Ein eigenes Projekt im Rahmen des Zukunftsbildes startete Ende 2015 für die diözesane Verwaltung (Erzbischöfliches Generalvikariat). Mithilfe einer externen, im kirchlichen Kontext bislang wenig erfahrenen Unternehmensberatung wurden Prozesse und Abläufe sowie die Aufbauorganisation kritisch überprüft und erste Schritte zu einer Steigerung von Flexibilität und Geschwindigkeit unternommen. In diesem Projekt zeigt sich eine ganz eigene Besonderheit der Organisation Kirche, die in den eher pastoralen Themen des bisherigen Weges kaum beachtet worden war. Die Kirche ist als „Organisation eigener Art" in einer pastoralen und einer administrativen Logik unterwegs. Wenn auch das Generalvikariat der Pastoral „dienen" soll, übersetzt: Dienstleister sein soll, wird es doch oft als das Gegenteil empfunden. Natürlich ist der Vorwurf der Gängelung, des Keine-Ahnung-Habens oder des Herabschauens auf die pastoralen Niederungen durchaus in manchen Fällen berechtigt. Andererseits wird aus pastoraler Sicht wiederum nicht selten die Berechtigung von Regeln, Prozessbeschreibungen, Entscheidungsgrundlagen immer dann infrage gestellt, wenn es den eigenen Vorhaben oder Wünschen nicht entspricht. Eine wirklich gemeinsame und verlässliche Entwicklung von pastoraler wie administrativer Logik kann nur im Miteinander erfolgen. Im Rahmen des Organisationsentwicklungs(OE)-Prozesses wurde dieses Anliegen durch Resonanzgruppen und im weiteren Verlauf durch möglichst transparente Kommunikation aufgenommen, freilich nicht zur Zufriedenheit aller Beteiligten. Der OE-Prozess wird noch längere Zeit andauern und künftig in einen kontinuierlichen Verbesserungsprozess münden. Entstanden sind eine „Prozesslandkarte", erste und zu ergänzende Prozessbeschreibungen, Richtlinien für Projekt- und Prozessmanagement und eine neue Struktur der Entscheidungswege in der Leitung des Generalvikariates. Die langjährige Hauptabteilungsleiterkonferenz wurde durch Managementteams abgelöst, die schneller und passgenauer entscheiden können. Derer gibt es vier: auf Ebene des Gesamthauses selbst unter Vorsitz des Generalvikars sowie zusammengefasst im Bereich der Ressourcen und in den pastoralen Abteilungen, benannt als „Dienste", und zusätzlich im neuen Bereich Entwicklung und Kommunikation.

8 Polarisierung und Ressourcenverknappung als beherrschende Themen

Schon angesprochen wurde oben, dass sich im Laufe der Umsetzung des Zukunftsbildes, äußerlich zurückführbar auf das Erscheinen der MHG-Studie, die innerkirchliche Situation deutlich zuspitzte. Die langjährig bereits vorgetragenen Reformanliegen vieler Katholiken brechen nochmals mit neuer Kraft auf – während die Kirchenaustrittszahlen ungeahnte Höhen erreichen und es immer deutlicher wird, dass ohne eine ganz grundlegende Reform der kirchlichen Verfassung im Bereich der Macht- und Entscheidungsstrukturen alle kirchliche Veränderung auf halbem Wege stecken zu bleiben droht. Wie weit der diözesane Entwicklungsprozess mit seinen eigenen Themen hiervon überrollt wird, ist derzeit schwer auszumachen. Erklärter Wille ist es, die Themen und Zwischenergebnisse des Synodalen Weges der Deutschen Bischofskonferenz mit dem weiteren Verlauf des Bistumsprozesses zu synchronisieren. So hat es im Erzbistum bereits 2018 erstmals eine Frauenkonferenz gegeben, die im Dezember 2019 mit einem erweiterten Teilnehmerinnenkreis wiederholt wird.

Der Polarisierung zuträglich ist auch die immer deutlicher vor Augen stehende und immer mehr ins Bewusstsein tretende perspektivische Verknappung personeller und finanzieller Ressourcen. Die Zahl der Priester ist hier sicherlich die erschreckendste Variable. Schon beim Diözesanen Forum in Unna wurde die interne Hochrechnung der Bistumsleitung transparent gemacht, die von einem

Rückgang der Zahl der Priester im aktiven Dienst (also unter 70 Lebensjahren) um zwei Drittel in den Jahren 2019 bis 2034 ausgeht. Parallel dazu hat die im Frühjahr 2019 veröffentliche Studie zur Entwicklung der Kirchenmitglieder und des Kirchensteueraufkommens für das Erzbistum Paderborn prognostiziert, dass der Kirchensteuerkraftindex in den kommenden 35 Jahren auf ein Niveau von 47 Prozent heruntergehen wird. Zahlen wie diese mögen erschrecken – viel wichtiger aber ist die Debatte, die diese Zahlen auslösen sollten: Wie und wo werden wir Personal im pastoralen Feld langfristig einsetzen (Personalstrategie)? Was bedeutet es, eine Kirche mit erheblich weniger Priestern zu werden, als wir es Jahrzehnte gewohnt waren? Wie sollen die Schwerpunkte des Ressourceneinsatzes künftig gesetzt werden (eher Investment in Kirchengebäude, in Pfarreien, in Schulen, in Kitas, in neues Personal ...)? Hier ist in den kommenden Jahren eine Verschärfung der Debatte zu erwarten – und die Entscheidung, diese Debatte auch zu führen und zu entscheiden.

9 Eine Festlegung: Strategielinie Evangelisierung

Im Rahmen des OE-Prozesses trat auch die strategische Ausrichtung des Erzbistums in den Vordergrund. Motiviert durch diverse religionssoziologische und auch theologische Stellungnahmen wird immer bewusster, dass die Fragen der Kirchen- und Gemeindeentwicklung nicht abgelöst von der Entwicklung des Gottesglaubens selbst und seiner Plausibilität in säkularem und pluralem Kontext zu beantworten sind. Schon im Zukunftsbild war von der Bedeutung der Evangelisierung als zentralem pastoralen Handlungsfeld die Rede. Der Übergang von einer volkskirchlich vermittelten, gesellschaftliche Relevanz beanspruchenden Religiosität hin zu einer weithin „apatheistischen" (Tomáš Halík) Realität in nachchristlicher Gesellschaft erfordert völlig neue, auf die freie Entscheidung Erwachsener setzende und auf die Präsenz neuer Glaubensorte angewiesene Wege der Glaubensverkündigung und -bezeugung. Wie Menschen heute und künftig Christen werden und bleiben können, ist die wichtigste pastorale Herausforderung. Unter dem Stichwort „Evangelisierung" versammelt sich seit einiger Zeit der Leitgedanke: Wir wollen eine wachsende Glaubensgemeinschaft werden – qualitativ und quantitativ. Wachstum wiederum geschieht durch Innovation, Profilierung und Qualität des pastoralen Handelns. Sollte sich diese strategische Festlegung durchsetzen können und auf Akzeptanz vieler Mitwirkenden stoßen, lägen hier große konkrete pastorale Veränderungschancen bereit, die durch das neue „Labor E" (Entwicklung – Evangelisierung) in einem groß angelegten Netzwerk begleitet und erhoben werden.

10 Reflexion

Der Entwicklungsprozess des Erzbistums Paderborn lässt die großen Herausforderungen und teilweise schier unlösbar erscheinenden Schwierigkeiten und Widersprüche eines kirchlichen Transformationsprozesses klar erkennen: Die Menschen, die die bisherige Sozialgestalt der Kirche tragen und verkörpern, wollen in der Regel keine Veränderungen und befürchten Heimatverlust und Abbrüche, ihr Zorn, ihre Wut und ihre teilweise Frustration entladen sich zunehmend unberechenbarer und zufälliger. Viele andere Menschen, die sich nicht in den Gemeinden beheimatet fühlen, erfahren von diesen Streitigkeiten kaum etwas, sondern suchen ihre eigenen, in der Regel neuen Zugänge zum Glauben an Christus und ihre Wege, sich in der Kirche und für die Kirche zu engagieren – das Bistum stärkt hier bewusst eine Vielzahl von Einrichtungen, Projekten und Initiativen. Das pastorale Personal reagiert unterschiedlich auf diese Entwicklung, erkennbar ist eine problematische Differenzierung in „Gewinner" und „Verlierer", vor allem unter den Priestern. In der Gruppe der Priester ist das Thema der eigenen Identität stark aufgebrochen, es wird die Frage gestellt, was im Kern priesterliche Identität ist, wenn immer mehr konkrete Aufgaben und Dienste in Pastoral wie Administration an Laien übertragen werden. Das verbindet sich mit der Wahrnehmung eines massiven Einbruchs der Anzahl von Menschen, die die Eucharistie mitfeiern, also das Proprium sakramentalen kirchlichen und priesterlichen Handelns.

In den letzten Jahren wird immer deutlicher, dass die Perspektive des Aufbruchs und Wachsens von zentraler Bedeutung ist für die Grundeinstellung, wie der Entwicklungsprozess wahrgenommen wird. Es geschehen viele, oft kleine Aufbrüche, es gibt Wachstum, aber oft wird das übersehen, weil es meist neben den klassischen Pfarreien geschieht, wo Abbruchserfahrungen deutlich vorherrschen. Das Bewusstsein für neue Wege, gebündelt im Begriff der Evangelisierung, und die zunehmende Erosion der pfarrlichen Verfassung der Kirche werden über kurz oder lang immer mehr Verantwortungsträger zusammenführen. Doch dieser Weg ist steinig, von vielen Widerständen geprägt und braucht einen langen Atem.

Es wird an der Konsequenz vor allem des Erzbischofs und der diözesanen Verantwortungsträger hängen, die Rahmenbedingungen so weiter zu entwickeln, dass die Impulse des Zukunftsbildes prägend wirken können. Dezentralisierung, Unterstützung bislang ungewohnter Wege des Kirche-Seins, eine Pluralisierung von pastoralen Orten und eine entsprechende Ressourcenzuweisung sind hier nur einige Stichworte, in denen sich diese Konsequenz zeigen wird. Besonderes Augenmerk wird darauf liegen müssen, in alle gestaltungsmächtigen Positionen möglichst Personen hineinzurufen, die im Sinne der Optionen des Zukunftsbildes handeln wollen und können. Zentral ist schließlich das Gottvertrauen, dass der eingeschlagene Weg bei allen Schwierigkeiten und Unwägbarkeiten ein gesegneter Weg ist. Hinweise dafür gibt es genug, wenn man an den Anfang zurückdenkt. Denn es ist schon erstaunlich, welche lebendige Entwicklung sich ergeben hat – an vielen Stellen zunächst ohne genaue Planung und durchkonzipiertes Agieren, durch die wachsende Bereitschaft, auf dem Weg zu lernen und zu priorisieren, zu verdichten und zu akzentuieren.

Eine wichtige Frage zur Absicherung des Weges ist natürlich die der rechtlichen Relevanz des Zukunftsbildes. Es ist kein diözesanes Gesetz. Es hat keine kirchenrechtliche „Statur" – und das wird von einzelnen auch bewusst betont im Sinne einer „Unverbindlichkeit". Zugleich ist es als Bezugspunkt der diözesanen Entscheidungen und Entwicklung in der Öffentlichkeit durch den Bischof selbst präsentiert worden. Es ist aber nicht einklagbar, einforderbar oder justitiabel. Aber es gibt eine steigende Zahl von Gläubigen, die sich auf das Zukunftsbild berufen. In der zunehmenden Polarisierung seit Herbst 2018 wird deutlich, dass die Glaubwürdigkeit der Bistumsleitung durch das Agieren-lassen von Zukunftsbild-Gegnern „in Wort und Tat" beschädigt wird. Aber auch die Reaktionen der Bistumsleitung selbst auf innerdiözesane oder personelle Konflikte oder auf die kirchenpolitisch relevanten „übergreifenden Themen" stoßen auf nicht unbedeutende, kritische Resonanz. Alles in allem zeigt sich ein sehr disparates und kaum harmonisierbares Bild. Allen Beteiligten wird viel Kraft abverlangt und es gilt weiterhin, dass die Kräfte gestärkt werden müssen, die verbinden, integrieren, nach konstruktiven und partizipativ entwickelten Lösungen suchen. Zielkonflikte gibt es viele und auf allen Ebenen.

11 Ein Ausblick: Das Vorhaben einer *Change Story*

Abschließend verweise ich auf ein derzeit noch ausstehendes Vorhaben, das unter dem Stichwort *Change Story* firmiert und in der weiteren Entwicklung schrittweise eingelöst werden soll. Über alle Jahre wurde deutlich, wie wenig Informationen über das, was in Kirche und Gesellschaft an Veränderung im Gange ist, die ganz normalen Gläubigen überhaupt erreicht hat. In der Regel werden Rückgänge und Abbrüche wahrgenommen – zu Recht. Doch die Neuansätze und positiven Erfahrungen dabei sowie die tiefer liegenden Gründe für die Entwicklung werden meist nicht wahrgenommen. Eine professionelle Kommunikation der kirchlichen Veränderung sollte darauf eingehen. Die Geschwindigkeit der gesellschaftlichen und spirituellen Entwicklung im Verbund mit einer immer pluraleren Welt voller Angebote und Möglichkeiten hat ja massive Auswirkungen auf die Steuerungsmöglichkeiten der Kirchenleitung. Diese werden immer geringer, die Laufzeiten von Projekten und Experimenten immer kürzer. Zugleich ist die Kirche in ihrem Selbstverständnis auf Dauerhaftigkeit, Stabilität und substanziell gleichbleibende Identität verwiesen und wirkt damit aus der Zeit gefallen. Hier entstehen Spannungen und Brüche, die für den einzelnen Gläubigen undurchschaubar, für die pastoral Mitarbeitenden oft bis zur Zerreißprobe zermürbend und für diözesane Entscheidungs- und Verantwortungsträger sehr undankbar, da kaum auflösbar, sind. Das Gespräch über das, was im Gange ist, kommt gerade erst in Schwung. Die *Change Story* soll helfen, in Wort und Film dieses Gespräch zu führen, letztlich um der Erneuerung und Vertiefung des Glaubens an Jesus Christus einen Impuls zu geben. Um dieses Glaubens willen schließlich gibt es die Kirche, auch das Erzbistum Paderborn, ein Generalvikariat oder auch das Zukunftsbild. Und dieser Glaube braucht, um Kreise ziehen zu können, Hoffnungskraft. Woher die bei all den Umbrüchen kommen kann, auch das wird Thema der *Change Story* sein.

Taufberufung und Netzwerk
Einblicke in fünf Jahre Entwicklungen zu zwei Schlüsselthemen im Zukunftsbild des Erzbistums Paderborn

Ludger Drebber und Annegret Meyer

Mit der Veröffentlichung des Zukunftsbildes[1] am 28.10.2014 setzte Erzbischof Hans-Josef Becker den Rahmen für zukünftige pastorale Entwicklungen im Erzbistum Paderborn. Ausgangspunkt war die hinlänglich bekannte Problemsituation kirchlicher Organisation in der Gegenwart, heute gerne Herausforderung genannt. Diese Hintergründe müssen hier nicht noch einmal aufgerollt werden. Ab 2000 stand der Entschluss der Bistumsleitung fest, die 773 Kirchengemeinden in 214 sogenannten Pastoralverbünden organisatorisch zu verbinden. Im weiteren Prozess werden diese seit 2009 in größere Gebilde überführt, in die 87 Pastoralen Räume (keine Großpfarreien!).

Das Zukunftsbild als Leitbildpapier des diözesanen Entwicklungsprozesses fordert dazu auf, diese Herausforderung als Chance, ja als Kairos zu verstehen, um über grundlegende Strukturen, Arbeitsweisen und natürlich auch das Selbstverständnis der jeweils handelnden Akteure in den neuen Pastoralen Räumen nachzudenken. Die Leitfrage dieses Prozesses, die sich an die Kirche insgesamt richtet, lautet: „Wozu bist du da, Kirche von Paderborn?"[2] Sie soll den Blick von der Defizitorientierung hin zu einer Zukunftsorientierung wenden und die Fixierung auf das Bemühen aufheben, die Kirche, etablierte Formen kirchlichen Lebens um ihrer selbst willen am

---

[1] Vgl. Erzbischöfliches Generalvikariat Paderborn (Hg.), Das Zukunftsbild für das Erzbistum Paderborn. Berufung. Aufbruch. Zukunft., Paderborn 2014, in: https://www.zukunftsbild-paderborn.de/kat1/html5.html#2 (Download: 23.7.2019).
[2] Vgl. Erzbischöfliches Generalvikariat Paderborn (Hg.), Perspektive 2014 – „Denn wir schauen aus nach dir" (Psalm 33,22). Schwerpunkte der pastoralen Entwicklung der kommenden fünf Jahre im Erzbistum Paderborn. Rede von Erzbischof Hans-Josef Becker beim Diözesanen Forum am 21. November 2009, 8, in: https://www.perspektive2014.de/medien/11652/original/1509/091223_Bro_BeitrErzBisch_135x297.pdf (Download: 23.7.2019).

Leben zu erhalten. Entscheidend ist der Blick auf die Menschen, ausgedrückt durch die Zentralkategorie der „Berufung".[3] Die Verantwortlichen beanspruchen, die bereits im Zweiten Vatikanischen Konzil (1962–1965) verwurzelten Prinzipien von Pastoral unter dem Druck der sich ändernden Verhältnisse neu beschreiben und einüben zu können. Im Folgenden können nicht alle Entwicklungen, die mit dem Bistumsprozess in Gang gesetzt wurden, adäquat beschrieben werden. Der Fokus hier liegt auf dem Konstrukt der Pastoralen Räume.

1 Der Pastorale Raum – theologischer Anspruch und konzeptionelle Grundsätze

1.1 Die theologische Grundkategorie: Berufung aller Getauften

Die Einrichtung der Pastoralen Räume ist zunächst – siehe unten – eine Entscheidung auf der Organisationsebene. Das Zukunftsbild lenkt jedoch den Blick von dieser Ebene auf die Beziehungsebene zwischen Gott und Mensch und von Mensch zu Mensch. Entscheidend mit Blick auf die Grundidee der Pastoralen Räume ist dabei der Schwenk weg von der Institution mit Strukturen und Aufgaben hin zu den Begabungen und Charismen von Personen.

Jede Christin, jeder Christ hat laut Zukunftsbild eine dreifache Berufung: zum Menschsein, zum Christsein und zum Engagement.[4] Das ist eine richtungsweisende Bedeutungsweitung des Begriffs „Berufung", der im landläufigen katholischen Verständnis reserviert zu sein schien für explizit religiöse Lebensentscheidungen von Menschen (Priester- und Ordensberufe).[5]

Diese Neuakzentuierung von „Berufung aller Getauften" enthält eine doppelte Irritation. Zum einen bei den pastoralen Mitarbei-

---

[3] Vgl. Generalvikariat Paderborn (Hg.), Das Zukunftsbild für das Erzbistum Paderborn (s. Anm. 1), 34–45.
[4] Vgl. ebd., 38–41.
[5] Deshalb gibt es nicht zu unterschätzende Verständnisprobleme allein mit dem Wort „Berufung"; vgl. Zwischenbericht zum Modellprojekt „Taufberufung als Referenzgröße zukunftsweisender Bistumsentwicklung", Bochum – Paderborn 2016, 4f., in: http://www.zap-bochum.de/content/workingpaper_Zwischenbericht_Projektgruppe_Taufberufung_04.2016.pdf (Download: 23.7.2019).

ter(inne)n, deren Berufsrollen massiv betroffen sind von der Betonung der Selbstverantwortung der Gläubigen und der räumlichen Vergrößerung ihres Zuständigkeitsbereichs. Alle, die als Priester und Gemeindereferent(inn)en ihr Selbstverständnis in der Berufung zum „Gemeindepfarrer" oder zur „Seelsorgerin in XY" begründeten („dafür bin ich angetreten"), müssen ihr Berufen-Sein plötzlich neu definieren.

Und die Gläubigen in den Pastoralen Räumen fragen mit Recht, ob sie, die früher gefühlt eher Teilnehmer, Zuschauer, Objekte der Seelsorge waren, jetzt als Handelnde benötigt werden im kirchlichen Binnenraum, durch die Kategorie der Berufung aufgewertet und motiviert werden sollen, ihren Teil beizutragen zur Aufrechterhaltung und Stabilisierung des Systems Kirche, ohne an den Grundfesten der Amtskirche mit ihren Strukturen rütteln zu müssen.

In den Formulierungen dieser Theologie der Berufung scheint Klarheit zu herrschen, dass mit der Akzentuierung der Charismen ganz im Gegenteil dazu eine Rückwendung hin zu einer christlichen Ur-Erfahrung angezielt ist. Aber gilt das auch für die gelebte Praxis? In gewisser Weise ist die Berücksichtigung der Charismenorientierung ein fortlaufender Marker für den grundlegenden Wandel in der pastoralen Handlungsfähigkeit.[6]

Weiter gedacht, enthält die Theologie der Berufung nämlich die von manchen als gefährlich empfundene Idee der Geistbegabung aller, die auch das Potenzial mitbringt, Hierarchie zu erschüttern, vielleicht nicht so sehr von außen wie von innen. Diese Erschütterung ist allerdings im Kern der christlichen Botschaft an der Person Jesu und seiner konsequenten Entschiedenheit bis zum Kreuz festzumachen: „Der Größte unter euch soll der Diener aller sein" (Mt 23,11). Es stellt sich die Frage, ob die pastoralen Akteure vor Ort und in den Leitungsebenen dazu bereit sind.

Hier spiegelt sich eine Neuauflage des urchristlichen Konflikts zwischen Amt und Charisma, das sich schon neutestamentlich beobachten lässt im Übergang von der paulinischen zur nach-paulinischen Zeit. Die derzeitige gesellschaftliche Situation von Kirche ist

---

[6] Vgl. dazu aktuell V. Dessoy, Baustein, nicht Masterplan. Die Bedeutung von Charismenorientierung für die Kirche in Deutschland, in: AnzSS (5/2019) 14–17. Hier werden deutlich die Gefahren, aber auch die Möglichkeiten der Charismenorientierung benannt.

dadurch markiert, dass ihre Autorität qua Amt und hierarchischer Struktur zwar existiert, für weite Teile der Bevölkerung, ja auch der Getauften in der alltäglichen Lebensführung kaum noch als relevant und plausibel empfunden wird. Auch die formal Kirchenzugehörigen teilen weite Aspekte des Glaubensbekenntnisses nicht mehr.

In nach-volkskirchlichen Zeiten wird daher die bewusste Entscheidung zu einem christlichen Leben der entscheidende Faktor für die bleibende Kirchenzugehörigkeit. Diese Belebung des Zugehörigkeitsgefühls, der Corporate Identity innerhalb der Kirche, ist eine starke Facette des Berufungsgedankens. Hier kann Schubkraft entstehen für ein neues Gefühl von Selbstwirksamkeit und Verantwortung jeder Einzelnen, jedes Einzelnen im Glauben.

Jegliche Aktivierung der Selbstwirksamkeit einer Person (sei es durch Aufnahme von Beziehungen oder durch tätige Teilnahme am gesellschaftlichen Leben) bedeutet eine Zunahme an Lebensqualität für diese Person, sowohl objektiv wie vor allem auch subjektiv. Darin zeigt sich die eingangs erwähnte Neuakzentuierung in Richtung der Charismen und Potenziale von Einzelpersonen. Damit hat die Bewusstseins-Kampagne „Finde deine Berufung" ihre Anknüpfungspunkte nicht nur in den allgemeinen Menschenrechten, sondern zutiefst in der christlichen Grundaussage zum gottgewollten Menschsein jedes und jeder Einzelnen.

In der pastoraltheologischen Konsequenz dieses Ansatzes verändern sich dadurch einige Grundparameter des Kirche-Seins, wie die folgende Beschreibung von Deutungslinien im Pastoralen Raum zeigt.

1.2 Theologische Deutungslinien: Pastoraler Raum als Garten und Netzwerk christlicher Zellen

Ein erstes Bild, um die theologische Fundierung des Pastoralen Raums zu greifen, war die Garten-Metapher[7] inspiriert aus dem Korintherbrief: „Gottes Garten seid ihr" (1 Kor 3,9) – vielfältige Assoziationen bieten sich an. Lebendigkeit, Wachstum, das gleichzeitige Wachsen sehr unterschiedlicher Pflanzen, individuelle Ent-

---

[7] Vgl. Erzbistum Paderborn (Hg.), Gottes Garten neu zum Blühen bringen. Hirtenbrief des Erzbischofs zur Fastenzeit 2012 (Beiträge des Erzbischofs 10), in: https://www.perspektive2014.de/medien/14881/original/1516/2012-Hirtenbrief-Fastenzeit.pdf (Download: 23.7.2019).

wicklungsmöglichkeiten. Hier zeigt sich der Ansatz beim organischen statt rein organisatorischen Denken in Bezug auf zukünftige Pastoral.

In der weiteren Entwicklung kristallisierte sich eine dahinter liegende Frage heraus: Woher speist sich die religiöse Dynamik in einem Pastoralen Raum? Aus dem Schöpfungsgedanken heraus ist es Gott, der Leben schafft und in der Welt wirkt, Menschen greifen Impulse daraus auf, gestalten ihr Leben und die Gesellschaft und geben Impulse weiter. So bilden sich Lebensgemeinschaften.

Diese Bewegung vertieft sich durch eine zweite Bewegung: Gott wird Mensch in Jesus, Jesus beruft Jünger. Nach Ostern und der grundlegenden Erfahrung: „Er lebt!" entstehen aus diesen Jüngern verschiedene christliche Gruppierungen, die sich gemeinsam als *ekklesia*, die Kirche, begreifen. Dabei ist von Anfang an eine große Unterschiedlichkeit (zu Beginn: Jerusalemer Urgemeinde – paulinische Gemeinden) prägend.

Diese beiden Deutungslinien setzen nicht darauf, dass doch alle irgendwie katholisch/christlich/religiös sind („Volkskirche"), sie sind offen für eine plurale Welt – und damit auch eine vielfältige Kirche, bestehend aus verschiedenen lebendigen „Zellen" (Hauskirchen; Kleine christliche Gemeinschaften; andere, neue Gemeinschafts- und Aktionsformen, die den binnenkirchlichen Raum überschreiten). *Hier bewegt sich gedanklich das Bild einer fest gefügten Kirche als soziologische, institutionelle, strukturelle Größe (Kirche als Religionsgemeinschaft) hin zu einem Bild von gemeinschaftlichem, vielfältigem Christsein in der Welt (Kirche als Pastoralgemeinschaft).*[8]

Irritationen löst dieses Kirchenbild trotz biblischer Verortung aus. Ähnlich wie beim Berufungsbegriff führt die netzwerkartige Verbindung pulsierender Zellen zu einer Verunsicherung und Anfrage an das klassische Gemeindebild und die hierarchische Pfarrstruktur. Nicht nur konkrete Berufsrollen, sondern auch die Gremien in den Gemeinden werden damit hinterfragt. Papst Franziskus gebraucht für diese Sicht (auf das komplexe Miteinander verschiedenster Ebenen in Kirche und Gesellschaft) das Bild vom „Polyeder", ei-

---

[8] Zu dieser vielfältig pastoraltheologisch aufgenommenen Unterscheidung vgl. H.-J. Sander, Nicht ausweichen. Die prekäre Lage der Kirche, Würzburg 2002, 13f.

nes Körpers aus verschiedenen Flächen, der als Ganzes mehr ist als die einzelnen Teile, die Eigenheit der Teile aber nicht aufhebt.[9] Orientierung wird da möglich und nötig durch Beziehungen im Nahraum, gleichzeitig entsteht Weite, Freiraum, die passende Form zu wählen.

1.3 Konzeptionelle Grundsätze

Die Pastoralen Räume bilden einen wesentlichen Referenzrahmen für die Gestaltung der Kirchenentwicklung auf der Grundlage des Zukunftsbildes. Sie bilden den Kontext für eine theologische, geistliche und soziale (soziokulturelle) Entwicklung. Die Bestimmungsgrößen einer territorialen und pfarrgemeindlichen Pastoral werden überschritten und abgelöst durch die Fragestellungen einer ekklesiologischen Neuausrichtung, die die Menschen, ihre Biografien, Lebensentwürfe und Beziehungsgestaltungen in ihren Lebens- und Kulturräumen zum Ausgangspunkt nimmt. Damit wird die landläufige (Vorbehalts-)Debatte um die Vergrößerung der kirchlichen Basisstrukturen (Pfarrgemeinden …), die ja in der Regel auf der Planungsgrundlage der sinkenden Zahlen und Ressourcen in der Kirche immer wieder kritisch geführt wird, überschritten zugunsten einer neuen Qualitätssuche zur Wirksamkeit kirchlicher Vollzüge in der Welt von heute.

Der „Leitfaden zum Aufbau und zur Gestaltung der Pastoralen Räume im Erzbistum Paderborn" sagt dazu:

> „Die Gestaltung der Pastoral erfordert einerseits eine Öffnung und Differenzierung in die größere Weite des Pastoralen Raumes als Planungs- und Vernetzungsraum und andererseits eine Verdichtung zur Nähe und Berührbarkeit in der Seelsorge an unterschiedlichen Orten und zu unterschiedlichen Gelegenheiten, wo wir heute glaubwürdig auf Menschen und ihre Fragen treffen können. Dieser Paradigmenwechsel erfordert Fingerspitzengefühl, Geduld und Beharrlichkeit, um erfolgreich zu sein."[10]

---

[9] Vgl. Papst Franziskus, Ansprache an die Teilnehmer des Internationalen Treffens der Volksbewegungen am 28. Oktober 2014, in: http://w2.vatican.va/content/francesco/de/speeches/2014/october/documents/papa-francesco_20141028_incontro-mondiale-movimenti-popolari.html (Download: 23.7.2019).

[10] Erzbischöfliches Generalvikariat Paderborn (Hg.), Leitfaden zum Aufbau und zur Gestaltung der Pastoralen Räume im Erzbistum Paderborn, Paderborn 2015,

Taufberufung und Netzwerk

Wir möchten diese Kontexterweiterung der pastoralen Entwicklungen an zwei Schlüsselthemen des Zukunftsbildes im Erzbistum Paderborn verdeutlichen:
- *die Taufberufung als Referenzgröße zukunftsweisender Bistumsentwicklung*
- *Denken und Handeln in Netzwerkdynamiken als Steuerungsmodell großer pastoraler Räume.*

Beide Themenbereiche gaben uns für die diözesane Entwicklung eine visionäre Zielformulierung vor, die fundamentale Fragen und Anforderungen an die pastorale Praxis stellen. Das grundlegende Paradigma der Berufungsförderung eröffnet neue Fragen an die Gestalten, Strukturen und Formen der Pastoral in den neuen Pastoralen Räumen. Wenn viele Menschen/Getaufte ihren Talenten und Charismen Raum geben und damit aus ihren Glaubens- und Lebensimpulsen heraus zu Trägerinnen und Trägern der Pastoral werden, so unsere Annahme, entstehen vielfältige Formen des Engagements und gelebter Glaubenspraxis, weil sie elementar verknüpft sind mit den je unterschiedlichen Lebenswelten und Wertekontexten der Menschen heute. Diese Pluralität hätte die Kraft, vielfältige Gestalten des Kirche-Seins in den Sozial- und Kulturräumen zu befördern, weil Themen, Orte, Zeiten, Anlässe und Gelegenheit bedeutsam werden. Dieser angestrebte Paradigmenwechsel würde Abschied nehmen von den bisherigen Alleinstellungsmalen kirchlicher Orts- und Basisformen in den Pfarrgemeinden mit ihren territorialen Fixierungen und Angebotsformen. Der pastorale Raum könnte zu einem Aktionsrahmen werden, der Vitalität und Vielgestaltigkeit freisetzen kann mit Blick auf die zu beteiligenden Akteure, Einrichtungen, Gruppen, Projekte und Initiativen, aber auch mit Blick auf die existenziellen Themen der Menschen in den Sozialräumen. Die Koordinaten, Rollen und Aufgaben der Priester und Hauptamtlichen in den Pastoralteams sowie die unterstützenden Rahmenbedingungen würden eine neue Dynamik bekommen im Kontext eines Ermöglichungsparadigmas.

Um diese Annahmen auf reale Bedingungen und Gestaltungsoptionen hin bearbeiten zu können, haben wir diese für uns zentra-

---

5, in: https://www.pastorale-informationen.de/medien/24011/original/1380/Leitfaden_2015_web.pdf (Download: 23.7.2019). In diesem Zusammenhang sprechen wir von „pastoralen Orten und Gelegenheiten".

len Schüsselthemen als Forschungsprojekte konzipiert in einer Kooperation mit dem Zentrum für angewandte Pastoralforschung (ZAP) in Bochum, einem Institut der Ruhr-Universität Bochum unter der Leitung von Professor Dr. Matthias Sellmann. Inzwischen befinden sich beide Projekte in der Abschlussphase. Deshalb werden wir hier im Vorfeld der Projektberichte und ihrer bevorstehenden Publikation die Erfahrungen, Erkenntnisse und Ergebnisse lediglich skizzieren auf der Grundlage der bereits vorliegenden Zwischenberichte und Anwendungen.

2 Zwei Versuche, Pastoral vor Ort neu zu denken

2.1 Die Taufberufung als Referenzgröße zukunftsweisender Bistumsentwicklung

Um die Ziele einer Berufungs- und Charismenförderung in allen Feldern der Pastoral zu konkretisieren, ging es in einem ersten Schritt darum, einen Zugang zum Berufungsbegriff zu operationalisieren und ein Forschungsdesign zu entwickeln. Ausgangspunkt war die Fragestellung, ob „die Taufberufung als Grundmotiv für religiöses und pastorales Handeln angenommen werden kann"[11]. Der Zugang wurde gesucht über das Erheben von persönlichen Berufungsgeschichten.

Die leitenden Fragestellungen zu Projektbeginn lauteten: Gibt es im Alltagsleben von getauften Menschen eine persönliche Glaubensrelevanz? Sind Lebenseinstellungen (gelingendes Leben) und Alltagshandeln (Alltagsgestaltungen und Formen des persönlichen Engagements) mit einem Glaubensmotiv verknüpft? Lassen sich Themen und Anknüpfungspunkte erkennen mit Blick auf Ermutigung, Unterstützung und Vernetzung? Lassen sich Hinweise gewinnen, wie eine Charismen- und Gabenentwicklung angeregt und gefördert werden können?

Für diesen biografischen Zugang wurden narrativ gestaltete, qualitative Interviews mit ausgesuchten Menschen im Raum des Erzbistums Paderborn durchgeführt.

---

[11] Zitiert aus der Kooperationsvereinbarung mit dem ZAP.

„In Anlehnung an das kategoriengenerierende Analyseverfahren der Grounded Theory (vgl. Glaser/Strauss 1967 und Strauss/Corbin 1990) erfolgte die Datenerhebung und -analyse iterativ bis zur theoretischen Sättigung, d. h. dem Punkt, an dem keine neuen theorierelevanten Gesichtspunkte mehr auftauchten."[12]

Um ein möglichst breites Spektrum von Engagement- und Glaubensmotiven abbilden zu können, wurde der Fokus auf Personen gerichtet, die sich freiwillig und ehrenamtlich engagieren. Hierzu „wurden – neben katholisch sozialisierten Personen – bewusst Menschen interviewt, die einen freikirchlichen oder muslimischen Hintergrund bzw. keinen Bezug zur Kirche und/oder Religion haben."[13]

Zur Gewährleistung einer aussagekräftigen Vergleichbarkeit wurde ein Interviewleitfaden eingesetzt mit beispielsweise folgenden Zugängen für eine persönliche Erzählung: das Aufgehen in einer bestimmten Aktivität, die Bereiche des Engagements, die Motivationen und Gründe für das Engagement. Zusätzlich wurden Fragen gestellt zur persönlichen Bedeutung von Religion und Glauben, zum Berufungsverständnis und zum persönlichen Lebensthema.[14]

2.1.1 Einsichten und Erkenntnisse

Zu unseren Fragestellungen wurden zwei wesentliche Erkenntnislinien sichtbar. Ernüchternd war die Einsicht, dass weder einem religiösem Motiv noch einem Glaubensbezug bei der persönlichen Engagementgestaltung eine Bedeutung zukommt. Die Begriffe „Berufung" und „Charismen" haben keinen Bezug zur persönlichen Lebensgestaltung, sind sogar fremd oder gar nicht präsent. Dieser Befund zeigte sich auch bei den Personen, die getauft sind. Die Taufe wird als ein Ereignis weit in der Vergangenheit beschrieben, hat aber keinerlei Bedeutung in der persönlichen Biografie und Lebensgestaltung eingenommen. Eine religiöse und kirchliche Sozialisation wird beschrieben, kann der Antrieb für ein späteres Engagement sein, ist

---

[12] S. Stentenbach-Petzold, „Taufberufung" – Abschlussbericht aus sozialwissenschaftlicher Perspektive, in: Zwischenbericht zum Modellprojekt „Taufberufung" (s. Anm. 5), 3.
[13] Ebd.
[14] Vgl. ebd.

aber auch bei anderen mit negativen Erfahrungen belegt. Der Begriff der Berufung ist zwar bekannt, wird aber im kirchlichen Kontext den „religiösen Experten", den Priestern und Hauptamtlichen, zugeschrieben. Für das eigene Leben und die Biografiegestaltung wird er sogar abgelehnt und z. B. mit der Assoziation von Fremdbestimmung verknüpft. Die nicht kirchlich geprägten Personen gehen aktiver mit dem Begriff um und verknüpfen damit eine eher positive Relevanz.

Auf der anderen Seite haben die Ergebnisse der Interviews aufschlussreiche Hinweise gegeben für die weitere Entwicklung. Die Interviews selber und das damit gezeigte Interesse an der eigenen Geschichte erzeugten bei den Befragten eine positive Resonanz. Für einige war es eine neue Erfahrung, nach der Motivation und den Beweggründen ihres Engagements gefragt zu werden. Ihnen sind dadurch neue Impulse und Gedanken gekommen, ihre Erfahrungen anzuschauen und die Bedeutung ihres Engagements in einem größeren Sinnhorizont zu erschließen. Für unsere Fragestellung war die Erkenntnis bedeutsam,

> „dass ehrenamtliches Engagement starke positive Gefühle bei Menschen auslösen kann, da sie das Gefühl haben, etwas Gutes zu tun und dabei über sich selbst hinauszuwachsen. Das war vor allem dann der Fall, wenn sie in ihrer Tätigkeit ihre Talente und Begabungen einbringen und weiterentwickeln konnten. Auffällig war, dass einige Befragte bestimmte Motive und Gefühle sogar erst während des Reflektierens bewusst wahrnahmen, was zu einer Intensivierung und zu einer bestärkenden Motivation für das Engagement führte."[15]

In den Gesprächen wurden emotionale Begriffe wie „faszinierend", „ermutigend", „starke Gefühle" oder „dass einem das Herz aufgeht" eingesetzt, um den Erfahrungen des Ergriffenseins eine Sprache zu geben.

Diese Erkenntnisse gaben uns wichtige Hinweise zur Bedeutsamkeit sinnerschließender Selbsterfahrungen, die möglich werden, wenn Erfahrungen der Selbstvergessenheit, z. B. in Flow-Erlebnissen

---

[15] K. Speckenheuer, M. Sellmann, Kurshandbuch zur Frischzelle. Frische Ideen für Kirchen- und Gemeindeentwicklung. Talente entdecken, Potenziale entwickeln, Charismen erfahren, Freiburg i. Br. 2018, 50.

des Aufgehens in einer Tätigkeit, mentale Räume der Selbstüberschreitung eröffnen. Diese Räume bekommen Gestalt, wenn diese Erfahrungen mit Sprache, Bildern und Zeichen deutend zum Ausdruck gebracht werden können.

Im Rahmen unseres Forschungsvorhabens zur Taufberufung als gestaltendem Impulsgeber in der pastoralen Entwicklung konnten wir folgende Erkenntnisse generieren: *Die Taufe als Berufung zu verstehen, erschließt sich den meisten Menschen nicht. Die je eigene Berufung zu erschließen, bleibt dennoch eine substanzielle Kategorie, wenn es gelingt und überhaupt erst ermöglicht wird,*

- *die eignen Potenziale, Talente und Charismen zu heben, zu fördern und zu kultivieren,*
- *ein persönliches Engagement zu fördern und*
- *die Erfahrungen des Aufgehens im sinnerfüllten Engagement, der Erlebnisse der Selbstüberschreitung und des „Ergriffen-Seins" zu erschließen durch reflexive Deutungsangebote, Sinnstiftungen und Sprachbilder, die für die Menschen existenziell zugänglich und einsichtig sind.*

In weiteren Schritten haben wir die Bedeutung dieser Schlüsselfaktoren wissenschaftlich – religionstheologisch, sozial- und kulturwissenschaftlich – vertieft sowie gestalterische und konzeptionelle Gestaltungsmöglichkeiten entwickelt.

Zur Entfaltung einer Charismen- und Potenzialförderung wurden sowohl die im kirchlichen Kontext als auch die in anderen gesellschaftlichen Feldern vorhandenen Konzepte erkundet. Neben den kirchlichen Formen der Charismenförderung erwies sich das Konzept „TalentKompass NRW" als anschlussfähig für unser Anliegen einer Talent- und Potenzialförderung.[16] Der große Vorteil und praktische Nutzen des Talentkompasses besteht in seiner Konzeption, die als kreativer, dialogischer und subjektiv-reflexiver Gesamtprozess angelegt ist.

---

[16] Vgl. TalentKompass Akademie, Grundannahmen (Stand: August 2016), in: https://www.talentkompass-akademie.de/talentkompass/grundannahmen (Download: 23.7.2019); T. Bührmann, TalentKompass NRW. Individuelle Beschäftigungsfähigkeit stärken, in: H. Loebe, E. Severing (Hg.), Kompetenzpässe in der betrieblichen Praxis. Mitarbeiterkompetenzen sichtbar machen (Wirtschaft und Bildung 57), Bielefeld 2010, 155–167.

Die Grundannahme ist, „dass jeder Mensch mehr kann, als ihm selbst bewusst ist und dass das Wissen um diese Fähigkeiten und Interessen eine aktive Lebensgestaltung fördert."[17] *Ausgehend von einem Tauf- und Berufungsverständnis, das die Menschen als „Ortsangabe des Heiligen Geistes"*[18] *mit je eigenen Gaben und Charismen ausstattet, um in der Welt wirken zu können, kommt der einzelne Mensch in den Blick mit seiner Individualität und Biografie zur Verwirklichung eines erfüllten Lebens und zur heilsamen Wirksamkeit für die Welt. „Die Verortung des Heiligen Geistes führt mit den Getauften in die Welt, zerstreut sich, erweitert sich, ergreift also potenziell alles."*[19]

Um das skizzierte Anliegen einer Erschließung elementarer Lebens- und Engagement-Erfahrungen überhaupt erst einmal zu begreifen, haben uns die Erschließungen von Hans Joas in seinen Schriften zur Entstehung der Werte bedeutsame Schlüssel an die Hand gegeben.[20] Hier erwies sich die Theorie-Praxis-Leistung des ZAP, hier insbesondere von Matthias Sellmann, als passgenaue Erklärungshilfe.

„Der bekannte Soziologe und Sozialphilosoph Hans Joas hat in jüngeren Arbeiten auf den Zusammenhang hingewiesen, der zwischen dem Erlebnis von etwas und der Deutung zu etwas besteht. Dieser Zusammenhang ist für das Anliegen der Potenzialentdeckung und -entfaltung gleich mehrfach wichtig: Zum einen erschließt er, was eigentlich eine Erfahrung ist; zum zweiten macht er Potenziale greifbar, von denen man bisher nichts wusste; zum dritten motiviert er dazu, in der Potenzialentfaltung wagemutiger zu werden und mehr biografisches Risiko einzugehen."[21]

Im weiteren Projektverlauf wurden Arbeitsmaterialien und Modelle zur Potenzialförderung entwickelt, mit denen es gelingt, „mit den Menschen in einen offenen und wertschätzenden Talententdeckungs-

---

[17] Speckenheuer, Sellmann, Kurshandbuch zur Frischzelle (s. Anm. 15), 47 [Kursivsetzung L. D., A. M.].
[18] G. M. Hoff, Gegenwärtig Glauben denken. Band 6: Ekklesiologie, Paderborn 2011, 23 [Kursivsetzung L. D., A. M.]. Der Autor geht hier der Frage nach einer Ortsbestimmung der Kirche in der Welt nach.
[19] Ebd. [Kursivsetzung L. D., A. M.].
[20] Vgl. H. Joas, Die Entstehung der Werte, Frankfurt a. M. 1997; ders., Die Sakralität der Person. Eine neue Genealogie der Menschenrechte, Berlin 2011.
[21] Speckenheuer, Sellmann, Kurshandbuch zur Frischzelle (s. Anm. 15), 53.

und Talentbenennungsprozess einzutauchen."[22] Die Erfahrungen mit den ersten Prototypen, die wir in der Arbeit mit unterschiedlichen Zielgruppen gewinnen konnten, bestätigten unser Vorhaben, ein Kurs- und Arbeitsmodell zu entwickeln, das flexibel einsetzbar und sprachlich anschlussfähig ist an die Lebensgeschichten der Menschen.

„Einige Probanden haben für sich eine ganz neue Motivation und Definition ihres Engagements gewonnen; wieder Andere haben neue Tätigkeitsfelder für sich entdeckt, worin sie jetzt richtig aufgehen; wieder Andere engagieren sich nun zum ersten Mal in ihrem Leben und sind sehr zufrieden mit ihrer neuen Aufgabe. *Die Biografien und praktischen Erfahrungen der Menschen, ihre Erzählungen und Anregungen, vor allem aber ihre selbst gefundenen Potenzialdeutungen, haben sich als großes Lernpotenzial für unsere Theologie entpuppt: Es liegt ein großer Mehrwert für uns als pastorale Potenzial-Coaches darin, neugierig auf die Menschen zu sein, uns in ihre Lebensgeschichten hineinziehen zu lassen und mit ihnen auf die Suche nach belastbar plausiblen Deutungen zu gehen, über die ihnen greifbarer wird, wer sie sind, wer sie sein können – und wofür.*"[23]

Entstanden sind Gestaltungsmaterialien, die mit der Metapher eines Kühlschrankes als „Frischzelle" arbeiten, sowie das hier schon mehrfach zitierte Kursbuch zur Frischzelle.[24] Der Kühlschrank-Metapher und dem Kurskonzept liegen neben den bereits erwähnten Modellen von Hans Joas und dem „TalentKompass NRW" auch der *Effectuation*-Ansatz mit seinen Arbeitsprinzipien zugrunde.[25]

Seitdem haben wir mit mehreren Kursen zur Frischzelle die Erkenntnisse und Materialien eingesetzt mit durchgehend positiven Resonanzen und Aktivierungen in unterschiedlichen Feldern der pastoralen Praxis. Wir haben auch damit begonnen, Potenzial-Coaches auszubilden, die diesen Ansatz weiter befördern.

---

[22] Ebd., 51.
[23] Ebd., 52 [Kursivsetzung im Original].
[24] Vgl. ebd.
[25] Vgl. Effectuation – was ist das?, in: https://www.effectuation.at/ueber-effectuation/prinzipien-und-prozess/ (Download: 23.7.2019). Vgl. auch F. Sobetzko, M. Sellmann, Gründerhandbuch für pastorale Start-ups und Innovationsprojekte, Würzburg 2017.

Mit den vorliegenden Ergebnissen, Erkenntnissen und Erfahrungen zu einer charismenorientierten Berufungsförderung sind wir nun in der Lage, hilfreiche Impulse zur Entwicklung in den Pastoralen Räumen anzustoßen, auch im Zuge der aktuellen Strategielinien zur Bistumsentwicklung.

2.1.2 Konsequenzen für den Berufungsbegriff

Der Berufungsbegriff lässt sich vor dem Hintergrund der Projekterfahrungen reformulieren:
Berufung zum Menschsein ist zunächst ein Deutungsbegriff, der auf gelebtes Leben schaut und prägenden Kraft- und Motivationsquellen einen Zusammenhang gibt. Gedanklich meint Berufung die Kraft und Motivation, die dem menschlichen Tun und Empfinden vorausliegt, faktisch wird sie erst durch nachträgliche Deutung bewusst.

Berufung zum Christsein bringt die eigenen Kraft- und Motivationsquellen ausdrücklich mit dem Bekenntnis zu Jesus Christus sowie der persönlichen Ansprache durch Gott/Jesus in Zusammenhang. Kein Bildungsprozess oder moralischer Appell kann diesen Ruf Gottes bzw. diesen Deutungszusammenhang evident machen. Erst die eigene Erfahrung und die hilfreiche Deutung einer solchen Erfahrung bewirken das.

Berufung zum Engagement meint die aktivierte und aktivierende Seite der Kraft- und Motivationsquellen, das, was von außen sichtbar ist, wo und wie sich eine Person engagiert, wofür sie steht, welche Meinungen sie vertritt, was ihr nicht nur im Reden, sondern vor allem in der Tat wichtig ist. Der Engagement-Impuls speist sich dabei durch eine persönlich oder auch kollektiv erkannte Herausforderung (Problemstellung, Not, Ruf …) im persönlichen, sozialen und gesellschaftlichen Lebensumfeld.

2.2 Denken und Handeln in Netzwerkdynamiken als Steuerungsmodell großer Pastoraler Räume

Dieses Projekt nimmt den Vorgang einer berufungsfördernden Orientierung mit seinen identitätsstiftenden und Engagement fördernden Dimensionen auf und zeichnet diesen weiter in die Sozial- und Aktionsräume hinein. Dieser so geweitete Blick in die Geografie des

Raumes wird eine Vielfalt an Themen und Orten zeigen. Die Frage nach den zukünftigen Sozialgestalten der Kirche schließt sich an als ein weiteres Schlüsselthema in Zukunftsbild:

„Mit der Pluralität pastoralen Handelns eng verknüpft ist das in der Pastoraltheologie und in der pastoralen Planung neu aufgekommene Verständnis der künftigen kirchlichen Sozialstruktur als Netzwerk. Das Netzwerkdenken ist einerseits dazu geeignet, die Fixierung auf die bislang dominierende Sozialform der Pfarrgemeinde aufzubrechen und kann andererseits angesichts der Dezentralität und Unterschiedlichkeit der verschiedensten pastoralen Orte ein Zu- und Miteinander im größeren Raum ermöglichen."[26]

Unsere Ausgangsfragen für diesen Forschungsansatz waren:
- *Wie kann ein Pastoraler Raum als Netzwerk gestaltet und moderiert werden? Wie kann man Netzwerke in Pastoralen Räumen steuern?*
- *Wie kann Engagement der Menschen in den Sozialräumen gefördert werden? Wie müssen Beziehungen in Pastoralen Räumen strukturiert sein, um religiöse Selbstorganisation zu fördern?*
- *Wie können pastorale Themen mit Instrumenten einer Netzwerkforschung bewegt und bearbeitet werden?*
- *Wie verändern sich Rollen- und Aufgabengefüge der hauptamtlichen pastoralen Akteure in einer Netzwerkstruktur und ihrer Dynamik?*

In einer ersten Phase haben wir in der Kooperation mit dem ZAP intensiv Wege und Formen eines praxisrelevanten Forschungsansatzes gesucht. Rückblickend kennzeichnete diese Phase bereits eine erste Auseinandersetzung mit der Netzwerktheorie. Gerne hätten wir bereits vorhandene Modelle der Netzwerkgestaltung in unsere Praxis übertragen, mit Evaluationskriterien, die eine wirksame Einführung und Implementierung belegen. Wir hatten Ideen/Annahmen zu Teilaspekten, wie z. B. Moderations- und Steuerungsmodelle, Vernetzungsformen in einer geweiteten pastoralen Landschaft mit pastoralen Orten, Projekten, Einrichtungen und Gemeindestrukturen oder auch innovativen Formen der Engagementunterstützung

---

[26] Generalvikariat Paderborn (Hg.), Das Zukunftsbild für das Erzbistum Paderborn (s. Anm. 1), 57f.

und deren Vernetzung. Auf der anderen Seite suchten wir nach Zugängen und Formen einer exemplarischen Erhebung netzwerkartiger Strukturen in einem Pastoralen Raum, die den empirischen Anforderungen gerecht wird.

Wir haben uns dann auf folgenden Ansatz verständigt: In einem ersten Schritt werden wir am Beispiel eines Themas (zu einer Zielsetzung der Pastoral) – z. B. in den Feldern Krankenhausseelsorge, Schulseelsorge, Hospiz, Asyl – die derzeitige Praxis in einer Netzwerkstruktur erheben und abbilden: Wer wird erreicht, wer ist beteiligt, mit wem wird kooperiert, wie gestalten sich die Beziehungen? Für ein aussagekräftiges Forschungs- und Studiendesign wurde im weiteren Projektverlauf eine Vergleichsstudie angesetzt, um Merkmale, Wirkmechanismen und Typologie einer pastoralen Netzwerkdynamik belegen zu können.

Erster Erkenntnisgewinn: Für eine wissenschaftliche Fundierung unseres Vorgehens wurde seitens des ZAP eine Diskursanalyse zur Netzwerkforschung erarbeitet.[27] Wir erhielten sowohl Einblicke in die Netzwerkforschung als auch in die pastoraltheologische Rezeption.[28] In der kirchlichen Landschaft genießt das Netzwerkthema eine hohe Attraktivität bei der Suche und Beschreibung zukünftiger pastoraler Strukturen und Modelle. Auch bei uns im Erzbistum Paderborn wird der Begriff gerne und vielseitig verwendet, im alltäglichen Sprachgebrauch der Akteure in den unterschiedlichen Feldern, in pastoralen Konzepten und Kommunikationsformaten.

Die Analyse arbeitet entlang von pastoraltheologischen Schriften und Veröffentlichungen heraus, dass der *Netzwerkbegriff überwiegend metaphorisch benutzt* wird, um eine neue Qualität pastoraler Arbeit und vor allem Bilder veränderter Strukturen in den vergrö-

---

[27] Vgl. M. Zimmer, „Soziale Netzwerke und katholische Pastoraltheologie". Eine Diskursanalyse aus soziologischer Perspektive. Hg. vom Zentrum für angewandte Pastoralforschung in Bochum (ZAP-Workingpaper 2, Mai 2015), in: http://www.zap-bochum.de/content/ZAP_Workingpaper_2_Zimmer_Netzwerke.pdf?we_cmd%5B%5D=switch_edit_page&we_cmd%5B1%5D=1&we_cmd%5B2%5D=14f5fed9391956c6fa828d168df16a4e&we_transaction=14f5fed9391956c6fa828d168df16a4e (Download: 23.7.2019). – Vgl. auch die spätere Veröffentlichung: M. Zimmer, M. Sellmann, B. Hucht, Netzwerke in pastoralen Räumen. Wissenschaftliche Analysen – Fallstudien – praktische Relevanz (Angewandte Pastoralforschung 4), Würzburg 2017.

[28] Vgl. Zimmer, Sellmann, Hucht, Netzwerke in pastoralen Räumen (s. Anm. 27).

ßerten Pastoralen Räumen zur differenzierten Weiterentwicklung pfarrgemeindlicher Modelle herauszustellen.[29] Ein wirklicher Perspektivwechsel findet damit noch nicht statt und kann auch nicht operationalisiert werden. Die beschriebenen Merkmale und Attribute weisen nach, dass die *soziologische Netzwerkforschung* in der Pastoraltheologie bisher *kaum rezipiert* wurde und auch nicht – bis auf wenige Ausnahmen – mit eignen empirischen Forschungen bearbeitet wurde.

Für unseren Projektansatz wurden wir darin bestärkt, nicht einfach Netzwerkbildungen in Pastorale Räume einzuführen, angeleitet durch einzelne Attribute, sondern, dass wir unsere pastoralen Fragestellungen zur Netzwerkgestaltung einer empirischen Erhebung unterziehen.[30]

Unser Forschungsgegenstand bezieht sich auf das Verständnis und die Bedeutung „Sozialer Netzwerke" mit primärem Fokus auf die Beziehungsstrukturen zwischen den Akteuren/Knoten im Netzwerk (Einzelakteure, Organisationen, Einrichtungen, Verbände, Projekte, Initiativen). Gesucht wird nach der Relevanz in der pastoralen Praxis.

Entwickelt wurde ein Forschungsdesign mit einer dreigliedrigen Projektstruktur:
- Erstellung von zwei Studien in ausgewählten Pastoralen Räumen. In beiden Räumen wurden zur Erhebung der Beziehungsstrukturen auf der Basis einer Sozialraumrecherche thematische Netzwerke erhoben mittels qualitativer Leitfadeninterviews. Die Ergebnisse zur Netzwerk- und Themenanalyse wurden jeweils den beteiligten Akteuren – Personen, Einrichtungen, Initiativen – im Rahmen einer ersten Netzwerkkonferenz vorgestellt und mögliche Optionen einer intensivierenden bzw. aktivierenden Netzwerkgestaltung beraten.
- Wissenschaftliche Fundierungen und Identifizierung netzwerkrelevanter Typologien wie z. B. zu Rollenmodellen, starken und schwachen Bindungen, „strukturellen Löchern", unterschiedli-

---

[29] Vgl. etwa Generalvikariat Paderborn (Hg.), Das Zukunftsbild für das Erzbistum Paderborn (s. Anm. 1), 92. Inzwischen wird dieser Sprachgebrauch erweitert im Sinne der beschriebenen Erkenntnisse.
[30] Vgl. Zimmer, Sellmann, Hucht, Netzwerke in pastoralen Räumen (s. Anm. 27), 45–47.

chen Beziehungsformen. Darüber hinaus wurden qualitative Inhaltsanalysen zu den jeweiligen Themen erhoben.
• Entwicklung und Erprobung praxisorientierter Arbeitsinstrumente/Tools wie z. B. ein Kompetenzmodell, ein Fortbildungskonzept, ein Kursbuch zur Netzwerkgestaltung, ein Coaching-Modell.

Die erste Studie wurde im Pastoralen Raum St. Johannes Baptist Neheim und Voßwinkel durchgeführt mit dem Titel „Pastoral vernetzt". Erhoben wurde das thematische Akteurs-Netzwerk „Arbeit mit kranken Menschen".[31] In der anschließend beginnenden Netzwerkgestaltung haben die Akteure das sehr komplexe Thema im Zuge einer erweiterten Zielverständigung neu fokussiert auf den Bereich „Einsamkeit".

Die zweite Studie entstand im Pastoralen Raum St. Marien Schwerte. Hier wurden zum Thema „Lebenskönnerschaft" – ein projektiertes Thema in der pastoralen Konzeption – zwei Netzwerke erhoben, ein Netzwerk der Akteure und eines der Jugendlichen. Anlass war die Frage, wie im Feld der Jugendpastoral und Katechese junge Menschen unterstützt werden können auf dem Weg der persönlichen Entwicklung. Wie können sie unterstützt werden bei der Gestaltung einer persönlichen und beruflichen Lebensperspektive? Wie können sie begleitet werden bei der Entfaltung ihrer Interessen, Fähigkeiten und Potenziale? Welche Angebote zur Selbstwerterfahrung/Sinnerfahrung gibt es und welchen Nutzen bringen sie? Hierbei interessiert vor allem auch die spannende Frage, wo sie selber in ihren persönlichen Netzwerken (Ego-Netzwerke) Unterstützung suchen.[32]

2.2.1 Was wurde lokal sichtbar und was wurde weiter unternommen?

Wir möchten hier nun im Rahmen dieses Beitrages nicht auf die Ergebnisse der Studien und die daraus entstandenen Arbeitsansätze in den beiden Modellräumen eingehen, sondern nur einzelne farbstrichartige Schlaglichter benennen.

---

[31] Zu den Ergebnissen dieser ersten Studie vgl. M. Zimmer, „Kirche im Netzwerk für kranke Menschen". Studie im Rahmen des Projektes „Pastoral vernetzt" im Erzbistum Paderborn. Hg. vom Zentrum für angewandte Pastoralforschung in Bochum, in: http://www.zap-bochum.de/content/ZAP-Studie-Netzwerk-I.pdf (Download: 23.7.2019).
[32] Die Ergebnisse dieser Studie sind bisher nicht öffentlich zugänglich.

Im Raum Schwerte wurden durch das gehobene Netzwerk der Jugendlichen spannende Ergebnisse deutlich hinsichtlich der Personengruppen, die die Jugendlichen selber aktiv nutzen, wenn es um Rat und Unterstützung in persönlichen Lebensfragen geht. Die Ergebnisse bestätigten zum einen Erkenntnisse aus bundesweiten Jugendstudien, gaben aber in Bezug auf die lokalen Bedingungen wertvolle Hinweise zu einzelnen Zielgruppen wie z. B. den Eltern. Für die Akteure im Feld der Anbieter für junge Menschen zeigten sich Unterschiede mit Blick auf die soziale und soziokulturelle Differenzierung der Jugendlichen. Anbieter im Bereich der Jugend- und Sozialhilfe fanden z. B. hohe Übereinstimmungen bezogen auf ihre Hilfe- und Förderleistungen.

Anbieter in den Bereichen Kultur, Sport und Kirchen wurden als potenzielle Partner erkannt bei einer Netzwerkgestaltung zu persönlichen, beruflichen und werteorientierten/religiösen Perspektivförderungen. Das Thema „Lebenskönnerschaft" hat sich als semantisch schwierig erwiesen, muss als Anliegen anschlussfähiger gemacht werden für eine Zielverständigung in dem aktuell aufzubauenden Netzwerk.

Mit Blick auf eine Gestaltung des Themas „Lebenskönnerschaft unterstützen" wurde für eine zukünftige pastorale Strategie als bedeutsam erkannt, in eine kooperierende Netzwerkgestaltung im Sozialraum zu investieren. Potenziale der Akteure können kooperierend verknüpft werden, eigene Ressourcen können zudem profilierter/wirkungsvoller als auch schonender eingesetzt werden.

Im Raum Neheim konnten Erkenntnisse gewonnen werden zur Bedeutsamkeit des Themas, nicht nur im kirchlich-pastoralen Kontext, sondern vor allem im städtischen/gesellschaftlichen Raum. Mit der Erhebung konnten ca. 80 Akteure (Einrichtungen, Verbände, soziale Projekte, Einzelpersonen) identifiziert werden. Bei den Verständigungen zu einer Netzwerkgestaltung haben die Akteure einen wesentlichen Schritt getan durch eine Verständigung auf ein gemeinsames Ziel. Die erste Themensetzung war ja eine erste innerkirchlich pastorale Annahme. Das Thema „Einsamkeit" wurde als bedeutsam identifiziert für ein gemeinsames Engagement. Die entstandene Wirkung dieses Netzwerkes wurde anschaulich in einer Kampagne im öffentlichen Raum.[33]

---

[33] Vgl. https://www.caritas-arnsberg.de/organisation/aktuelle-projekte/allein-oder-einsam/allein-oder-einsam (Download: 23.7.2019).

Schon durch diese erste Studie haben wir wichtige Erkenntnisse gewonnen zur Wirksamkeit von Netzwerken.

- So konnten Rollenprofile (Ego-Netzwerke) als auch Engagementformen identifiziert werden, die Aufschluss geben zu zentralen Merkmalen einer Netzwerkarbeit.
- Kontakt- und Beziehungsgestaltungen der Seelsorgerinnen und Seelsorger konnten veranschaulicht werden.[34] Auf dieser Grundlage wurde ein erstes Kompetenzmodell zur Rollengestaltung in Netzwerken entwickelt.[35]
- Zum Aspekt der Kooperationen in einem Netzwerk erhielten wir grundlegende erste Erkenntnisse, die wir im weiteren Verlauf des Projektes verifiziert haben.[36] Netzwerke ermöglichen starke und schwache Bindungen. Gerade schwache und lose Bindungen haben einen enormen Wert in den Netzwerken, weil sie für Durchlässigkeit nach außen sorgen und weil sie wichtige neue Informationen einbringen.
- Zum Einsatz der Ressourcen ergaben sich aufschlussreiche Hinweise für eine gemeinsame Ressourcennutzung, z. B. von Ausstattungen, Dienstleistungen und Immobilien. Die Folge wäre, so eine noch zu konkretisierende Fragestellung, eine Ressourcenschonung bzw. Ressourcenverschiebung bei den hauptamtlichen Akteuren.

2.2.2 Einsichten und Erkenntnisse

Drei zentrale Erkenntnisse wurden für eine strategische Perspektive als bedeutsam herausgestellt:

- „Netzwerkarbeit in pastoralen Räumen ermöglicht Ressourcen fokussiert und wirksam einzusetzen.
- Netzwerkarbeit schafft interorganisationale Sozialformen, die relevante und resonante Themen vor Ort identifizieren und bearbeiten.

---

[34] Vgl. ebd.; http://www.zap-bochum.de/ZAP/forschen/organisation/netzwerk-dynamiken-steuerungsmodell-pastoraler-raeume.php (Download: 23.7.2019).
[35] Vgl. Zimmer, Sellmann, Hucht, Netzwerke in pastoralen Räumen (s. Anm. 27), 189–191.
[36] Vgl. M. Zimmer, Kooperieren im Netzwerk. Eine zentrale Kompetenz seelsorglicher Praxis, in: AnzSS (3/2019) 28f.

- Netzwerkarbeit löst die Dualität von Kirche und Welt auf und schafft ein dialogisches Profil von Kirche."[37]

Als weitere Aspekte zeigten sich:
- Netzwerke werden wirksam als gemeinsam identifizierte und verständigte Themennetzwerke. *Relevante Themen in den Sozial- und Lebensräumen der Menschen sind der Schlüssel, nicht die innerkirchlichen Strukturen.* Kirche wird im öffentlichen Raum resonanzfähig und als Player ein attraktiver Partner mit eigenem Profil. Das Projekt im Raum Neheim hat dies anschaulich gezeigt.
- *Der Pastorale Raum überschreitet seine Binnenfixierung durch Reduktion der Strukturen einerseits und durch Flexibilisierungen der Aufgaben- und Rollengestaltungen andererseits, um Themen und Engagement (Kooperationen) zu ermöglichen.* Die aktuelle Gestaltung des Netzwerkthemas „Lebenskönnerschaft" in Schwerte ist ein Beispiel dafür, wie bei einem katechetischen Thema Kooperationen sinnvoll und lebensnah gestaltet werden können, um junge Menschen bei der Suche nach einem erfüllten/gelingenden Leben zu begleiten.
- *Das Netzwerkthema ist mehr als eine sprachläufige Metapher. Es gibt, so zeigen es die Einschätzungen der beteiligten Akteure, eine hohe Bereitschaft zu einem zweifachen Perspektivwechsel zu einem attraktiven Kirchenbild: von einer kirchlichen Strukturfixierung in den Räumen zu einer Sozialraumorientierung und von einer Mitgliederorientierung zu einer Themen- und Engagement-Orientierung.* Pastorale und sozialkulturelle Figuren gelangen in Übereinstimmung: Räume werden durch Menschen, Themen, Wertegestaltungen und Beziehungen konstituiert.[38]

3 Ekklesiologische Ableitungen – Mut und neue Demut

Die Erprobungen, Experimente und Denkbewegungen der letzten fünf Jahre haben gezeigt, dass die Grundparameter im Zukunftsbild (Berufung als Zentralkategorie und Pastorale Räume in der Logik

---

[37] Zitiert nach einem internen Strategiebericht.
[38] Eine solche neue „Pastoralgeographie" beschreibt Matthias Sellmann (vgl. M. Sellmann, „Für eine Kirche, die Platz macht!" Notizen zum Programm einer raumgebenden Pastoral, in: Diak. 48 [2017] 74–82).

von ganzheitlichen Netzwerken) mögliche zukunftsfähige Entwicklungen in der Pastoral vor Ort angesichts der gesellschaftlichen Herausforderungen darstellen. Antworten auf die daraus resultierenden Rollenveränderungen werden allerorts mit Hochdruck gesucht und liegen z. T. auch im Experimentierstadium[39] oder sogar schon in der Implementierungsphase[40] vor. Das heißt: Die Lösungsansätze sind nicht nur skizziert, sondern auch anfanghaft probiert und bis zur Umsetzungsreife bearbeitet.

Was macht es dann trotzdem dauerhaft so schwer? Die Zerreißprobe besteht in der Gleichzeitigkeit des Alten („geht noch") und der mangelnden Ruhe, Luft, (Gedanken-)Freiheit für neue Wege. Die Veränderungs-Operation findet sozusagen am offenen Herzen statt – es gibt keinen Cut, keinen Punkt Null, an dem von „Alt" auf „Neu" umgestellt wird.

Es gibt Problemanzeigen aus den Pastoralen Räumen, die auch oder gerade nach der Veröffentlichung des Zukunftsbildes deutlich und unüberhörbar Defizite vor Ort markieren, von Abbrucherfahrungen berichten, exemplarisch am Thema Immobilien, noch brennender mit Blick auf die hauptamtliche personelle Situation. Die Spannung zwischen dem „Schon" des Krisenmodus und dem „Noch nicht" des Paradigmenwechsels ist schwer auszuhalten.

Tiefer liegend ist aber die größere Schwierigkeit, dass die Neuakzentuierung von Taufberufung und Netzwerkstruktur in den Pfarreien und Pastoralen Räumen quer liegt zu vielen unserer gewohn-

---

[39] Vgl. etwa die zahlreichen innovativen Projekte innerhalb des Modellprojekts zur ehrenamtlichen Mitverantwortung, in: https://www.zukunftsbild-paderborn.de/ehrenamtliche-mitverantwortung/ (Download: 23.8.2019); vorgedacht u. a. von Valentin Dessoy (vgl. V. Dessoy, Kirche braucht Profis – aber keine Gemeindereferenten. Skizze einer neuen Rollenarchitektur, in: das magazin 4/2017, in: http://www.kairos-cct.de/wp-content/uploads/2018/03/Dessoy-2017-Kirche-braucht-Profis-final-1.pdf [Download: 23.7.2019]).

[40] Vgl. etwa die Einführung der neuen Verwaltungsleiter(innen) in den Pastoralen Räumen; die Eröffnung einer Berufseinführung und Qualifizierung von Pastoralreferent(inn)en im Erzbistum Paderborn; das Projekt „Perspektive Pastoraler Laienberufe", um für die pastoralen (Laien-)Berufe neue Rollenmodelle und daraus abgeleitet neue Zuschnitte von Arbeitsfeldern zu konstruieren; die Ausbildung von Ehrenamtskoordinator(inn)en; weiterhin neue Beteiligungsformen für Getaufte: Beauftragungen von Laien zum Beerdigungsdienst, zu Wort-Gottes-Feier-Leitern (ausgehend vom Modellprojekt Warburg: mit Kommunionempfang am Sonntag).

ten und verhaltensprägenden Kirchenbildern. Auch diese Erkenntnis ist nicht neu, liegt schon dem Zukunftsbild zugrunde. Aber es zeigt sich erst im Verlauf, wie schwierig es ist, eine Kopferkenntnis in eine Herzenserkenntnis und eine Verhaltensänderung zu überführen.

Es bleibt derzeit bei der Schwierigkeit, dass der weite Berufungsbegriff genau die „Berufung" derjenigen infrage stellt, die bisher im spezifischen Sinn als „Berufene" in geistlichen Ämtern sind. Die Frage nach der Berufung *aller* Getauften zielt letztlich genau auf den Kern der Problematik, die übergreifend mit dem Begriff „Klerikalismus" beschrieben wird. Die sogenannten Laien spüren das – und lehnen nicht zuletzt aufgrund dieser unterschwelligen Verbindung von „Berufung" und „Macht"/„Hierarchie" diesen Begriff für sich ab als kategorial abwegig und zu wenig zutreffend.

Ähnlich beim Netzwerk-Gedanken: Eine agile, dezentrale Organisation großer komplexer Systeme ist offensichtlich eine zeitgemäße Entwicklung und die einzige Chance, angesichts der gesellschaftlichen Pluralität zu bestehen. Und genau dieser Lösungsansatz trifft ins Mark des vorherrschenden Selbstverständnisses der kirchlichen Institution (und das ständeübergreifend bei Priestern und Laien!) als Macht-Hierarchie mit klaren weiheabhängigen Befugnissen. „Wer bin ich denn noch, wenn jetzt auch Laien beerdigen dürfen?" – berechtigte Fragen wie diese zeigen exemplarisch die Zerreißprobe.

Beide Selbstdefinitionen, die hierarchische und die charismatische, liegen in der DNA der Kirche. Im Laufe der Kirchengeschichte hat es immer wieder Pendelbewegungen gegeben zwischen der einen und der anderen Seite. Momentan ächzen wir gemeinsam – und gefühlt manchmal mehr und mehr einsam – unter dem Umschwung des Pendels.

Die laufenden Erfahrungen mit den beiden skizzierten Projekten sprechen eine deutliche Sprache hinsichtlich einer Reformulierung von kirchlichem Selbstverständnis: Matthias Sellmann spricht von einem kenotischen Kirchenverständnis, von einer neuen Demut aus binnenkirchlicher Perspektive mit Blick auf die Gesamtgesellschaft. Kirche darf sich, so verstanden, entäußern (vgl. Phil 1), ihre gewohnten Räumlichkeiten (innerlich wie äußerlich) verlassen. Ausgerüstet mit dem Mut, der ausgerufenen Berufungsidee zu glauben und sich radikal auf Gottes Anwesenheit in jeder einzelnen Person zu verlassen, können Expeditionen unternommen werden hin zu den „Rändern" (Papst Franziskus) der Gesellschaft, hin zu den 90 Prozent der Kirchensteuerzahler, die ansonsten in binnenkirchlichen Milieus nicht auftauchen.[41] Kirche verstünde sich dann als „Dienstleisterin an den Biographien der Menschen" und als Mitgestalterin zur Humanisierung der Welt im umfassenden Sinn.[42] *Reformuliert werden müssten aufgrund der Projekterkenntnisse wie auch des gesamten diözesanen Prozesses auch die spezifischen Aufgaben- und Rollengestaltungen von Haupt- und Ehrenamtlichen.* Diese müssen zunehmend flexibel und ressourcengerecht gedacht und ausgestaltet werden. Derzeit laufen Überlegungen im Rahmen eines weiteren Projektes „Perspektive Pastoraler (Laien-)Berufe", weg von einer ständeorientierten Aufgabenzuweisung hin zu einer funktionalen Rollendynamik zu kommen: Zukünftige Arbeitsbereiche in den Pastoralen Räumen können z. B. gebildet werden anhand inhaltlicher pastoraler Felder (z. B. diakonische Pastoral, Krankenhausseelsorge usw.), als Unterstützerrollen (z. B. Ehrenamtskoordination, Coach usw.) und mit Blick auf partizipative Leitungsfunktionen.

„Wozu bist du da, Kirche von Paderborn?" *Du bist da, Kirche von Paderborn, ... für alle Menschen.* Und zwar ausdrücklich nicht aus Gründen des institutionellen Selbsterhalts, sondern als eine Verbeugung vor der Berufung aller Menschen, als Anerkennung, dass die „Zielgruppe" kirchlichen Engagements eben nie nur Insider sind, sondern die gesamte Menschheitsfamilie.

„Für alle Menschen" – das scheint eine Überforderung zu beinhalten. Wer kann schon für alle da sein? Diese Perspektive ist sozusagen eine „Dehnungsübung" für die eigene Wahrnehmungs- und Gedankenwelt, um den verengten Blickwinkel auf diejenigen, die „immer da sind" in den Gemeinden, zu weiten.[43]

Daraus ergäbe sich dann interessanterweise eine bleibend prägende und existenzielle Aufgabe für die Berufenen in geistlichen Berufen: Sie wären gefragt als Begleiterinnen und Begleiter, die ihr Leben

---

[41] Vgl. E. Flügge, D. Holte, Eine Kirche für viele statt heiligem Rest, Freiburg i. Br. 2018.

[42] Christoph Theobald führt in diesem Zusammenhang den Begriff des „Lebensglaubens" ein, des positiven Zugriffs von Menschen auf ihre Existenz – ein sehr lohnenswerter Ansatz in seiner Studie „Christentum als Stil" (vgl. C. Theobald, Christentum als Stil. Für ein zeitgemäßes Glaubensverständnis in Europa, Freiburg i. Br. 2018).

[43] Vgl. die erste Strategielinie „Evangelisierung" im Erzbistum Paderborn, die die Vision vom qualitativen und quantitativen Wachstum als Glaubensgemeinschaft formuliert.

explizit in Beziehung zu Jesus Christus setzen und deuten – und dies auch verständlich und öffentlich als Deutung anbieten. Das klingt nach wenig, wäre aber der entscheidende Beitrag in einer pluralen Welt, ein Beitrag zum produktiven Umgang mit der Religionsfreiheit.[44] Die Kirchen haben

> „im Rahmen der von den säkularen Gesellschaften verbürgten Religionsfreiheit öffentlich wirksame, politisch anschlussfähige und theologisch legitimierte Zusammenhänge von säkularem Leben und religiösen Deutungen zu liefern."[45]

Hier schließen sich die aktuellen Debatten um den Zugang zu geistlichen Berufen, um die Potenzialentfaltung von Frauen in der Kirche, nahtlos an. Das demütige Vertrauen auf die Berufung aller Getauften, die gemeinsam den Glaubenssinn der Kirche bilden, könnte ein angstfreies Zugehen auf evolutionäre Veränderungen ermöglichen. Wenn wir in unseren Gemeinden im Sinne von „Facilitation" und „Ermöglichung" auf jegliches Engagement schauen,[46] muss das im Letzten auch strukturelle Konsequenzen haben.

Als offene Fragen für die nächsten Entwicklungsschritte bleiben zentral:

- *Was heißt diese beschriebene Perspektivveränderung für das konkrete Miteinander von Priestern und Laien, von Dienstpriestertum und allgemeinem Priestertum in den Pastoralen Räumen?*
- *Wie kann ein wirksames sakramentales Zeichenhandeln in diesen gewonnenen Lebens- und Gesellschaftsverknüpfungen stattfinden?*
- *Wie wird in einem so veränderten Raumverständnis eine theologische und spirituelle Dimension erfahrbar, dass Menschen „Lebensunternehmer" im Glauben werden können?*
- *Wer oder was gibt Kirche vor Ort ein Gesicht? Wie viele Gesichter kann Kirche haben?*
- *Wie können neue Formen von Lernszenarien aussehen, um diese zukünftigen Formen von Pastoral gemeinschaftlich einzuüben?*
- *Wie können die Lerneffekte in den Pastoralen Räumen, die sich auf den Paradigmenwechsel einzulassen versuchen, gehoben und geteilt werden?*

---

[44] Vgl. Sellmann, „Für eine Kirche, die Platz macht!" (s. Anm. 38).
[45] Hoff, Gegenwärtig Glauben denken (s. Anm. 18), 42.
[46] Vgl. dazu in: www.zukunftsbild-paderborn.de/ehrenamt (Download: 23.7.2019).

Vielfältige Kirchenwege für vielfältige Menschen
Erfahrungen aus dem Bistum Essen

Klaus Pfeffer

Die Wogen schlagen hoch: Bisher eigenständige Gemeinden verlieren ihren Eigenstand und werden zusammengelegt zu Pastoralen Räumen oder – wie im Bistum Essen – zu weiträumigen Großpfarreien. Vor Ort löst das schmerzhafte Prozesse aus – vor allem dann, wenn Gemeindestandorte erhebliche Verluste erfahren bis hin zur Aufgabe des Kirchengebäudes. Viele Katholik(inn)en sind enttäuscht, empört, entsetzt, insbesondere, wenn es ihre eigene Gemeinde betrifft. Ebenso aufgeschreckt sind inzwischen die Kommunalpolitik und eine breite Öffentlichkeit: Die Angst bricht auf, dass die Kirche sich zurückzieht und sogenannte „Landmarken" verschwinden. Theolog(inn)en diskutieren teilweise heftig über Sinn und Unsinn dieser Entwicklung: Stephan Haering und Andreas Wollbold erheben den Vorwurf, bei den strategischen Plänen mancher Bistümer sei eine „Schlussstrich-Mentalität leitend". „Mit am Reißbrett entworfenen Strukturen und Prozessen" versuche man, „funktionale und beeindruckende Konstruktionen zu erhalten."[1]

Im Bistum Essen haben die Großpfarreien schon eine längere Geschichte. Sie entstanden aus einer wirtschaftlichen Not: Im Jahr 2006 hatte eine Untersuchung durch Wirtschaftsprüfer Alarm geschlagen. Das Bistum stand vor dem finanziellen Kollaps. Radikale Umstrukturierungen waren notwendig, um eine Zahlungsunfähigkeit abwenden zu können. Das führte zu drastischen Maßnahmen, die weitgehend in einem „Top-Down-Prozess" umgesetzt wurden. Die bis dahin 259 eigenständigen Kirchengemeinden wurden aufgelöst und zu 43, inzwischen 42 neuen Pfarreien zusammengelegt. In der Folge wurden 96 Kirchengebäude aufgegeben, hinzu kamen erhebliche finanzielle Einschnitte.

---

[1] Vgl. S. Haering, A. Wollbold, Weiterentwicklung statt Kahlschlag. Es gibt Alternativen zu Großpfarreien, in: HerKorr 71 (11/2017) 23–26, 23.

Das war ein schmerzhafter Prozess, der Wunden geschlagen hat, die bis heute nachwirken: Viele Priester, die nicht mehr Pfarrer sein können, fühlen sich degradiert; Pfarrer erleben eine immense Last bis zur Überforderung; Gemeinden trauern einer verlorenen Souveränität nach. Die Liste der realen oder gefühlten Verluste und Zumutungen ist lang.

Auch nach mehr als zehn Jahren wird die Struktur der Großpfarreien vielfach beklagt. Aber die Zahl derer ist inzwischen gewachsen, die den damals eingeschlagenen Weg trotz allem für richtig halten: In einer Zeit, in der die Volkskirche an ihr Ende kommt, müssen Christ(inn)en zusammenrücken, um handlungsfähig zu bleiben. Darum braucht es Strukturen, die Verbundenheit schaffen und Grenzen überwinden. Und es braucht Strukturen, die langfristig mit Leben gefüllt werden können und die vor allem auch finanzierbar sind.

So beklagt heute kaum noch jemand ernsthaft die Loslösung der Kindertagesstätten aus der unmittelbaren Trägerschaft der Kirchengemeinden, die vor zehn Jahren hochumstritten war. Inzwischen ist klar: Die Führung und Steuerung solcher Einrichtungen ist derart komplex geworden, dass einzelne Kirchengemeinden damit hoffnungslos überfordert wären. Und ebenso bestätigt sich, dass die große Zahl der Kirchengemeinden und Kirchengebäude, die im Zuge der Aufbruchsstimmung Ende der 1950er- und Anfang der 1960er-Jahre in unserem Bistum entstanden sind, der heutigen Realität und den Prognosen der kommenden Jahre in keinster Weise mehr entspricht.

1 Das Zukunftsbild:
Inhaltliche Neuausrichtung des kirchlichen Lebens im Bistum Essen

In den letzten Jahren fanden im Bistum Essen zahlreiche Gesprächsprozesse statt, in denen miteinander schonungslos gerungen wurde, wie es um die katholische Kirche bestellt ist. Dabei wurde vor allem eines deutlich: Die wirtschaftlichen Probleme sind letztlich nur Symptome einer tieferen, grundlegenden Krise. Die eigentliche Krise hat mit dem gewaltigen gesellschaftlichen Wandel der letzten Jahrzehnte zu tun, der von vielen Gläubigen, ehrenamtlich und hauptberuflich, nicht hinreichend wahrgenommen und auch kaum verstanden worden ist.

Eine stets wachsende Zahl an Menschen entfernt sich vom kirchlich verfassten Christentum; die Kirche verliert dramatisch an gesellschaftlicher Relevanz und Anschlussfähigkeit. Sichtbar wird das sehr konkret: Die Zahl der Gottesdienstbesucher sinkt kontinuierlich; viele Angebote stoßen auf immer geringeres Interesse; die kirchlich (noch) gebundenen Menschen werden immer älter; selbst ehemals aktive Christ(inn)en ziehen sich zurück; Inhalte, Erscheinungsbild und Atmosphäre der Kirche werden nicht nur den jüngeren Generationen fremd. All das bekommen Gemeinden, Verbände und kirchliche oder kirchennahe Organisationen deutlich zu spüren. Der Missbrauchsskandal und die daraus resultierenden Auseinandersetzungen haben diese Entwicklungen in der jüngsten Vergangenheit noch zusätzlich forciert.

Aus den Diskussionsprozessen im Ruhrbistum ist 2015 ein Zukunftsbild erwachsen, das auf die Bestandsaufnahmen der Gegenwart reagiert und mit sieben Begriffen eine Vision für die Zukunft der Kirche entwickelt: Es beschreibt eine Kirche, die *vielfältig* ist und sich der ganzen Bandbreite der Menschen unserer Gesellschaft öffnet. Im Mittelpunkt stehen geistliche Erfahrungen: Menschen, die in ihrer Tiefe *berührt* werden vom Evangelium Jesu Christi und sich als überzeugte und überzeugende Christinnen und Christen verstehen. Sie alle tragen die Kirche und wissen sich *gesendet*, um die Werte des Evangeliums zu leben und zu kommunizieren. *Wach* nehmen sie wahr, was sich in der Gesellschaft tut und wo sie sich *wirksam* für andere einsetzen können. Die Kirche zeigt sich offen für Entwicklung und Veränderung, weil sie sich als *lernend* versteht. Und nicht zuletzt liegt ihr daran, *nah* bei den Menschen zu sein – nicht allein durch Institutionen, Gebäude und hauptberufliches Personal, sondern durch die gelebte, alltägliche Nächstenliebe aller ihrer Mitglieder.[2]

Das Zukunftsbild verlangt eine sehr grundsätzliche inhaltliche Neuausrichtung des kirchlichen Lebens, um möglichst allen Menschen in der pluralen Gesellschaft einen Zugang zum christlichen Glauben und zur Kirche anzubieten. Und es setzt radikal auf die Weiterentwicklung des Kirchenbildes des Zweiten Vatikanischen Konzils (1962–1965): Die Kirche der Zukunft wird eine Kirche sein,

---

[2] Ausführlichere Informationen und Hintergründe zum Zukunftsbild finden sich online in: https://zukunftsbild.bistum-essen.de/das-zukunftsbild/das-zukunftsbild/ (Download: 3.6.2019).

die von allen Getauften getragen und auch verantwortet werden muss. Und sie wird eine Kirche sein, die Vielfalt ermöglicht – in vielerlei Hinsicht.

2 Gesellschaftliche Veränderungen fordern kirchliche Entwicklungen

Wie drängend und notwendig nun die weiteren Veränderungsprozesse sind, zeigt die Schnelligkeit, mit der sich jene gesellschaftlichen Wandlungen fortsetzen, die das bisherige kirchliche Leben ohnehin schon herausfordern. 2018 wurde die Studie „Kirchenaustritt – oder nicht? Wie Kirche sich verändern muss" publiziert – das Ergebnis eines von 20 Zukunftsbildprojekten im Bistum Essen. Die Prognosen hinsichtlich des weiteren Absinkens der Kirchenmitglieder und insbesondere der Kirchensteuerzahlenden sind alarmierend: Allein aus demografischen Gründen werden bis zum Jahr 2030 bis zu 40 Prozent der Kirchensteuer eingebüßt, weil die geburtenstarken Jahrgänge aus dem Erwerbsleben scheiden. Die Studie hat zudem deutlich gemacht, dass vor allem die fehlende oder schwindende kirchliche Bindung die eigentliche Ursache für die Entscheidung zum Kirchenaustritt ist.[3] In den jüngeren Generationen ist diese Bindung verloren oder geht schnell verloren – damit wird auch die Bereitschaft zum Kirchenaustritt weiter zunehmen. Auch die Forschungsergebnisse deuten dies an: Die Zahl der Kirchenaustritte nimmt dann zu, wenn junge Menschen ins Erwerbsalter kommen – Männer eher als Frauen.[4]

In den Pfarreientwicklungsprozessen, die jetzt auf den Weg gebracht worden sind, sollen diese Hintergründe der gesellschaftlichen Situation eine gewichtige Rolle einnehmen, um die Gründe zu verstehen, die zu derzeit erheblichen wirtschaftlichen Problemen führen. Vordergründig ist die dramatische wirtschaftliche Entwicklung ein wesentlicher Auslöser für diese Prozesse, die in allen Kirchengemeinden mit dem Ziel verbunden sind, bis zum Jahr 2030 im Durchschnitt etwa 50 Prozent der finanziellen Ausgaben zu senken. Diese Einsparungen sind notwendig, obwohl die Kirchensteuermit-

---

[3] Vgl. M. Etscheid-Stams, R. Laudage-Kleeberg, T. Rünker (Hg.), Kirchenaustritt – oder nicht? Wie Kirche sich verändern muss, Freiburg i. Br. 2018, 73f.194f.
[4] Vgl. ebd., 50–52.

tel für die Kirchengemeinden bis 2030 voraussichtlich numerisch konstant bleiben. Allerdings steigen die Kosten für Personal und Gebäudeunterhaltung in erheblicher Weise. Aber es geht nur vordergründig um ein Sparkonzept – entscheidend ist die Frage, wie sich perspektivisch in den jeweiligen Regionen des Bistums die katholische Kirche entwickeln soll, und zwar unter den gegenwärtigen und künftigen gesellschaftlichen Rahmenbedingungen.

Die Herausforderung besteht darin, sich nicht primär von den Bedürfnislagen und der kirchlichen Haltung der gegenwärtigen Generationen in den Kirchengemeinden leiten zu lassen, sondern danach zu fragen, welche kirchliche Gestalt für die nachfolgenden bzw. derzeit jungen Generationen passend sein kann. Das führt zu lebhaften Debatten: Was kommt in zehn bis zwanzig Jahren auf uns zu? Wie verändern sich die Menschen und die Stadtteile/Quartiere, in denen die Menschen leben – und was bedeutet das für die Initiativen und Angebote der Kirche? Wie denken die jüngeren Generationen? Und welche religiösen Bedürfnisse werden sie haben? Wie müssen dann Gottesdienste gestaltet sein und wie können die Räume aussehen, in denen Liturgie für Menschen von heute und morgen gefeiert werden soll? Was muss sich verändern oder neu entwickeln, damit Kirche attraktiv und anziehend für jene Menschen wird, die keine kirchliche Bindung in sich tragen? Wie kann der christliche Glauben so gelebt und vermittelt werden, dass er von den Menschen der gegenwärtigen und künftigen Zeit verstanden und angenommen werden kann?

Natürlich sind diese Debatten schwierig. Es stehen schmerzhafte Entscheidungen im Vordergrund: Welche Kirchengebäude können und sollen auf Dauer erhalten werden? Von welchen Gebäuden ist ein Abschied notwendig, weil die finanziellen Mittel nicht reichen und weil auch die Menschen nicht mehr da sind, die diese Gebäude füllen werden? Wo müssen und können Christinnen und Christen weiter zusammenrücken, weil jede Gemeinde für sich gar nicht mehr in der Lage ist, alles aufrecht zu erhalten? Und wie können Strukturen geschaffen werden, die der Zahl der hauptberuflichen und ehrenamtlichen Mitarbeiterinnen und Mitarbeiter gerecht wird? Das hauptberufliche Personal steht definitiv nicht mehr in der Zahl zur Verfügung, um alle bisherigen Gemeinden wie gewohnt zu „versorgen". Und nicht zuletzt gibt es auch nicht mehr die große Zahl an potenziellen ehrenamtlichen Mitarbeiterinnen und Mitarbeitern, die alle Gremien besetzen und alle Aufgaben wahrnehmen können.

Um es deutlich zu sagen: Wer in unserer Kirche nüchtern auf die Wirklichkeit schaut, wer ebenso nüchtern die Prognosen der kommenden Jahre ernst nimmt, der kann den Weg größerer Strukturen durchaus für sehr angemessen halten. Größere Strukturen bedeuten ja nicht, dass vor Ort in den bislang selbstständigen Gemeinden das kirchliche Leben erlischt – es wird nur nicht mehr überall das komplett identische „Angebot" aufrechterhalten. Es gibt sogar bereits Entwicklungen, die das pastorale Leben in einzelnen Gemeinden vollständig in ehrenamtliche Verantwortung legen – eingebunden in die Struktur der Gesamtpfarrei. Größere Pfarreistrukturen können das pastorale Leben vor Ort also dauerhaft ermöglichen und unterstützen – gerade durch die strukturelle Vernetzung der einzelnen Gemeinde innerhalb der Pfarrei. Darum ist es auch keine Überraschung, wenn inzwischen weitere Fusionen angedacht werden – weil das Zusammenrücken entlastende Wirkung haben kann, in finanzieller, personeller und auch pastoraler Hinsicht. Das gemeinsame „Management", also die Organisation und Steuerung vieler struktureller und wirtschaftlicher Herausforderungen, geht leichter und effektiver in größeren Zusammenhängen.

Wer meint, in allen Gemeinden könne alles wie gewohnt erhalten werden, erliegt einer Illusion. Und wer davon träumt, es müsste nur die „richtigen" pastoralen Konzepte geben, um den kirchlichen Strukturen vergangener Zeiten wieder neues Leben einzuhauchen, hat die Veränderungen in unserer Gesellschaft nicht verstanden. Damit ist aber keineswegs ein „Kahlschlag" des Kirchlichen verbunden – es geht vielmehr darum, eine Balance zu finden zwischen zentralen Schwerpunkten und kleineren kreativen „Zellen" kirchlichen Lebens, die ein gewisses Maß an kirchlicher Präsenz in allen Teilen einer Großpfarrei sicherstellen.

3 Gemeinsam und vielfältig Kirche sein

Die Einblicke in die Debatten unserer Pfarreien zeigen, was geschehen kann, wenn das überkommene gemeindezentrierte Denken überwunden wird. Es wächst eine gemeinsame Sicht auf die Situation des Christentums und löst eine Haltung ab, die die „eigene" Kirchenwelt gegen die „der anderen" abgrenzen und verteidigen will. Die Frage ist nicht, wie ich „meine" Kirche „rette", sondern wie es uns Christinnen und Christen gemeinsam gelingt, dass die Botschaft Jesu Christi auch künftig noch von möglichst vielen Menschen in unserem Land als Fundament und Orientierung für das eigene Leben entdeckt werden kann.

Das verändert die Perspektive: Es dreht sich dann nicht mehr alles – im übertragenen Sinn – um den eigenen Kirchturm, sondern um die Menschen, denen die Kirchtürme vielleicht gar nicht so wichtig sind. Schätzungsweise 80 bis 90 Prozent der Kirchensteuerzahlenden nehmen nur selten bis gar nicht am Leben unserer Gemeinden teil. Was aber motiviert diese Menschen, der Kirche dennoch anzugehören und sie finanziell zu unterstützen? Was erwarten oder wünschen sie sich von ihrer Kirchengemeinde? Wie können Begegnungen möglich werden mit den sogenannten „Kirchenfernen", aber ganz besonders mit der jüngeren Generation? Wie reagieren Pfarreien und Gemeinde auf soziale und andere Entwicklungen in ihrer Umgebung? Und: Wie feiern wir unseren Glauben so, dass es andere Menschen anzieht – und wie müssen dazu die entsprechenden Räume gestaltet sein?

Wir können in der Kirche die großen Herausforderungen der Zukunft nur miteinander, aber nicht neben- oder gar gegeneinander bewältigen. Wir müssen zusammenrücken und uns darauf besinnen, was Katholizität bedeutet – nämlich *gemeinsam* Kirche zu sein. Wir befinden uns auf diesem Weg noch am Anfang. Nach wie vor sind viele Gläubige skeptisch, ob die größer werdenden Pfarreien eine Hilfe sind. Manches geht tatsächlich verloren, und nicht immer ist erkennbar, ob etwas Neues wächst. Pfarrer und pastorale Mitarbeitende stehen massiv unter Druck, weil sie Veränderungsprozesse steuern sollen, die es in sich haben. Zudem haben viele von ihnen mit ganz anderen Träumen ihren Beruf gewählt. Teilweise zerreißt es engagierte Menschen in Pfarreien, wenn problematische Entscheidungen zu Unverständnis und Widerstand führen. Manche Kirchenmitglieder „hängen" derart an Gewohntem, dass sie ihre Glaubenspraxis und sogar ihre Kirchenzugehörigkeit aufgeben, wenn es nicht weitergeht wie bisher. Letzteres wirft noch ganz andere Fragen auf: Was ist der tragende Grund eines Glaubens, der nicht mehr weiter praktiziert wird, sobald ein bestimmter äußerer Rahmen verloren geht? Welches Verständnis von Glaube und Kirche ist in der Vergangenheit vermittelt worden oder gewachsen, wenn eine nicht zu unterschätzende Zahl von Gläubigen nicht bereit ist, in einer anderen Kirche als der „eigenen" den Glauben zu praktizieren?

Das Ringen um all die angesprochenen Fragen hilft, drohende Lethargie und Resignation zu überwinden. Auch das zeigt sich: Da setzen Pfarreien an einzelnen Orten besondere Schwerpunkte – von der Jugendpastoral bis zum Engagement in sozialen Brennpunkten; da entstehen Initiativen für eine neue Förderung des Ehrenamtes, und nicht zuletzt gibt es Versuche, Formen ehrenamtlicher Leitung in einzelnen Gemeinden einer Großpfarrei zu entwickeln. Bistumsübergreifend sind innovative Projekte gewachsen, deren Ziel es ist, jene Menschen zu erreichen, die in Distanz zur Kirche stehen: Segnungsgottesdienste für Neugeborene in verschiedenen Städten erleben einen regelrechten Boom; mit einem „Trauteam" gehen wir auf junge Paare zu, die heiraten wollen und dabei auf kirchenbürokratische Schwierigkeiten stoßen; in einzelnen Gemeinden laufen Versuche, ehrenamtliche Leitung zu etablieren – eingebunden in einer Pfarrei; mit dem Magazin „BENE", das sich an alle Kirchensteuerzahlenden richtet, und einer intensiven Online-Kommunikation zielt die Kommunikationsarbeit des Ruhrbistums darauf ab, gerade auch diejenigen zu erreichen, die nicht am Leben der Gemeinden teilnehmen, aber dennoch bewusst Mitglieder der katholischen Kirche bleiben wollen.

Mir ist die Beschwerde eines Paares in Erinnerung geblieben, das in einer Gemeinde mit ihrem Wunsch nach Trauung und Taufe zurückgewiesen wurde, weil sie nicht auf dem Territorium der Gemeinde lebten. Das junge Paar stellte angesichts dieser „Abfuhr" eine treffende Frage: „Wir gehören keiner Gemeinde an und wollen das auch nicht. Aber wir möchten gerne Mitglied der katholischen Kirche sein! Geht das eigentlich?" Diese provozierende Frage macht klar: Viele Menschen denken nicht mehr in den Kategorien, die uns innerkirchlich vertraut sind. Sie denken offener, flexibler, vielfältiger. Das stellt natürlich gewohnte Kirchenbilder infrage. Das Zukunftsbild des Bistums Essen wirbt auch deshalb für eine größere Vielfalt in der Kirche – weil das Evangelium die Gläubigen zu allen Menschen sendet. Wenn sich von den derzeitigen Kirchenstrukturen immer weniger Menschen angesprochen fühlen, dann besteht also dringender Veränderungsbedarf. Große Pfarreien sind eine Chance, in einem größeren territorialen Raum sehr vielfältige Kirchenwege für vielfältige Menschen zu ermöglichen und dabei zugleich eine bleibende Verbundenheit zu sichern.[5]

---

[5] In Anlehnung an Dietrich Bonhoeffer habe ich eine Zukunftsvision für eine Kirche entwickelt, die sich in den kommenden Jahrzehnten zunehmend von den herkömmlichen Strukturen löst, in dem sie einerseits christliches Gemeinschaftsleben im Nahbereich zulässt, andererseits aber auch an ausgewählten zentralen Orten kirchliches Leben bündelt und kraftvoll konzentriert. Vgl. K. Pfeffer, Christsein ist keine einfache Angelegenheit. Mit Dietrich Bonhoeffer auf dem Weg zu einer erneuerten Kirche, Essen 2017, hier besonders 128–130.

Sind Großpfarreien eine adäquate Antwort auf die aktuelle Situation der Kirche?
Ein Statement aus kirchenrechtlicher Perspektive

Stephan Haering

In Deutschland werden gegenwärtig fast überall die Strukturen in den Diözesen und in anderen kirchlichen Bereichen erneuert und verändert.[1] Davon ist regelmäßig auch das Netz der Pfarreien betroffen. Es werden Pfarreien zusammengefasst und neue Einheiten für die Seelsorge gebildet. Die Effekte für die Verkündigung und Weitergabe des Glaubens sowie generell für das Leben der Kirche, die sich mittel- und längerfristig daraus ergeben werden, sind im Einzelnen nicht sicher vorherzusagen.

Die Pfarreien sind keine theologisch zwingende Notwendigkeit in der Kirche, aber sie gehören schon seit langem zu deren obligatorischer rechtlicher Struktur. Der geltende CIC/1983 schreibt in c. 374 § 1 vor, dass jede Diözese oder andere Teilkirche in Pfarreien untergliedert werden muss.[2] Über eine erforderliche Zahl der zugehörigen Gläubigen oder die Größe des Pfarrgebiets von Territorialpfarreien schweigt das Gesetzbuch jedoch. Es gibt weder eine Mindest- oder Höchstzahl von Pfarrangehörigen noch eine gebietsmäßige Mindest- oder Höchstausdehnung. Die gesetzliche Vorschrift lässt damit weiten Raum für die Gestaltung gemäß den jeweiligen örtlichen und zeitlichen Bedürfnissen.[3]

---

[1] Vgl. H. Hallermann, T. Meckel, S. Pfannkuche, M. Pulte (Hg.), Lebendige Kirche in neuen Strukturen. Herausforderungen und Chancen (Würzburger Theologie 11), Würzburg 2015.
[2] „Quaelibet dioecesis aliave Ecclesia particularis dividatur in distinctas partes seu paroecias." (c. 374 § 1 CIC)
[3] Zu pfarrlicher Strukturreform mit besonderer Rücksicht auf das Erzbistum München und Freising vgl. S. Haering, Pfarrei, Pfarrverband und diözesane Strukturreformen. Anmerkungen aus kirchenrechtlicher Perspektive, in: KlBl 96 (2016) 127–132.

1 Geschichtliche Hinweise

Historisch hat sich die Pfarrei[4] allmählich herausgebildet und ihre rechtliche Gestalt immer wieder weiterentwickelt.[5] Der Normalfall der christlichen Gemeinde ist in der frühen Kirche, etwa ab dem späten zweiten Jahrhundert, die städtische Kirche unter einem Bischof als Vorsteher und Leiter. Mit dem Anwachsen der Gemeinden und der Zugehörigkeit von Gläubigen, die außerhalb der Stadt in ländlichen Bereichen lebten, wurde es erforderlich, Außenstellen zu bilden und mit deren Betreuung einzelne Presbyter zu beauftragen; diese Außenstellen sollten aber die Einheit des Bistums nicht beeinträchtigen. Auch innerhalb der großen Städte wurden Nebenkirchen geschaffen und der Obsorge von Presbytern übertragen. Auf diese Weise ergab sich eine gewisse Dezentralisierung in der Teilkirche, ohne zunächst deren rechtliche Einheit, etwa als Träger des kirchlichen Vermögens, aufzugeben.

Dennoch war der Weg hin zur Bildung von Pfarreien beschritten. Etwa vom frühen Mittelalter an kann man von einer rechtlichen Struktur innerhalb der Diözese sprechen, die mit dem uns vertrauten Pfarrsystem vergleichbar ist. Die nun geschaffenen kirchlichen Einheiten besitzen bereits eine eigene rechtliche Existenz und sind mehr als diözesane Nebenkirchen. Im kanonischen Recht finden sie zunehmend Beachtung hinsichtlich ihrer seelsorglichen Bedeutung. Das hochmittelalterliche Kirchenrecht entwickelt das Rechtsinstitut des Pfarrzwangs, d. h. die Verpflichtung der Gläubigen, sich für bestimmte religiöse Vollzüge, etwa die Osterbeichte und Osterkommunion oder die Eheschließung, an den eigenen Pfarrer zu wenden.[6] Diese Regelung sollte sicherstellen, dass ein einigermaßen zuverlässiger Überblick über den Personenstand und die religiöse Verfassung der Christen gegeben war.

Ein mittelalterliches historisches Phänomen, welches die Entwicklung der Pfarrstruktur berührt und erheblich beeinflusst hat, war das sogenannte Eigenkirchenwesen.[7] Darunter ist die Einrich-

---

[4] Vgl. R. Puza, Pfarrei, Pfarrorganisation, in: LMA 6 (1993) 2021–2026; H. Paarhammer, Pfarrei. Römisch-katholisch, in: TRE 26 (1996) 337–347.
[5] Vgl. dazu auch die Beiträge verschiedener Autoren in: E. Gatz (Hg.), Die Bistümer und ihre Pfarreien (GKL 1), Freiburg i. Br. 1991.
[6] Vgl. H. Hallermann, Pfarrzwang. II. Kath., in: LKStKR 3 (2004) 236f.
[7] Vgl. P. Landau, Eigenkirchenwesen, in: TRE 9 (1982) 339–404; E. Bünz, Eigenkirche, in: HDRG² 1 (2008) 1267–1269.

tung einer Kirche im ländlichen Bereich zu verstehen, die nicht vom Bischof als Vorsteher der Diözese, sondern zumeist von einem Grundherrn vorgenommen wurde. In moderner Diktion könnte man auch von „Kirche von unten" oder von einer missionarischen Laieninitiative sprechen. Den Stifter einer solchen Eigenkirche mögen bei seiner Initiative durchaus religiöse Motive geleitet haben. Er behielt aber das Eigentum der Kirche, zog die Einkünfte ein und stellte selbst einen Priester für den Vollzug des Gottesdienstes an; manchmal ließ er auch einfach einen Leibeigenen zum Vollzug des geistlichen Dienstes an seiner Kirche weihen. Jedenfalls behielt der Eigenkirchenherr das Regiment über seine Kirche. Dass eine solche Konstruktion aus bischöflicher Sicht unbefriedigend war, liegt auf der Hand.

Einerseits trugen die Eigenkirchen dazu bei, besonders auf dem Land eine seelsorgliche Struktur mit Orten für die Messfeier und andere Sakramente überhaupt erst zu schaffen oder eine bereits vorhandene lose Struktur zu verdichten. Doch andererseits waren der bischöfliche Einfluss nicht genügend gewährleistet und die weitgehende, bisweilen sogar vollständige Abhängigkeit des örtlichen Priesters vom Grundherrn letztlich nicht tragbar. Im hohen Mittelalter wurde das Eigenkirchenwesen kanonisch transformiert und durch die Einrichtung des Patronats[8] ersetzt und überwunden. In unserem Zusammenhang ist besonders bedeutsam, dass viele Eigenkirchen zum Ausgangspunkt für die Gründung neuer Pfarreien und damit für eine Verdichtung des kirchlichen Netzes wurden. In den folgenden Jahrhunderten sind in unserem Raum bezüglich der Pfarrstruktur keine großen Veränderungen festzustellen, sieht man von der Reformation im 16. Jahrhundert und den daraus resultierenden konfessionellen Spaltungen ab.

Ein weiterer nennenswerter, dann aber erheblicher Ausbau des Pfarrnetzes ist erst im 19. und 20. Jahrhundert zu verzeichnen. Anlass dafür waren vor allem der starke Bevölkerungszuwachs und das Wachstum der Städte in der Zeit der Industrialisierung. Nach dem Zweiten Weltkrieg (1939–1945) sahen viele deutsche Bischöfe in der Gründung neuer Pfarreien das gebotene Mittel, um die Nähe der

---

[8] Vgl. P. Landau, Patronat, in: TRE 26 (1996) 106–114; H. Böttcher, J. Olschewski, A. Albrecht, Patronat, in: LKStKR 3 (2004) 178–181; P. Erdő, Patronato [derecho de], in: Diccionario general de derecho canónico 5 (2012) 983–987.

Kirche zu den Gläubigen sicherzustellen. Die personellen Voraussetzungen für diesen Ausbau des Pfarrnetzes in den 1950er-Jahren waren nicht zuletzt durch den Zuzug vieler heimatvertriebener Priester aus dem Osten in die westdeutschen Bistümer gegeben.

In den letzten Jahrzehnten hat in Deutschland die zurückgehende Zahl der Priester (und auch der Schwund an Gläubigen) in verschiedenen Formen zu Zusammenschlüssen von Pfarreien Anlass gegeben.[9]

2 Was ist eine Pfarrei? Welche Anforderungen ergeben sich aus dem kirchlichen Gesetzbuch?

Auf die Frage, was denn eine Pfarrei sei, kann man ganz unterschiedliche Antworten geben, ohne dabei völlig falsch zu liegen. Der eine meint vielleicht, es sei die christliche Gemeinde am Ort. Der andere sagt, sie sei (in Deutschland) Körperschaft des öffentlichen Rechts oder öffentliche juristische Person des kanonischen Rechts. Wieder ein anderer sagt, die Pfarrei sei ein Teilgebiet des Bistumsterritoriums. Keine dieser Antworten ist falsch, wenn man nur die jeweils zugrundeliegenden Kriterien in den Vordergrund rückt. In ihrem Wesen ist die Pfarrei, aus der Sicht des kirchlichen Gesetzgebers, freilich nicht nur ein kirchlicher Verwaltungsbezirk, dessen Schaffung notwendig ist, um dem kirchlichen Wirken geordnete Strukturen zugrunde zu legen. Die Pfarrei ist zuerst, wie c. 515 § 1 CIC es ausdrückt, eine *certa communitas christifidelium*, also eine bestimmte Gemeinschaft von Gläubigen. Es sind die getauften Menschen, die die Pfarrei ausmachen, und insoweit liegt die Kennzeichnung der Pfarrei als christliche Gemeinde (am Ort) auch ziemlich nah am kanonischen Begriff der Pfarrei.[10]

Denn wörtlich legt c. 515 § 1 CIC fest:

---

[9] Vgl. H. Hallermann, Pfarrverband und Pfarreiengemeinschaften, in: S. Haering, W. Rees, H. Schmitz (Hg.), Handbuch des katholischen Kirchenrechts, Regensburg ³2015, 746–759.
[10] Zur gegenwärtigen rechtlichen Gestalt der Pfarrei allgemein vgl. F. Coccopalmerio, Parroquia, in: Diccionario general de derecho canónico 5 (2012) 907–916; H. Hallermann, Die Pfarrei, in: Haering, Rees, Schmitz (Hg.), Handbuch des katholischen Kirchenrechts (s. Anm. 9), 665–680.

"Die Pfarrei ist eine bestimmte Gemeinschaft von Gläubigen, die in einer Teilkirche auf Dauer errichtet ist und deren Seelsorge unter der Autorität des Diözesanbischofs einem Pfarrer als ihrem eigenen Hirten anvertraut wird."[11]

Neben dem entscheidenden Moment, dass es sich bei der Pfarrei um eine Gemeinschaft von Gläubigen handelt, kommen als weitere Merkmale die Leitung dieser Gemeinschaft durch einen Pfarrer unter der Autorität des Diözesanbischofs hinzu sowie die auf Dauer angelegte Errichtung. Mit Letzterer wird auch die Qualität der Pfarrei als eigene Rechtsperson angedeutet.

Aus den Aussagen des kirchlichen Gesetzbuchs über die Pflichten des Pfarrers lassen sich wichtige Hinweise auf die kirchlichen Vollzüge und Aufgaben entnehmen, die in der Pfarrei angesiedelt sind. Die cc. 528 und 529 CIC bilden so etwas wie einen kanonischen Amtsspiegel des Pfarrers, der darüber Aufschluss gibt. Daher sollen die entsprechenden Normen an dieser Stelle vollständig zitiert werden. Zunächst c. 528:

„§ 1. Der Pfarrer ist verpflichtet, dafür zu sorgen, dass denen, die sich in der Pfarrei aufhalten, das Wort Gottes unverfälscht verkündigt wird; er hat deshalb dafür zu sorgen, dass die Laien in den Glaubenswahrheiten unterrichtet werden, besonders durch die Homilie an den Sonntagen und den gebotenen Feiertagen und durch die katechetische Unterweisung; er hat die Werke zu unterstützen, die den Geist des Evangeliums fördern, auch in Bezug auf die soziale Gerechtigkeit; seine besondere Sorge hat der katholischen Erziehung der Kinder und Jugendlichen zu gelten; er hat sich mit aller Kraft, auch unter Beiziehung der Hilfe von Gläubigen, darum zu bemühen, dass die Botschaft des Evangeliums auch zu jenen gelangt, die religiös abständig geworden sind oder sich nicht zum wahren Glauben bekennen.
§ 2. Der Pfarrer hat Sorge dafür zu tragen, dass die heiligste Eucharistie zum Mittelpunkt der pfarrlichen Gemeinschaft der Gläubigen wird; er hat sich darum zu bemühen, die Gläubigen durch eine ehrfürchtige Feier der Sakramente zu weiden, in be-

---

[11] „Paroecia est certa communitas christifidelium in Ecclesia particulari stabiliter constituta, cuius cura pastoralis, sub auctoritate Episcopi dioecesani, committitur parocho, qua proprio eiusdem pastori." (c. 515 § 1 CIC)

sonderer Weise aber darum, dass sie häufig die Sakramente der heiligsten Eucharistie und der Buße empfangen; ebenso hat er darauf bedacht zu sein, dass sie auch in den Familien zur Verrichtung des Gebetes geführt werden sowie bewusst und tätig an der heiligen Liturgie teilnehmen, die der Pfarrer unter der Autorität des Diözesanbischofs in seiner Pfarrei leiten und überwachen muss, damit sich kein Missbrauch einschleicht."[12]

Während c. 528 CIC inhaltlich ausgerichtet ist und in seinen beiden Paragrafen die Wortverkündigung und die Feier der Sakramente behandelt, gibt der folgende c. 529 § 1 CIC praktische Anweisungen an den Pfarrer:

„Um die Hirtenaufgabe sorgfältig wahrzunehmen, hat der Pfarrer darum bemüht zu sein, die seiner Sorge anvertrauten Gläubigen zu kennen; deshalb soll er die Familien besuchen, an den Sorgen, den Ängsten und vor allem an der Trauer der Gläubigen Anteil nehmen und sie im Herrn stärken, und wenn sie es in irgendwelchen Dingen fehlen lassen, soll er sie in kluger Weise wieder auf den rechten Weg bringen; mit hingebungsvoller Liebe soll er den Kranken, vor allem den Sterbenden zur Seite stehen, indem er sie sorgsam durch die Sakramente stärkt und ihre Seelen Gott anempfiehlt; er soll sich mit besonderer Aufmerksamkeit den Armen, Bedrängten, Einsamen, den aus ihrer Heimat Verbannten und ebenso denen zuwenden, die in besondere Schwierigkeiten

---

[12] „§ 1. Parochus obligatione tenetur providendi ut Dei verbum integre in paroecia degentibus annuntietur; quare curet ut christifideles laici in fidei veritatibus edoceantur, praesertim homilia diebus dominicis et festis de praecepto habenda necnon catechetica institutione tradenda, atque foveat opera quibus spiritus evangelicus, etiam ad iustitiam socialem quod attinet, promoveatur; peculiarem curam habeat de puerorum iuvenumque educatione catholica; omni ope satagat, associata etiam sibi christifidelium opera, ut nuntius evangelicus ad eos quoque perveniat, qui a religione colenda recesserint aut veram fidem non profiteantur. § 2. Consulat parochus ut sanctissima Eucharistia centrum sit congregationis fidelium paroecialis; allaboret ut christifideles, per devotam sacramentorum celebrationem, pascantur, peculiarique modo ut frequenter ad sanctissimae Eucharistiae et paenitentiae sacramenta accedant; annitatur item ut iidem ad orationem etiam in familiis peragendam ducantur atque conscie et actuose partem habeant in sacra liturgia, quam quidem, sub auctoritate Episcopi dioecesani, parochus in sua paroecia moderari debet et, ne abusus irrepant, invigilare tenetur." (c. 528 CIC)

geraten sind; auch soll er seine Aufgabe darin sehen, die Ehegatten und Eltern bei der Erfüllung der ihnen obliegenden Pflichten zu stützen und die Vertiefung eines christlichen Lebens in der Familie zu fördern."[13]

Angesichts der genannten Aspekte muss man feststellen, dass ein Pfarrer schon in einer kleinen Pfarrei kaum allein all diesen Erwartungen persönlich nachkommen kann, sondern für seinen Dienst verschiedene Mitarbeiter und Helfer braucht.[14] Nicht alles muss der Pfarrer persönlich tun, aber er muss dafür sorgen, dass Verkündigung, Seelsorge und Gottesdienst in der rechten Weise geschehen können. C. 529 § 1 gibt gleichwohl deutlich zu erkennen, dass der Pfarrer hierbei auch höchstpersönlich mitwirken muss, und dies kann er sinnvoll nur dann tun, wenn er die ihm anvertrauten Gläubigen gut kennt. Eine solche Kenntnis kann aber nur erworben werden, wenn die Pfarrei eine gewisse Überschaubarkeit behält.

Hier ist nun nochmals auf die Definition der Pfarrei als *communitas* (Gemeinschaft) zurückzukommen. Von einer Gemeinschaft kann man nur dann sprechen, wenn die zugehörigen Gläubigen ihre Zugehörigkeit auch empfinden. Es muss für die Katholiken eine gewisse Beheimatung in der Pfarrei geben, und zwar nicht nur für die Gläubigen der Kerngemeinde, die verlässlich sonntags den Gottesdienst mitfeiern. Auch die religiös weniger Eifrigen müssen sich in der Pfarrei halbwegs daheim fühlen können. In diesem Zusammenhang spielt auch die vertraute rechtliche Eigenständigkeit einer Pfarrei eine gewisse Rolle, die besondere Möglichkeiten zur Teilhabe und Mitverantwortung für die Gläubigen mit sich bringt.

---

[13] „Officium pastoris sedulo ut adimpleat, parochus fideles suae curae commissos cognoscere satagat; ideo familias visitet, fidelium sollicitudines, angores et luctus praesertim participans eosque in Domino confortans necnon, si in quibusdam defecerint, prudenter corrigens; aegrotos, praesertim morti proximos, effusa caritate adiuvet, eos sollicite sacramentis reficiendo eorumque animas Deo commendando; peculiari diligentia prosequatur pauperes, afflictos, solitarios, e patria exsules itemque peculiaribus difficultatibus gravatos; allaboret etiam ut coniuges et parentes ad officia propria implenda sustineantur et in familia vitae christianae incrementum foveat." (c. 529 § 1 CIC)

[14] Vgl. S. J. Lederhilger, Die Mitarbeiterinnen und Mitarbeiter des Pfarrers, in: Haering, Rees, Schmitz (Hg.), Handbuch des katholischen Kirchenrechts (s. Anm. 9), 721–736.

Bei Großpfarreien, wie sie in manchen Bistümern konzipiert sind, ist die erhebliche Gefahr gegeben, dass die Identifikation der „treuen Gelegenheitskatholiken" mit der Kirche gestört wird. Denn ihnen gehen die vertrauten, zumeist familiär tradierten Muster des Anschlusses an die Pfarrei verloren. Deshalb haben der Münchner Pastoraltheologe Professor Andreas Wollbold und der Verfasser ein Plädoyer für eine gemäßigte pfarrliche Strukturreform skizziert und veröffentlicht, in dem zwischen „Zentralpfarreien", die auch besondere übergeordnete Funktionen wahrnehmen, und „Normalpfarreien" mit der Beschränkung auf die „gewöhnliche" Seelsorge unterschieden wird.[15] Darin besteht eine Möglichkeit, auch angesichts der gegenwärtigen Umstände die Pfarrei nicht auf einen kirchlichen Verwaltungsbezirk zu reduzieren, sondern als Gemeinschaft von Gläubigen zu erhalten. Dies erscheint nicht zuletzt deshalb geboten, weil viele Pfarrseelsorger die entscheidende Bedeutung des persönlichen Kontakts mit den Menschen für die Lebendigkeit des pfarrlichen Lebens hervorheben.

---

[15] Vgl. S. Haering, A. Wollbold, Weiterentwicklung statt Kahlschlag. Es gibt Alternativen zu Großpfarreien, in: HerKorr 71 (11/2017) 23–26.

Aus, Amen, Ende? Oder neue Wege? Wie heute Pfarrer sein?
Benjamin Krysmann im Gespräch mit den Pfarrern Thomas Frings und Rainer M. Schießler

Wie ist es heute – angesichts von tiefgreifenden Transformationsprozessen in Kirche und Gesellschaft – noch möglich, gut und gerne Priester zu sein und als Pfarrer in immer größeren und unübersichtlicher werdenden pastoralen Strukturen zu wirken? Das ist eine einfache und zugleich komplexe Frage, deren Beantwortung nicht nur theoretische Überlegungen braucht, sondern auch ein Gespräch mit den Betroffenen selbst erfordert, also mit den Pfarrern, die oft einen reichen Erfahrungsschatz in ihrer Kirche und mit ihrer Kirche gesammelt haben. Zwei besonders bekannte und auskunftsfähige wie -freudige Ansprechpartner sind die profilierten Pfarrer und erfolgreichen Bestsellerautoren Thomas Frings aus Köln und Rainer Maria Schießler aus München.[1] Sie sind erfahrene Seelsorger, die ihren priesterlichen Dienst in der katholischen Kirche auch bei den aktuell deutlich spürbaren Veränderungen immer noch gerne tun, aber auch kritische Anfragen an die derzeitige Struktur kirchlicher Seelsorgepraxis haben. Was die beiden verbindet, sind ihre ganz ähnlichen Lebensläufe und vor allem ist es ihre Leidenschaft für den Dienst als Priester. Ihre gemeinsamen und unterschiedlichen Zugänge zur Kirche und zu ihrem eigenen Pfarrersein sollen exemplarisch zeigen, wie dieser Dienst heute gesehen und mit Leben gefüllt werden kann. Dabei beanspruchen sie nicht, auf alle Fragen pauschale und fertige Antworten zu haben, aber sie leisten mit ihren Sichtweisen einen wichtigen Beitrag zum Diskurs in einer veränderten und sich stets verändernden Kirche.

---

[1] Vgl. T. Frings, Aus, Amen, Ende? So kann ich nicht mehr Pfarrer sein, Freiburg i. Br. 2017; ders., Gott funktioniert nicht. Deswegen glaube ich an ihn, Freiburg i. Br. 2019; R. M. Schießler, Himmel, Herrgott, Sakrament. Auftreten statt austreten, München 2016; ders., Jessas, Maria und Josef. Gott zwingt nicht, er begeistert, München 2018.

1 Persönliche Prägungen

Schon früh haben die beiden Pfarrer in ganz ähnlicher Weise die zeitlichen Herausforderungen ihrer Kirche erkannt und manche Sehnsucht nach Veränderung wahrgenommen. Persönlich umgegangen sind sie zu verschiedenen Zeitpunkten damit allerdings unterschiedlich. Pfarrer Frings legte 2016 sein Amt nieder, verließ seine Gemeinde in Münster, zog sich vorerst in ein Kloster zurück und nahm sich eine Auszeit. Das sei für viele eine Überraschung, für manche sogar „ein Schock" gewesen, wie Pfarrer Frings berichtet. Mit seinem Schritt stellte er alles infrage: nicht nur die Kirchenleitung, sondern auch seine Kollegen und die Menschen in den Gemeinden, die als Gläubige nach wie vor engagiert Kirche sein wollten. Für ihn, der sich keinesfalls gegen das Priestersein an sich wenden wollte, war das „ein sehr wohl überlegter Schritt". Er ist nicht wegen einer Liebesbeziehung oder aus Glaubenszweifeln neue Wege gegangen, die ihn schließlich in das Erzbistum Köln geführt haben, wo er seit kurzem die Kölner Innenstadtpfarrei unterstützt. Pfarrer Frings ist weiterhin „gerne Priester und für die Leute da".

Bei Pfarrer Schießler war das anders. Als „sturer Bayer", wie er sich selbst bezeichnet, bog er nicht von seinem Weg ab. Zu stark sei er einst von den neuen Ansätzen und Aufbrüchen der Würzburger Synode (1971–1975) geprägt worden, sagt er. Da habe er Kirche als eine erlebt, die ihre Tradition pflege, aber auch visionär denke, die sich „weit und offen" zeige. Diese Begeisterung habe er bis heute nicht verloren und wolle trotz mancher Traurigkeit und Angst vor leeren Kirchenbänken als Pfarrer weiterhin „Mut zum Visionären" machen. Es sind verschiedene Einsichten, die die beiden Seelsorger auf ihren bisherigen Lebenswegen gewonnen haben, sie teilen jedoch die grundsätzliche Position, dass es so, wie es bisher läuft, nicht mehr einfach weitergehen kann.

Teil des Problems sind für Pfarrer Frings vor allem die eingefahrenen Strukturen im Kirchen- und Gemeindeleben. Die Rechnung gehe bei ihm nicht auf, wenn er in der eigenen Rückschau immer der vorletzte oder letzte Geistliche vor Ort war: „der vorletzte Pfarrer in einer kleinen Gemeinde mit etwa 1 500 Katholiken – inzwischen mit drei umliegenden Gemeinden fusioniert – oder der letzte Pfarrer seit dem 13. Jahrhundert auf der anderen Seite von Münster in einer 3 000-Seelen-Gemeinde – inzwischen wurde das Pfarrhaus verkauft und die Gemeinde mit vier umliegenden Stadtrandgemeinden und Dörfern ebenfalls fusioniert". In dieser Gemeinde habe ihn kurz vor seiner Verabschiedung ein Mann auf der Straße angesprochen: „Herr Pfarrer, ich gehöre zu Ihrer Gemeinde, sie haben mich in den zwölf Jahren nicht einmal in der Kirche gesehen, auch nicht zu Weihnachten. Aber ich will Ihnen sagen, dass mir das sehr nahe geht, dass zukünftig kein Kirchenvertreter mehr hier sein wird, der für das steht, wofür wir stehen", erinnert sich Pfarrer Frings. Auf die Ansprache habe er nicht gesagt, „wären Sie mal öfter gekommen, dann wäre das alles nicht passiert", sondern habe Verständnis gezeigt. „Ich kann das nämlich nachvollziehen. Es ist nicht alles logisch, was da läuft. Das ist auch nicht alles vernünftig", gibt Pfarrer Frings zu bedenken. Das persönliche Gefühl, „ein ganzes Leben lang immer der Vorletzte oder Letzte zu sein, weil niemand mehr nachkommt", blieb und nagte an dem Pfarrer. Auch nach seinem Wechsel in die Münsteraner Innenstadtgemeinde Heilig Kreuz änderte es sich nicht, sodass er zu dem Schluss kam: „So kann ich nicht mehr Pfarrer sein".

Der Münchner Pfarrer Schießler kann gut nachvollziehen, was sein Mitstreiter da beschreibt, auch wenn er es selbst so nicht erlebt hat. Er ergänzt, dass das Pfarrersein in der heutigen Zeit sicher „nicht unbedingt vergnügungssteuerpflichtig" sei, aber doch etwas ganz Besonderes an sich habe, etwas „Exotisches": „Immer wenn ich mit meinen Kommunionkindern einen Ausflug in den Tierpark mache, dann schauen wir uns ja auch zuerst die Viecher an, die es bald nicht mehr gibt", vergleicht er den für ihn besonderen Reiz, in der heutigen Zeit Pfarrer zu sein und zu bleiben. „Vielleicht sind wir als Priester immer der letzte, aber, Gott sei Dank, nicht das Letzte." Diese Einsicht sei Pfarrer Schießler besonders bei den „erschütternden Erlebnissen" gekommen, als er noch der Gemeinschaft der bayerischen Kapuziner angehörte, die in nur kurzer Zeit eine Niederlassung nach der anderen hatte aufgeben müssen. Die Menschen hätten getrauert, während der Provinzial resigniert habe, „er mache sowieso nichts anderes mehr, als nur noch Standorte aufzulösen". Persönlich sei er bislang noch nicht an einem solchen Punkt angelangt, erklärt Pfarrer Schießler, an dem er gesagt habe, „das nervt mich tierisch, ich mache das jetzt nicht mehr". Dann habe er weiter gemacht und irgendwas anderes ausprobiert. Vielleicht habe ihm auch schlichtweg die Alternative gefehlt, oder das Glück habe ihm geholfen, zum Beispiel bei der Zuteilung seiner Einsatzorte. „Natürlich gibt es Momente, wo Du alles über Bord werfen möchtest. Aber ich bin halt einfach verliebt in den Job." Irgendwie ging es für die beiden Pfarrer dann doch immer wieder weiter. Ihren Traumjob aufgeben konnten und wollten sie nicht. „Mit dem Priestersein war ich immer sehr versöhnt", sagt Pfarrer Frings, der andere auch weiterhin dazu ermutigen würde, Priester zu werden. „Für mich ist es das absolut Richtige", was Pfarrer Schießler nur unterstreichen kann. Die persönliche Entscheidung, als Priester leben zu wollen, habe auch er zu keinem Zeitpunkt bereut. Dieses Leben erfülle ihn wie viele andere auch. Entscheidend sei, dass er als Priester in der Gemeinde nicht „versumpfe". Schon früh hat Pfarrer Schießler damit begonnen, über die Ränder seiner Pfarrei hinauszuschauen, um zu sehen, wie er noch seinen Dienst ausfüllen könne. „Was mich vielleicht abgehalten hat, zu sehr an mir selbst oder am Zustand in der Gemeinde zu zweifeln, war wie eine Art erlaubte Droge. Da gibt es etwas, das mich immer antreibt."

1.1 Was ist es, das Sie antreibt, heute immer noch gerne zölibatär zu leben und als Pfarrer zu arbeiten?

Pfarrer Rainer Maria Schießler: Es ist meine als junger Mann getroffene Entscheidung, ein solches Lebensabenteuer zu wagen. Es waren nie die berühmten praktischen Gründe – mehr Zeit für Gott und die Gemeinde und ähnliches – oder die ideologischen Argumente – höherer Stellenwert des Zölibatären bei Gott und den Menschen –, die mich auch nur irgendwie ansprachen. Wieso soll ein verheirateter Mensch Gott weniger lieben? Was hat Gott davon, wenn ich sexuell inaktiv bin? Das waren nie schlüssige Gründe für mich, um zu erkennen, wieso man so „anders" leben will. Allein das zählte: Ich wollte es tun, weil ich es so wollte. Das Abenteuer Zölibat, diese prophetische Lebensweise, die auf das Wertvollste unter uns Menschen verzichtet, weil es etwas noch Wertvolleres gibt, allein diese Motivation hat mich angetrieben. Ein Leitsatz ist mir zur immerwährenden Begleitung geworden: „Man hat oftmals mehr vom anderen Menschen, wenn man nicht alles von ihm haben kann." So musste ich den Zölibat nie als Liebesverbot verstehen, sondern als besondere Form der Einladung. Dass eine solche Einladung gesetzlich verpflichtend ist, hat mich persönlich nicht gestört. Nach über 30 Jahren in dieser Lebensform und als Verkündiger in dieser Kirche aber merke ich, wie diese Verpflichtung der Kirche die Lebensader abschnürt. Nicht der Zölibat legt hier Hand an, sondern ein kirchliches Gesetz, das nicht mehr vermittelbar ist.

Pfarrer Thomas Frings: Das mit dem „gern zölibatär" lasse ich einmal unkommentiert. Ich habe meinen Schritt raus aus dem Pfarramt nur tun können, weil ich alleine lebe. Der Zölibat hat mir die Freiheit dazu gegeben. Ich bin immer noch gerne Priester, weil ich gerne mit Menschen zusammen bin und mit ihnen an besonderen Momenten des Lebens diese auch gottesdienstlich begleite. In allen Jahren hatte ich immer mehr Zeit für das Einzelgespräch als für die Verwaltung.

1.2 Wieviel Tradition verträgt die Kirche und wie visionär muss sie sein?

Pfarrer Frings: Die Kirche verträgt anscheinend unbegrenzt viel Traditionen. Einige sind lebensdienlich und sollten gepflegt werden, andere sind innerlich tot und sollten beerdigt werden. Das Visionäre könnte mehr sein, denn immerhin sind so manche Bücher und Texte der Heiligen Schrift von Propheten geschrieben. Wenn wir als Priesteramtskandidaten von unserem unvergessenen Spiritual Dr. Johannes Bours gefragt wurden, in welcher Form wir gerne Priester sein möchten, dann sagten die meisten, als Propheten oder als Spielmann Gottes. Mein Eindruck ist, dass viele mit einem solchen Ideal gestartet, aber mit den Jahren zu Verwaltern geworden sind.

Pfarrer Schießler: Kirche braucht so viel Tradition wie möglich und so viel Erneuerung wie nötig. So klingt es, frei übersetzt, was man uns im Lateinunterricht beigebracht hat. Die Frage aber geht nicht nach der Anzahl oder der Fülle an Traditionen in der Kirche, sondern nach deren Lebensstruktur: Wird eine Tradition noch mitgetragen? Wo bilden sich bereits neue Formen kirchlichen Lebens, die das Zeug zur Tradition haben? Stecken in unseren Traditionen Inhalte, die die Menschen wirklich suchen oder benötigen? Wie vermitteln wir diese Traditionen, z. B. wie feiern wir heute in einer Großstadt das Fronleichnamsfest? Und die Frage der Fragen schlechthin: Trauen wir uns selbst Veränderungen im traditionellen Tun zu, bis hin in den sakramentalen Charakter, Stichwort „Interkommunion". Ich wünsche mir viel mehr Mut und Selbstbewusstsein in unseren Kirchen im Umgang mit der Veränderung und der Neugestaltung althergebrachter Traditionen. Würde nur noch die Tradition als solche alleine bestehen, aber nicht wirklich von innen heraus von den Menschen mitgetragen werden, wäre sie eine reine Fassadenkulisse wie in einem klassischen Westernfilm.

1.3 Wie sehr müssen Pfarrer „bei den Leuten" sein?

Pfarrer Schießler: Er muss immer bei den Leuten sein und unbedingt auch gleichzeitig seinen Rückzugsort haben, so wie es Jesus im Evangelium macht. Keiner kann von der Arbeit alleine leben. Der „galiläische Frühling" ist keine Welle, auf der man ständig schwimmen kann. Wobei „bei den Leuten sein" für mich heißt, sich auf ihrer Höhe zu befinden, nicht darüber und auch nicht in falsch verstandener Demut oder gar Dummheit darunter; nicht auf allen Veranstaltungen und Hochzeiten dabei zu sein, überall Mitglied zu sein. Ich nenne es gerne die „Hühneraugenhöhe", exakt die Perspektive der Fußwaschung des Gründonnerstags. Würde sich ein Pfarrer wichtiger, mächtiger, gescheiter und unersetzlicher fühlen als eines seiner Schäfchen, hätte er seine Herde schon längst aufgegeben – und sein Selbstverständnis wie seinen Beruf verfehlt. Das Motto heißt: Gott zwingt nicht, er begeistert. Der Pfarrer soll es genauso leben wollen und können und sich auch die ständige Freiheit herausnehmen, über den eigenen Tellerrand der Seelsorge hinauszublicken, Neues zu probieren und zu wagen.

Pfarrer Frings: Ganz und gar. Und diese Nähe braucht dann auch Zeiten des Gebets und der Exerzitien. Man merkt es uns schnell an, wie wir bei den Menschen sind. Ob das reiner Aktionismus ist oder einen geistlichen Mehrwert in sich birgt.

2 Der Ist-Zustand

Was die beiden Pfarrer trotz der Herausforderungen, die ihre Lebensweise mit sich bringt, immer noch gerne sind, wollen andere immer weniger werden. Vielleicht hat die katholische Kirche in Deutschland (noch) keinen Priestermangel, aber Nachwuchsprobleme hat sie sicherlich. Ein „Patentrezept" dagegen gebe es nicht, sagen die Pfarrer Frings und Schießler einstimmig. Jedenfalls wüssten sie keines. Die Schwierigkeit, aus ihrer persönlichen Sicht eine Antwort zu finden, bestehe auch darin, dass sie nicht von sich ausgehen dürften. „Wir sind in ganz anderen Zeiten auf Kirche aufmerksam geworden", meint Pfarrer Schießler. „Kirche hat für uns in einer ganz anderen Zeit eine gewisse Attraktivität besessen, die es heute in dieser Form nicht mehr gibt."

Für Pfarrer Frings mangelt es vor allem an der notwendigen Motivation, heute ein Leben als Seelsorger und Gemeindepfarrer führen zu wollen. Das habe er auch seinem zuständigen Bischof gesagt. Auch dieser würde doch die Freude an seiner Aufgabe verlieren, wenn er bis zu seiner Emeritierung von Bistum zu Bistum geschickt würde, um die Diözesen jeweils bis zur Schließung oder Fusionierung zu verwalten, immer in dem Wissen, dass das nahe Ende bevorsteht. So kam es Pfarrer Frings im Laufe seiner bisherigen Dienstzeit vor. Aus seiner Sicht scheitere die Motivation also nicht daran, „wofür wir stehen oder was wir tun, sondern wie wir es tun".

Auch mit „einer raschen Änderung der Zugangswege zum kirchlichen Amt werden wir die Lücken in unseren Gemeinden nicht so bald schließen können", ist sich Pfarrer Schießler sicher. Das allein könne die vielschichtigen Probleme, die sich über Jahrzehnte aufgestaut hätten, nicht lösen. Vielmehr müsse „insgesamt anders und neu" gedacht werden, insbesondere im Hinblick auf den Aufbau und das Leben in den Gemeinden, die grundsätzlich aus allen Gläubigen bestehen. Alle sollten Verantwortung übernehmen und sich als Gemeinde selbst verwalten, „notfalls ohne Priester und in jedem Fall mit Frauen in der Führung eines Gottesdienstes". Für den Münchner Innenstadtpfarrer müsse endlich damit Schluss sein, dass eine priesterlose Gemeinde einfach nur als „Mangel- oder Notsituation" wahrgenommen werde. Auch die weitläufige Praxis, das Gemeindeleben „in immer größere Verwaltungseinheiten" einzuteilen, könne zu keinem guten Ausweg führen. Vielmehr sollten in der Kirche Menschen gestärkt werden, „die nicht warten, dass etwas geschieht, sondern auftreten und fordern, sich einbringen statt auszutreten".

Verloren sei deshalb aber sicher noch nicht alles, ebenso wenig, wie alles bisher nur schlecht oder falsch gewesen sei. Es gehe um Veränderungen, auf die man zu reagieren habe, denkt Pfarrer Frings. Er geht davon aus, dass die Territorialgemeinde in ihrer bisherigen Form über

Jahrzehnte flächendeckend „ein ausgesprochen erfolgreiches Modell" gewesen sei. Von klein auf habe er Volkskirche noch erlebt, wenn er beispielsweise in Kleve am Niederrhein sonntags in die Kirche ging und in der Messe seine „Konabiturienten" traf. „Das war aber im letzten Jahrtausend. Das ist heute einfach nicht mehr so."

Darum heute zu versuchen, irgendwem den Schwarzen Peter zuzuschieben, bringe die Kirche jedoch auch nicht weiter. Es gehe doch um das „Gesamtprojekt", nicht mehr weiter den Reformstau seit dem Zweiten Vatikanischen Konzil (1962–1965) vor sich herzuschieben, meint Pfarrer Schießler. Aus sicherster Quelle und erster Hand wüsste er, dass sich ehemalige Verantwortliche in den Personalabteilungen der Ordinariate schlicht „nicht getraut" hätten, auf rückläufige Zahlen deutlich zu reagieren und Visionen für die Zukunft auszubilden. „Ob es zu spät ist, weiß ich nicht. Aber ich muss mir klar werden, wenn ich meine Lebensweise ändern und gesünder leben will, dann muss ich einsehen, was gerade falsch ist. Und diesen Klärungsprozess dürfen wir jetzt nicht verdunkeln."

2.1 Wie würden Sie den Beruf als Pfarrer attraktiver machen, damit er gerade von jungen Menschen zukünftig als „Traumjob" angesehen werden kann?

Pfarrer Frings: Bei immer weniger Priestern werden nicht nur die äußeren Distanzen zum nächsten Mitbruder größer, sondern auch die Gefahr der Vereinsamung steigt. Ein Mensch an der Seite des Pfarrers verringert das Risiko.

Mutig von toten Traditionen Abschied nehmen und weniger „Service" bedienen. Service meint Dienst, aber es sollte sich um einen Dienst am Menschen und nicht an der toten Tradition handeln. Ein Beruf mit solchen Optionen ist ein wahrer Traumjob.

Pfarrer Schießler: Es gibt keinen Traumjob. Es gibt nur Tage, da fühlst Du Dich wohl, und andere, an denen möchtest Du Dich nur noch verstecken. Wieso soll es dem Pfarrer bitteschön anders gehen? Es gibt eine Grundübereinstimmung zu seinem Beruf und seiner Berufung, die einer täglichen Erneuerung bedarf. Das erfordert schon eine gehörige Portion Selbstdisziplin, aber auch die Fähigkeit, sensibel zu werden, hinzuhören und Reaktionen wahrzunehmen, auch solche, die einen Gott sei Dank korrigieren. Mein Argument für diesen Beruf des Pfarrers ist die unschlagbar große Vielseitigkeit. Ich könnte nie sagen, dass ein Tag dem anderen gleicht, darf so viele Dinge ausdenken, entwickeln, organisieren, ausprobieren und umsetzen und wie im Sport am Ende sagen: Morgen gibt es wieder neue Chancen. Ich kenne keinen Beruf, der so vielgestaltig ist wie der des Pfarrers. Es wäre besser für uns alle, mit solchen Bildern und Eindrücken zu werben für den Priesterberuf als mit Plakaten, auf denen man nur einen Männerhals mit einem Kollar-Kragen ausmacht und dann auch noch das Gesicht weglässt. Anonymer und blödsinniger geht es ja wohl nicht und alles frei nach dem Motto: Stehkragen ersetzt Rückgrat.

2.2 Womit wollen Sie angesichts eingebrochener Berufungszahlen andere zum Pfarrerwerden ermutigen und was können die Gemeinden dazu beitragen?

Pfarrer Schießler: Eigentlich beantwortet die vorherige Überlegung auch diese Frage. Noch unerwähnt ist aber wirklich die Rolle der Gemeinde dabei. Für mich ist es zu wenig, wenn man sich nur im Vorfeld einer möglichen Primiz-Feier in einer Pfarrei engagiert, das ganze Dorf mobilisiert, weil auf einmal der Neupriester als „Werk der Gemeinde" empfunden und präsentiert wird. Ist ja alles ganz nett, aber das Wichtigste muss doch zuvor stattfinden. Wie fördern und fordern Gemeinden junge Menschen in der Berufungspastoral? Der Pfarrer soll mal Werbung machen für seinen Job, heißt es dann. Ja gut, leicht gesagt. Aber hat jemals eine Gemeinde die Frage der Nachfolge im Priesteramt als ihre eigene Aufgabe erkannt? Zukunft gibt es für uns nur, wenn wir uns als Gemeinde dafür stark machen. Oder schickt das Ordinariat den neuen Pfarrer? Gerade in dieser Hinsicht wird die Service-Mentalität in unserer Kirche deutlich sichtbar. Das geht bis hinein ins Gebet: Der liebe Gott soll Berufungen schenken. Wie denn, ohne unser Zutun? Oder ohne unseren Mut, den Zugang zum Priesteramt weiter zu machen und zu öffnen? Heute rächt es sich schwer, dass wir die Verantwortung für eine gesunde Nachfolge und Sorge um die Berufungen so leichtfertig abgetreten bzw. den amtlichen Strukturen überlassen haben. Die Zukunft der Kirche ist immer nur die selbstbewusste und selbstständige Gemeinde. Da kann man die Nachfolgefrage nicht einfach ausklammern.

Pfarrer Frings: In meinen 25 Jahren als Pfarrer in Münster wohnten immer Studenten mit im Pfarrhaus, auch Priesteramtskandidaten. Als der erste einzog, habe ich mir bewusst vorgenommen, so zu leben, dass er an meinem Sonn- und Werktag, an meiner Arbeits- und Freizeit sehen kann, wie man heute gerne Priester sein kann. Er sollte nicht meinetwegen Priester werden, aber auf keinen Fall meinetwegen aufhören. Einige sind es dann geworden, andere nicht.

Gemeinden, die Priester brauchen, um mehr Service zu bekommen, die schrecken ab. In meiner Gemeinde gab es zwei Messen am Wochenende. Dann wurde ich gebeten, für mehr Priester zu beten, und auf meine Frage, wofür man denn mehr Priester brauche, kam die Antwort: „Damit wir eine zusätzliche Frühmesse bekommen und dafür nicht in den Nachbarort fahren müssen." Solche fromm anmutenden Motivationen sind in Wirklichkeit abschreckend und einfach nur falsch.

2.3 Wie sehr hat die Kirche in den verschiedenen Seelsorgeeinheiten Dienstleister zu sein?

Pfarrer Frings: „Kirche" muss in manchen Funktionen Dienstleister sein. Dafür bezahlen die Mitglieder auch gutes Geld. Dienstleister heißt aber nicht, dass Menschen sich sofort beim Bischof beschweren, nur weil sie ihre Goldhochzeit nicht um 10.30 Uhr am Freitagmorgen bekommen, sondern aus organisatorischen Gründen erst um 11 Uhr (konkreter Fall). Wer nur solche Dienstleistungen will, dessen Wünsche können wir mit immer weniger Priestern nicht bedienen, und solche Erwartungshaltungen müssen nicht bedient werden. Eine gute Dienstleistung seitens der Hauptamtlichen besteht doch eher in Zuwendung, menschlicher Begegnung und Verständnis. Wer im Krankenhaus nur seinen Verband gewechselt und sein Essen vorgesetzt bekommt, der hat auch eine Dienstleistung erhalten, aber er wird nicht zufrieden sein. Seelsorger(inn)en sollen den Menschen dienen, aber das beinhaltet entschieden mehr, als nur Dienstleister zu sein.

Pfarrer Schießler: Klar ist, wer zahlt, schafft an! Dass sich diese Einstellung bis in unsere Kirche hinein erstreckt, daran sind wir selber schuld, Stichwort dafür: Kirchensteuersystem. Aber man kann dagegenhalten. Die finanziellen Mittel ermöglichen unseren Dienst, die Gebäude werden unterhalten, hauptamtliches Personal finanziert, das nicht nebenher noch arbeiten gehen muss, um Geld zum Leben zu verdienen, die Verwaltung braucht klare Strukturen, die Bildungsangebote müssen entwickelt werden usw. Was nicht geht, sind die – ohnehin nicht erlaubten – Zusatzkosten wie Gebühren für Kirchenbenutzung bei einer Trauung, extra Zahlung für Angestellte wie den Mesner oder die Organistin, Mietansprüche für kirchliche Räume bei Verwendung für kirchliche Angelegenheiten. Da unterscheiden wir uns schnell mal nicht mehr von der „Welt", aber genau das sollte doch unser Unterscheidungskriterium sein: Ihr wisst, wie es in der Welt zugeht, wie die Mächtigen die Kleinen unterdrücken; ich aber sage Euch, bei Euch soll es nicht so sein, sagt zumindest ein Jesus von Nazareth.

3 Zu den Perspektiven

Zu erkennen, was heute vielleicht nicht mehr geht, ist das eine. Das andere aber ist die Frage, wie es zukünftig weitergehen kann. Eine Antwort darauf ist sicher nicht leicht, aber Ideen haben die Pfarrer Frings und Schießler schon: „Zunächst ist Kirche nicht nur sonntagsmorgens 10 Uhr. Das habe ich inzwischen gelernt", sagt Pfarrer Frings. Kirche dürfe nicht vom Sonntagmorgen her gedacht werden, nach dem Motto, „wenn alle wieder da sind, ist alles wieder gut". Kirche neu zu denken, bedeute, Kirche von den Menschen her zu denken. Für Pfarrer Frings sind durchaus Modelle von Kirche vorstellbar, in denen sich Menschen einbringen. Darum sei es auch so wichtig, danach zu fragen, was die Menschen eigentlich wollten, auch im Hinblick auf die Feier der Sakramente. Außerdem dürfe nicht mehr nur von den Geweihten her, sondern vielmehr müsse von den Getauften her gedacht werden. „Die alte Arbeitsteilung funktioniert nicht mehr. Aus der Priester-Kirche haben wir eine Kirche der Hauptamtlichen mit den anderen pastoralen Berufen gemacht, aber wir haben noch keine Kirche der Getauften daraus gemacht." Dass hier noch einiges zu tun ist, werde besonders daran deutlich, dass immer noch behauptet werde, die Kirche ziehe sich aus der Fläche zurück. „Was ist das denn für ein Kirchenbild?" Nur weil es vor Ort weniger „bezahlte Kräfte" gebe, ziehe sich Kirche doch nicht aus der Fläche zurück. Diejenigen, die als Getaufte weiterhin vor Ort blieben, seien schließlich keine „Mangelwesen".

Um Menschen anzusprechen, einzuladen und für das Gemeindeleben zu gewinnen, setzt Pfarrer Schießler weitestgehend auf Freiheit und freiwilliges Engagement der Leute. „Ich habe den Kurs völlig umgeschwenkt, auch und gerade in der Vorbereitung auf die Sakramente", erklärt der Münchner Innenstadtpfarrer. Bei ihm würden keine Listen geführt, nichts würde kontrolliert. „Wer kommen will, kann kommen. Seitdem kommen sie alle. Das ist toll." Deswegen bleibe er bei seinen Forderungen und möchte „seine Kirche" ermutigen: „Traut euch!" Die Kirche müsse sich endlich „locker machen". Dass sich das Wagnis lohnen werde, daran glaubt Pfarrer Schießler fest. Über die positiven Reaktionen würden die meisten überrascht sein. „Das ist für mich kein Senfkorn Hoffnung, das ist für mich die Vision, die Wirklichkeit werden kann, die man sich damals vielleicht nicht getraut hat, zu leben, die wir aber heute leben sollten."

Auch wenn er von jetzt auf gleich keine neuen Strukturen in der Kirche schaffen und nur mit dem arbeiten könne, was gegeben und möglich sei, möchte Pfarrer Frings nicht nur anderen Mut machen, sondern sich selbst immer wieder auf Neues und Unbekanntes einlassen. Das tue er ab sofort in der Kölner Innenstadtpfarrei als Unterstützung des neuen Seelsorgeteams. Hier solle das kirchliche Leben nach den Stärken der Gläubigen entfaltet werden, nicht nach den Vorstellungen eines klassischen Gemeindebildes. Ziel sei es, „bei den Leuten" zu sein und „Kirche in der Stadt als urbane Intervention" zu begreifen, statt sich ausschließlich darum zu sorgen, „wie die Messe wieder attraktiver gestaltet werden könnte". Natürlich habe Kirche ihr bisheriges Programm, aber dazu auch noch mehr anzubieten.

Für Pfarrer Schießler steht fest, dass auch in Zukunft die priesterliche Existenz, die Tätigkeit als Pfarrer und die Einheit der Gemeinde nicht einfach voneinander zu trennen sind. „Wir definieren uns von der Gemeinde her. Und weder der Pfarrer noch die Gemeinde können sich zerreißen." Wenn also heute und morgen über die Existenz des Priesters nachgedacht werde, dann müsse das Arbeitsfeld unweigerlich mitbedacht werden. So hänge auch der Wunsch, Priester zu werden, immer mit dem Wunsch zusammen, für eine Gemeinde da zu sein. „Ich wäre nie auf die Idee gekommen, Priester zu werden, um irgendwo im Ordinariat zu arbeiten", bringt es Pfarrer Schießler auf den Punkt. „Wir werden immer über beides reden müssen: Wie sieht die Gemeinde von heute und morgen aus? Dann wissen wir auch, wie der Priester von heute und morgen aussieht".

3.1 Warum tut sich die Kirche trotz hoher Austrittszahlen so schwer, bei ihren Aufbruchsversuchen das zu berücksichtigen, was die Menschen denken und wollen? Wie kann das Selbstverständnis aller Getauften so gestärkt werden, dass sie mehr Macht und Verantwortung übernehmen und das Pfarrersein inmitten der Gemeinde neu gedacht werden kann?

Pfarrer Frings: Solange der Pfarrer und die Hauptamtlichen oben sind, werden die Getauften wie gewohnt vieles an diese delegieren und auch mit Recht von da erwarten. Nach meinem Abschied als Pfarrer habe ich eine Auszeit in einem Kloster genommen. Bei der Messe stand ich mit den Priestern am Altar, außerhalb war ich immer der Letzte in der Reihe, durfte putzen, schrubben, heizen und Unkraut jäten. Es zählte nicht, ob man geweiht war, sondern, dass man getauft ist und wann man gekommen ist. Warum ist im übertragenen Sinne es nicht möglich, so in der Gemeinde miteinander umzugehen. Das gemeinsame Fundament ist die Taufe und das Christsein beginnt nicht erst mit der Weihe. Die Erwartungen und Ansprüche des Evangeliums gelten doch nicht erst ab der Priesterweihe. Solange aber dieser Stand der Kleriker dermaßen besonders ist, werden die Getauften weder die Macht bekommen und in der Folge auch nicht die Verantwortung übernehmen.

Pfarrer Schießler: Wer gibt schon gerne altgewohnte Vorstellungen und Positionen auf? Da tut sich jeder sehr schwer. Und vor der Reform kommt das Hinhören. Nicht nur auf Expertengremien, sondern auf die Gemeinschaft der Getauften. Und die haben sehr wohl was zu sagen. Dann kommen übersteigerte Ängste in der Führungsetage hinzu, Veränderungen würden sofort Spaltungen nach sich ziehen. Wie mutig waren doch da die Konzilsväter, mutig, weil offen. Das war auch kein Hauruck-Stil, der da eingeführt wurde. Man spürte die gewünschte Veränderung beim einzelnen Getauften, vor allem aber wusste man: Veränderung macht man nicht von oben, man nimmt sie von unten her wahr. Wobei „oben" und „unten" schon wieder falsche Begriffe darstellen, die es so in der Verkündigung des Evangeliums Christi nicht geben kann. Wieso aber soll das Modell eines verheirateten Priesters das Interesse am zölibatären Priestertum eliminieren? Ich werde diese Angst nie verstehen. Im Gegenteil, ich bin mir ganz sicher: Der Reiz zu einem pflichtfreien Zölibat wird mehr begeistern und mitreißen, als käme er wie üblich als Vorschrift daher. Schon deswegen ist der verheiratete Priester für eine Kirche von heute eine sehr kluge Option für die Kirche und alles andere als eine „lutherische Verwirrung". Dabei muss es sich die Kirche auch unbedingt abgewöhnen, angesichts hoher Austrittszahlen ständig in Verteidigungshaltung bis hin in eine ganz fragwürdige „Wagenburgmentalität" abzugleiten. Wir haben diese Menschen nicht als Feiglinge oder Verräter auszumachen und beleidigt über sie herzuziehen, genauso wenig wie wir den Kirchenaustritt zum richtigen Schritt erklären müssten. Wir haben zu fordern und zu provozieren, mit Anmerkungen wie diesen: Ist das Eure einzige Art, systemische Mängel zu kommentieren, liebe Leute? Auszutreten, wegzubleiben, anstatt zu verändern, zu protestieren, auf die Straße zu gehen, zu fordern und anzumahnen, mit Argumenten zu handeln anstatt mit Sprüchen? Niemand verlangt von uns eine falsch verstandene Feigheit.

3.2 Was wird auf Gemeindeebene für mehr Lebendigkeit benötigt, damit Fusionierungen und Schließungen von Gemeinden vermieden werden können, und welche Bedeutung hat dabei der Gottesdienst im Gemeindeleben?

Pfarrer Schießler: Es geht schlichtweg um den Gemeindecharakter als eine selbstständige kirchliche Seelsorgeeinheit. Wir müssen schleunigst weg von allen falsch verstandenen Zentralismus-Strukturen in der Kirche nach dem Motto: Ich sage, Du glaubst und tust. Die eigenständige Gemeinde wird gefragt und gehört bei Personalbesetzungen bis hin zum Bischofsamt, sorgt aus den eigenen Reihen für gute Leiter in der Gemeinde, kennt das Priestertum aller Gläubigen als eine unersetzbare Funktion in der Gemeinde und nicht nur als ein bloßer Spruch bei der Salbung mit Chrisam bei der Taufe. Sie berät, organisiert und entscheidet zusammen mit den Leitungsgremien einer Diözese und wird nicht einfach „versorgt". Sie meinen, das ist Zukunftsmusik? Willkommen in der Urkirche. Es ist wie im richtigen Leben: Du musst Deine Wurzeln ergründen, um Dich nach oben in die Zukunft zu strecken.

Pfarrer Frings: Lebendig sind nur Menschen. Und wenn Menschen da sind, dann sind Gemeinden lebendig. Das muss nicht immer gleich Aktion bedeuten. Ich kam letzthin in eine Kirche in Pforzheim, in der am Abend ein Dutzend alter Frauen den Rosenkranz betete, und es hat sehr berührt, dies zu sehen. Lebendigkeit kann sich so unterschiedlich zeigen. So sagte mir ein Organist, dessen Kirche wegen Renovierung geschlossen ist und sie den Gottesdienst jetzt in der Schulaula feiern, er wolle gar nicht zurück in die Kirche. Die Gottesdienste seien ohne die große Orgel und den schönen Raum viel lebendiger. Ich liebe Traditionen, aber sie dürfen das Leben nicht behindern. Mein Eindruck ist, dass wir an zu vielen Stellen eher den Traditionen dienen denn dem Leben, und die Menschen, die das Leben suchen, ziehen dann weiter und suchen woanders.

3.3 Welche Strukturen braucht eine ansprechende, brauchbare und menschennahe Kirche, die auch gesellschaftlich relevant ist? Welche Rolle spielen dabei die Frauen in einer Kirche der Zukunft?

Pfarrer Schießler: Ich sage nur Maria 2.0. Das hat es ja deutlich offenbart. Die Kirche ist keine frauenfeindliche Einrichtung. Sie hat nur Angst vor dem Weiblichen und diese Angst steckt ihr seit Jahrhunderten in den Gliedern. Zeit, diese Angst endlich abzulegen. Es ist einfach nicht mehr vermittelbar, dass die geschlechtliche Bestimmung des Menschen ihn in seiner Handlungs- und Wirkungsfähigkeit in der Kirche begrenzen kann. Niemand versteht das mehr und das nicht erst nach 16 Jahren mit einer Bundeskanzlerin in der BRD. Kirche hat sich da nicht anzupassen – auch wenn es für die Öffentlichkeit so aussehen wird: „Jetzt trauen sie sich auch." Kirche hätte Vorreiter in der geschlechtlichen Gleichberechtigung sein müssen. Ein Blick in die Evangelien als Motivationsschub hätte genügt. Offene, transparente, tragende und auf Unterstützung angewiesene Strukturen, frei von falschem Klerikalismus – geistliche Macht stellt die Verbindung zwischen Gott und Mensch dar, begründet aber keine weltlichen Ansprüche – und ein positiver Umgang mit Liebe, Sexualität und Lebensfreude. Das alles ist brauchbar, zeitnah und menschennah. Die Menschen brauchen uns als Kirche und wir haben nicht die Menschen zu gebrauchen. „Eine Religion, die nicht dient, dient zu gar nichts", sagt Bischof Jacques Gaillot. Unterhalb dieses Anspruchs geht auch für die Kirche nichts. Mit meinem Einsatz jedenfalls darf sie immer rechnen.

Pfarrer Frings: „Mann" kann den Frauen 30, 50, sogar 90 Prozent Führungspositionen in der Kirche geben – solange sich über jeder dieser Positionen noch ein Priester befindet, hat sich nichts geändert. An dem Tag, an dem eine Frau einen Priester von seinen Aufgaben entbinden kann, hat sich etwas wesentlich verändert in den Strukturen der Kirche. Brauchbar, ansprechbar, menschennah und relevant sind wir in vielen Bereichen des Sozialen wie Kindergärten, Krankenhäusern, Schulen etc., und dort stehen die Menschen Schlange und werden wir bevorzugt gewählt. Wenn wir dies auch in den Personen sind, in denen Kirche ein Gesicht bekommt, wie Küstern, Pastoralreferent(inn)en, Priestern, Pfarrsekretärinnen, Organisten usw., dann sind wir gut als Kirche für die Menschen. Doch erst, wenn die Getauften ein Zeugnis ablegen im Sinne des ersten Petrusbriefes: „Seid stets bereit, jedem Rede und Antwort zu stehen, der von euch Rechenschaft fordert über die Hoffnung, die euch erfüllt" – dann sind wir eine Kirche mit Zukunft.

„Noch in derselben Stunde brachen sie auf"
Welche Impulse hat die Bischofssynode zur Jugend für die Pastoral gesetzt?

Johannes Wübbe

Am 28. Oktober 2018 endete nach fast vier Wochen die XV. Bischofssynode in Rom mit dem Thema „Die Jugendlichen, der Glaube und die Berufungsunterscheidung". Der Titel will dabei so verstanden werden, dass es um einen weiten Begriff der Berufungsunterscheidung ging, nicht nur um den Begriff der Berufung in einem engeren kirchlich-pastoralen Kontext.[1] Als reguläre Delegierte der Deutschen Bischofskonferenz nahmen Bischof Dr. Stefan Oster SDB als Vorsitzender der Jugendkommission, Bischof Dr. Felix Genn als Vorsitzender der Kommission für Geistliche Berufe und Kirchliche Dienste sowie meine Person als Mitglied der Jugendkommission teil. Weiterhin gehörten zur deutschen Delegation Reinhard Kardinal Marx, den der Papst persönlich berufen hatte, P. Clemens Blattert SJ, Frankfurt, und Thomas Andonie, Mitglied im Vorstand der BDKJ-Bundesebene, als Experten dazu.

---

[1] Vgl. schon im Vorbereitungsdokument zur Synode u. a. die Nr. 87 und 88, wo vom Zweiten Vatikanischen Konzil (1962–1965) und seinen beiden Konstitutionen *Lumen gentium* (LG) und *Gaudium et spes* (GS) her betont wird, dass „Berufung" den „Horizont" bezeichnet, in den nach biblischem Verständnis *jedes* menschliche Leben eingeschrieben ist. Damit bezeichnet der Begriff „sowohl die Berufung aller Menschen zur Einheit mit Christus" als auch den „universellen Aufruf zur Heiligkeit", und in diesen „Interpretationshorizont" fügt das Konzil „das Verständnis der einzelnen Berufungen […] ein[…]: Dazu gehören also die Berufung zum Priesteramt und zum geweihten Leben ebenso wie die zum Laiendienst (vgl. LG 31), besonders in Form des Ehe- und Familienlebens (vgl. LG 35; GS 48.49.52). Diesen Vorgaben folgte späterhin die Kirchenlehre, die auch den analogen Charakter des Wortes ‚Berufung' anerkennt, ebenso wie die vielen Dimensionen der durch diesen Terminus bezeichneten Realität im Hinblick auf die persönliche Aufgabe eines jeden und auf die Gemeinschaft aller." (*Instrumentum laboris* „Die Jugendlichen, der Glaube und die Erkenntnis der Berufung", Nr. 87) – Das *Instrumentum laboris* ist u. a. über die offizielle Internetseite zur Bischofssynode zugänglich in: http://www.synod2018.va/content/synod2018/de/instrumentum-laboris–die-jugendlichen–der-glaube-und-die-erken.html (Download: 8.1.2019).

Im Folgenden möchte ich vor diesem Hintergrund drei Schritte mit Ihnen gehen:[2]
(1) Ich erinnere – auch aus meiner Perspektive als Teilnehmender – zunächst daran, wie diese Synode vorbereitet und durchgeführt wurde.
(2) Im zweiten Schritt möchte ich eine der zentralen Einsichten bei der Synode thematisieren: Alle kirchliche Pastoral muss beim genauen Wahrnehmen beginnen, um – geleitet durch den Geist Gottes – zu guten, Gott und den Menschen gemäßen Entscheidungen bzw. dann auch Handlungsschritten zu finden.
(3) Und drittens werde ich einige zentrale Themen und Konsequenzen benennen, die für mich im Blick speziell auf Jugendpastoral, aber auch grundsätzlich für die Kirche aus der Synode folgen müssten: die Kultivierung einer bestimmten Weise der Begleitung, die Pluralisierung pastoraler Orte und die Weiterentwicklung des synodalen Prinzips.

1 Die Bischofssynode zu „Die Jugendlichen, der Glaube und die Berufungsunterscheidung", 3.–28.10.2018 in Rom

Diese Synode hatte in verschiedener Hinsicht einen ganz besonderen Charakter. Da war zunächst der Anweg: Diesmal wurden nicht nur wie üblich die Bischofskonferenzen bzgl. möglicher Fragestellungen und Themen befragt; neu war der Online-Fragebogen, den Jugendliche zur Beteiligung nutzen konnten, ganz unabhängig von ihrer weltanschaulichen Position.[3] Zudem hatte Papst Franziskus für den März eine „Vor-Synode" anberaumt, an der etwa 300 junge Menschen, ausdrücklich gläubige wie auch nicht-gläubige, teilnahmen und ihre Fragen und Anliegen artikulieren konnten – eine Veranstaltung, wo ich am Rande die deutschen Teilnehmenden treffen konnte.

---

[2] Dem Text liegt das Typoskript zum Vortrag zugrunde, der am 17. Dezember 2018 im Rahmen der Montagsakademie der Theologischen Fakultät in Paderborn gehalten wurde. Der Redestil ist beibehalten und der Text nur leicht für die Publikation überarbeitet worden.
[3] Interessant ist dazu u. a. ein kleines Video, das das Bistum Essen hergestellt hat, um möglichst viele junge Menschen zur Teilnahme an der Umfrage zu motivieren, vgl. in: https://www.youtube.com/watch?v=tqLb5Fq96xQ (Download: 10.12.2018).

Die Ergebnisse wurden in einem eigenen Dokument festgehalten, das für die weiteren Vorbereitungen äußerst wichtig war; u. a. sind zentrale Passagen in das *Instrumentum laboris* – das „Arbeits-Instrument" – übernommen worden, das die Grundlage unserer Beratungen während der Synode gewesen ist; Untersuchungen des Papiers zeigen, dass ein Drittel auf Aussagen der Vorsynode basiert, ein weiteres Drittel auf Ergebnissen der Online-Umfrage, das letzte Drittel auf Eingaben, die die Bischofskonferenzen gemacht haben.

Auf der Synode selber haben wir vor allem in zwei Formen gearbeitet:
- Da war einmal das Plenum von etwa 260 Bischöfen, 40 bis 50 *Auditores* (junge Erwachsene aus allen Erdteilen) und einer Reihe von Expert(inn)en aus der ganzen Welt. Vertreter(innen) anderer christlicher Konfessionen konnten als Gäste einen Kurzbeitrag einbringen. An diesen Plenarsitzungen nahm auch der Papst (als Hörender) teil.
- Neben dieser Vollversammlung gab es die Treffen in verschiedenen Sprachgruppen (den sogenannten *Circoli minori*), die ein intensiveres Arbeiten und den engen Austausch untereinander ermöglicht haben. Dort wurden u. a. Veränderungsvorschläge und Eingaben erstellt, die dann die Redaktionsgruppe in das Schlussdokument eingearbeitet hat. Dieses Schlussdokument weist einen ganz anderen Duktus und Inhalt als das Vorbereitungsdokument auf. Das war so gewollt; es ging nicht primär um ganz detaillierte Text- oder Wortarbeit, sondern um größere inhaltliche Akzente:

„Es ist wichtig zu klären, wie *Instrumentum laboris* und *Abschlussdokument* zueinander in Beziehung stehen. Ersteres ist als einheitlicher, zusammenfassender Bezugsrahmen während der zwei Jahre des Zuhörens entstanden; letzteres ist das Ergebnis der Unterscheidung, die stattgefunden hat, und vereint jene Themenschwerpunkte, die sich herauskristallisiert, und auf die sich die Synodenväter mit besonderer Intensität und Leidenschaft konzentriert haben. Wir erkennen daher die Verschiedenheit und Komplementarität dieser beiden Texte an."[4]

---

[4] XV. Bischofssynode, Abschlussdokument „Die Jugendlichen, der Glaube und die Berufsunterscheidung" vom 27. Oktober 2018. Übersetzung des Sekretariats der Deutschen Bischofskonferenz, Vatikanstadt 2018, Einleitung, hier: Nr. 3 [Kursivset-

Ebenso wie das *Instrumentum laboris* ist auch das Abschlussdokument in drei Teile gegliedert, wobei die Emmaus-Geschichte (Lk 24,13–35) einen spirituellen Rahmen vorgibt, da sie, so die Synodenväter zu ihrer diesbezüglichen Motivation, in dieser biblischen Geschichte

> „einen paradigmatischen Text erkannt [haben], der uns die kirchliche Sendung in Bezug auf die junge Generation verstehen lässt. Diese Stelle bringt gut zum Ausdruck, was wir während der Synode erlebt haben und was jede unserer Teilkirchen in ihrem Verhältnis zu jungen Menschen erfahren sollte. […] Der erste Teil mit dem Titel ‚Und er ging mit ihnen' (*Lk* 24,15) soll aufzeigen, was die Synodenväter von dem Lebensumfeld, in dem junge Menschen sich bewegen, *wahrgenommen* haben, und dessen Stärken und Herausforderungen herauskristallisieren. Der zweite Teil ‚Da wurden ihre Augen aufgetan' (*Lk* 24,31), ist *als Interpretation* zu verstehen und zeigt einige Punkte auf, anhand derer sich das Synodenthema erschließen lässt. Der dritte Teil mit dem Titel ‚Noch in derselben Stunde brachen sie auf' (*Lk* 24,33) enthält *Wahlmöglichkeiten* für eine spirituelle, pastorale und missionarische Umkehr." (Abdok, Vorwort, Nr. 4) [Kursivsetzung im Original]

Den Dreischritt, der sich hier bereits andeutet, werde ich gleich im zweiten Abschnitt etwas näher betrachten.

Die deutschsprachige Gruppe, zu der neben den o. g. Personen auch der Wiener Kardinal Christoph Schönborn sowie der Wiener Weihbischof Stephan Turnovszky als Österreichischer Jugendbischof, dessen Schweizer Kollege Alain de Raemy, der Schweizer Kurienkardinal Kurt Koch und der Bischof von Pilsen (Tschechien), Tomas Holub, gehörten, war zahlenmäßig die kleinste, was aber dazu beigetragen hat, dass die Kommunikation oft sehr dicht war. Alles andere als unbedeutend waren übrigens auch die vielen Begegnungen und Gespräche am Rande, v. a. während der Pausen; hier haben sich Kontakte mit anderen Teilnehmenden aus aller Welt ergeben.

---

zung im Original]. – Aus dem Abschlussdokument der Synode wird gemäß der offiziellen deutschen Übersetzung zitiert, die online u. a. zugänglich ist: https://www.dbk.de/fileadmin/redaktion/diverse_downloads/presse_2018/Abschlussdokument-Jugendsynode-2018.pdf (Download: 8.1.2019). – Weitere Zitate aus diesem Text werden mittels der Sigle „Abdok" direkt im Haupttext belegt.

2 „Wahr-nehmen" – deuten – mit Entschiedenheit wählen: ein ignatianisch inspirierter Dreischritt als Arbeitsprinzip und Auftrag der Synode

Was aus der angedeuteten Grundstruktur des synodalen Prozesses schon deutlich wird: Von Beginn an hat der Papst zu einem – wie er das mittlerweile immer öfter nennt – „synodalen Stil" eingeladen, und er erklärte am Anfang der Zusammenkunft in Rom auch noch einmal dezidiert, was er damit meint: nicht nur, zu diskutieren oder miteinander zu sprechen, sei angesagt, sondern zunächst gehe es bei einem synodalen Stil darum, die Grundhaltung des Hörens neu einzuüben und zu kultivieren. Dabei will Papst Franziskus das Hören nicht als eine pädagogische, sondern als eine theologische Größe verstanden wissen: Hören in diesem Sinne meint, aus sich heraus und auf den anderen zuzugehen, in einer Offenheit, die nicht schon weiß, was für den anderen das Beste ist, und sich darin letztlich von Gott inspirieren zu lassen, davon, wie Gott selber mit den Menschen umgeht. Mich hat das an das schöne Büchlein „Gott umarmt uns durch die Wirklichkeit" von Willi Lambert erinnert – als Jesuit ein Ordensbruder von Papst Franziskus. Lambert schreibt dort an einer Stelle:

„In den Worten ‚ich bin bei dir', ‚ich bin dir nahe', ‚ich bin da' klingt der Urname Gottes […, das hebräische Tetragramm,] an[, das] ‚Ich werde als der ich bin bei dir sein' [bedeutet], oder wie Martin Buber übersetzt: ‚Ich bin, wo du bist!'. Sollte, wenn dies der Name Gottes ist, für ihn nicht gelten können, daß er uns umarmt? – Ignatius [von Loyola] jedenfalls sieht dies so und hat dies innerlich so erlebt. Bekannt ist zumeist die ignatianische Formulierung ‚Gott in allen Dingen suchen und finden'. Aber es findet sich bei Ignatius auch der Ausdruck, daß Gott uns umarmt. Dies mag überraschen, da uns normalerweise dieser Ausdruck nicht bekannt ist. Und doch kommt er vor, und zwar in der 15. Bemerkung im Exerzitienbuch […,] wenn man den Urtext genau übersetzt. In […] [dieser] Vorbemerkung wird dem Exerzitienbegleiter ans Herz gelegt und eingeschärft, daß er sich nicht ‚einmischen' solle in die Begegnung dessen, der die Exerzitien macht, mit seinem ‚Schöpfer und Herrn'. Er soll, soweit dies möglich ist, von außen her Begegnung erleichtern und Störungen mindern helfen. Im übrigen sei es viel besser, daß Gott selber die

‚ihm hingegebene Seele', den für ihn offenen Menschen ‚zur Liebe hin/in Liebe umarme'. [...] Gott umarmt uns"⁵.

Und tatsächlich: In der Bibel wird, wie Lambert zeigt, einige Male das urmenschliche Geschehen der Umarmung herangezogen, um zu schildern, wie Gott dem Menschen begegnet (vgl. z. B. in der Geschichte vom barmherzigen Vater die berühmte Stelle Lk 15,20: „Der Vater sah ihn schon von Weitem kommen und er hatte Mitleid mit ihm. Er lief dem Sohn entgegen, fiel ihm um den Hals und küsste ihn."). Diese umarmende Liebe offenbart sich letztgültig in Jesus von Nazareth – so sehr, dass er noch im Tod am Kreuz alle Geschöpfe umarmt (vgl. Joh 12,32: „Und ich, wenn ich über die Erde erhöht bin, werde alle zu mir ziehen."). Und sie lädt die Menschen ein, ihrerseits Gott zu umarmen und über die ganze Wirklichkeit mit ihm „in Tuchfühlung" zu kommen.⁶ – Damit ist die Spur vorgezeichnet, in der Nachfolge Jesu sich zu ereignen hat: Gott umarmt uns durch die Wirklichkeit, und wir umarmen ihn, wenn wir die Wirklichkeit tatsächlich „wahr-zunehmen" suchen.

Ich meine, man kann die Grundanlage der Synode so verstehen, dass sie der Papst – u. a. angeleitet durch seine eigene ignatianische Ordensspiritualität – von dieser Grundeinstellung zur Wirklichkeit her konzipiert hat. Daraus ergab sich schließlich folgender Ablauf:

1. Woche: Hören meint „Wahr-nehmen" der Wirklichkeit. Es ging hier um mehr als ein bloßes Sehen, sondern ein echtes „Wahr-nehmen", das nicht urteilt, sondern die Dinge zunächst einmal in möglichst allen ihren Dimensionen aufscheinen lässt. In der ignatianischen Tradition der Unterscheidung der Geister ist in diesem Zusammenhang auch von der Indifferenz die Rede, mit der Menschen der Wirklichkeit begegnen sollen; und das ist eben alles andere als Interesselosigkeit! Nach diesem Verständnis braucht die geistlich geprägte Unterscheidung „Verfügbarkeit" und eben die „Indifferenz": die Bereitschaft, einer Sendung zu folgen, aber v. a. das dafür unabdingbare Freisein von allen persönlichen Prioritätensetzungen, wenn es darum geht, sich auf die Mittel zur Erreichung des Zieles festzulegen. Diese Mittel müssen sozusagen durch

---

⁵ W. Lambert, Gott umarmt uns durch die Wirklichkeit, Mainz 1998, 10.
⁶ Vgl. ebd., 13f.

das Erspüren dessen, was wirklich erforderlich ist, nach und nach erkannt werden.[7]
2. *Woche*: Im zweiten Schritt folgte die Deutung des Wahrgenommenen im Licht des Glaubens und des Evangeliums. Auch hier ist noch zu vermeiden, vorschnell ein Urteil zu fällen oder eine Handlungsoption zu formulieren.
3. *Woche*: Der dritte Schritt bestand darin, mit Entschiedenheit zu wählen, was sich als dem Geist gemäß gezeigt hatte, also auf der Synode: schließlich gemeinsam ein Abschlussdokument zu formulieren, das eine möglichst große Mehrheit der Teilnehmenden gut mittragen konnte.

Ziel dieses Dreischritts im ignatianischen Geist war es, die unterschiedlichen Aspekte möglichst genau zu differenzieren, die für den einzuschlagenden Weg eine Rolle spielen, und auf diese Weise – um jetzt konkret zu sprechen – eine (Jugend-)Pastoral zu entwickeln, die *erstens* vom Leben der Menschen und den vielfältigen Orten der Gottes-Präsenz im menschlichen Leben her ihren Ausgang nimmt und die *zweitens* aufgrund der angedeuteten Prozesse letztlich in ihren Grundzügen von den verschiedenen Beteiligten mitgetragen werden kann. Ein solcher Weg beginnt nicht damit, dass bereits am Start das Ergebnis feststeht und letztlich nur angenommen werden muss. Synodale Prozesse haben es vielmehr an sich, dass Überraschungen des Geistes nicht gezielt ausgeschlossen werden ...

Aus dieser Grundhaltung heraus haben wir – wie die anderen Synodenteilnehmenden auch – in unserer Arbeitsgruppe des deutschen Sprachgebiets Vorschläge dazu formuliert, wie das Schlussdokument neue oder veränderte Akzente gegenüber dem Arbeits-Instrument setzen könnte. – Gerade die Gespräche in unserer deutschsprachigen Gruppe haben im Übrigen dazu geführt, dass uns das Thema „Sexueller Missbrauch an Kindern und Jugendlichen" sehr bewegt hat, und es war uns gemeinsam ein großes Anliegen, ihm einen entsprechenden Platz im Dokument zu geben, wenn möglich schon im Vorwort.[8] Das Thema ist dann – wenn auch nicht mit dem

---

[7] Vgl. dazu u. a. P. Arrupe, Die geistliche Unterscheidung, in: H. Zwiefelhofer (Hg.), Im Dienst des Evangeliums. Ausgewählte Schriften von P. Pedro Arrupe SJ, Generaloberer der Gesellschaft Jesu (1965–1983), München 1987, 186–192.
[8] Vgl. v. a. die Relatio III der deutschen Sprachgruppe, in: https://www.dbk.de/

von uns erhofften Nachdruck – aufgenommen worden, jedoch an weniger prominenter Stelle (vgl. Abdok, Nr. 29f.).

Als dann am letzten Tag Ziffer für Ziffer abgestimmt wurde, galt es also einen Text herauszubilden, in dem die Impulse aus ganz unterschiedlichen Kulturkreisen und Ortskirchen ihren Platz finden konnten. Es konnte auch nur mit Ja oder Nein gestimmt werden, weitere Differenzierungen waren durch die Art der Abstimmung nicht möglich! So spiegelt das Abschlussdokument sicherlich zu einem guten Teil Erfahrungen wider, die wir und ich ganz persönlich während der Beratungen vielfach gemacht haben. Da wurde konkret, was ein so oft gebrauchter Begriff wie „Weltkirche" bedeutet. Die große Aufgabe besteht in Kontexten wie der Formulierung eines solchen Schlussdokuments – so banal sich das vielleicht anhören mag – zunächst einmal darin, sich immer wieder des Gemeinsamen zu versichern, um dann auch Unterschiede nüchtern wahrzunehmen, die manchmal als bereichernd, manchmal zunächst als eher sperrig eingeordnet werden. Grundsätzlich lässt sich festhalten:

(a) Wenn es um die Lebenswirklichkeiten junger Menschen und deren Deutung aus dem Glauben heraus geht, teilen wir kultur- und gesellschaftsübergreifend manche Herausforderungen. Erfahrungen wie die einer doktrinär gestalteten Glaubenskommunikation, die als einengend und wenig lebensdienlich empfunden wird, Erfahrungen langweiliger Gottesdienste und einer Liturgiesprache, die nicht verstanden wird, sowie vom Alltag (weit) entfernter Predigten scheinen ein globales Phänomen zu sein. Zudem ist die Pfarrei für viele junge Menschen oft nicht mehr der zentrale Ort ihrer kirchlichen Beheimatung.

(b) Aber natürlich: Unterschiedliche Kulturen gehen mit einzelnen Themen auch sehr unterschiedlich um. Das zeigt sich vor allen Dingen hinsichtlich der Rolle der Frau; der Sorge, dass eine synodale Kirche zu einer falschen Demokratisierung führt; im Blick auf Themen wie Homosexualität. Besonders afrikanische Bischöfe haben angesichts der Diskussionen solcher und ähnlicher Punkte etwa darauf hingewiesen, die Synode sei zu westlich bestimmt gewesen.

---

fileadmin/redaktion/diverse_downloads/dossiers_2018/2018-10-20_Bischofs synode-Jugend-Relatio3-Deutsche-Sprachgruppe.pdf (Download: 8.1.2019).

(c) Was vor diesem Hintergrund ebenso als permanente Aufgabe *aller* offenkundig geworden ist: Die Versuchung bleibt, sich manchmal allzu sehr von binnenkirchlich relevanten Fragestellungen gefangen nehmen zu lassen. Hier haben nicht zuletzt Zeugnisse von Bischöfen wie Jugendlichen aufgerüttelt, die von Repressalien und Bedrohung von Leib und Leben aufgrund des Glaubens oder von den selbst erlittenen bzw. in ihren Gesellschaften extrem spürbaren Folgen globaler Flucht- und Migrationsbewegungen berichtet haben.

Wie aber lassen sich die Anfragen und Empfehlungen der Synode von Bischofskonferenzen, auf Bistums- wie auch Pfarreiebene oder in den jungen geistlichen Gemeinschaften und Jugendverbänden angehen? Oder welche ganz anderen oder neuen Orte für und von Jugendpastoral und -arbeit gilt es, in den Fokus zu nehmen?

3 „Noch in derselben Stunde brachen sie auf": Prägnante Themen und zentrale Herausforderungen des Abschlussdokuments für die Kirche in der Welt von heute – nicht nur im Blick auf die jüngeren Menschen

Wie schon erwähnt, versucht der dritte Teil des Abschlussdokuments schon von seinem Titel her eine Dynamik aufzunehmen, wie sie das Lukasevangelium am Ende der Emmaus-Perikope den beiden Jüngern zuerkennt, die mit Jesus auf dem Weg waren und ihn beim Brotbrechen erkannt hatten. In Jerusalem kommen sie ja dann mit den übrigen Jüngerinnen und Jüngern zusammen und überlegen, wie es weitergehen kann. In diesem Sinne muss es also jetzt für alle, die bei der Synode waren bzw. ihre Dynamik weitertragen wollen, darum gehen, miteinander deren Impulse möglichst konkret umzusetzen. Und das Abschlussdokument weiß durchaus um die damit verbundenen Herausforderungen. Ich zitiere nur ein paar wenige entsprechende Aussagen:

> „Die Synode ist sich bewusst, dass eine erhebliche Zahl junger Menschen aus den unterschiedlichsten Gründen nichts von der Kirche erwarten, weil sie finden, dass sie für ihr Leben keine Bedeutung hat. Einige fordern sogar ausdrücklich, in Frieden gelassen zu werden, weil sie ihre Präsenz als lästig und sogar irritierend empfinden." (Abdok, Nr. 53)

„Eine der größten Erwartungen junger Menschen ist insbesondere der Wunsch, die Kirche möge einen weniger paternalistischen und offeneren Dialogstil pflegen." (Abdok, Nr. 57)
„Junge Menschen dürfen nicht mit Minimalvorschlägen getäuscht oder mit einem Regelapparat erstickt werden, da dies ein zu kurz gegriffenes oder moralistisches Bild des Christentums aufzeigen würde; wir sind vielmehr aufgerufen, in ihren Wagemut zu investieren und sie dazu zu erziehen, Verantwortung zu übernehmen – in der Gewissheit, dass das Fehlermachen, das Scheitern und auch Krisen Erfahrungen sind, die ihr Menschsein stärken können." (Abdok, Nr. 70)
„Alle Jugendlichen sind ohne Ausnahme in Gottes Herz und somit auch im Herzen der Kirche. Wir erkennen jedoch unumwunden an, dass diese Aussage zwar von unseren Lippen erklingt, aber nicht immer wirklich in unserem pastoralen Handeln zum Ausdruck kommt." (Abdok, Nr. 117)

Und – um einen aus meiner Sicht zeitdiagnostisch besonders wichtigen Punkt herauszugreifen: Das Dokument erkennt dabei im Blick auf die Lebenswelten u. a. auch die Digitalisierung als Mega-Trend an:

„Digitale Möglichkeiten prägen die heutige Welt. Für breite Schichten der Menschheit ist es normal, ständig in die digitale Welt abzutauchen. Hier geht es nicht mehr nur darum, Kommunikationsmittel zu ‚nutzen', sondern man lebt in einer durch und durch digitalisierten Kultur, die sich stark auf die Vorstellung von Zeit und Raum auswirkt sowie auf die Wahrnehmung von sich selbst, von anderen und der Welt, auf die Art zu kommunizieren, zu lernen, sich zu informieren und Beziehungen zu anderen zu knüpfen." (Abdok, Nr. 21)

Eine solche Lage erfordert nun aber spiegelbildlich dazu *bestimmte Formen und Haltungen für die Lebensbegleitung*:

„Begleitung darf sich nicht auf den Weg des spirituellen Wachstums und Praktiken aus dem christlichen Leben beschränken. Ebenso fruchtbringend ist auch die Begleitung auf dem Weg zu immer mehr Übernahme von Verantwortung in der Gesellschaft, zum Beispiel im beruflichen Bereich oder durch gesellschaftspolitisches Engagement. In diesem Sinne empfiehlt die Synode, die Soziallehre der Kirche besser zur Geltung zu bringen." (Abdok, Nr. 94)

„Das Charisma der geistlichen Begleitung ist auch in der Überlieferung nicht zwangsläufig mit den ordinierten Priestern verbunden. Nie zuvor waren geistliche Leiter, Väter und Mütter mit tiefer Glaubenserfahrung und Menschlichkeit und nicht nur intellektueller Vorbildung so nötig wie heute. Die Synode wünscht sich, dass in diesem Bereich auch der große kraftvolle Quell des geweihten Lebens und insbesondere der geweihten Frauen und der gut ausgebildeten Laien, Erwachsenen und Jugendlichen wiederentdeckt werden möge." (Abdok, Nr. 97)

„Ein guter Begleiter ist ein ausgeglichener Mensch, der zuhört, glaubt und betet, der sich an seinen eigenen Versuchungen und Schwächen gemessen hat. Aus diesem Grund weiß er, wie er die jungen Menschen, die er begleitet, annehmen muss, ohne zu moralisieren und falsche Nachsicht zu üben. Notfalls kann er auch ein brüderlich mahnendes Wort sprechen." (Abdok, Nr. 102)

Solche Begleitung zielt dementsprechend ganz darauf ab, zu einem reifen Gewissen zu verhelfen, um schließlich dem/der anderen die Entscheidung über den zukünftigen Weg mit Gott getrost überlassen zu können.

Was sich hier im Blick auf Begleitung Einzelner abzeichnet, schlägt sich in den Grundideen der Synode für die gemeinschaftlichen Entscheidungsfindungen analog nieder. So wird es zukünftig immer wichtiger werden, klar herauszuarbeiten, was *Synodalität auf der jeweiligen Ebene* heißen kann, und wie entsprechende Arbeitsstrukturen und Prozesse mit Leben und Verbindlichkeit zu füllen sind. Dazu sei an dieser Stelle auch auf das jüngst von der Internationalen Theologischen Kommission vorgelegte Dokument „Die Synodalität in Leben und Sendung der Kirche" verwiesen, in dem u. a. hervorgehoben wird:

„Die Ekklesiologie des Volkes Gottes unterstreicht die gemeinsame Würde und den Auftrag aller Getauften in der Ausübung des vielfältigen und geordneten Reichtums ihrer Charismen, ihrer Berufungen, ihrer Ämter. Die Idee der Gemeinschaft drückt in diesem Zusammenhang das tiefste Wesen des Geheimnisses und des Auftrags der Kirche aus, die in der eucharistischen Versammlung ihre Quelle und ihren Höhepunkt hat. [...] Die Synodalität deutet in diesem ekklesiologischen Kontext den spezifischen *mo-*

dus vivendi et operandi der Kirche als Gottesvolk, das seine Existenz als Gemeinschaft und Weggemeinschaft manifestiert und konkretisiert, indem es in der Versammlung zusammenkommt und indem alle seine Mitglieder aktiv an seinem Auftrag der Evangelisierung teilnehmen."[9] Dementsprechend wurde auch schon im *Instrumentum laboris* der XV. Bischofssynode in Nr. 199 gefragt, wo und wie junge Menschen Protagonisten in unserer Kirche sein können; das Abschlussdokument betont diesbezüglich im Abschnitt über „Die missionarische Synodalität der Kirche" (dort in Nr. 119), dass die Erfahrung der Synode einer „mit jungen Christen gelebte[n] Mitverantwortung" für die Bischöfe ein „Quell tiefer Freude" sei:

> „Wir erkennen in dieser Erfahrung eine Frucht des Heiligen Geistes, der die Kirche ständig erneuert und sie dazu aufruft, Synodalität als Art des Seins und Handelns zu praktizieren und dabei die Teilhabe aller Getauften und Menschen guten Willens zu fördern, so wie ihr Alter, Lebensstand und ihre Berufung es zulassen. In dieser Synode haben wir erfahren, dass die Kollegialität, die die Bischöfe *cum Petro et sub Petro* in ihrer Sorge um das Volk Gottes vereint, sich durch praktizierte Synodalität auf allen Ebenen artikulieren und reicher werden muss." (Abdok, Nr. 119) [Kursivsetzung im Original]

Ich bin tatsächlich der Auffassung, dass viele unserer Einrichtungen, Institutionen und Strukturen der prophetischen Stimme junger Menschen bedürfen. Sie sollten dabei nicht nur gehört werden, sondern konkret in beratenden und entscheidungstragenden Gremien auf Ebene der Pfarrei, des Bistums und der Bischofskonferenz partizipieren können.

Vor diesem Hintergrund hat die Jugendsynode vor allem auch im Dialog *mit den Jugendlichen* erkannt, dass es in der Weggemeinschaft der Kirche um den jungen Menschen als Person in der Komplexität seiner Wirklichkeit gehen muss, auch deshalb, weil allein so die Gaben, die der Geist Gottes schenkt, entdeckt und fruchtbar gemacht

---

[9] Vgl. Internationale Theologische Kommission, Die Synodalität in Leben und Sendung der Kirche. Hg. vom Sekretariat der deutschen Bischofskonferenz (VApS 215), Bonn 2018, Nr. 6 [Kursivsetzung im Original].

werden können – für die einzelne Person wie für die Gemeinschaft. Deshalb ist es meines Erachtens auch eine zentrale Frage in der Umsetzung der Jugendsynode, ob es uns gelingen kann, die segmentierte Sicht auf die Jugendlichen zu verändern (die einen sehen nur die Firmbewerber, die anderen die Schülerinnen im Religionsunterricht, die dritten den/die Gruppenleiter[in] im Zeltlager, die vierten die Teilnehmenden der Jugendvesper …). Synodale Strukturen können dazu beitragen, zunächst dialogisch mit Jugendlichen und jungen Erwachsenen darüber ins Gespräch zu kommen, welche Fragen drängen, was sie sich selber wünschen und wie dies innerhalb ihrer Beziehungsnetzwerke so verwirklicht werden kann, dass sie ihre ureigene Berufung zum Mensch- und Christsein entdecken und erfahren. Das wird dann hoffentlich auch Orte der ermutigenden wie prophetisch-kritischen „Theo-logie – Gott-Rede" und „Gottes-Praxis" schaffen bzw. zu entdecken helfen, an denen junge Menschen mit anderen neu und kraftvoll Kirche sind, die die Welt im Geist des Evangeliums ernst nimmt! Und diese Grundausrichtung im Geist des Konzils sollte die ganze Kirche und ihre Pastoral zunehmend prägen, wie auch Bischof Felix Genn in seinem Erfahrungsbericht zur Jugendsynode schreibt:

„Wir machen nicht eine Pastoral für Jugendliche, sondern mit ihnen. Das ist in der Tiefe bedacht ein neuer Weg, der auch unsere Pastoral auf einen Prüfstand setzt, weil er nämlich das gemeinsame Hören voraussetzt, um gemeinsam zu finden, was der Geist jeweils für eine bestimmte Situation sagt."[10]

Das Gespräch in den jeweiligen Zusammenhängen darüber, was das für die Beteiligten genau heißt, ist natürlich dann vor Ort zu führen. Ich nenne nur exemplarisch ein Beispiel aus unserem Bistum: Dort haben wir ca. 1 000 Jugendliche über Workshops und moderne Kommunikationsmittel daran beteiligt, die Kapelle in einer unserer großen Jugendbildungsstätten umzugestalten, als die notwendige Renovierung anstand. Die jungen Menschen haben sich mit großem Ernst und Sorgfalt eingebracht. Es war spürbar, wie sehr ihnen daran gelegen ist, ihre Lebenswelt und die Feier des Glaubens in der Liturgie miteinander in eine fruchtbare Begegnung zu bringen. – Ich möchte

---

[10] F. Genn, in: Bistumszeitung Kirche+Leben, Nr. 45 vom 11. November 2018, 12.

diese Überlegung noch weiterführen: Wie können wir zudem allen marginalisierten jungen Menschen eine Stimme in unserer Kirche geben, nicht zuletzt auch denen, die Opfer von sexuellem Missbrauch und sexualisierter Gewalt in unserer Kirche wurden? Das geht nur, wenn wir unsere kirchlichen Strukturen, unsere Arbeits- und Verfahrensweisen, ja unsere Sprache insgesamt ganz von diesen Schwachen her neu denken. Sie geben das „Wie" unseres Handelns vor, wenn wir wirklich an ihrer Seite stehen wollen. Wir haben den Auftrag, Anwalt der „Weggeworfenen" zu sein.[11]

Und von hier aus noch zu einem letzten Punkt: Schon das *Instrumentum laboris* hatte in den Fokus gerückt, dass es darum geht, gerade die *Lebensorte und -räume als theologiegenerativ zu entdecken*, an denen benachteiligte junge Menschen leben. In den Nummern 41 bis 50 wurde dargelegt, dass auf die „jungen Opfer von Ungerechtigkeit und Ausbeutung" (Nr. 42) besonders zu achten ist. Im Abschlussdokument heißt es dementsprechend in Nr. 137:

> „Junge Menschen können helfen, den Stil der Pfarreien zu erneuern und eine brüderliche Gemeinschaft aufzubauen, die den Armen nahe ist. Arme, ausgegrenzte junge Menschen, diejenigen, die am meisten leiden, können zum Beginn für die Erneuerung der Gemeinschaft werden. Sie müssen als Empfänger der Evangelisierung erkannt werden, und sie helfen uns dabei, uns von der spirituellen Weltlichkeit zu befreien. Junge Menschen sind oft empfänglich für die Dimension der *Diakonie*. Viele engagieren sich aktiv ehrenamtlich und finden in ihrem Dienst den Weg zur Begegnung mit dem Herrn. Die Hingabe gegenüber den Geringsten wird so real zu einer Glaubenspraxis, in der man jene ‚verlustreiche' Liebe erfährt, die im Mittelpunkt des Evangeliums steht und die die Grundlage allen christlichen Lebens bildet. Die Armen, die Kleinen, die Kranken und alte Menschen sind das Fleisch des leidenden Christus: Aus diesem Grund ist dieses ‚Sich in den Dienst stellen' eine Möglichkeit, dem Herrn zu begegnen, und ein privilegierter Raum für die Erkenntnis des eigenen Rufs. Besondere Offenheit ist in verschiedenen Bereichen gegenüber Migranten und Flüchtlingen gefordert. Bei ihnen müssen wir Aufnahme, Schutz, Förderung und Integration praktizieren. Die Einbeziehung der Ar-

---

[11] Vgl. auch Abdok, Nr. 44.

men in die Gesellschaft macht die Kirche zum Haus der Liebe."
(Abdok, Nr. 137) [Kursivsetzung im Original]

Tatsächlich sind auch hier in Deutschland junge Menschen von kulturellen und sozialen Ressourcen aus physischen, psychischen oder familiären Gründen sowie gerade auch aufgrund ihres Migrationshintergrundes ausgeschlossen. In den kirchlichen Einrichtungen der Offenen Kinder- und Jugendarbeit und der Jugendsozialarbeit versuchen wir uns an ihre Seite zu stellen. Ein Beispiel hierfür, mit dem wir uns in der Jugendkommission der Bischofskonferenz schon direkt beschäftigt haben und das mich sehr beeindruckt hat, ist die Institution „Manege" in Berlin, die an sieben Tagen in der Woche und 24 Stunden am Tag Jugendlichen in einem weitgehend durch Areligiosität geprägten sozialen Brennpunkt Heimat, Schulbildung und soziale Teilhabe ermöglicht. Die Mitarbeiterinnen und Mitarbeiter gehen auch konkret hinaus an die Türen junger Menschen, klopfen an und laden sie in die Manege ein. Ihr Leitwort lautet allen jungen Menschen gegenüber: „Schön, dass du da bist". Wir müssen unsere Bemühungen weiter intensivieren, um benachteiligte junge Menschen authentisch willkommen zu heißen und ihnen eine Manege zu bieten: einen Raum, in dem sie auftreten und ihr Potenzial zur Blüte bringen können. Das verstehe ich unter einem gelungenen Beispiel für die aktive Mitwirkung an der Pluralisierung pastoraler Orte. Berufungsbegleitung ist hier zuerst eine Begleitung ins Leben. Weitere Beispiele fallen uns vielleicht gleich noch gemeinsam ein, die ermutigen und bestärken können, sich von Gott durch die Wirklichkeit umarmen zu lassen und ihn mit anderen in der Wirklichkeit zu umarmen!

Wachstum trotz schwieriger Zeiten
Was wir von der US-amerikanischen *Church of the Nativity* lernen können

Florian Mittl

1 Prolegomena: Lernt von den Kindern der Welt

In einem 2011 gehaltenen Ted-Talk erklärte der britisch-amerikanische Autor und Unternehmensberater Simon Sinek, was besonders inspirierende Personen und Organisationen ausmacht.[1] Neben historischen Persönlichkeiten wie Martin Luther King oder den Wright Brothers widmete er sich auch dem amerikanischen Technologiekonzern Apple. Apple habe nicht nur innovative Produkte, sondern auch eine innovative Werbestrategie, die Sinek als den „Golden Circle" bezeichnet. Gewöhnliche Werbung lautet ungefähr so:

> „We make great computers. They are beautifully designed, simple to use and user-friendly. Wanna buy one?"

Nicht sonderlich inspirierend, denn nach Sinek kaufen Menschen nicht, was man macht, sondern, *warum* man etwas macht. Apples Werbestrategie lautet daher:

> „Everything we do, we believe in challenging the status quo. We believe in thinking differently. The way we challenge the status quo is by making our products beautifully designed, simple to use and user-friendly. We just happen to make great computers. Wanna buy one?"

Der *Golden Circle* geht vom *Why* (challenging the status quo, thinking differently) über das *How* (products that are beautifully designed, simple to use and user-friendly) hin zum *What* (great computers). Das Warum steht vor dem Wie und dem Was. Apple verkauft

---

[1] Vgl. S. Sinek, How Great Leaders Inspire Action, in: https://www.youtube.com/watch?v=qp0HIF3SfI4 (Download: 29.9.2019).

überaus erfolgreich einen Lebensstil, die Produktpalette reicht vom Computer über Smartphones hin zu Musikplattformen. Was hat dies jedoch mit der Katholischen Kirche zu tun? Sollte diese nicht eigentlich ein Gegengewicht zum schnelllebigen, verschwendenden und oftmals ausbeuterischen Markt darstellen? Absolut. Allerdings ist es durchaus angebracht, sich Ideen und Inspiration aus verschiedensten Bereichen zu holen, und auch Jesus empfiehlt, von den „Kindern der Welt" zu lernen (vgl. Lk 16,8). Ähnlich wie im Gleichnis vom klugen Verwalter geht es auch bei der Kirche darum, die vorhandenen Ressourcen klug einzusetzen. Eine solche Ressource ist die „profane" Organisationsentwicklung, die auch für den Organisationsanteil der Kirche nützlich sein kann. Und sicher ist, dass sich die Kirche selbst auf dem Markt befindet: Der Sonntagsgottesdienst konkurriert mit Sportveranstaltungen, Ausschlafen, Wandern, Brunch etc. All diese Alternativen zum Gottesdienst sind in sich gut, und es soll an dieser Stelle in keinster Weise darum gehen, sie schlecht zu machen. Wenn man jedoch ernst nimmt, dass die Eucharistie nach der Dogmatischen Konstitution des Zweiten Vatikanischen Konzils (1962–1965) über die Kirche, *Lumen gentium* (LG), „Quelle und Höhepunkt des ganzen christlichen Lebens" (LG 11) bedeutet, muss man sich Gedanken machen, warum die Anziehungskraft dieses so grundlegenden Ereignisses so stark verloren gegangen ist. Und dann wird man sich vielleicht eingestehen, dass man das Warum insgesamt stark vernachlässigt hat.

2 Die *Church of the Nativity* in Baltimore, Maryland

Das nationale Datengenerierungsprogramm ALLBUS (Allgemeine Bevölkerungsumfrage der Sozialwissenschaften) gibt den regelmäßigen Besuch des Sonntagsgottesdienstes in Deutschland mit 3,5 Prozent für Mitglieder der Evangelischen und 10,9 Prozent für Mitglieder der Katholischen Kirche an.[2] Laut einer Studie des Forschungszentrums Generationenverträge (FZG) der Universität Freiburg wird der Anteil der katholischen und evangelischen Kirchenmitglieder an der

---

[2] Vgl. Forschungsgruppe Weltanschauungen in Deutschland (fowid), Kirchganghäufigkeit in Deutschland 1980–2016, in: https://fowid.de/meldung/kirchganghaeufigkeit-deutschland-1980-2016 (Download: 22.9.2019).

Bevölkerung in Deutschland bis 2060 von derzeit 54 Prozent auf 29 Prozent sinken.³ Man kann sich natürlich fragen, wie verlässlich eine Prognose für einen so langen Zeitraum ist. Allerdings ist das Schrumpfen der großen Kirchen auch ohne Statistiken Sonntag für Sonntag deutlich spürbar, und viele Bistümer und Diözesen im deutschsprachigen Raum machen sich daher schon länger Gedanken zur „Pfarre neu" und haben bereits einen umfassenden Reformprozess eingeleitet oder stehen kurz davor. Interessant ist dabei die sich langsam durchsetzende Erkenntnis, bis jetzt den Großteil der Ressourcen und Aufmerksamkeit für die tatsächlich regelmäßig anwesenden Gemeindemitglieder investiert zu haben, nicht jedoch für die 90 bis 95 Prozent der Selten- oder Niekommer. Erik Flügge konstatiert nüchtern:

> „Wie lange kann eine Organisation überleben, wenn die meisten Mitglieder, die sie finanziell tragen, keinerlei Nutzen in ihrer Tätigkeit mehr erkennen? So eine Organisation würde Mitglieder verlieren, wahrscheinlich sogar sehr viele Mitglieder. Egal, wie groß ihre Bindungskraft früher gewesen sein mag, wenn eine Organisation heute nichts mehr zum Leben beiträgt, dann wird man sie verlassen. Solch eine Organisation ist die Kirche. Die Leute verlassen sie."⁴

Es scheint also angebracht, die Perspektive zu wechseln und Kirche zuallererst von den Menschen her zu denken, denen das kirchliche Angebot offensichtlich nichts bedeutet. Was muss passieren, damit Kirchenferne, die sich einmal z. B. anlässlich einer Taufe, eines Begräbnisses oder einer angenommenen Einladung in den Gottesdienst „verirren", auch über diese punktuellen Begegnungen hinaus an die Gemeinde andocken können?

Die *Church of the Nativity* hat vor ungefähr 20 Jahren begonnen, einen innovativen und erfolgreichen Weg zu beschreiten, der auch hierzulande bereits Früchte bringt.⁵ Dank des konsequenten Per-

---

³ Vgl. Zeit online, Kirchen verlieren bis 2060 fast die Hälfte ihrer Mitglieder, in: https://www.zeit.de/gesellschaft/zeitgeschehen/2019-05/christentum-kirche-mitglieder-verlust-kirchenaustritt-taufe (Download: 27.9.2019).
⁴ E. Flügge, D. Holte, Eine Kirche für viele statt heiligem Rest, Freiburg i. Br. 2018, 10.
⁵ Das gilt vor allem aufgrund der Initiative des von Dr. Georg Plank gegründeten Unternehmens Pastoralinnovation (www.pastoralinnovation.at). Der langjährigen Partnerschaft zwischen Pastoralinnovation und der *Church of the Nativity*

spektivenwechsels auf kirchenferne Menschen[6] und der Bereitschaft, von den „Kindern der Welt" zu lernen (z. B. was Qualität in allen Bereichen betrifft), ist es *Nativity* gelungen, die Zahl der Gottesdienstbesucher zu verdreifachen, sodass sogar die Erweiterung des Sakralraumes nötig geworden ist – ein Phänomen, das es im deutschsprachigen Raum zuletzt in den Jahren direkt nach dem Zweiten Vatikanischen Konzil gegeben hat. Rund 4 200 Menschen tummeln sich jeden Sonntag in der Pfarre, über 1 500 Ehrenamtliche engagieren sich zumindest einmal im Monat, über 1 200 Menschen treffen sich wöchentlich in sogenannten *Small Groups*, um sich über ihr Leben und ihren Glauben auszutauschen. Bekanntlich gehört ja laut Martin Buber Erfolg nicht zu den Namen Gottes, aber diese Zahlen machen nachdenklich. Denn hinter jeder „Ziffer" steht eine Person, die berührt worden ist und aus der Anbindung an die Pfarre einen Mehrwert für das persönliche Leben bekommt. Pfarrmitglieder berichten, wie bereichernd die *Frohe* Botschaft in ihrem Leben geworden ist: Angespannte Beziehungen sind liebevoller geworden, Orientierungslosigkeit, bloßes Funktionieren im Alltag oder eine gewisse Leere sind einer neuen Sinnstiftung gewichen, lange Trauerphasen konnten überwunden werden und eine ichbezogene Lebensweise hat sich zu gemeinwohlorientiertem Engagement entwickelt.[7]

---

verdankt der Autor auch einen elfmonatigen Forschungsaufenthalt 2017/18 in *Nativity*.

[6] „We stopped making it all about the people already in the pews and started making it all about the people who aren't here. This was not an easy change to make. Some of our parishioners passionately resisted this approach and fought us every step of the way, before they eventually got on board. Some others left in search of churches where it can be all about them (which are easy to find). We stuck to our resolve anyway. It was a huge hassle, but eventually many hearts were changed" (M. White, T. Corcoran, Tools for Rebuilding. 75 Really, Really Practical Ways to Make Your Parish Better, Indiana 2013, 90).

[7] In der Religionswissenschaft spricht man von Bindungskräften/Gratifikationen. Es handelt sich dabei „um jene ‚wohltuenden', tröstenden oder auch verändernden Erfahrungen […,] die für das eigene Leben hilfreich sind. Das ist kein Konzept der ‚Vernützlichung' der Religion, sondern fragt eher nach der ‚Stimmigkeit', dem ‚Einklang' zwischen Evangelium und Leben." (P. M. Zulehner, Neue Schläuche für jungen Wein. Unterwegs in eine neue Ära der Kirche, Ostfildern 2017, 22)

2.1 *Consumer Culture* und die Frage nach dem Warum

Allerdings ist auch in *Nativity* nicht immer alles rundgelaufen. Father Michael White und Pastoralassistent Tom Corcoran haben auch klein angefangen und waren wie so viele andere Pfarren auch in einem kräfteraubenden und nicht sonderlich produktiven Hamsterrad gefangen. Anstatt das System zu ändern, suchten sie kurzfristige Lösungen, bemühten sich, es allen recht zu machen, und konnten sich nicht dazu durchringen, nicht mehr funktionierende Aktivitäten und Programme zu beenden.

„For five years we invested vast measures of time and an ocean of energy in what were our very best ideas in our parish. And it was unsustainable. But that didn't really matter because it was also ineffective. We felt burned out and used up; we felt overworked and underappreciated; we felt sad and sorry for ourselves that all our efforts just weren't working. And then we felt embarrassed that we felt sad and sorry for ourselves."[8]

Die Veränderung begann mit einem Aha-Erlebnis, das das Fass der Frustration zum Überlaufen brachte. *Nativity* hatte einige Jahre lang „Family Friendly Fridays" organisiert. An sechs Freitagen in der Fastenzeit gab es eine Abendmesse mit anschließendem Gratisessen, Abendprogramm, Kinderbetreuung, *Guest Speaker* und Kreuzweg. Das Format war äußerst beliebt, allerdings war es extrem aufwendig, nicht nachhaltig und musste zusätzlich zum bereits anstrengenden „Tagesgeschäft" durchgeführt werden. Nach dem sechsten Abend standen die Mitwirkenden regelmäßig kurz vor dem Burnout. Als sich dann eine Dame auf sehr unhöfliche Weise über das (Gratis-)Essen beschwerte und schnell von anderen Personen darin unterstützt wurde, hatte Father White (der selbst auch servierte) genug und beschloss, dass etwas geschehen musste. Father White und Tom Corcoran wurden zwei Dinge klar:

- Erstens hat Kirche in vielen Fällen schlicht zu wenig zu bieten.

„On the Sundays following 9/11 or, more recently, Newtown [Schießerei in einer Volksschule], churches across the country

---

[8] M. White, T. Corcoran, Rebuilt. The Story of a Catholic Parish, Notre Dame 2013, 15.

were filled. But they emptied out again quickly, for the same reason they were empty to begin with. We're boring and bad; we're irrelevant in people's lives, and whenever we're given a chance, like a national tragedy or a major holiday, we just prove it all over again."[9]

- Zweitens war *Nativity* wie viele Pfarren in einer *Consumer Culture* gefangen. Menschen kamen, um Religion, Glaube, Spiritualität etc. zu „konsumieren", und das Team von *Nativity* sah es als seine Aufgabe, diese Bedürfnisse zu befriedigen.[10] Aber anstatt zu einer mündigen, um eine authentische Christusbeziehung bemühten Gemeinde zu führen, trugen alle Bemühungen nur dazu bei, die bereits vorhandene „Konsumentenmentalität" zu verstärken. Es waren kein Sinn, keine Zielgerichtetheit hinter all den Angeboten; die Menschen veränderten sich nicht, machten keine Fortschritte in ihrem (Glaubens-)Leben, und nach den einzelnen Veranstaltungen war stets alles genauso wie vorher. Kaum jemand konnte sich wirklich mit Kirche und Gemeinde identifizieren; die Sonntagspflicht war eine echte Pflicht; einzelne Gruppen verlangten Unterstützung für ihre jeweiligen Aktivitäten, hatten aber kein Interesse daran, eine gemeinsame Vision für die ganze Pfarre zu teilen und gemeinsam zu wachsen.

In dieser Krise begann Father White, explizit die Frage nach dem Warum zu stellen. Erst als er diese Frage beantworten konnte, begannen sich die Dinge in eine andere Richtung zu entwickeln. Ohne Warum driftet man ab und ist gezwungen, seine Energien rein in die Systemerhaltung zu investieren. Das Warum der Kirche als Ganze ist jedoch eindeutig: „Geht zu allen Völkern und macht alle Menschen zu meinen Jüngern." (Mt 28,19) Aber was genau sind Jünger(innen)? In erster Linie Schüler(innen) Christi. Keine Heiligen und keine Übermenschen und schon gar nicht das Klischee fundamentalistischer „Jesus Freaks". Sondern einfach Menschen, die immer wieder danach streben, ein wenig mehr so wie Jesus zu leben.

---

[9] White, Corcoran, Tools for Rebuilding (s. Anm. 6), 295.
[10] „The way we saw it, our parishioners were like consumers, and we were here to serve them. [...] The more we provided, the faster we had to run, just to stay in the same place – but the more we provided, the more was demanded." (White, Corcoran, Rebuilt [s. Anm. 8], 8f.)

Und der Auftrag Jesu ist klar: An die oft bemühten Ränder gehen. Jesus hat seine Gemeinschaft von Rand zu Rand aufgebaut, von Galiläa zur Mitte nach Jerusalem und wieder zurück. Und von dort aus in die ganze Welt. Ränder gibt es überall, und der konkrete Rand im Umfeld *Nativitys* ist ein Vorort Baltimores namens Timonium. Dort nimmt *Nativity* den Auftrag Jesu ernst und versucht „to be a church that people who don't like church like."[11] Oder mit Paul Zulehner gesprochen: „Wer in Gott eintaucht, taucht bei den Menschen auf."[12]

2.2 Fünf konkrete Wachstumsfaktoren

Der Fokus auf kirchenferne Menschen hat in *Nativity* sowohl zu einem quantitativen als auch qualitativen (Glaubensleben der Pfarrmitglieder) Wachstum geführt. Der Schlüssel liegt darin, zu vermitteln, dass das Evangelium auch für die Bedürfnisse moderner Menschen noch Relevanz hat. Im Folgenden werden fünf entscheidende Wachstumsfaktoren beschrieben.

2.2.1 *Irresistible environment*

Man muss spüren, dass die Pfarrmitglieder gerne kommen, dass sie authentisch sind, dass sie um einander und um Besucher bemüht sind. Also nicht die Religionskonsument(inn)en fördern, sondern Jünger(innen), die eine Beziehung zu Christus leben und pflegen und gerade dadurch attraktiv für andere werden. „Seht, wie sie einander lieben", schrieb Tertullian im zweiten Jahrhundert nach Christus. Das zieht, damals wie heute. Dafür ist es wichtig, zu wissen, wer im Pfarrgebiet wohnt. Der „Prototyp" des kirchenfernen Mannes in Timonium ist *Timonium Tim*, wie er liebevoll genannt wird.

> „Tim is a good guy. If you met Tim at a party, a likely place to run into him, you'd like him. […] Tim works hard all week and likes to take the weekends off. On Sunday mornings Tim is on the golf course or on game days at the Baltimore Raven's stadium. Wher-

---

[11] M. White, Vortrag LIVT-Erlebnistag-Tournee 2019.
[12] C. Mann, Bei den Menschen auftauchen. Paul M. Zulehner spricht bei Studientag für Pastorale Mitarbeiter, Pressemitteilung des Bistums Limburg vom 29.9.2017, in: https://bistumlimburg.de/beitrag/bei-den-menschen-auftauchen (Download: 3.10.2019).

ever he is, he's definitely not in church, he's never in church, except maybe for a wedding or a funeral. The idea doesn't even occur to him. [...] God, faith, church, religion, and The Da Vinci Code are all mixed together in Tim's imagination; and, taken as a whole, the mix is inscrutable. Maybe Tim has formed an attitude of indifference, but, more likely, it's cynicism or contempt."[13]

Timonium Tim wird in jeder Pfarre etwas anders aussehen, aber es ist wichtig, ihn/sie wahrzunehmen und konkret auf seine/ihre Bedürfnisse einzugehen und die Predigt etc. entsprechend abzustimmen. „Countless times, after people have come back to church, they've said to us, ‚I'm Timonium Tim.'"[14]

Bevor Timonium Tim in der Kirche sitzt, ist er schon drei, vier, fünf Mal freundlich begrüßt worden – von Parkplatzeinweisern, *Greeters*, *Hostteam*, *Staff Members*. Die Willkommensatmosphäre schließt auch die Räumlichkeiten ein (Sauberkeit, Hygiene, Ästhetik und Zweckmäßigkeit in allen Bereichen ist oberstes Gebot), und es muss klar sein, wohin man sich mit Fragen wenden kann.[15]

2.2.2 Prioritize the weekend experience

Viele Pfarren verausgaben sich in zu vielen verschiedenen Gruppen und Veranstaltungen unter der Woche und haben dann am Sonntag keine Energie mehr. Aber der Sonntag sollte den Pfarrmitgliedern Kraft für die Woche geben und den Besucher(inne)n Lust auf mehr machen. Überdies ist der Sonntag für die meisten Pfarren der Tag, an dem regelmäßig die meisten Menschen anwesend sind.

Der Begriff *leitourgia*, übersetzt mit „Dienst am Volke"/„Dienst des Volkes", wurde von den frühen Christinnen und Christen bewusst gewählt. Ursprünglich war damit der öffentliche Dienst gemeint, der al-

---

[13] White, Corcoran, Rebuilt (s. Anm. 8), 72–74.
[14] Ebd., 74.
[15] Father White beschreibt eine ihn prägende Erfahrung bei einem Besuch der *Fellowship Church* in Texas: „These people weren't merely pleasant or gracious; they were boiling over in their enthusiasm. I was so taken aback by their greeting that I exited a side door and circled back around, to try it again. Then I decided to try some of the other doors in this sprawling complex. The experience was consistent: They were mighty glad to see us." (White, Corcoran, Tools for Rebuilding [s. Anm. 6], 99f.)

les von Bildung über Unterhaltung, Kriegsdienst oder karitative Dienste für die Polis umfassen konnte. Engagement in diesen Bereichen wurde von den Bürgern verlangt. Die Übernahme gerade dieses Begriffes für den Gottesdienst unterstreicht den Anspruch von Kirche, Gesellschaft proaktiv und positiv mitgestalten zu wollen.

Ist die Sonntagsmesse jedoch langweilig, wird Timonium Tim daraus schlussfolgern, dass die Gemeinde langweilig ist und im schlimmsten Fall sogar, dass Gott langweilig ist und für ihn keine Bedeutung hat.

Neben einer dezidierten Willkommenskultur gehört zu einem gelungenen Sonntagserlebnis wesentlich die Musik. In *Nativity* musizieren nur Profimusiker(innen), die einen Mix aus aktueller Worship-Musik, gregorianischem Choral (Hochgebet) und klassischen Hymnen bieten. Diese Mischung hat sich nach vielen Experimenten als die für *Nativity* am besten geeignete und zugängliche erwiesen. „We like to say that music is the water on which the experience sails."[16] Wie in anderen Bereichen auch, geht es bei der Musik darum, im Sinne einer *Dynamic Orthodoxy* Tradition und Innovation zusammenzudenken. „We're not out to change the content and traditions of our faith but update the way it is expressed and shared so that it connects with our local community in our time and place."[17]

Von großer Bedeutung ist die Predigt, die in eine *Message Series* gepackt ist. Das heißt, dass die Evangelien von mehreren Sonntagen unter ein Hauptthema gestellt werden (z. B. *When God Doesn't Make Sense*; *Unwrapping Christmas*; *More Than Words*; *Defining Moments*; *No Offense*).[18] Ein eigenes *Message Team* hilft Father White bei der Vorbereitung und übernimmt die Messages für die *Small Groups*. Die Message/Predigt besteht stets aus einer perfekten Mischung aus Exegese, alltagsbezogenen Geschichten, konkreten Anwendungen und Humor.

Die Technologie dient nicht nur dazu, die Messen auch live und als Rebroadcast online zeigen zu können, sondern ist Teil der liturgischen Inszenierung. „Lighting is architecture", sagt Father White gerne. Alle Liedtexte und auch Gebete und Akklamationen werden

---

[16] White, Corcoran, Rebuilt (s. Anm. 8), 94.
[17] M. White, E. Ponton, Liturgy as Evangelization, in: http://www.praytellblog.com/index.php/2017/04/21/liturgy-rebuilt/ (Download: 12.2.2018).
[18] Nachzuhören in: http://www.churchnativity.com/messages/.

auf Screens projiziert, um einerseits Selten- und Niekommern das Gefühl zu geben, sofort dabei sein zu können, und um andererseits gerade beim Singen die Aufmerksamkeit besser fokussieren zu können. Die Videoregie unterstützt dabei, die einzelnen Messteile bewusster in ihrer Schönheit, Feierlichkeit und in ihrem Geheimnischarakter wahrzunehmen. Neben *Dynamic Orthodoxy* spricht man daher in *Nativity* auch oft von *Progressive Solemnity*.

Ein enorm wichtiger Bestandteil des Erfolges ist die *Children's* und *Youth Ministry*. Während des Wortgottesdienstes besuchen die Kinder ein auf ihr jeweiliges Alter abgestimmtes Programm, das vor allem eines macht: Spaß. Und ganz nebenbei das Evangelium nahebringt.

„If children and students enjoy coming to church, not only do their parents enjoy church more, but also they benefit from a much-needed service as well. A former colleague of ours, Carol, said it this way: ‚Do something for my kid, you do something for me.'"[19]

Jeden Sonntagnachmittag (High School) bzw. -abend (Middle School) nehmen jeweils durchschnittlich 180 Jugendliche an einem für sie designten Programm teil. Oft zusätzlich zur Messe, die sie gemeinsam mit ihren Eltern besucht haben.

Wenn Kinder positive Erfahrungen in der Kirche haben, wollen sie wiederkommen und „evangelisieren" somit ihre Eltern. Auch bei uns begrüßen viele kirchenferne Eltern, dass ihre Kinder am Religionsunterricht teilnehmen, die Sakramente empfangen und den Schulgottesdienst besuchen. Was kann also Besseres passieren, als dass Eltern von ihren Kindern „genötigt" werden, gemeinsam mit ihnen einen Ort aufzusuchen, an dem sie sich wiederholt wohl gefühlt haben?

2.2.3 Turn consumers into ministers and disciples

Wie jede größere Organisation in den USA, ob kirchlich oder nicht, hat *Nativity* ein *Mission Statement*: *Love God, love others, make disciples*. Diese für unsere Ohren ungewohnte Praxis entspricht dem

---

[19] White, Corcoran, Tools for Rebuilding (s. Anm. 6), 176.

How im *Golden Circle* und fasst in diesem Fall eigentlich nur zwei wesentliche Botschaften des Neuen Testaments zusammen: das Doppelgebot der Gottes- und Nächstenliebe in Mt 22,37–40 sowie den Sendungsauftrag in Mt 28,19f. Jünger(in) sein bedeutet, sich aktiv einzubringen, sich nicht nur berieseln zu lassen, sondern Jesus in die Mitte zu stellen und sich als Teil des Leibes Christi zu sehen und zu wachsen. Gemäß der Teilhabe am dreifachen Amt Christi (König – Priester – Prophet) aller Getauften ist es wünschenswert, dass sich die Pfarrmitglieder eingeladen fühlen, mitzuwirken. Der Pfarrer muss nicht alles managen, nicht bei allen Sitzungen etc. dabei sein, sondern sich auf seine eigentlichen Aufgaben konzentrieren können. „My job is to lead and to feed"[20], sagt Father White und kümmert sich daher in erster Linie um die Spendung der Sakramente und die Predigt. Unter Leitung versteht er, seinen Mitarbeitern im Rahmen einer gabenorientierten Mitarbeiterschaft möglichst viel Raum, Verantwortung und Autorität zu geben. Anstellungskriterien für haupt- und ehrenamtliche Mitarbeiter sind „good character"[21], spezifische Fähigkeiten für spezifische Bereiche, Lernbereitschaft und vor allem Identifikationsfähigkeit. Das Team der Vollzeitangestellten ist von fünf auf 21 gewachsen, plus einige Teilzeitangestellte und *Contractors*. Sehr viele der bei *Nativity* Engagierten haben eine Karriere in der Wirtschaft oder im Rechtswesen verlassen, weil sie ihre Erfüllung in der Arbeit für diese Pfarre gefunden haben.

> „Invest in your staff, or volunteer staff, and get them invested in being the lead agents in your mission. Love them and help them fall in love with the Church of Christ, so there is nowhere else they'd rather be, nothing else they would rather be doing. Help them fall in love with what they're doing for Christ."[22]

---

[20] M. White, Vortrag bei PfinXten 2017.
[21] „Character is about the core, things like self-control, discipline, respect, kindness, honesty, integrity, trustworthiness, and humility. It takes a great deal of humility to be successful in churchworld these days. At the same time, humility is balanced with confidence, not hubris or pride, just the positive demeanor that should accompany faith." (White, Corcoran, Rebuilt [s. Anm. 8], 227)
[22] Ebd., 240. Gerne zitiert Michael White auch Steve Jobs: „When I hire somebody really senior the real issue for me is, are they going to fall in love with Apple? Because if they fall in love with Apple, everything else will take care of itself." (Ebd., 232)

Father White selbst ist eher introvertiert, ein sehr guter Redner, aber kein Entertainer. Er stellt sich in den Dienst, nimmt sich zurück, wo es ihm möglich ist, und bringt sich ein, wo es ihm notwendig erscheint.[23] Die Pfarrmitglieder werden eingeladen, einen Dienst *(Ministry)* zu übernehmen. *Every member a minister*, ist das Motto. *Ministers* erledigen nicht nur eine Aufgabe, sondern fungieren als Verlängerung des *Staff Teams*. „The message starts at the parking lot", sagt Father White. Das stressfreie Parken und die erste freundliche Begrüßung durch den *Parking Minister* vermittelt die Kernbotschaft von *Nativity*: „Wir freuen uns, dass Sie hier sind." Eine gesunde Pfarre erkennt man an der Einstellung und dem Verhalten ihrer Gemeindemitglieder. Werden diese nur bedient, sind sie *Consumers*. Dienen sie selbst, sind sie *Ministers*. Die Dienste umfassen das ganze Spektrum von Parkplatzeinweisern und *Greeters* über Beratung an der Info-Theke (nimmt der Pfarrsekretärin viel Arbeit unter der Woche ab) bis hin zu komplexeren Aufgaben wie im *Youth Ministry* oder *Pastoral Care Team*, jeweils angepasst an die individuellen Interessen, Fähigkeiten und zeitlichen Ressourcen.[24] Äußerst vielsagend ist ein Kommentar eines Pfarrers aus einer Besuchergruppe aus New Jersey: Als er den die Gruppe betreuenden *Staff Member* fragt, ob er die Klimaanlage in seinem Auto reparieren könne, ist dieser zwar perplex, bietet dem Priester aber an, einmal einen Blick darauf zu werfen. Der Pfarrer lacht und sagt: „Just kidding. You really have people for everything."

---

[23] „When it comes to ministry, the question shouldn't be, What else can I do? The questions should be, What can I do that no one else can do? and What can I do that no one else is doing? What is the contribution I can make that others cannot or will not make?" (White, Corcoran, Tools for Rebuilding [s. Anm. 6], 18)

[24] „To create the vibrant environment that motivates our members to grow, they've got to serve. To be a place of energy and excitement that is irresistible to outsiders, we've got to get the insiders out of the pews. [...] Not instantly, not initially, but eventually, we want every member to join a ministry team and serve our church family and community. Our goal is, simply, *every member a minister*." (White, Corcoran, Rebuilt [s. Anm. 8], 194) [Kursivsetzung im Original]

2.2.4 Make big church small and personal

Eines der am häufigsten in der Bibel vorkommenden Worte ist „einander", und *Small Groups* sind der ideale Ort, sich um einander zu kümmern. Ein Video mit Input und Fragen wirft noch einmal einen neuen Blick auf die Message des Wochenendes und hilft, diese im Alltag zu verankern. Man teilt seine Erfolge und sein Scheitern, freut sich gemeinsam und unterstützt einander in schweren Zeiten. Es gibt *Small Groups* für Männer, Frauen, gemischt, jung, alt, (fast) jeden Tag, früh und spät. *Small Groups* sind konkrete Seelsorge und entlasten den Pfarrer. Sie sind weder Gebetskreis noch Bibelrunde, Theologiekurs, Gruppentherapie oder Sozialevent, sondern ein neues Ganzes aus all diesen Elementen. Es geht nicht um eine hochintellektuelle Auseinandersetzung mit exegetischen Fragen, sondern um eine authentische Beschäftigung mit den Themen, die gerade berühren.

2.2.5 Vision matters

„Vision is an image or picture of what could be and should be. It is a preferred future in which life is better. Vision says that the status quo isn't good enough anymore; there is a better way."[25]

Am Anfang jeglichen Aufbruchs steht eine Vision, die oft sehr weit von der Realität entfernt zu sein scheint. Alle großen Gestalten der Bibel hatten eine Vision und ließen nicht davon ab. Moses führte das Volk aus Ägypten, David besiegte Goliath, Nehemia baute die Stadtmauern wieder auf etc. Sie alle mussten sich mit heftigen Widerständen auseinandersetzen und wurden für verrückt erklärt, hielten selbst aber die gerade herrschenden Zustände für verrückt. Dazu Gilbert Keith Chesterton: „The vision is always solid and reliable. The vision is always a fact. It is the reality that is often a fraud."[26]

Die Vision der *Church of the Nativity* ist es, den unzureichenden Status quo zu ändern und Menschen dabei zu unterstützen,
- eine Gottesbeziehung zu beginnen oder zu vertiefen,
- selbst als aktiver Teil des Leibes Christi am Reich Gottes mitzubauen

---

[25] Ebd., 255.
[26] G. K. Chesterton, Orthodoxy, New York 2004, 38.

- und – *last but definitely not least* – Freude an ihrer Pfarre zu haben, um jene Atmosphäre eines *irresistible environment* selbst erleben und authentisch verbreiten zu können.

3 Kritik an *Nativity*

Kritik an *Nativity* betrifft zumeist drei Punkte:
(1) andere Ausgangssituation/Kultur
(2) zu evangelikal/charismatisch
(3) Propagierung eines christlichen Idealtyps.

Ad (1): Der regelmäßige Gottesdienstbesuch in den USA ist mit ungefähr 20 Prozent höher als bei uns, allerdings geht auch dort die Zahl der Gläubigen aller Konfessionen stark zurück. Auch in den „christlichen" USA empfinden immer mehr Menschen Kirchen als unattraktiv, unglaubwürdig oder einfach langweilig und irrelevant, leider oft zu Recht. Kulturell gibt es natürlich Unterschiede zwischen Alter und Neuer Welt, aber es ist auch unumstritten, dass sich Europa in der „Westwindzone" befindet und stark von Technologie, Medien, Musik, Mode, Filmen, Literatur, Sport etc. aus den Staaten beeinflusst ist. Also warum nicht auch im kirchlichen Bereich positive Beeinflussung zulassen und sich dem *Cultural Turn* stellen?

Immer wieder wird auch die nicht staatskirchenrechtlich-territoriale Kirchenmitgliedschaft in den USA als großer Unterschied eingemahnt. Religiös interessierte Menschen suchen sich die Zugehörigkeit zu einer Pfarre/Gemeinde selbst aus, und die persönliche Konversionsrate ist deutlich höher als hierzulande. Die konkrete Pfarre finanziert sich nicht über den Kirchenbeitrag/die Kirchensteuer, sondern über Spenden. Dies scheint bei manchen Kritikern den Verdacht auszulösen, amerikanische Gläubige bedienten sich im religiösen Supermarkt, und ihre Pfarrzugehörigkeit sei volatil. Dies mag teilweise zutreffen, Fakt ist allerdings, dass es neben dem allgemeinen Schrumpfen aller Konfessionen auch einige beeindruckende Wachstumsbeispiele gibt, die trotz aller fremd- und selbstverschuldeter Hindernisse für kirchliche Bindung nicht aufhören, zu wachsen.

Ad (2): Father White und Tom Corcoran haben tatsächlich von evangelikalen *Mega Churches* gelernt, vor allem von der *Saddleback Church* in Kalifornien und *Northpoint* in Atlanta. Resultat: *Nativity* ist immer noch katholisch, aber ungefähr dreimal so groß wie früher. Die Integration von qualitätsvollen „freikirchlichen" Elementen in den „3Ms" *Ministry, Music, Message* hat dazu beigetragen, die Eucharistie als Quelle und Höhepunkt des ganzen christlichen Lebens neu zu vermitteln. Eine Kultur der Gastfreundschaft, qualitativ hochwertige und berührende Musik und eine relevante Botschaft sind Schlüsselfaktoren, um neben der Wandlung der Gaben in der Eucharistie auch eine Wandlung der Herzen zu erreichen. Die „3Ms" sind keine oberflächliche Show, sondern wertvolle Übersetzungsarbeit. Sie dienen dazu, den Inhalt der christlichen Botschaft ganz konkret erfahrbar zu machen.

Das „Modell" *Nativity* ist im deutschsprachigen Raum sicher nicht 1 : 1 wiederholbar, kann aber wichtige Inspiration sein und zeigt, dass Kirche dann funktioniert und wächst, wenn an bestimmten essenziellen Stellschrauben gedreht wird. In die von Pastoralinnovation angebotenen Kurse fließt *Nativity* daher auch nur als ein erfolgreiches Beispiel ein, von dem man lernen kann, nicht als Blaupause für alles.

Ad (3): *Nativity* bemüht sich, die Schwelle für Selten- und Niekommer so niedrig wie möglich zu halten und die eigentliche Pfarrgemeinde Schritt für Schritt auf ihrem Weg zu Jünger(innen) Christi zu fordern (*pamper the outsiders, challenge the insiders*).[27] Dabei mag für Außenstehende der Eindruck eines strengen Pflichtenkatalogs und die Verengung des Bildes des Jüngers/der Jüngerin auf eine bestimmte Ausprägung entstehen, neben der keine andere Platz hat. Dem kann man entgegenhalten, dass die Angebote persönlichen Wachstums als tatsächliches Angebot zu betrachten sind, niemand wird gezwungen, seine Konsumentenmentalität oder spezifische Spiritualität zu verlassen.

4 Die Kirche erwacht in den Seelen

Romano Guardini verdanken wir den programmatischen Satz: „Ein religiöser Vorgang von unabsehbarer Tragweite hat eingesetzt: die Kirche erwacht in den Seelen."[28] Damit ist er lange vor dem Zweiten

---

[27] Vgl. White, Vortrag LIVT-Tournee (s. Anm. 11).
[28] R. Guardini, Das Erwachen der Kirche in den Seelen, in: ders., Vom Sinn der Kirche, Mainz ⁴1955, 19–38, hier: 19.

Vatikanischen Konzil für eine lebendige Kirche eingetreten, in der die Beziehung von Individuum und Gemeinschaft gelingt. Im Idealfall ermöglicht Kirche als Institution („Setzung") Einheit in Vielfalt, indem sie den Geist nicht erstickt, sondern ihm erlaubt, sich wirklich zu setzen. Es scheint fast, dass gerade angesichts von Priester- und Gläubigenmangel Kirche neu und vielleicht umso ursprünglicher als aktive Gemeinschaft aller Getauften wachsen kann. Jünger(in) sein bedeutet, sich auf eine aktive Glaubensreise zu begeben, die nicht nur das eigene, sondern auch andere Leben beeinflusst. An der *Church of the Nativity* sind die Rahmenvoraussetzungen für authentische Jüngerschaft im Gegensatz zu reiner Konsumentenhaltung geschaffen worden. Mit dem Effekt, dass Kirche damit auch wieder für Selten- und Niekommer interessant wird. Der Weg dorthin war und ist nicht einfach, impliziert viel Arbeit sowie die Bereitschaft, sich konsequent die Frage nach dem Warum zu stellen und Komfortzonen zu verlassen. Aber er kann zum Ziel führen.

Kirchehoch2
Auf der ökumenischen Suche nach einer Kirche für morgen

Burkhard Neumann

Schaut man in die Regale einer der ja durchaus noch vorhandenen katholischen Buchhandlungen, dann stellt man fest, dass es seit Jahren nicht an Diagnosen und Therapien für die Kirche fehlt, und dies ganz offenkundig (auch wenn dabei die katholische Kirche stärker im Blickpunkt zu stehen scheint) über die konfessionellen Grenzen hinweg.[1] Angesichts der faktischen Situation der Kirche(n) findet sich dabei erstaunlicherweise eine ganze Reihe äußerst zuversichtlich klingender Titel, die der Kirche etwa eine glänzende Zukunft versprechen,[2] die eine neue Ära vorhersagen oder eine neue Reformation erwarten.[3] Manche formulieren sogar ausdrücklich und selbstbewusst nicht nur einige, sondern „die Thesen für das Comeback der Kirche".[4] Aber auch die eher besorgt klingenden Titel zielen letztendlich natürlich auf eine Änderung oder Erneuerung der Kirche. In diesem Sinne stellt man Überlegungen an „zur prekären Zukunft der katholischen Kirche"[5] oder noch grundsätzlicher zum Überleben des Christentums,[6] man analysiert, wie die Kirche „wie-

---

[1] Vgl. etwa K. Douglass, Die neue Reformation. 96 Thesen zur Zukunft der Kirche, Stuttgart 2001; C. Möller, Kirche, die bei Trost ist. Plädoyer für eine seelsorgliche Kirche, Göttingen 2007; U. Parzany, Was nun, Kirche? Ein großes Schiff in Gefahr, Holzgerlingen 2017.
[2] Vgl. C. Hennecke, Glänzende Aussichten. Wie Kirche über sich hinauswächst, Münster 2010.
[3] Vgl. P. M. Zulehner, Neue Schläuche für jungen Wein. Unterwegs in eine neue Ära der Kirche, Ostfildern ²2018; C. Hennecke, Kirche steht Kopf. Unterwegs zur nächsten Reformation, Münster 2016.
[4] Vgl. B. Meuser, J. Hartl, K. Wallner, Mission Manifest: Die Thesen für das Comeback der Kirche, Freiburg i. Br. 2018.
[5] Vgl. R. Bucher, … wenn nichts bleibt, wie es war. Zur prekären Zukunft der katholischen Kirche, Würzburg ³2017.
[6] Vgl. F.-X. Kaufmann, Kirchenkrise. Wie überlebt das Christentum?, Freiburg i. Br. ³2011.

der dialogfähig wird",[7] fragt mit den Worten „Ist das noch unsere Kirche?" nach der Zukunft der christlichen Gemeinde,[8] oder man geht noch weiter mit seinen provokanten Fragen: „Schafft sich die katholische Kirche ab?"[9] Oder ist sie überhaupt noch zu retten?[10] Oder muss man sie, wenn sie bestehen will, anders denken[11] oder vielleicht sogar ganz neu erfinden?[12] Und Vorschläge und Überlegungen, die schon vor mehreren Jahrzehnten vorgestellt wurden, werden neu auflegt, weil sie anscheinend an vielen Stellen immer noch oder wieder aktuell zu sein scheinen.[13]

Und alle diese Fragen machen sich dann, wenn es ausdrücklich um die katholische Kirche geht, immer wieder an der Gestalt des gegenwärtigen Papstes fest, von dem man eine „Revolution im Zeichen des Evangeliums" erwartet[14] oder gerade in der Unbeweglichkeit der Kirche diese notwendige Revolution verhindert sieht.[15] Und selbst Prominente, von denen man es sicherlich nicht unbedingt erwarten würde, rufen ausdrücklich zu einer Öffnung der Kirche auf und bieten entsprechende Vorschläge an.[16]

Kirche, Christentum, Glaube – all das bewegt offenkundig immer noch genügend Menschen, dass sich die entsprechenden Publikationen für die Verlage lohnen, und selbst wenn sie ausdrücklich oder faktisch inhaltlich primär die Situation der katholischen

---

[7] Vgl. A. Rouet, Aufbruch zum Miteinander. Wie Kirche wieder dialogfähig wird. Ein Gespräch mit Dennis Gira, Freiburg i. Br. 2012.
[8] Vgl. A. Buckenmaier, Ist das noch unsere Kirche? Die Zukunft der christlichen Gemeinde, Regensburg 2012.
[9] Vgl. T. von Mitschke-Collande, Schafft sich die katholische Kirche ab? Analysen und Lösungen eines Unternehmensberaters. Mit einem Vorwort von Kardinal K. Lehmann, München 2012.
[10] Vgl. H. Küng, Ist die Kirche noch zu retten?, München 2011.
[11] Vgl. M. Seewald, Reform. Dieselbe Kirche anders denken, Freiburg i. Br. 2019.
[12] Vgl. L. Boff, Die Kirche neu erfinden, Ostfildern 2011.
[13] Vgl. K. Rahner, Strukturwandel der Kirche als Aufgabe und Chance. Mit einer Einführung von M. Seewald, Freiburg i. Br. 2019.
[14] Vgl. Ó. Rodríguez Maradiaga, Papst Franziskus und die Kirche von morgen. Revolution im Zeichen des Evangeliums. Ein Gespräch mit Antonio Carriero, Gütersloh 2018.
[15] Vgl. M. Marzano, Die unbewegliche Kirche. Franziskus und die verhinderte Revolution, Freiburg i. Br. 2019.
[16] Vgl. H. Glööckler, Kirche, öffne dich! Hat die Kirche noch Zukunft? Was sich ändern muss, Aßlar 2018.

Kirche zu analysieren suchen, sind die Überlegungen in den meisten Fällen doch über diesen konfessionellen Kontext hinaus relevant. Gerade weil dieser ökumenische Kontext aber nur selten direkt angesprochen wird, soll im Folgenden ausdrücklich eine ökumenische Initiative vorgestellt werden, die sich der gemeinsamen Suche nach einem Weg der Kirchen in die Zukunft stellt, nämlich die Initiative Kirchehoch2. Dabei geht es zunächst um eine sachliche Darstellung dieser Initiative, die sich weitgehend auf ihre Selbstdarstellung im Internet beruft, die dann aber darauf aufbauend einige Fragen bzw. Herausforderungen nennen möchte, die sich aus dieser ökumenischen Suche nach der Kirche der Zukunft ergeben.

1 Kirchehoch2 – zur Vorstellung eines ökumenischen Projekts

Das ökumenische Projekt Kirchehoch2 wird getragen von zwei Kirchen, nämlich der Evangelisch-Lutherische Kirche Hannovers und dem Bistum Hildesheim.[17] Es beginnt im Jahr 2006, als sich aus dem Austausch verschiedener Referenten und Referentinnen aus den Bereichen Ökumene und Pastoral bzw. missionarische Dienste ein regionales Netzwerk entwickelt. Das Entdecken zahlreicher Gemeinsamkeiten im Blick auf die Situation der Kirchen und der Gemeinden sowie der gemeinsame Austausch bereichern einander. Dazu kommt bald der Blick über die deutsche Situation hinaus auf die Kirche von England. Die dort entstandenen *Fresh Expressions of the Church*, d. h. die neuen Formen von Kirche bzw. Gemeinde an ungewohnten Orten, zeigen an einem konkreten Beispiel, wie sich eine große Volkskirche neuen Herausforderungen stellen kann. Diese *Fresh Expressions of the Church* bedeuten „vielfältige und kreative Gemeindeformen jenseits der bewährten Ortsgemeinde"[18], die sie nicht ersetzen, aber ergänzen wollen, weil beide Seiten die Kirche als ganze und die einzelnen Gemeinden in einer gemeinsamen mis-

---

[17] Zum Folgenden vgl. Kirche² – eine Idee und ihre Geschichte, in: P. Elhaus u. a. (Hg.), Kirche². Eine ökumenische Vision, Würzburg – Hannover 2013, 11–26, sowie die entsprechenden Angaben in: https://kirchehoch2.de/ (Download: 22.5.2019).

[18] Kirche² – Idee und Geschichte (s. Anm. 17), 13.

sionarischen Ausrichtung begründet sehen.[19] Daraus ergibt sich schließlich „eine gemeinsame Suche nach einem Bild für die Kirche der Zukunft, das jetzt schon in kleinen Miniaturen aufleuchtet."[20] Durch die Reflexion der verschiedenen Studienreisen nach England und das damit wachsende Miteinander entsteht eine immer breitere ökumenische Vernetzung, die schließlich in dem ökumenischen Kongress Kirche^2 mündet, der vom 14. bis 16. Februar 2013 in Hannover stattfindet, organisiert von den beiden Kirchen in Kooperation mit der Arbeitsgemeinschaft Christlicher Kirchen (ACK) in Niedersachsen. Die Zahlen sind beeindruckend:

> „Über 1 350 Menschen teilten Ideen, Visionen und Erfahrungen und verwandelten ein Messezentrum in ein ökumenisches Laboratorium für die Zukunft der Kirche. Andere beteiligten sich per Twitter oder schauten im Livestream vorbei. Fünf große Plenarveranstaltungen, 23 Foren, 69 Workshops und 50 Stände machen den Kongress zu einem großen Forum der Begegnung und Inspiration."[21]

Der Kongress verfolgt dabei, wie er es nennt, bewusst einen „energetischen Ansatz", d. h., er bietet keine Rezepte, sondern er erzählt von Aufbrüchen dort, wo sie geschehen, und sucht darin wahrzunehmen, was sich „als gemeinsames Bild für eine Kirche der Zukunft abzeichnet."[22]

Gegenwärtig gibt es in Hannover ein eigenes Büro von Kirchehoch2 mit zwei Referentinnen jeweils aus den beiden Trägerkirchen sowie einer Kraft, die vor allem zuständig ist für Veranstaltungsmanagement und Kommunikation. Hinzu kommt eine Reihe weiterer Personen aus verschiedenen Kirchen, die an ihrer jeweiligen Dienststelle bzw. ihrem Arbeitsplatz den Aspekt einer für Kirchehoch2 prägenden Ökumene der Sendung einbringen.[23] Und schließ-

---

[19] Vgl. G. Cray, Kirche ganz frisch, in: Elhaus u. a. (Hg.), Kirche^2 (s. Anm. 17), 29–38; M. Herrmann, Eine Wissenschaft vom Trotz, in: https://www.feinschwarz.net/eine-wissenschaft-vom-trotz/ (Download: 24.5.2019).
[20] Kirche^2 – Idee und Geschichte (s. Anm. 17), 12.
[21] Ebd., 11.
[22] Ebd., 17.
[23] Vgl. D. Stelter, D. Stoltmann-Lukas, „ … so sende ich euch". Eine Ökumene der Sendung, in: Elhaus u. a. (Hg.), Kirche^2 (s. Anm. 17), 465–473.

lich sind diejenigen zu nennen, die Kirchehoch2 auf ganz unterschiedliche Weise verbunden sind und seine Anliegen teilen: durch Teilnahme an Kongressen, an Kursen, durch Praktika u. ä.

Mit diesem Personal sind inzwischen verschiedene Kursangebote entwickelt worden, um das Konzept der *Fresh Expressions of the Church* auf die deutsche Situation zu übersetzen.[24] Dementsprechend werden Gemeinden und Initiativen auf ihrer Suche nach neuen Formen des Kirche-Seins begleitet. All das ist auch hier geprägt von dem Ansatz, keine fertigen Rezepte zu geben, sondern zu erzählen, Erfahrungen zu teilen, um so voneinander lernen zu können und angeregt zu werden, entsprechende Erfahrungen in den je eigenen Kontext zu übersetzen.

Dabei bildet, wie schon deutlich geworden ist, die Vernetzung mit allen heutigen digitalen Möglichkeiten ein wesentliches Element der Arbeit, die zugleich durch entsprechende Tagungen sowie andere Formen theologischer Reflexion begleitet wird.

2 Überlegungen und Herausforderungen

Seit dem Kongress 2013 in Hannover sind sechs Jahre vergangen. Das führt unweigerlich zur Frage, was seither aus dem, was der Dokumentationsband das „norddeutsche Pfingsten"[25] zu nennen wagt, geworden ist. Offenkundig lässt sich das auch aufgrund der oben geschilderten Arbeitsweise der Initiative nur begrenzt bewerten. Es drängt sich aber zumindest für den Außenstehenden der Eindruck auf, dass es um das Projekt Kirchehoch2 etwas stiller geworden ist, was keineswegs gegen dessen Arbeit und Wirksamkeit sprechen muss, ganz im Gegenteil. Denn jeder Aufbruch muss ja, wenn er bleibende Wirkung haben will, umgesetzt werden in den persönlichen wie gemeindlichen und kirchlichen Alltag, und es braucht dementsprechend viel Zeit und Geduld, um das zum Wachsen zu bringen, was bei so einem Aufbruch gesät und angelegt worden ist.

---

[24] Vgl. dazu die Dissertation von S. Bils, Mind the Gap: The Relevance of Contextualization for the Training Course Fresh X-Der Kurs by Kirche², in: https://digitalcommons.georgefox.edu/cgi/viewcontent.cgi?article=1091&context=dmin (Download: 22.5.2019).

[25] Kirche² – Idee und Geschichte (s. Anm. 17), 25.

Die im Folgenden vorgestellten Überlegungen möchten auch darum keine ausdrückliche Bewertung liefern, sondern ausgehend von der Selbstdarstellung von Kirchehoch2 und unter ökumenischer Perspektive einige sich ergänzende Punkte nennen, die für den gemeinsamen Weg der Kirchen in die Zukunft relevant sein könnten.

2.1 Die Quadratur des Kreises – Kirche zwischen Vision und Realität

Ein erster Punkt, der ins Nachdenken bringen kann, ist die Änderung des Logos im Jahr 2018. Das ursprüngliche „Kleckslogo", das Dynamik, Fluidität und Vielfalt bezeichnete, wurde verändert in die Quadratur des Kreises. Denn dieser Begriff ist „in vielen Sprachen zu einer Metapher für eine unlösbare Aufgabe geworden."[26]

Eine unlösbare Aufgabe – auf den ersten Blick kann das ja nur entmutigen. Aber müsste man nicht, wenn man genau hinschaut, aus christlicher Perspektive sagen, dass Christsein und Kirche-Sein recht verstanden immer eine unlösbare Aufgabe darstellen? Denn Vollkommenheit oder Vollendung ist eine eschatologische Kategorie. Weder der einzelne Christ noch eine Gemeinde, geschweige denn die ganze Kirche werden je vollkommen oder vollendet sein, sondern sie bleiben auf dem Weg des Glaubens unterwegs. Das entbindet sie nicht davon, sich auszustrecken nach dem, was vor ihnen liegt, das sie aber in diesem Leben nicht erreichen werden und nicht erreichen können (vgl. Phil 3,12–14). Die Suche nach dem richtigen Weg für die Kirche bleibt in diesem Sinne eine Aufgabe, der sich die Kirchen immer neu stellen müssen, und zugleich müssen sie um die letztliche Unlösbarkeit dieser Aufgabe wissen. Christsein und damit auch Kirche-Sein ist, wie es Albert Keller einmal auf den Punkt gebracht hat, in diesem Sinne eine „verpflichtende Utopie"[27], und beide, die Verpflichtung wie die Utopie, die irdisch eben keinen Ort hat, müssen dabei beachtet werden. Und angesichts mancher Kirchenvisionen egal von welcher Seite darf man sich durchaus die Frage stellen, ob diese bleibende und irdisch unaufhebbare Vor-

---

[26] Was hat es mit Kirchehoch2 und dem Logo auf sich?, in: https://kirchehoch2.de/wir/geschichte-hinter-name-und-logo/ (Download: 24.5.2019).

[27] A. Keller, Grundkurs des christlichen Glaubens. Alte Lehren neu betrachtet, Freiburg i. Br. 2011, 233.

läufigkeit und in diesem Sinne verstandene Unlösbarkeit genügend beachtet werden.[28]

2.2 Mehr Fragen als Antworten – die Gewissheit der Hoffnung

Damit zusammen hängt der zweite Punkt, der offenkundig die Arbeit von Kirchehoch2 kennzeichnet: das ausdrückliche und nicht nachlassende Fragen.

> „Überall nur Fragen! In den Überschriften, auf der gesamten Website und auch sonst und immer wieder. Denn die Bewegung, in der Kirchehoch2 steht, geht Fragen nach.
> Wie sieht die Zukunft der Kirche aus? Was ist deine Verantwortung dabei?
> Warum tust du, was du tust und warum hast du es nicht einmal anders versucht?
> Was ist deine Mission, deine Sehnsucht, dein Bild von Kirche?
> Was tut Gott bereits an dem Ort, an dem du lebst oder arbeitest?
> Was sind deine Fragen?"[29]

Dieses Fragen ist aber nicht an erster Stelle Ausdruck einer Ratlosigkeit, sondern es entspricht ausdrücklich der Zielsetzung von Kirchehoch2:

> „Kirchehoch2 geht es nicht in erster Linie um Lösungen, sondern darum fragend zu bleiben. Auf der Suche zu sein. Annäherungen zu finden. Leidenschaftlich im Austausch zu bleiben. Unterschiedlichste Formen einzubeziehen. Zu verzweifeln und voller Hoffnung zu sein. Zu experimentieren, zu forschen und zu meditieren – auf eine höhere Eingebung zu hoffen."[30]

Reform in der Kirche bedeutet in diesem Sinne, zunächst einmal Fragen zuzulassen und nicht aufzuhören, Fragen zu stellen. Das kann, wie die aktuellen Debatten innerhalb der Kirchen zeigen,

---

[28] Vgl. B. Neumann, „Schattenhaft und doch getreu" (Lumen gentium 8). Überlegungen zum Verhältnis von Ekklesiologie und Eschatologie, in: ThPh 93 (2014) 536–554, hier 551f.
[29] Haben Sie es schon bemerkt?, in: https://kirchehoch2.de/wir/ (Download: 24.5.2019).
[30] Was hat es mit Kirchehoch2 und dem Logo auf sich? (s. Anm. 26).

durchaus zu Krisen führen, weil es eben keine Patentrezepte gibt, weil man trotz der scheinbar oder wirklich besseren Argumente andere nicht überzeugen kann, weil manches (je nach Standpunkt) zu langsam oder zu schnell geht usw. Gerade darum ist es wichtig, die Voraussetzung solchen Fragens und Suchens nicht aus dem Blick zu verlieren, die hinter Kirchehoch2 und den von ihr begleiteten oder ermutigten Initiativen steht, nämlich die Hoffnung auf den Gott, der uns allen immer schon voraus ist und der seine Kirche in ihrer Vielfalt und Buntheit nicht allein lässt.

2.3 Gemeinsam statt einsam – Ökumene als Lernprozess

In dem Bericht über den Kongress Kirche² in Hannover, in den entsprechenden Impulsen auf der Internetseite, aber auch an anderen Orten, an denen über den Weg der Kirche in die Zukunft diskutiert, gerungen und notwendigerweise auch gestritten wird, spürt man immer wieder, wie sehr es verbindet, auf diesem Weg nicht allein zu sein, sondern nicht nur innerhalb seiner eigenen Kirche, sondern auch über deren Grenzen hinaus seine eigenen Sorgen, Hoffnungen und Erfahrungen mit anderen teilen zu können.

Kirchehoch2 ist in diesem Sinne ein konkretes und lebendiges Beispiel dafür, dass und wie Ökumene immer auch einen gemeinsamen Lernprozess bedeutet, bei dem man sich gegenseitig bereichert und ergänzt. Was das Zweite Vatikanische Konzil (1962–1965) andeutete[31] und von Papst Johannes Paul II. in seiner Ökumene-Enzyklika *Ut unum sint* aus dem Jahr 1995 breit entfaltet wurde,[32] was unter dem Begriff der „Ökumene der Gaben"[33] in den vergangenen Jahren immer wieder benannt worden ist und was das gemeinsame

---

[31] Vgl. Dekret *Unitatis redintegratio* (UR) des Zweiten Vatikanischen Konzils über den Ökumenismus, Nr. 4.
[32] Vgl. Johannes Paul II., Enzyklika *Ut unum sint* über den Einsatz für die Ökumene vom 25. Mai 1995. Hg. vom Sekretariat der Deutschen Bischofskonferenz (VApS 121), Bonn 1995, Nr. 14, 16, 28, 38, 56, 57, 61, 78 und besonders Nr. 87: „Ich habe gesagt, dass wir uns als katholische Kirche bewusst sind, vom Zeugnis, von der Suche und sogar von der Art und Weise gewonnen zu haben, wie bestimmte gemeinsame christliche Güter von den anderen Kirchen und kirchlichen Gemeinschaften hervorgehoben und gelebt worden sind."
[33] Vgl. N. Schneider, Ökumene der Gaben. Anmerkungen aus evangelischer Sicht, in: B. Fresacher, N. Hennecke, B. Neumann (Hg.), ... und führe zusam-

Reformationsgedenken 2017 entscheidend geprägt hat,[34] das wird hier mit Blick auf dem Weg der Kirche in die Zukunft konkret umgesetzt und erfahrbar. Angesichts der Tatsache, dass Ökumene in den vergangenen Jahren immer wieder auch kritisch angefragt worden ist und man ihr dabei mehr oder weniger deutlich Unehrlichkeit oder zumindest falsche Kompromissbereitschaft unterstellte,[35] bietet Kirchehoch2 ein Beispiel dafür, wie fruchtbar eine die konfessionellen Grenzen überschreitende *gemeinsame* Suche nach dem Weg der Kirche für die Zukunft ist.

Umso wichtiger ist es, solche Erfahrungen nicht nur weiterzuerzählen, sondern dafür zu sorgen, dass es auf den unterschiedlichsten Ebenen der Kirchen (und hier dürfte gerade im Bereich der theologischen Ausbildung noch großer Nachholbedarf bestehen) zu festen Formen der Begegnung und des Austauschs kommt, um solche gemeinsamen Lernprozesse zu ermöglichen und zu fördern. Welche Impulse sich daraus für die Ökumene ergeben werden, kann man natürlich nicht vorhersagen, aber man darf darauf vertrauen, dass solche Lernprozesse Folgen haben werden, schon allein deshalb, weil Christsein nicht ohne Gemeinschaft und damit Begegnung geht und solche Begegnung und Gemeinschaft über die Konfessionsgrenzen hinweg von den Anfängen an einer der wesentlichen Impulse der Ökumene waren und es auch weiterhin sein werden.[36]

---

men, was getrennt ist. Ökumene in Kirche und Gesellschaft. Internationales Ökumenisches Forum Trier 2012 (BÖR 95), Leipzig 2013, 144–147.

[34] Vgl. Vom Konflikt zur Gemeinschaft. Gemeinsames lutherisch-katholisches Reformationsgedenken im Jahr 2017. Bericht der Lutherisch/Römisch-katholischen Kommission für die Einheit, Leipzig – Paderborn 2013; „Einsatz im Dialog erneuern". Gemeinsame Erklärung zum Reformationsgedenken, in: ÖI Nr. 44 vom 2.11.2016. Dokumentation, If.; Arbeitsgemeinschaft Christlicher Kirchen in Deutschland (Hg.), Versöhnt miteinander. Ein ökumenisches Wort der Mitgliederversammlung der ACK in Deutschland zu 500 Jahre Reformation, Frankfurt a. M. 2016.

[35] Vgl. etwa U. H. J. Körtner, Reformation 2017. Das Jubiläum als Gradmesser einer theologischen Orientierungskrise, in: ThBeitr 48 (2017) 163–179; C. Bruns, Wahrheit? Zur grundsätzlichen Problematik des ökumenischen Dialogs angesichts der Ekklesiologie des Zweiten Vatikanischen Konzils, in: ThPh 93 (1994) 1–27.

[36] Vgl. J. Oeldemann, Einheit der Christen – Wunsch oder Wirklichkeit? Kleine Einführung in die Ökumene, Regensburg 2009.

2.4 Ökumene der Sendung – Kirche als offener Raum

Ein zentraler Gedanke bei Kirchehoch2 ist, wie oben erwähnt, die gemeinsame Ökumene der Sendung.[37] Nun kann man Sendung und Mission schon allein von ihrer Wortbedeutung her nicht wirklich trennen, denn Sendung meint ja nichts anderes als die deutsche Übersetzung des lateinischen Wortes *missio*. Aber die Bedeutung eines Wortes allein reicht ja nicht, um es wirklich zu verstehen. Es gibt immer auch das jeweilige Umfeld, in dem ein Wort verwendet wird, es gibt die Konnotationen und Assoziationen, die damit verbunden sind, die Geschichte dieses Begriffs, seine Missverständnisse oder auch seinen Missbrauch.

Vielleicht lege ich mit dem Folgenden zu viel in die Terminologie hinein, aber es scheint mir durchaus relevant zu sein, dass hier ausdrücklich von „Sendung" und nicht von „Mission" gesprochen wird.

Um die Jahrtausendwende gab es bekanntlich zahlreiche Überlegungen innerhalb der Kirchen zu einer „missionarischen" Pastoral.[38] Erinnert sei an die entsprechenden Veröffentlichungen der Deutschen Bischofskonferenz (DBK) und der Evangelischen Kirche in Deutschland (EKD), die nichts von ihrer Aktualität verloren haben[39] und die auf eine breite ökumenische Resonanz, auch und gerade in den Freikirchen, stießen, in denen der missionarische Gedanke erst recht konstitutiv ist für das eigene Selbstverständnis.[40]

---

[37] Vgl. Stelter, Stoltmann-Lukas, „… so sende ich euch" (s. Anm. 23).
[38] Vgl. u. a. M. Kehl, Missionarisch Kirche sein. Angesichts der gegenwärtigen kulturellen und kirchlichen Entwicklung, in: GuL 75 (2002) 335–347; M. Sellmann (Hg.), Deutschland – Missionsland. Zur Überwindung eines pastoralen Tabus (QD 206), Freiburg i. Br. 2004; B. Neumann, „Sie sollen eins sein, damit die Welt glaubt!". Ökumenische Überlegungen im Blick auf eine missionarische Pastoral, in: ThG 54 (2011) 14–26.
[39] Vgl. Sekretariat der DBK (Hg.), „Zeit zur Aussaat". Missionarisch Kirche sein. 26. November 2000 (DtBis 68), Bonn 2000; Sekretariat der DBK (Hg.), Katechese in veränderter Zeit. 22. Juni 2004 (DtBis 75), Bonn 2004; Sekretariat der DBK (Hg.), Allen Völkern Sein Heil. Die Mission der Weltkirche (DtBis 76), Bonn 2004; Kirchenamt der EKD (Hg.), Das Evangelium unter die Leute bringen. Zum missionarischen Dienst der Kirche in unserem Land (EKD-Texte 68), Hannover 2001, in: https://www.ekd.de/evangelium_unter_leute_2001.htm (Download: 25.5.2019).
[40] Vgl. Evangelisches Missionswerk in Deutschland (EMW), ACK, missio (Hg.), Aufbruch zu einer missionarischen Ökumene. Ein Verständigungsprozeß über die gemeinsame Aufgabe der Mission und Evangelisation in Deutschland, Ham-

Aus welchen Gründen auch immer ist es um all diese Überlegungen offenkundig stiller geworden und scheint von den zahlreichen Anregungen bisher nur weniges Frucht getragen zu haben, obwohl die Herausforderungen für die Kirchen sicherlich nicht geringer geworden sind. Vielleicht ist es darum auch im Blick auf das eigene Selbstverständnis und die Rolle, die die Kirchen in der gegenwärtigen Gesellschaft spielen, eben mehr als nur eine Sprachregelung, wenn man eher von Sendung als von Mission spricht – was, das sei ausdrücklich hinzugefügt, die Berechtigung des missionarischen Aspekts der Kirche keineswegs ausschließen möchte.

Aber der Begriff der Sendung ist m. E. vorsichtiger und zurückhaltender als der Begriff der Mission bzw. die mit ihm verbundenen Konnotationen. Man könnte auch sagen, er ist in gewissem Sinne offener und „selbstloser". Wenn es Aufgabe der Kirche ist, „einen Raum zu schaffen, in dem Menschen herausfinden können, dass Gott sie schon gefunden hat – auf Englisch klingt das so: ‚to create the space in which people can find that they have already been found by God'" –,[41] dann heißt das, dass Kirche damit ein Angebot macht, dass die Menschen nutzen können oder nicht und dass ihr erstes Ziel ist oder sein sollte, diesen Raum anzubieten und offen zu halten und ihn nicht sofort zu „verzwecklichen" für die Anwerbung neuer Mitglieder. Insofern könnte man fragen, ob in diesem Sinne nicht der *Zeichencharakter* der Kirche, wenn man sie mit dem Zweiten Vatikanischen Konzil versteht als „Zeichen und Werkzeug für die innigste Vereinigung mit Gott wie für die Einheit der ganzen Menschheit"[42], in einer solchen Sicht im Vordergrund steht. Das bedeutet selbstverständlich nicht, dass die Kirche nicht Menschen für den

---

burg 1999; dies. (Hg.), Missionarische Ökumene. Eine Zwischenbilanz. Erfahrungen und Perspektiven, Hamburg 2002; dies. (Hg.), Missionarische Ökumene. Im Kontext religiöser Orientierungssuche, Hamburg 2007; H. Gasper, „Das unbekannte Evangelium". Der Aufbruch zu einer missionarischen Kirche in Deutschland im Spiegel seiner wichtigsten programmatischen Dokumente, in: Sellmann (Hg.), Deutschland – Missionsland (s. Anm. 38), 25–41; K.-P. Voß, Missionarische Ökumene – freikirchliche Perspektiven, in: Cath(M) 59 (2005) 230–246.

[41] N. Baines, „Anfangen, wo die Menschen sind" – Sendungswort, in: Elhaus u. a. (Hg.), Kirche² (s. Anm. 17), 457–463, hier: 460.

[42] Dogmatische Konstitution *Lumen gentium* (LG) des Zweiten Vatikanischen Konzils über die Kirche, Nr. 1.

Glauben gewinnen wollte – ganz im Gegenteil. Sondern es geht zum einen darum, *wie* sie das unter den gegenwärtigen Bedingungen glaubwürdig tun kann, und es geht zum anderen darum, wie sie damit umgeht, dass sie trotz aller unserer Bemühungen offenkundig in dem gegenwärtigen gesellschaftlichen Klima weniger Menschen für den Glauben ansprechen kann, als sie hofft und wünscht. Wenn sich Kirche darum vor allem als offener Raum versteht, als Zeichen für den Gott Jesu Christi, dann kann sie diese ihre Sendung für die Menschen ohne Angst annehmen,[43] weil sie auf den Gott vertraut, der in seinen Möglichkeiten, die Menschen zu sich zu führen, immer größer und weiter ist als die Institution Kirche und der zugleich derjenige ist, der seine Kirche als Zeichen und Werkzeug des Evangeliums nicht verlässt.

2.5 „Wandern und Wundern" – die pilgernde Kirche

Das Bild des Pilgerns gehört bekanntlich zu den urbiblischen Bildern christlicher und damit auch kirchlicher Existenz.[44] Wenn der erste Petrusbrief darum seine Adressaten als „Fremde" adressiert, „die in der Zerstreuung leben" (1 Petr 1,1), wenn der Hebräerbrief die Christen daran erinnert, dass wir hier „keine bleibende Stadt" (Hebr 13,13) haben, dann sind das keineswegs nur Bestimmungen des Christseins, die aus der konkreten Situation der damaligen Christenheit resultieren, sondern in ihnen ist eine *grundlegende Ortsbestimmung* der Kirche angegeben, an die in der gegenwärtigen Situation neu zu erinnern ist. Wenn es, wofür vieles spricht, stimmt, dass die Diasporasituation, „wenn auch in sehr verschiedenem Ausmaße, die Situation der Kirche schlechthin geworden"[45] ist, dann sind Pilgerschaft und Fremdheit oder, wie man es mit einer anderen Publikation des Projekts Kirchehoch2 auch sagen kann, „Wandern

---

[43] „Die Grundhaltung beim Gesandtsein ist also nicht Angst, sondern Vertrauen." (Stelter, Stoltmann-Lukas, „ ... so sende ich euch" [s. Anm. 23], 466)

[44] Vgl. M. Kehl, Pilgerstand, in: LThK³ 8 (1999) 300f.

[45] K. Rahner, Eine theologische Deutung der Situation des heutigen Christen, in: ders., Sämtliche Werke. Bd. 10: Kirche in den Herausforderungen der Zeit. Studien zur Ekklesiologie und zur kirchlichen Existenz. Bearbeitung von J. Heislbetz und A. Raffelt, Freiburg i. Br. 2003, 481–496, hier: 491; vgl. auch K. Rahner, Theologische Deutung der Position des Christen in der modernen Welt, in: ebd., 251–273.

und Wundern"⁴⁶ bleibende Elemente des Kirche-Seins auf ihrem Weg in die offene Zukunft. Die Bereitschaft, trotz aller Beheimatung, die Kirche und Gemeinde bieten können, sich immer neu auf den Weg zu machen, durchaus Bewährtes aufzugeben, wenn es sich als hinderlich erweist, die Bereitschaft, im Miteinander der verschiedenen Konfessionen voneinander zu lernen und darüber hinaus das Staunen und Wundern nicht zu verlernen, wo und wie einem der lebendige Gott begegnen kann – wenn die Kirchen in diesem Sinne gemeinsam auf dem Weg bleiben, dann wird dieser Weg nicht unbedingt einfacher sein, aber sie können ihn im Vertrauen darauf gehen, dass Gott alle diese Wege mitgeht. Denn das kann man von und mit Kirchehoch2 lernen:

> „Den Mut, verrückt zu sein und Neues auszuprobieren, über Altbekanntes hinauszugehen, selbstauferlegte Normen und Verbote zu sprengen und echte Freiheit im Träumen und Gestalten zu wagen.
> Die Möglichkeit und die Erlaubnis, dabei Fehler machen zu dürfen und eine Kultur des Unperfekten und der Fehlerfreundlichkeit zu pflegen und zu etablieren, weil wir dann vielleicht auch das Allgemeine Priestertum konsequenter durchsetzen können. Gedanken, die Sabrina Müller auf der Fresh X-Tagung in Kassel formuliert hat.
> Mehr Gelassenheit, was unsere Zukunft betrifft. Weniger Klammern am Status Quo aus Angst, dass die Kirche, die wir bis jetzt kennen, verloren gehen könnte. Denn wer, wenn nicht wir als Kirche, sollte von einem tiefen Vertrauen und Hoffnung geleitet sein? Egal, wohin der Weg führen wird, was sich unterwegs alles ändern wird, das wir heute noch nicht erahnen können: ER ist schon da."⁴⁷

---

[46] Vgl. M. Herrmann, S. Bils (Hg.), Vom Wandern und Wundern. Fremdsein und prophetische Ungeduld in der Kirche, Würzburg 2017.
[47] A. Knapp, „Was ist jetzt wichtig?" oder: Ein Abgesang. Allgemeine Impulse, 2. März 2019, in: https://kirchehoch2.de/das-haben-wir-doch-noch-nie-so-gemacht-ein-abgesang/ (Download: 22.5.2019).

Konkretes kirchliches Change Management zwischen Anspruch und Wirklichkeit
Ein Epilog

Teresa Schweighofer

Kirchliche Strukturen sind in Veränderung, auch in Deutschland. Und diese Veränderungen entsprechen nicht den Wunschvorstellungen vieler Getaufter und kirchlicher Verantwortungsträger(innen). Solche Einsichten begleiten zumindest meine Theolog(inn)engeneration bereits ihr ganzes Theologietreiben hindurch und wurden vielfach bearbeitet. Dennoch bleibt die Frage, wie man auf diese Veränderungen sinnvoll reagieren soll und das nicht nur aus Angst vor zusammenbrechenden volkskirchlichen Strukturen. Die Frage nach Veränderungsdynamiken wird in der Theologie auch weiterhin relevant bleiben, denn Wandel ist für Kirche und Christentum konstitutiv. Es gehört zum kirchlichen Kernauftrag, sich beständig zu (ver-)wandeln und umzukehren. Das haben die Konzilsväter des Zweiten Vatikanischen Konzils (1962–1965) klar hervorgehoben: Sie beschreiben die Kirche in der Dogmatischen Konstitution *Lumen gentium* (LG) als „zugleich heilig und stets reinigungsbedürftig" (LG 8) und folgern daraus die Aufgabe, „immerfort den Weg der Buße und Erneuerung" (LG 8) zu gehen.

Auch in Ansprachen und Veröffentlichung von Papst Franziskus findet sich regelmäßig dieser Aufruf zur ernsthaften Reform der Kirche, wie etwa bei der legendär gewordenen Weihnachtsansprache 2015 an die Kurienkardinäle: „Die Reform wird mit Entschlossenheit, klarem Verstand und Tatkraft fortgeführt werden, denn *Ecclesia semper reformanda*."[1] Inhaltlich konkreter findet sich dieser Aufruf bekanntlich in seinem ersten Apostolischen Schreiben *Evangelii Gaudium* (EG) über die Verkündigung des Evangeliums in der Welt von heute:

---

[1] Papst Franziskus, Ansprache zum Weihnachtsempfang für die römische Kurie am 21. Dezember 2015, in: http://w2.vatican.va/content/francesco/de/speeches/2015/december/documents/papa-francesco_20151221_curia-romana.html (Download: 19.8.2019) [Kursivsetzung im Original].

„Ich träume von einer missionarischen Entscheidung [wörtlich: *una opción misionera*; Anmerkung T. S.], die fähig ist, alles zu verwandeln, damit die Gewohnheiten, die Stile, die Zeitpläne, der Sprachgebrauch und jede kirchliche Struktur ein Kanal werden, der mehr der Evangelisierung der heutigen Welt als der Selbstbewahrung dient. Die Reform der Strukturen, die für die pastorale Neuausrichtung [wörtlich: *conversión pastoral*; Anmerkung T. S.] erforderlich ist, kann nur in diesem Sinn verstanden werden: dafür zu sorgen, dass sie alle missionarischer werden, dass die gewöhnliche Seelsorge in all ihren Bereichen expansiver und offener ist, dass sie die in der Seelsorge Tätigen in eine ständige Haltung des ‚Aufbruchs' versetzt und so die positive Antwort all derer begünstigt, denen Jesus seine Freundschaft anbietet [wörtlich: *convoca a su amistad*; Anmerkung T. S.]." (EG 27)

Der Anspruch, den der amtierende Papst hier an kirchliches Change Management stellt, ist beachtlich: Eine missionarische Grundoption, die alles im Sinne einer pastoralen Umstellung bzw. Bekehrung zur Offenheit verändern kann. Von Kirchenmitgliedschaft, selbst von Taufe ist hier erst mal nicht die Rede, sondern von einer Berufung zur Freundschaft.

Diesem Anspruch versuchen die verschiedenen Teilkirchen weltweit gerecht zu werden, im deutschsprachigen Bereich hat das zumeist die Form von mehrjährigen diözesanen Reformprozessen. Einige Erfahrungen damit wurden im zweiten Teil des vorliegenden Sammelbandes beschrieben und reflektiert. Die mir gestellte Aufgabe war es, an dieser Stelle einen Epilog auf die vorangegangenen Praxisberichte zu verfassen. Dabei sollen die gemeinsamen Themen herausgestellt und zentrale theologische Fragen identifiziert werden.

Epiloge sind – folgt man Metzlers Literaturlexikon – seit der Antike mit der Aufgabe betraut „die Kernpunkte einer Rede zusammenzufassen (memoria), anzusprechen, wofür bis dahin kein Raum war, sowie die Affekte des Publikums zu erregen (affectus)"[2]. Die ersten beiden Aufgaben möchte ich im Folgenden bedienen, Letzteres wäre eine unbeabsichtigte Nebenfolge. Emotionen bleiben bei diesem Thema dennoch nicht aus, zumal dann, wenn Wissen-

---

[2] T. Hoffmann, Epilog, in: D. Burdorf, C. Fasbender, B. Moennighoff (Hg.), Metzler Lexikon Literatur. Begriffe und Definitionen, Stuttgart ³2007, 195f.

schaftler(innen) über etwas schreiben, mit dem Herzblut, ganze (Arbeits-)Biografien und viel (ehrenamtliches) Engagement verknüpft sind. Deshalb möchte ich gleich zu Beginn meine Achtung für alle zum Ausdruck bringen, die aktiv an diözesanen Reformprozessen beteiligt sind.

Neue Wege für die Pastoral der Zukunft vor Ort zu finden, gleicht tatsächlich manchmal der *Quadratur des Kreises*, ein Bild, das Burkhard Neumann in Anlehnung an das Logo der Initiative Kirchehoch2 thematisiert. Allerdings: Unlösbar ist die *Quadratur des Kreises*, die zu den klassischen Problemen der Mathematik zählt,[3] nur dann, wenn man sich bloß auf die antiken mathematischen Hilfsmittel (ein nichtskaliertes Lineal und einen Zirkel mit unbekanntem Radius) beschränkt und auch nur endgültige und exakte Ergebnisse akzeptiert. Weiß man um die Zahl π, ihre Eigenschaft als transzendente Zahl und wie mit ihr umzugehen ist – lässt man sich also auf moderne Mathematik ein –, ist zumindest eine funktionale Lösung mit akzeptablem Näherungswert möglich. Ähnliches kann auch für die anstehenden pastoralen Fragen gelten: Lässt man sich auf die Notwendigkeiten der Gegenwart ein, akzeptiert man die Kontingenz jeder Planung und wagt Experimente, so kann man auf akzeptable Lösungen hoffen – auch wenn diese im Licht mancher theoretischer Konzepte als unmöglich oder ambivalent erscheinen. Das belegen nicht zuletzt die hier vorliegenden Praxisberichte und -reflexionen.

1 Notwendige Expertisen

Die in diesem Band publizierten Praxisberichte stehen im konkreten Kontext des Graduiertenkollegs „Kirche-Sein in Zeiten der Veränderung"[4] an der Theologischen Fakultät Paderborn, das u. a. der Frage nachgeht: „Wie kann die Kirche unter veränderten und sich stets

---

[3] Die Frage lautet dabei: „Ist es möglich, durch eine ausgetüftelte Konstruktion mit Zirkel und Lineal zu einem vorgegebenen Kreis ein Quadrat zu bilden, welches den gleichen Flächeninhalt wie der Kreis besitzt?" – Vgl. F. Toenniessen, Das Geheimnis der transzendenten Zahlen. Eine etwas andere Einführung in die Mathematik, Berlin ²2019, 8.

[4] Vgl. „Kirche-Sein in Zeiten der Veränderung", in: https://www.thf-paderborn.de/graduiertenkolleg/ (Download: 23.9.2019).

verändernden Umständen ihrem Auftrag gerecht werden, als Volk Gottes ‚Sakrament in der Welt' zu sein und die Frohe Botschaft zu verkünden?"⁵ Dazu wurden neben akademisch arbeitenden Theolog(inn)en primär Personen eingeladen, die pastorale Verantwortung tragen und relativ unmittelbar in die beschriebenen Prozesse involviert sind. Diese können besonders gut über die Hintergründe, die Genese und den aktuellen Stand der Reformprozesse sprechen. Das macht die Texte ebenso repräsentativ wie erwartbar. Sie berichten über lange, intensive Planungsphasen und die üblichen Hoch- und Tiefphasen mehrjähriger Projekte sowie über schwierige Detailfragen und kontroverse Grundsatzdiskussionen. Im Hintergrund stehen jeweils knapper werdende Ressourcen, sowohl im finanziellen wie im personellen Bereich. Dabei wird man als Leser(in) den Eindruck nicht los, dass versucht werden soll, die herkömmliche Formation zu retten, soweit dies möglich ist – durch größere Räume und strukturelle Umschichtungen. Daneben lassen sich auch Laboratorien und Experimente entdecken. Viele der Autor(inn)en verwenden aber mehr Zeilen für die Beschreibung und Reflexion von Veränderungen in den gemeindlichen Strukturen als für die Analyse von experimentellen Formen.

Darin zeigt sich möglicherweise die Gefahr, in institutionalistischen Denkmustern zu verharren. Institutionalismus, das ist mit Rainer Bucher

„die Verwechslung des eigenen Bestehenszwecks mit dem eigenen Bestehen. […] Der eigene Zustand […] wird unter der Hand für das wichtigste genommen. Oder anders gesagt: Die Kirche wird an die Stelle des Evangeliums gesetzt. Natürlich hängen beide zusammen. Aber nicht notwendig und immer. Der Institutionalismus identifiziert das Funktionieren einer Institution mit dem Ziel dieses Funktionierens. Das Ziel allen kirchlichen Handelns aber ist nicht die Kirche, sondern das Evangelium, seine Verkündigung in Wort und Tat."⁶

---

⁵ Ebd.
⁶ R. Bucher, Die pastorale Konstitution der Kirche, in: ders. (Hg.), Die Provokation der Krise. Zwölf Fragen und Antworten zur Lage der Kirche, Würzburg ²2005, 30–44, hier: 31.

In kirchlichen Reformprozessen kann es also aus theologischen Gründen nicht primär darum gehen, das eigene System „fit" fürs 21. Jahrhundert zu machen, also bloß das „Schiff, das sich Gemeinde nennt", mit einem neuen Maschinenraum und attraktiveren Werbebroschüren auszustatten. Vielmehr muss die Sinnhaftigkeit und Zukunftstauglichkeit traditioneller kirchlicher Sozialformen selbst in aller Offenheit und Ernsthaftigkeit reflektiert werden. Ein Zögern, diese Fragen radikal anzugehen, ist durchaus verständlich, aber aus theologischen Gründen nicht angezeigt.

Dass eine Zentralperspektive für die Darstellung der Prozesse gewählt wurde, ist ebenso wenig verwunderlich, da doch die Prozesse selbst das Produkt einer von Diözesanleitungen ausgehenden und von dort gesteuerten Initiative sind. In beinahe allen Fällen werden solche Reformprozesse von der Diözesanleitung angestoßen, durchaus mit guten Gründen. Auf die veränderten gesellschaftlichen Bedingungen rekurrieren alle Texte und verweisen damit auf die zentrale, jedoch nicht genuin theologische Triebfeder all dieser Reformen: Gesellschaftliche Veränderungen zwingen die Kirche dazu, Reformprogramme in Gang zu bringen.[7]

Natürlich geschieht das nicht ohne Beteiligung einer breiten Menge an Gläubigen,[8] wie etwa die regelmäßigen Versammlungen im Erzbistum Paderborn und dem Bistum Essen deutlich machen.[9] Dennoch: Diözesane Veränderungsprozesse sind „von oben" und flächendeckend verordnet, ein Entkommen gibt es kaum.

Das spiegelt sich auch in den hier vertretenen Autor(inn)en. Sie alle haben Zugang zu zentralen Schaltstellen. Das schmälert ihre Expertise natürlich nicht, aber es fehlen dadurch wesentliche alternative Perspektiven. So etwa die Perspektive von Ehrenamtlichen vor Ort oder die Perspektive der Caritas-Mitarbeiterin, die sich selbst vielleicht als fernstehende aber durchaus wohlwollende Beobachterin versteht, und nicht zuletzt fehlt die Perspektive der Kritiker(innen). Gerade diese kritischen Infragestellungen dürfen nicht bloß als „Verhindern" abgestempelt werden oder den Kritiker(inne)n un-

---

[7] Vgl. dazu den Beitrag von M. Bredeck in diesem Band. Bredeck wählt darin die prekäre „Gesamtgemengelage" als Ausgangspunkt seiner Überlegungen.
[8] Oder – im Fall der Jugendsynode – der Befragung aller, die sich beteiligen wollen, unabhängig von ihrer persönlichen religiösen Verortung.
[9] Vgl. dazu die Beiträge von M. Bredeck und K. Pfeffer in diesem Band.

terstellt werden, sie hätten die Notwendigkeit dieser Reform nur noch nicht erkannt. Im Sinne einer Unterstellung des guten Willens gilt es, auch ihnen zuzuhören und ihre Argumente gut zu prüfen.

In den vorliegenden Beiträgen werden diese anderen Stimmen zwar an mehreren Stellen eingespielt oder zumindest erwähnt, jedoch nur vermittelt und indirekt. Der Fokus verbleibt auf den Personen, die für Strukturen Verantwortung tragen. Dabei ist es sowohl pastoraltheologisch unabdingbar als auch für jeden dieser Prozesse wertvoll zu wissen, wie die zentrale Frage des Graduiertenkollegs von jenen Menschen beantwortet wird, die nicht Theologie studiert haben und deren Aufgabe es nicht ist, kirchliche Strukturen zu managen. Die Fragen hieße dann eher: „Wie gelingt christliches Leben im 21. Jahrhundert und welche Rolle hat die Organisation Kirche in diesem Zusammenhang?" Oder wie eine Stuttgarter Pfarre im Rahmen eines Projekts gefragt hat: „Wir haben eine Kirche, haben Sie eine Idee?"[10]

Wo sind die Orte, wo „Nicht-Eingeweihte" und „Normalchrist(inn)en" selbst zu Wort kommen können? Zu welchem Zeitpunkt geschieht das und welcher Einfluss wird deren Ideen und Forderungen eingeräumt? Unter Umständen würde dadurch deutlich, dass manche „Quadratur des Kreises", um die theoretisch mühsam gerungen wird, gar keine praktische Relevanz für gegenwärtiges christliches Leben hat oder dass lokal bereits theoretisch unterbestimmte, aber funktionale und ausreichende Lösungen gefunden wurden.

Ebenso wie bei der Expertise von Marktforschungsagenturen wie Sinus Sociovision oder anderen Beratungsunternehmen bedeutet ein Ernstnehmen dieser Perspektiven nicht, dass sie unkritisch übernommen werden. Im Gegenteil: Eine präzise theologische Reflexion auf die zugrundeliegende Logik und die Auswirkungen der Vorschläge ist notwendig. Dennoch sind es gerade diese alternativen Blickwinkel, die das notwendige Umdenken, die echte Innovationen befördern können.

Das ist durchaus selbstkritisch gemeint. Auch für die akademische Theologie beinhaltet solche Kritik die Aufgabe, verstärkt Menschen aus ihrem Alltag heraus daraufhin zu befragen, was sie am Evangelium bewegt, was es für sie bedeutet, ein christliches Leben

---

[10] Vgl. St. Maria als …, in: http://st-maria-als.de/ (Download: 23.9.2019).

zu führen, und welcher Unterstützung es dafür von Seiten der Kirche und der akademischen Theologie bedarf. Dazu gibt es bereits einige Forschungsprojekte[11] und ganze Forschungsprogramme, wie z. B. das der sogenannte „Ordinary theologies"[12]. Diese Forschungsrichtungen müssen jedoch ausgebaut und mit den anstehenden pastoralen Planungen vernetzt werden.

2 Illusionen der Machbarkeit

Die vorliegenden Praxisberichte lassen erkennen, unter welchem Druck pastorale Verantwortungsträger(innen) heute stehen. Es wird dabei deutlich, dass Kirche als Organisation ein Change Management für seine Strukturen braucht, nicht zuletzt um einen verantwortungsvollen Umgang mit den Mitarbeiter(inne)n zu gewährleisten. Ein „Weiter so", da sind sich alle einig, führt nur weiter in die Krise. An dieser Stelle lauert allerdings neben der schon erwähnten Gefahr des Institutionalismus eine zweite Falle: die Illusion, alles „managen" zu können.

Veränderungen von Strukturen können, ja müssen proaktiv betrieben werden, und die Personen mit kirchlicher Leitungsfunktion haben für einen angemessenen Umgang mit dem organisationalen Wandel Sorge zu tragen. Dabei darf aber nicht übersehen werden, dass es Dinge gibt, auf die man keinen oder nur (noch) bedingt Zugriff hat, nicht zuletzt deshalb, weil ein Großteil des Lebens vieler Christ(inn)en fern von Kirche und Glaube gelebt wird.[13] Kirche

---

[11] Vgl. etwa die demnächst erscheinende Arbeit von Monika Kling-Witzenhausen: „Leutetheologien: Was bewegt Suchende? Eine qualitativ-empirische Untersuchung theologischer Fragen und Antworten von Schwellenchristinnen und -christen" oder das Forschungsprojekt „Kirche im Netzwerk pastoraler Orte und Ereignisse. Eine empirisch-theologische Untersuchung lokaler Kirchenentwicklung am Beispiel des Prozesses Kirche am Ort – Kirche an vielen Orten in der Diözese Rottenburg-Stuttgart", das derzeit in Tübingen bearbeitet wird, oder das DFG-geförderte Forschungsprojekt von Katharina Peetz: „‚Gelebte Theologie' im Friedens- und Versöhnungsprozess Ruandas" an der Universität des Saarlandes.
[12] Vgl. J. Astley, Ordinary Theology. Looking, Listening and Learning in Theology, London 2002.
[13] Vgl. dazu die Ergebnisse der von L. Drebber und A. Meyer in diesem Band er-

kann hier nach wie vor Einfluss nehmen und im besten Fall eine wichtige Entscheidungsstütze darstellen, mehr aber nicht. Kompakte Sozialformen, die ehemals die Kontrolle über Biografie und Alltag ermöglicht haben, findet man allenfalls noch in sehr intensiven Gemeinschaftsformen wie manchen charismatischen Gruppierungen, einzelnen Ordensgemeinschaften und manchen Ordinariaten. Außerhalb dieser Sonderorte formieren sich Begegnungen und Entscheidungen in viel fluiderer und situativerer Form.

Innerhalb der pastoraltheologischen Forschung hat sich für diese jüngste Verschiebung in den Sozialformen die Analysekategorie des Netzwerks etabliert und manche diözesanen Reformprozesse haben diesen Begriff auch zum zentralen Konzept gemacht.[14] Nimmt man die Netzwerkidee ernst, dann muss mit Michael Schüßler festgehalten werden, dass „Netzwerkpastoral [...] weniger ein kirchenentwicklerisches Aktionsprogramm als ein entgrenzendes Entdeckungsparadigma des Evangeliums im Heute, im Dazwischen, im Kleinen und Unsichtbaren, im Ereignis"[15] darstellt, das die „theologische Aufmerksamkeit auf die unsichtbare Kirche, auf die kleinen Orte im Volk Gottes, die sich formaler Organisation entziehen, sich aber andauernd ereignen"[16], lenkt. Es wird deutlich, dass sich dahinter „keine Optimierungsoption, sondern in ihrem analytischen Potenzial zugleich eine Ohnmacht-Metapher [verbirgt]."[17] Denn die Netzwerke, wie sie hier gedacht werden, entziehen sich zentraler Regulierung und Kontrolle. Sie leben geradezu von dem, was Niklas Luhmann provokant eine „brauchbare Illegalität" nennt,[18] d. h. von Lücken, dem Dazwischen, dem nicht Organisierten.

---

wähnten Studie des Zentrums für angewandte Pastoralforschung (ZAP) zu Taufbewusstsein.

[14] Vgl. dazu den Beitrag von L. Drebber und A. Meyer in diesem Band.
[15] M. Schüßler, Den Kontrollverlust erforschen. Theologische Archäologie der Kirche als Institution, Organisation und Netzwerk, in: M. Seewald (Hg.), Kirche am Ort. Bausteine zu einer Ekklesiologie der Teilkirche, Ostfildern 2018, 147–165, hier: 160.
[16] Ebd.
[17] Ebd.
[18] Vgl. N. Luhmann: Funktionen und Folgen formaler Organisation, Berlin ⁴1995, 304f.

„Pastoral im Sinne eines Netzwerks zu entwickeln, würde bedeuten, die sichtbare, formale Organisation so gut es geht zu relativieren – und nicht in Organisationsnetzwerke zu verlängern. Die sich durchsetzende Netzwerkstruktur von Gesellschaft bedeutet für jede Organisationszentrale einen Kontrollverlust, auch für die kirchliche."[19]

Das zu akzeptieren, fällt kirchlichen Verantwortungsträger(inne)n allerdings oft schwer.

Verräterisch ist, dass häufig an dieser Stelle das Wehen des Heiligen Geistes als Grund für diese brauchbaren Illegalitäten eingeführt wird. Der Geist Gottes wehe eben, wo er wolle, die Ruach sei das lebensspendende, aber auch unbezähmbare Element, mit dem Kirche zu rechnen habe. Es geht mir hier nicht darum, diese Formulierungen zu diskreditieren, zumal solche pneumatologischen Aussagen weit in die Theologiegeschichte zurückgreifen. Auffällig ist jedoch, dass dadurch dennoch versucht wird, das Unkontrollierbare in den Griff zu bekommen, wenn auch in den Zugriff Gottes, der ja den Ursprung des Geistes darstellt. Da man sich selbst aber als Repräsentant(in) der Kirche Gottes verortet, kann man sich dennoch auf der sicheren Seite wähnen.

Dabei kann man oft vor Ort entdecken, wie produktiv solche kleinen und größeren *brauchbaren Illegalitäten* sind, dort, wo Menschen aus Kreisen Quadrate erstellen, ohne zu wissen, dass sie das eigentlich nicht können oder dürfen. Insofern bleibt mit der Soziologin Maren Lehmann festzuhalten:

„Vielleicht ist nur dies der Fehler [...] so vieler Reformversuche der Kirche als Organisation, dass sie nach zuviel Ordnung und zuviel Regelung suchen, wo es doch darauf ankäme, nach brauchbarer Unordnung oder (mit Luhmann) nach ‚brauchbarer Illegalität' zu suchen. Gefunden werden kann diese so wichtige Unordnung nur auf der Ebene kommunikativer Begegnungen, nur auf der Ebene der Leute oder genauer: nur unter Leuten. [...] Denn nur dort, in den flüchtigen Begegnungen [...], kann die Anerkennung gefunden werden, nach der die Kirche so dringend sucht

---

[19] Schüßler, Den Kontrollverlust erforschen (s. Anm. 15), 160.

[...] und dort können die tätigen Einzelnen mobilisiert werden, die der Kirche so dringend fehlen."[20]

Vielleicht ist mehr Deregulierung die – auf den ersten Blick kontraintuitive – Lösung so mancher Blockade im Prozess. Auch ein ordentliches Maß an Experimentier- und v. a. Fehlerfreundlichkeit gehören zu einem solchen Vorgehen.[21] Die anstehende theologische Frage ist hier offensichtlich jene nach dem rechten Maß von Leitung und Kontrolle: Wie viel Kontingenz und Disparatheit sind der pastoralen Situation angemessen und lassen sich solche gezielten Ambiguitäten auch theologisch legitimieren? Welche Rolle spielen „Dauerhaftigkeit, Stabilität und substanziell gleichbleibende Identität"[22] tatsächlich im Kirchenbild der Gläubigen und welcher theologische Stellenwert kann diesen Qualitäten beigemessen werden? Wie gelingt es, theologische Tugenden wie Demut und Gottvertrauen in diözesanen Strukturen so zu verankern, dass sanktionsfreie Räume für brauchbare Illegalitäten im Sinne Luhmanns entstehen?

3 Christliche Taufberufung ernst nehmen

Theologisch argumentieren ließe sich das auch mit der in vielen Texten erwähnten Taufberufung aller Christ(inn)en. Seit einigen Jahren ist zu beobachten, dass das im Zweiten Vatikanischen Konzil neu ins Gedächtnis gerufene „gemeinsame Priestertum der Gläubigen" (LG 10) hohe theologische Relevanz erhält. Laien, die Jahrzehnte lang auf die Plätze der Zuhörenden und Empfangenden verwiesen wurden, sollen nun nicht mehr nur „consumers" sein, sondern selbst „ministers", also Diener werden.[23] Die zentrale Unterscheidung liege in pastoralen Zusammenhängen nicht mehr zwischen Priester und Laie, sondern zwischen Getauften und Nichtgetauften.

---

[20] M. Lehmann, Leutemangel. Mitgliedschaft und Begegnung als Formen der Kirche; in: J. Hermelink, G. Wegner (Hg.), Paradoxien kirchlicher Organisation. Niklas Luhmanns frühe Kirchensoziologie und die aktuelle Reform der evangelischen Kirche, Würzburg 2008, 123–144, hier: 129.
[21] Vgl. dazu den Beitrag von B. Böttner in diesem Band.
[22] Vgl. dazu den Beitrag von M. Bredeck in diesem Band.
[23] Vgl. dazu den Beitrag von F. Mittl in diesem Band.

Mit viel Willen zum Empowerment und einer motivierenden Rhetorik wird in diesem Zusammenhang versucht, einen Kulturwechsel zu vollziehen.

Noch überzeugender wären diese Argumentationen allerdings, wenn sie nicht im Kontext von knapper werdenden Ressourcen eingeführt würden und man nicht den Eindruck bekäme, dass nun Ehrenamtliche die Aufgaben übernehmen sollen, für die kein hauptamtliches Personal mehr gefunden werden kann. Das betrifft nicht nur Priester, denn auch immer weniger Laien entscheiden sich für den Dienst als Pastoralreferent(in). Auch wenn in diesem Feld der Mangel noch nicht so deutlich hervortritt, so wird sich längerfristig doch auch in dieser Berufsgruppe mit Blick auf die Zahl der Studienanfänger(innen) im Fach Katholische Theologie eine Mangelsituation ergeben.

Über eine Ekklesiologie, deren primärer Referenzpunkt die mit der Taufe gegebene Verantwortung jedes Einzelnen ist, gibt es zwar bereits erste theologische Reflexionen, allerdings steht zu erwarten, dass sich in den kommenden Jahren eine ganze Reihe theologischer Arbeiten damit befassen werden. Entscheidender als jede theologische Reflexion wird aber die Frage sein, wie viel Mitspracherecht und Entscheidungsgewalt die aufgeforderten Laien tatsächlich bekommen. Derzeit sollen sich zwar alle Getauften mit ihren jeweiligen Charismen und Talenten für das Gelingen des kirchlichen Auftrags einsetzen; an zentralen und bedeutsamen Entscheidungen sind sie allerdings kaum beteiligt. Das stößt auf immer deutlicheres Unverständnis, was aktuell auch im Kontext des Synodalen Wegs in Deutschland oder der sog. Amazonas-Synode im Oktober 2019 beobachtet werden kann. In beiden Zusammenkünften löste die Frage, wer an gültigen Entscheidungen beteiligt sein darf, heiß geführte Diskussionen aus. Auf der einen Seite wird auf geltendes Lehrrecht verwiesen und einzig den Bischöfen und allen voran dem Papst Entscheidungsvollmacht zugestanden. Auf der anderen Seite fordern kirchlich engagierte Laien und hier besonders Frauen ein Mitbestimmungsrecht. Dabei wird die theologische Konzeption von Synodalität *in actu* verhandelt und eine auf die Weihe beschränkte kirchliche Entscheidungsbefugnis deutlich infrage gestellt, ohne dass diese Diskussion vonseiten der Leitung unterbunden werden könnte.

Pastoral und Theologie stehen gegenwärtig bekanntlich unter dem „permanenten Zustimmungsvorbehalt ihrer eigenen Mitglieder"[24], die zum Teil auch in zentralen Fragen der Pastoral mitentscheiden und sich nicht mit oftmals wirkungslos bleibenden Konsultationen und dem Entscheiden von Randthemen abgeben wollen. An der Frage nach dem Verständnis von Synodalität – auf Bischöfe beschränkt oder Aufgabe aller getauften Christ(inn)en – wird sich für viele entscheiden, wie viel kirchliches Engagement sie in der Zukunft an den Tag legen. Konzeptionen wie die Aktivierung von Gläubigen für kirchliches Engagement auf Grundlage ihrer Taufberufung werden sich daran messen lassen müssen, welche kirchlichen Entscheidungskompetenzen mit dieser Taufberufung verbunden sind. Das betrifft alle Ebenen kirchlicher Organisation, von der einzelnen Gruppe im lokalen Bereich oder in einer Pfarrgemeinde bis hin zu weltkirchlichen Entscheidungen. Dass ein erweitertes Synodalitätsverständnis die Entscheidungsfindung um einiges komplexer und langwieriger macht, steht außer Frage. Ein 2018 veröffentlichter Text der Internationalen Theologischen Kommission mit dem Titel „Die Synodalität in Leben und Sendung der Kirche"[25] liefert die theologischen Gründe, warum es dennoch dieser „Beteiligung des ganzen Gottesvolkes"[26] bedarf,

„da sie den spezifischen *modus vivendi et operandi* des Gottesvolkes ausdrückt: in der verantwortlichen und geordneten Teilhabe aller Mitglieder an der Unterscheidung und an der Umsetzung der Wege seiner Sendung. In der Ausübung der Synodalität übersetzt sich in der Tat die Berufung der menschlichen Person, in der Gemeinschaft zu leben, ins Konkrete."[27]

Wieso diese Ordnung der Teilhabe nicht selbst Teil synodaler Suchprozesse sein soll, erschließt sich vielen Menschen heute allerdings

---

[24] R. Bucher, Der lange Weg vom Erlaubnis- zum Ermöglichungsdiskurs. Die Gemeindeleitungsproblematik im Kontext der Konstitutionsprobleme der katholischen Kirche in den entwickelten Gesellschaften Deutschlands und Österreichs, in: M. Böhnke, T. Schüller (Hg.), Gemeindeleitung durch Laien? Internationale Erfahrungen und Erkenntnisse, Regensburg 2011, 34–57, hier: 40.
[25] Vgl. Internationale Theologenkommission, Die Synodalität in Leben und Sendung der Kirche. Hg. vom Sekretariat der deutschen Bischofskonferenz (VApS 215), Bonn 2018.
[26] Ebd., 12.
[27] Ebd., 41.

nicht, sie verstehen nicht, warum nur einige wenige über die Formen von Kirche (Quadrate und Kreise) entscheiden dürfen.

4 Was ist pastoraler Erfolg?

Bei der Lektüre der hier versammelten Beiträge stellten sich mir immer wieder die Fragen, welche Ziele mit den vorgestellten Reformen verfolgt werden und woran diese gemessen werden könnten.[28] Wie lauten die Antworten auf die Fragen: „Wofür bist du da, Kirche von Paderborn?"[29] Was wird hier als pastoral erfolgreich gekennzeichnet? Wie sieht dabei das Verhältnis von Quantität und Qualität aus? Üblicherweise wird solchen Fragen in kirchlichen Kreisen eher ausgewichen und mit Verweis auf Martin Buber argumentiert, dass Erfolg kein Name Gottes sei. Aber, wie Wolfgang Beck einmal feststellte:

> „‚Misserfolg' ist auch keiner der Namen Gottes! Sowohl Erfolg als auch Misserfolg sind keine theologischen Kategorien. Sie sind aber bereits in apostolischer Zeit ein Faktum, dem sich die Verkündigung der Reich-Gottes-Botschaft zu stellen hat."[30]

Dennoch bleiben implizite Erfolgsvorstellungen in den meisten vorgelegten Pastoralplänen unausgesprochen oder werden sehr uneindeutig definiert, was zugleich nicht bedeutet, dass diese deshalb weniger wirksam wären. Gerade wenn eine Aktion oder eine Reform viele Menschen anspricht, wird das als besonderer Erfolg gewertet.[31] Nun ist natürlich eine hohe Resonanz nicht negativ, sie adelt pastorale Bemühungen jedoch nicht automatisch. Auch wenn Erfolg kein genuin theologisches Konzept ist, so ist eine theologische Diskussion über die gegenwärtig angesetzten Erfolgskriterien, die ausformulier-

---

[28] Wenn etwa von notwendiger Aufgabenkritik die Rede ist, vgl. den Beitrag von B. Böttner in diesem Band.
[29] Vgl. dazu den Beitrag von L. Drebber und M. Meyer in diesem Band.
[30] W. Beck, Auf der Suche nach einer postmodernen Pastoral. Impulse zwischen Professionalität und Pluralität, in: LS 60 (2009) 165–170, hier: 166.
[31] Vgl. etwa den Hinweis auf die große Resonanz, die der Kongress Kirche² (Beitrag von B. Neumann in diesem Band) sowie Veränderungen in der *Church of the Nativity* (Beitrag von F. Mittl in diesem Band) hatten. Auch Michael Bredeck nennt als einen Leitgedanken des Prozesses in Paderborn: „Wir wollen eine wachsende Glaubensgemeinschaft werden – qualitativ und quantitativ."

ten und die mitgedachten, dringend notwendig. Nicht zuletzt, da es für die Arbeitszufriedenheit aller in der Pastoral Engagierter wichtig ist, die eigenen Anstrengungen von Zeit zu Zeit zu evaluieren. Was soll also das Ziel all dieser Anstrengungen und Reformen sein? Die Antwortversuche auf diese Frage sind sowohl in den Pastoralkonzeptionen als auch im pastoraltheologischen Diskurs eher zurückhaltend. Deutlich ist nur, dass es nicht das zentrale Ziel sein kann, Menschen möglichst dauerhaft zu Glaubensbekenner(inne)n in klar definierten Gemeinschaften zu machen.[32] Ein solcher Auftrag kann weder aus den biblischen Texten noch aus dem großen Schatz der Tradition theologisch rekonstruiert werden. Insofern ist nicht zuletzt auf Basis der Theologie des Zweiten Vatikanischen Konzils fraglich, inwieweit Kriterien wie „Zugehörigkeitsgefühl" oder „corporate identity"[33] als pastorale Zielformulierungen heute noch taugen. Das bedeutet nicht, dass diese Dimensionen – Gemeinschaft, öffentliches Einstehen für den Glauben und Dauerhaftigkeit – keine christlichen Werte seien. Sie stellen nur nicht den alleinigen Fokus dar, sondern sind lediglich mögliche Ausformungen. Sie stehen auch in unauflösbaren Spannungsverhältnissen: Die Gemeinschaft gegenüber der persönlich verantworteten und individuellen Geschichte mit Gott. Die verlässliche Dauerhaftigkeit sieht sich unerwarteten theologischen Ereignissen gegenüber, und das Bekenntnis steht von Anfang an in Spannung zu den konkreten Handlungen von Menschen. Es geht im Kern wohl darum, auf den Freiheit stiftenden Wegen des Evangeliums Gottes „zum Leben zu kommen"[34]. Das bedeutet zugleich aber, dass die Evaluationskriterien für ein „Mehr an Leben" primär von den Menschen selbst festgelegt und überprüft werden müssen. Wie exakt die Flächen von Quadrat und Kreis übereinstimmen müssen, wann ein Kreis rund genug ist, entscheiden Menschen im Hinblick auf ihre jeweiligen Lebensverhältnisse selbst.

---

[32] Vgl. M. Schüßler, „Fresh Ex": Aufbruch in die Kirchenträume von gestern?, in: ÖR 65 (2016) 334–344. Er arbeitet dabei drei implizite Bedingungen dieses Kirchenreformprogramms heraus. Zentral seien die Vergemeinschaftung, Dauerhaftigkeit und das persönliche Bekenntnis.

[33] Vgl. dazu den Beitrag von L. Drebber und A. Meyer in diesem Band.

[34] J.-M. Donegani, Säkularisierung und Pastoral; in: R. Feiter, H. Müller (Hg.), Frei geben. Pastoraltheologische Impulse aus Frankreich, Ostfildern 2012, 56–80, hier: 69.

Die Frage nach den Erfolgskriterien hat überdies einen großen Einfluss auf eine weitere Frage, die in mehreren dieser Beiträge gestellt wurde: Welche Mitarbeiter(innen) braucht die Kirche der Zukunft? Welche Kompetenzen und welche Charismen müssen diese Menschen mitbringen, und welche Theologie sowie welche Form der Ausbildung sind für die zukünftigen Aufgaben hilfreich? Das betrifft nicht nur die relativ jungen Laienberufe in der Katholischen Kirche, sondern auch das Bild und die Aufgaben des Priesters.[35] Welche Rolle spielt das besondere Dienstpriestertum im Kontext einer Kirche, die auf das gemeinsame Taufpriestertum aufbaut? In welchen Funktionen werden Kleriker in Zukunft angefragt werden? Wie gelingt der Ausweg aus den verheerenden Formen von Klerikalismus, die im Kontext der Aufarbeitung der unzähligen Missbrauchsfälle, die innerhalb der Kirche geschahen und vermutlich noch immer geschehen, unübersehbar wurden? Wie müssen pastorale Berufsprofile und Professionalitätskonzepte weiterentwickelt werden, um in Zukunft vor derartigen Verfehlungen zu schützen? Wie können kirchliche Berufsbiografien attraktiv für junge Arbeitnehmer(innen) gemacht werden? Dazu gehört nicht zuletzt die Auseinandersetzung mit Ansprüchen wie pastoraler Allverfügbarkeit und einer „Totalidentifikation" mit dem Beruf, Ansprüche, die nach wie vor parallel zum Amt des Weihepriesters gedacht werden. Welche zusätzlichen Kompetenzen verlangt die Zusammenarbeit in multiprofessionellen Teams?[36] Und welche Vorbereitung und Unterstützung brauchen kirchliche Mitarbeiter(innen) im Blick auf das zu erwartende Weiterschrumpfen der Institution Kirche?[37] Diese und viele weitere Fragen, stellen sich in diesem Zusammenhang der (Pastoral-)Theologie. Noch lässt sich aufgrund der relativ stabilen Kirchensteuereinnahmen eine umfassende professionelle Struktur im Blick auf Personal, Immobilien und institutionelle Einbindung aufrechterhalten, es wird jedoch

---

[35] Vgl. den Beitrag von M. Bredeck in diesem Band zur Frage der Identität von Priestern.
[36] Vgl. dazu den Beitrag von B. Böttner in diesem Band.
[37] Vgl. dazu das Interview von B. Krysmann mit T. Frings und R. Schießler in diesem Band, in dem wiederholt davon die Rede ist, dass man nicht mehr Letzter oder Vorletzter auf einer Stelle sein wollte. Welche Spiritualität könnte hierbei unterstützend wirken?

zunehmend fraglich, wie die Katholische Kirche dieses Potenzial in Zukunft sinnvoll einsetzen soll.

5 Fazit

Die Katholische Kirche befindet sich in einem anhaltenden Transformationsstress, nach dem Prozess ist vor dem Prozess. Sicherheiten und Selbstverständlichkeiten früherer Zeiten schmelzen ab und hinterlassen mehr Fragen als Antworten. Diese Umbruchssituation wird sich in den kommenden Jahren nicht konsolidieren, sondern noch verstärken. Dieses Schicksal teilt Kirche mit einer Vielzahl anderer Organisationen und Institutionen, und nicht zuletzt kann sie sich hier solidarisch mit den Menschen der Gegenwart zeigen, die ebenso tagtäglich mit Unsicherheiten und Veränderung umgehen müssen. Dabei sind weder Defätismus noch stoischer Heroismus angesagt. Weder der Rückzug in homogene Communities noch die Illusion, alles managen zu können, sind zielführend. Weder die Überschätzung der eigenen Möglichkeiten noch das Ausblenden der Frage nach dem Ziel aller pastoralen Bemühungen und dessen Messbarkeit erweisen sich als hilfreich. Was es bedeutet, Kirche vor dem Hintergrund einer Ekklesiologie der Taufberufung mit vollwertiger Beteiligung der Laien zu leben, wird sich in den kommenden Jahren ebenso zeigen wie die Auswirkungen, die eine solche Umstellung auf die kirchlichen Berufe hat. Der (Pastoral-)Theologie gehen gerade in diesem Bereich die Forschungsfragen und Diskussionsthemen nicht aus. „Schwierige Zeiten für die Kirche sind gute Zeiten für die Praktische Theologie."[38] Bis heute ist das Problem der Quadratur des Kreises ungelöst, ja es liegen Beweise vor, dass dies theoretisch unlösbar sei.[39] Dennoch zeigen die Praxisbeiträge dieses Bandes sowie viele andere pastorale Erfahrungen, dass im Sinne brauchbarer Illegalitäten dennoch geschieht, was manchmal nicht möglich scheint. Das gibt Mut für die Zukunft.

---

[38] R. Bucher, Theologie im Risiko der Gegenwart, Studien zur kenotischen Existenz der Pastoraltheologie zwischen Universität und Kirche, Stuttgart 2010, 156.
[39] Vgl. Toenniessen, Das Geheimnis der transzendenten Zahlen (s. Anm. 3), 397–418.

Autorinnen und Autoren

Michael Bredeck, Dr. theol., ist Leiter der Zentralabteilung Entwicklung im Erzbischöflichen Generalvikariat Paderborn und Berater der Pastoralkommission der Deutschen Bischofskonferenz.

Bernd Böttner, Pfarrer, ist Prälat der Evangelischen Kirche von Kurhessen-Waldeck und theologischer Stellvertreter des Bischofs sowie als Dezernent für das theologische Personal und die Gemeindeentwicklung zuständig.

Ludger Drebber, Dipl.-Theol., war bis 2019 Leiter des Referats „Pastorale Planung und Entwicklung" in der Hauptabteilung Pastorale Dienste im Erzbischöflichen Generalvikariat Paderborn.

Michael N. Ebertz, Dr. rer. soc., Dr. theol., ist Professor für Sozialpolitik, Freie Wohlfahrtspflege, kirchliche Sozialarbeit an der Katholischen Hochschule Freiburg.

Tobias Faix, Dr. theol., ist Professor für Praktische Theologie an der CVJM-Hochschule in Kassel mit den Schwerpunkten Gemeindepädagogik, interkulturelle und empirische Theologie sowie außerordentlicher Professor an der staatlichen Universität von Südafrika.

Thomas Frings, Dipl.-Theol., Mag. art., ist Pfarrvikar im Sendungsraum Köln-Innenstadt.

Stephan Haering OSB, Dr. iur. can., Dr. theol., M. A., ist Professor für Kirchenrecht, insbesondere Verwaltungsrecht sowie Kirchliche Rechtsgeschichte, an der Ludwig-Maximilians-Universität München, Berater der Ökumenekommission der Deutschen Bischofskonferenz und Richter am Kirchlichen Arbeitsgerichtshof Bonn.

Christoph Jacobs, Dr. theol., Lic. phil. (Klin. Psych.), ist Professor für Pastoralpsychologie und Pastoralsoziologie an der Theologischen Fakultät Paderborn.

Christiane Koch, Dr. theol., ist Professorin für Biblische Theologie an der Katholischen Hochschule Nordrhein-Westfalen am Standort Paderborn.

Stefan Kopp, Dr. theol., ist Professor für Liturgiewissenschaft und Sprecher des Graduiertenkollegs „Kirche-Sein in Zeiten der Veränderung" an der Theologischen Fakultät Paderborn.

Andreas Koritensky, Dr. phil., Dr. theol., ist Professor für Systematische Philosophie an der Theologischen Fakultät Paderborn.

Benjamin Krysmann, Dipl.-Theol., ist Pressesprecher des Erzbistums Paderborn.

Annegret Meyer, Dr. theol., ist Leiterin der Abteilung „Glaube im Dialog" in der Hauptabteilung Pastorale Dienste des Erzbischöflichen Generalvikariats Paderborn.

Florian Mittl, Dr. theol., ist Ausbildungsleiter am Zentrum der Theologiestudierenden in der Diözese Graz-Seckau, Pastoraler Mitarbeiter im Pfarrverband Graz – Kroisbach, Ragnitz, St. Leonhard sowie Referent bei „Pastoralinnovation".

Burkhard Neumann, Dr. theol., PD, ist Direktor am Johann-Adam-Möhler-Institut für Ökumenik.

Klaus Pfeffer, Dipl.-Theol., ist Generalvikar des Bischofs von Essen und Moderator der Bischöflichen Kurie.

Rainer M. Schießler, Dipl.-Theol., ist Pfarrer in St. Maximilian und Heilig Geist in München.

Teresa Schweighofer, Dr. theol., ist wissenschaftliche Mitarbeiterin am Lehrstuhl für Praktische Theologie der Eberhard Karls Universität Tübingen und im Wintersemester 2019/20 als Gastprofessorin an der Humboldt-Universität Berlin.

Peter Schallenberg, Dr. theol., ist Professor für Moraltheologie an der Theologischen Fakultät Paderborn und Direktor der Katholischen Sozialwissenschaftlichen Zentralstelle in Mönchengladbach.

Bertram Stubenrauch, Dr. theol., ist Professor für Dogmatik und Ökumenische Theologie sowie Direktor des Ökumenischen Forschungsinstituts an der Ludwig-Maximilians-Universität München.

Simon Weyringer, Mag. theol., SSL, ist Promovend am Päpstlichen Bibelinstitut in Rom und priesterlicher Mitarbeiter in der Seelsorgestelle Walserfeld und der Pfarre Hallwang (Flachgau) in der Erzdiözese Salzburg.

Joachim Werz, Dr. theol., ist wissenschaftlicher Mitarbeiter an der Professur für Kirchengeschichte am Fachbereich Katholische Theologie der Goethe-Universität Frankfurt am Main.

Günter Wilhelms, Dr. theol., ist Professor für Christliche Gesellschaftslehre an der Theologischen Fakultät Paderborn.

Johannes Wübbe, Dipl.-Theol., ist Weihbischof im Bistum Osnabrück sowie in der Deutschen Bischofskonferenz Mitglied der Jugendkommission und der Liturgiekommission.